中国社会科学院 学者文选

马 洪 集

中国社会科学院科研局组织编选

中国社会科学出版社

图书在版编目（CIP）数据

马洪集/中国社会科学院科研局组织编选. —北京：中国社会科学出版社，2000.5（2018.8重印）
（中国社会科学院学者文选）
ISBN 978-7-5004-2698-1

Ⅰ.①马… Ⅱ.①中… Ⅲ.①经济—中国—文集 Ⅳ.①F12-53

中国版本图书馆 CIP 数据核字（2000）第 24958 号

出 版 人	赵剑英
责任编辑	周兴泉
责任校对	林福国
责任印制	李寡寡

出　　版	中国社会科学出版社
社　　址	北京鼓楼西大街甲 158 号
邮　　编	100720
网　　址	http：//www.csspw.cn
发 行 部	010-84083685
门 市 部	010-84029450
经　　销	新华书店及其他书店
印刷装订	北京市十月印刷有限公司
版　　次	2000 年 5 月第 1 版
印　　次	2018 年 8 月第 2 次印刷
开　　本	880×1230　1/32
印　　张	15.5
字　　数	363 千字
定　　价	89.00 元

凡购买中国社会科学出版社图书，如有质量问题请与本社营销中心联系调换
电话：010-84083683
版权所有　侵权必究

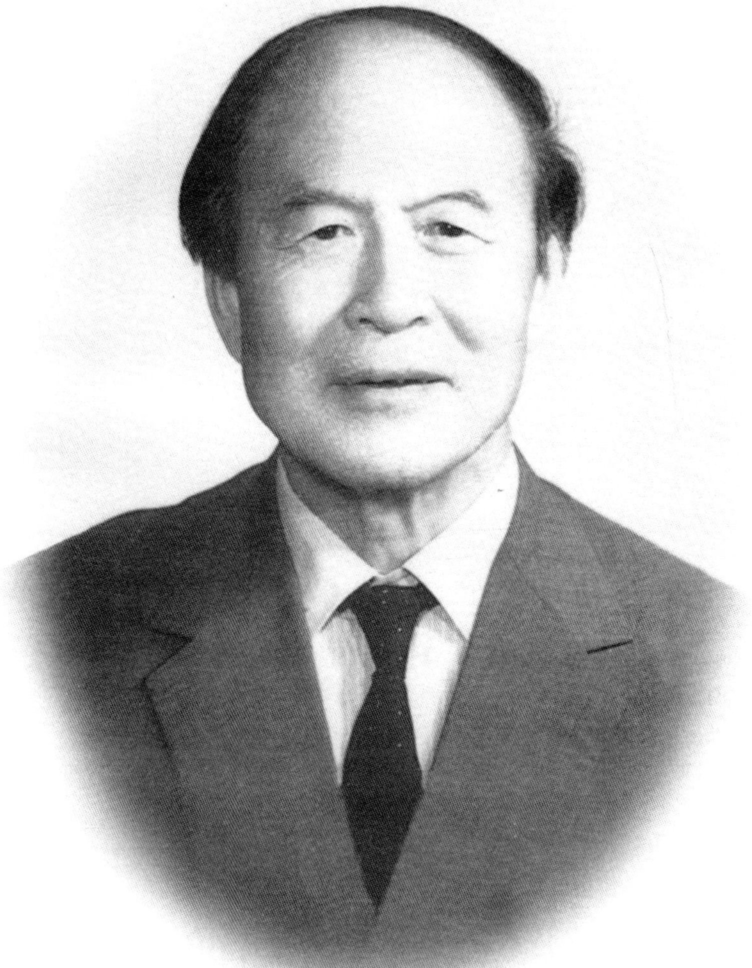

出版说明

一、《中国社会科学院学者文选》是根据李铁映院长的倡议和院务会议的决定，由科研局组织编选的大型学术性丛书。它的出版，旨在积累本院学者的重要学术成果，展示他们具有代表性的学术成就。

二、《文选》的作者都是中国社会科学院具有正高级专业技术职称的资深专家、学者。他们在长期的学术生涯中，对于人文社会科学的发展作出了贡献。

三、《文选》中所收学术论文，以作者在社科院工作期间的作品为主，同时也兼顾了作者在院外工作期间的代表作；对少数在建国前成名的学者，文章选收的时间范围更宽。

中国社会科学院
科研局
1999年11月14日

目 录

编者的话 …………………………………………… (1)

关于有中国特色的社会主义

满足人民的需要是社会主义建设的崇高使命 …………… (3)
坚持走有中国特色的社会主义道路 ……………………… (21)
邓小平是社会主义市场经济理论的奠基人 ……………… (53)

关于经济体制改革

关于社会主义制度下的商品经济 ………………………… (63)
关于建立社会主义市场体系的几个问题 ………………… (101)
发展社会主义市场经济，完善计划与市场相结
　合的新体制 ……………………………………………… (115)
向市场经济转变是一场深刻的经济社会大变革 ………… (128)
重视并加强对市场问题的研究 …………………………… (135)

关于宏观管理与经济发展战略

关于改善我国经济结构的意见 …………………………… (147)

预测 2000 年的中国 ······(169)
深入探讨社会主义初级阶段的产业政策 ······(196)
从买方市场看中国经济 ······(215)

关于企业改革与企业管理

改革经济管理体制与扩大企业自主权 ······(227)
培养经济管理人才是我国当务之急 ······(246)
关于改革工业企业领导管理制度的探讨 ······(252)
经济改革和现代化建设需要社会主义企业家 ······(273)
论企业买卖
　　——关于企业产权有偿转让的几个问题 ······(277)
加速建立适合我国国情的社会保障体系 ······(297)

关于技术改造与技术进步

对现有企业进行技术改造是我国经济发展的
　　一项战略任务 ······(305)
新技术革命和我们的对策 ······(320)
我国技术改造政策的探讨 ······(348)
把开发高新技术产业放在经济发展战略全局
　　的主导地位 ······(361)

关于对外开放与国际合作

关于特区建设和沿海城市开放的几个问题 ······(375)
把握世界经济发展趋势，进一步做好对外
　　开放工作 ······(388)
提高利用外资的质量和效益 ······(403)

关于社会科学研究工作

做好规划工作，开创哲学社会科学研究的新局面 ……… (413)
加强思想政治工作的科学研究 …………………………… (431)
社会主义现代化建设向社会科学工作者提出的
　新课题 ………………………………………………… (437)
略论社会科学工作者和自然科学工作者的合作 ………… (459)
学习毛主席调查研究的理论和方法，提高决策
　水平 …………………………………………………… (467)

作者著作目录 …………………………………………… (473)
作者年表 ………………………………………………… (480)

编者的话

马洪同志1920年5月18日出生于山西省定襄县。1936年参加了中国共产党领导的牺盟会。1937年担任同蒲铁路总工会负责人。同年加入中国共产党。1938年到延安，先后在中央党校、马列学院（后改为中央研究院）系统地学习了马克思的《资本论》等政治经济学著作。1941年担任中央研究院政治研究室研究员、学术秘书。在延安期间，马洪同志还担任过《共产党人》杂志的编辑，并到陕北和晋西北的农村城镇进行一年半的调查。抗日战争胜利后，马洪同志先被派到晋察热辽担任县长、县委书记，而后被派到中共中央东北局工作。新中国成立以后，马洪同志先后任东北局政策研究室主任、东北局委员、副秘书长。1952年调到北京，任国家计划委员会委员兼副秘书长，参与了新中国国民经济"第一个五年计划的总体设计"。50年代末，他还担任了北京第三建设公司的副总经理，北京化工设计院的负责人。1961年马洪同志作为国家经济委员会研究室负责人，参加了《国营工业企业工作条例（草案）》（即工业70条）的起草工作，是主要执笔人之一。1978年创建中国社会科学院工业经济研究所并任所长。1979年任中国社会科学院副院长。1982年任中国社会科学院院长、兼任国务院副秘书长。1985年以后先后担任国务院经济技术社会发展研究中心总干事、国务院发展研究中心总干事、主任。1993年任国务院发展研究中心名誉主任。马洪同志是中国社会科学院研究生院教授、博士生导师，兼北京大学、清华大学、复旦大学、上海交通大学客座教授。马洪同志是中共十二届候补中央委员，十三大、十四大代表，第七届全国人民代表大会常务委员会委员兼财经委员会副主任。

马洪同志长期从事经济管理、政策研究、理论研究和决策咨询工作。他坚持马克思主义理论的基本原理，理论联系实际，长期深入调查、考察国情、民情，注意从国外汲取营养，不懈地探寻和追求新鲜事物，他始终站在理论的前沿，面对我国现实的重大经济问题和发展战略，保持着他在学术上的青春和活力。他是在新中国革命和建设的土壤上成长起来的我国当代著名的经济学家，是新中国经济学理论研究的开创者、带头人、领导者之一，是享誉中外的经济学大师。

50年代中期，他先后发表了《中国社会主义工业化问题》和《我国国民收入的积累和消费》等著作。60年代初，他主编了《北京第一机床厂调查》一书，并主持编写了60万字的《中国社会主义国营工业企业管理》一书。这是一部具有历史意义的、代表当时我国企业管理学科最高水平的著作。它没有照搬原苏联的模式，而是从我国的实际出发，既肯定了我国社会主义建设中成功的经验，也总结了教训，研究分析了原苏联以及一些西方国家企业管理的理论与实践，系统地提出了适合我国情况的企业管理制度和方法。这本书是我国企业管理学科建设的代表作，对普及工业企业管理知识，提高工业企业管理水平起到了显著作用。70年代中后期，马洪同志到大庆蹲点调查研究一年，主持编写了《对大庆经验政治经济学考察》和《大庆工业企业管理》两本书。

1978年，马洪同志创建中国社会科学院工业经济研究所并任所长，正值我国改革开放之时。他在经济管理、经济改革、经济结构、经济发展战略、工业经济和企业管理等多学科领域进行卓有成效的开拓性研究，取得了丰硕的成果。

1981年，马洪主编的《中国经济结构问题研究》一书，系统地阐述了中国经济结构的现状、问题以及如何进行调整和改革的建议，具有极高的理论深度和现实指导意义。他强调指出，导致经济结构不合理的原因，最重要的是盲目追求高指标、高速度，破坏了综合平衡，片面强调发展重工业，以钢为纲，忽视了农业和轻工业的发展；片面追求高积累，不注意人民生活的改善；人民公社化搞过了头，挫伤了农民的积极性；政企不分，企业缺少自主权，不能发挥市场的调节作用等等。该书是当时国内外研究中国经济问题影响极大的一本书，曾分别在原苏联和美国用俄文和英文出版。

1983年，马洪同志在他主编的《中国工业经济问题研究》一书中指出：西方经济学家为企业下的定义是："以营利为目的，有独立会计的经济单位就是企业。"社会主义工业企业就是建立在公有制基础上实行独立核算的从事工业生产活动的经济单位，而"实行独立核算这个构成企业的标志实际上包含了获得利润和建立独立会计的双重含义"；阐述了社会主义企业的本质问题。

1984年马洪同志发表了《社会主义制度下的商品经济》一文，全面论述了有计划的商品经济的理论。1985年，马洪又撰写了《加强社会主义制度下市场经济的研究》一文，再次指出："我国通过改革建立的社会主义有计划的商品经济是一种用宏观管理的市场来配置资源的经济，我认为，在这个意义上也可以叫作社会主义市场经济。"党的十四大明确了我国改革的目标是建立社会主义市场经济体制后，江泽民总书记责成马洪编一本宣传、普及社会主义市场经济基本知识的读物。他立即组织一些专家学者共同撰写了《什么是社会主义市场经济》一书，江泽民总书记亲自作了序。这本书深受社会各界的欢迎，产生了很好的社会影响。

改革开放以来，马洪同志十分注意借鉴国外的先进理论与科学方法，他曾先后多次率团出访，既考察了日本、美国和欧洲各主要发达国家，也考察了像印度、巴西、南非这样一些发展中国家，认真进行国际性的调查、比较和研究，努力汲取有益的东西。他先后撰写了《日本企业家是怎样管理企业的》，主编了《访日归来的思索》、《美国怎样培养企业管理人才》以及《国外企业管理比较研究》等书籍，系统地介绍了国外企业管理理论和方法，用来推进我国经济改革、发展和管理工作。他还发起和组织了长期稳定的对外交流，组织专家学者定期进行学术交流。

1983年，马洪同志根据当时国务院领导的意见，进行了"新技术革命和对策"问题研究，在分析了世界高新技术革命发展趋势的基础上，从我国国情出发提出了相应的对策以及重点产业发展的方向。这项成果在1984年作为国务院文件转发全国各地，最后汇集成书并获得了国家奖。这项研究对我国高技术发展，产生了极其重要的影响。同时，他还主持了《2000年的中国》的学术研究报告，获国家科学进步一等奖。

马洪同志在担任社科院领导工作期间，强调"社会科学院要做党和政府的助手"；指出："党和政府总是希望我们社会科学工作者能够献计献策，真正对社会主义现代化事业出一些好主意。"

他指出搞科研最重要的是选好课题，应当注意充分发挥每个科研工作者的专长和积极性、创造性，既要加强应用研究，也要重视基础研究。同时指出社会科学研究的科学方法包括研究对象的正确选择，科研工作的合理组织，研究方法的灵活运用，新的科研工具的应用，特别是使用数学方法对社会科学问题进行定量研究，已成为任何一门社会科学的研究精确化的象征。社会科学不能单独靠自身而发展，它与自然科学的发展密切相关，带有综合性。社会科学工作者要与自然科学工作者结合起来，共同研究现代化建设中的重大问题。

在科研成果的考核方面，他指出社会科学研究学术价值的大小，应看它产生的社会效果，即以它对社会主义物质文明和精神文明建设作用的大小、好坏作为成果鉴定标准。不要管它是什么形式、什么体裁，要不拘一格。

纵观马洪同志60多年来的革命经历和治学道路，颇具传奇色彩。他16岁参加革命，走南闯北，既没有读过名牌大学，更没有留过洋。但他凭着勤奋、严谨、执著、求实的精神在经济学理论研究领域取得了显赫的成就，受到了世人的尊重。现在，他虽年事已高，但仍孜孜不倦地探寻着强国富民之道。

本文集分7个部分，收录了马洪同志30篇论文（讲话）。马洪同志非常重视这本文集的编辑工作，亲自圈选了部分文章。中国社会科学院工业经济研究所原所长周叔莲教授，原副所长裴叔平教授，阅读和确定了入选文章并确定了本书的框架结构，裴叔平教授对入选的每篇文章进行技术处理。国务院发展研究中心梁仰椿同志为本书提供了马洪著作目录、马洪简历年表。

由于篇幅所限，本书只能反映马洪同志60余年经济学研究成果和学术贡献的一个侧面，深以为憾。

2000年4月

责任编辑：周兴泉
责任校对：李小冰

关于有中国特色的社会主义

满足人民的需要是社会主义
建设的崇高使命[*]

(一九八一年)

在中国共产党的领导下,我国人民正在为实现四个现代化而努力奋斗。实现社会主义现代化,归根结底是为了最大限度地满足人民日益增长的物质和文化需要,为了人民的幸福。列宁早就说过:只有社会主义才能使全体劳动者过最美好、最幸福的生活。"而马克思主义的全部困难和全部力量,也就在于了解这个真理。"[①] 现在当我们把这个真理付诸实现的时候,深深感到满足人民的需要,既是社会主义建设的无比崇高的使命,又是极为艰巨的任务。

三十多年来我们在经济建设上取得了巨大成就,也犯过严重错误。党的十一届三中全会,特别是以调整为中心的"调整、改革、整顿、提高"新的八字方针的提出和执行以来,我国人民在党的领导下,正在努力探索更好地发展我国社会主义经济的途径,使国民经济走上以满足人民需要为目的的正确轨道。显然,这是一个具有伟大历史意义的战略转变。但是,实现这个转变还有很

---

[*] 原载《红旗》1981 年第 14 期。

[①] 《在国民经济委员会第一次代表大会上的演说》,《列宁全集》第 3 卷,人民出版社 1972 年第 2 版,第 571 页。

多理论问题和实际问题需要解决。解决这些问题，有待于广大干部和群众的努力。我国人民无疑是能够正确解决这些问题的。我们下面提出一些问题，就是希望通过研究和讨论取得比较一致的正确认识，找到妥善和切实可行的办法，促进这个战略转变的顺利实现，使人民的需要得到更好的满足。

一、社会主义制度下生产和消费关系的特点

为了更好地满足人民需要，必须研究我国社会主义条件下生产和消费的关系，掌握它的规律性。

马克思曾对生产和消费的一般关系作过深刻的分析，揭示了它们之间的辩证关系①。根据马克思的分析，一方面生产决定着消费，另一方面消费又反作用于生产。前者主要表现在：(1)生产为消费创造对象，从而决定消费水平；(2)生产决定消费的方式和消费结构；(3)生产在消费者身上引起需要。后者则主要表现在：(1)消费是劳动力再生产的一个条件，因而它本身就是生产活动的一个内在要素；(2)消费使产品成为现实的产品，产品被消费了，生产这个产品的生产行为才算真正完成；(3)消费是生产的动力，没有需要就没有生产，而消费则把需要再生产出来，推动生产不断前进。马克思有一句名言："没有生产，就没有消费，但是，没有消费，也就没有生产，因为如果这样，生产就没有目的。"② 历史证明，马克思的这些分

---

① 马克思在《〈政治经济学批判〉导言》中说的"消费"有两重含义：一是"生产的消费"；二是"原来意义上的消费"即生活的消费。马克思着重考察的是后一种消费。我们这里的分析也是这样。参见《马克思恩格斯选集》第2卷，人民出版社1972年第1版，第93页。

② 同上书，第94页。

析是完全正确的。他得出的科学理论也是我们处理社会主义生产和消费关系时必须遵循的准则。过去我们对于生产和消费的一般关系研究得很不够，有时甚至会忽视和违背一些明显的道理，这是经济工作发生失误的一个重要原因。

社会生产和消费的关系，不仅有它的一般的规律性。在不同的社会制度下，生产和消费的关系又各有其特殊的规律性，在这里，生产关系起着决定性的作用。

社会主义生产关系决定了生产的直接目的是满足全体人民的需要，从而使消费和生产直接联系起来，摆脱了资本主义社会所固有的生产无限扩大的趋势和人民群众的消费相对缩小的矛盾。在任何社会里，生产最终都是为了消费，但生产的直接目的却是由各个社会的生产关系决定的。在资本主义制度下，生产的直接目的是取得尽可能多的剩余价值，尽管为了取得剩余价值，商品也必须满足社会"需要"，但是，做到后者仅仅是为了实现前者的手段。资本家总是力图把工人的个人消费尽量限制在再生产劳动力所"必要的"范围之内，甚至直接掠夺劳动者的必要消费基金。社会主义以生产资料公有制为基础，消灭了人剥削人的制度，劳动人民的幸福就成为全部生产活动的唯一目标，因此有可能在生产发展的基础上最大限度地满足人民日益增长的物质和文化的需要。恩格斯说：社会主义社会"不仅可能保证一切社会成员有富足的和一天比一天充裕的物质生活，而且还可能保证他们的体力和智力获得充分的自由的发展和运用"[①]。列宁也强调社会主义社会要"充分保证社会全体成员的福利和自由的全面的发展"[②]。当然，做到这一切要依靠生产力的高度发展。但是即使在生产力还

[①]《马克思恩格斯全集》第20卷，人民出版社1971年第1版，第307页。
[②]《对普列汉诺夫的第二个纲领草案的意见》，《列宁全集》第6卷，人民出版社1959年第1版，第37页。

没有得到高度发展的社会主义初级阶段，社会也要尽力满足人民的需要，使社会全体成员都有可能过幸福愉快的生活。这就能充分调动广大人民群众的生产积极性，推动生产迅速发展。

社会主义生产和消费之间关系的这种根本性的变化，使得在社会主义社会里有可能在生产和消费之间建立起相互促进的良性循环，发挥马克思所说的生产和消费相互"创造对方"的作用。而在资本主义制度下是不可能充分做到这一点的。第二次世界大战后，一些资本主义国家实行的高消费政策虽然对生产起了一定的促进作用，但这种作用并不总是积极的，而且是很有限的，不能从根本上解决资本主义生产和消费的矛盾。日本曾被称为在生产和消费之间建立了所谓"良性循环"的国家，事实上它的生产和消费之间也存在着深刻的矛盾。日本不少经济学家也承认国内存在着收入不均等、财富占有不均等的贫富悬殊现象，一方面很多人的起码需要得不到满足，另一方面很多产品过剩和生产能力过剩。日本战后7次经济危机平均每次延续7个月，生产下降7.1%，由于经济危机而中断经济增长的时间占整个30年的28.9%。

由于社会主义生产和消费之间关系的改变，使社会主义的消费本身具有区别于资本主义的鲜明特征。马克思曾把人的需要区分为生理的需要、精神的需要和社会的需要。社会主义消费的特征，是这些需要的全面满足。

现在有一种看法，把某些发达资本主义国家的"高消费"作为我国社会主义消费的目标或样板。这种看法是不正确的。诚然，这些资本主义国家在第二次世界大战后生产增长基础上出现的"高消费"，对延缓生产和消费的对抗性矛盾的爆发起了一定的作用，其中反映出来的某些消费发展的一般趋势（如随着收入增加消费构成将发生变化等）也有可以借鉴的地方。但是，必须看到，资本主义的"高消费"不可避免地带有这种剥削制度的深刻烙印。

首先，这种"高消费"是建立在不可调和的阶级对立和日益悬殊的贫富差别的基础上。一方面，劳动人民收入的某些提高，并没有改变他们受剥削、受压迫的基本事实。正像马克思早就说过的："吃穿好一些，待遇高一些，持有财产多一些，不会消除奴隶的从属关系和对他们的剥削，同样，也不会消除雇佣工人的从属关系和对他们的剥削。由于资本积累而提高的劳动价格，实际上不过表明，雇佣工人为自己铸造的金锁链已经够长够重，容许把它略微放松一点。"① 事实上，伴随这种"高消费"的，是剥削程度的加剧，工人债务的增加，以及思想、文化、道德上的空虚和苦闷的进一步发展，因此"高消费"并没有给劳动人民带来生活的稳定和愉快。另一方面，资产阶级的消费具有寄生的性质。他们穷奢极欲，一掷千金。这种奢侈和浪费，是建筑在本国和第三世界各国广大劳动人民的贫困和不幸的基础上的。其次，资本主义国家的"高消费"不仅伴随着"高浪费"，而且具有畸形的性质，不能给劳动人民带来真正的幸福。在那里，满足消费需要只是取得高额利润的手段，只要能赚大钱，无论什么东西资本家都可以生产和贩卖，而不问社会后果如何。而且，为了攫取利润，大公司还凭借它们的垄断地位，运用广告等舆论工具"说服"消费者，把获得高额利润所必要、而毫无裨益于人生的"需要"强加给他们。所以，在资本主义社会里，从生产猫狗服装、食品，到制造杀人武器、贩卖赌具毒品，都可以成为重要的产业。年复一年，社会把越来越多的人力、物力用在只是满足资产阶级的癖好或有利于大企业赚取利润的产品上，造成了极大的浪费。最后，人类的需要是多方面的，不能光靠物质产品来满足。有些资本主

---

① 《马克思恩格斯全集》第23卷，人民出版社1972年第1版，第678页。

义国家物质享受不可谓不高，但人民并无幸福可言。这是因为幸福不仅取决于物质条件，而且取决于社会条件、周围环境、人群关系、家庭关系、精神文明以及本人的健康状况、思想状况、精神状况等等。在资本主义社会中，道德沦丧，人与人的关系淹没在利己主义的冰水之中，资产阶级经济学家津津乐道的安全、自尊、与人交往、自我实现等"高级需要"是很难得到实现的。而资本主义增加物质产品生产，又是靠加重剥削，这不能不造成人们体力和精神的高度紧张以及社会关系的尖锐对立。这些使得资本主义国家中即使取得了比较高的收入的那部分劳动人民，也普遍感到自己并不幸福。许多人不知道资本主义的前途是什么，不知道人活着又是为什么。人们丧失了前进的目标，于是就产生了失望、颓废、厌世、消极的情绪，单纯地追求物质享受，加上经济不断出现危机，通货膨胀愈演愈烈，失业、破产、吸毒、负债、家庭破裂、青少年犯罪、酗酒、强奸、凶杀、盗窃等各种社会问题，接踵而至。赤裸裸的金钱关系，海淫海盗的黄色书刊，使人消沉疯狂的靡靡之音，怕失业、怕生病、怕年老、怕被盗的恐惧心理压抑着人们的心灵。近年来，连一些资产阶级学者也提出资本主义制度下的"丰裕"的物质生活，并没有促进公共目标的实现，没有增进公众的幸福，相反造成了多种社会祸患。社会主义社会又如何能够把这种"高消费"作为追求的目标呢？

有一种意见把幸福和高度物质享受等同起来，否认我国在当前条件下可以使人民过愉快幸福的生活。这种意见也是值得商榷的。

在社会主义制度下，最大限度地满足人民的物质和文化需要的最高目标，在于使每个人获得自由的全面的发展。为了达到这个目标，需要生产力的极高的发展，人民收入的极大的增加。这将是一个非常长的过程。但不能说，只有达到这样的水平以后，才能使人民过幸福愉快的生活,在这之前就无所作为。实际上,在社会主义社会里,生产将逐步发展,人民生活将逐步提高。这个发展和提高的过程,也就是劳动人民用自己的劳动和斗争为自己创造幸福生活的过程。只要具备了一定的物质条件,就可以保证人民过丰衣足食、不虞匮乏,具备较好的社会条件、周围环境、人群关系、家庭关系,建立起高度的精神文明,使大家的生理的、精神的、社会的基本需要得到满足,对前途充满希望。这是已往任何社会不可能做到的。

社会主义制度为建立合理的生产和消费关系提供了可能性,但是可能性并不等于现实。要使这种可能性变成现实,还要求人们重视这个问题,按照客观经济规律的要求处理好这个问题。我国第一个五年计划时期比较重视社会主义制度下生产发展和消费增长之间相互促进、相互制约的关系,对它们的关系处理得比较好,因此生产发展比较顺利,人民生活改善也比较快。这就表明,经过人们的努力,社会主义社会完全能够在生产和消费之间建立起相互促进的关系。

二、中国的社会主义消费模式

一个国家一定发展阶段上的消费模式(包括消费水平、消费结构、消费方式等等),是它的生活方式的组成部分。消费模式不仅由社会制度和经济发展水平决定,而且受地理环境、资源状况、文化传统、风俗习惯以及民族状况等等条件的制约。因此,各个社会主义国家由于国情不同,消费模式也会有自己的特点。我们不仅要研究社会主义制度下的生产和消费的一般关系,掌握普遍的规律性,还应当研究中国现阶段生产以及影响消费的其他因素的具体状况,掌握生产和消费的特殊规律性,建立我国自己的消费模式。

过去我们对消费模式问题研究得很不够，现在亟待抓起来，看来有必要组织适当的力量，通过认真的调查研究，弄清楚今后几十年人民物质文化生活发展的趋势和特点，预测我国今后5年、10年、20年、50年生产和消费的发展情况，确定我国的社会主义消费模式。要争取尽快地拿出有科学依据的、对实践有指导意义的研究成果来，把它作为制定建设方针和经济计划的依据。

影响消费模式的最重要的因素，是一个国家的经济状况，以此为基本出发点，才能处理好生产和消费的关系。在这方面，特别要重视当前我国的以下这些情况：（1）人口多，消费大。我国有10亿人口，如果每年增加1200万人，个人消费和社会消费按每人250元计算，一年需要增加消费基金30亿元；口粮按每人500斤计算，需增产粮食60亿斤；穿衣按每人25尺布计算，需增产布3亿尺。这种情况要求我们在处理生产和消费的关系时要十分慎重。陈云同志说："我们是十亿人口、八亿农民的国家，我们是在这样一个国家中进行建设"。"我们必须认识这一点，看到这种困难。现在真正清醒认识到这一点的人还不很多。"（2）底子薄，水平低。现在我国生产力还不发达，农业劳动生产率很低，工业劳动生产率也不高。目前我国的粮食商品率约为15%左右，每个农业人口每年只能提供80多元的剩余农产品，这么少的剩余农产品并不能满足城镇人口的生活需要和其他需要，因此现在每年需要进口相当一部分粮食、棉花和其他农产品。我国人民的消费水平也比较低，相当一部分农民还比较贫困。教育不发达，人民文化科学水平不高。这种情况决定了我们必须十分重视改善人民的物质文化生活状况，但是又必须看到生产水平对消费水平的限制，决不能不顾客观生产条件对消费提出过高的、不合理的要求。（3）当前经济上、财政上有相当大的困难。由于林彪、"四人帮"的长期干扰破坏，加上我们指导思想和具体工作中的失误，目前我国经济结构很不合理，国民经济比例严重失调，财政有赤字。前几年国家用了很大的力量增加人民的收入，这是必要的，但已经超过了财力物力可能负担的程度。在今后几年调整国民经济、克服经济困难的过程中，人民的收入不能增加过多，否则将增加财政赤字，加剧通货膨胀。在近期内，虽然我们还要根据需要和可能努力改善人民生活，但是不能期望消费水平有迅速的、大幅度的提高。根据这种情况，就要特别注意少花钱、多办事，提高产品和各种服务的质量，丰富文化娱乐活动，尽量使人民得到实惠。

由于我国经济方面和其他方面所具有的特点，我们决不能照抄照搬其他国家的消费模式。这里有几种不同的情况：一种是其他国家做了但我们不应该做的。一些经济发达国家第二次世界大战以来大量发展了小汽车，并由此形成了"汽车文明"的生活模式。近年来能源短缺有增无已，"汽车文明"就造成了社会生活的严重问题。绝大多数人对此感到头痛。我们在解决行的问题时就不能再走这条路。根据我国的情况，不仅不能大量搞小汽车，也不能大量搞摩托车。看来，这方面我国还是搞好公共交通工具和发展优质高效的自行车为好。西方一些国家在生产上和生活上走的是高度消耗能源的道路。我国不仅从资源条件看不能像西方国家那样搞，而且从经济合理的原则来看也不应当那样搞。我们的资源首先应该用来保证人民的基本生活需要，这是必须明确的方针。一种是虽然应该做，但现在不具备条件做。例如，一些发达国家住宅情况有了很大改进，现在我国也在尽力改善居民的居住状况，但是限于经济条件在相当长时期内还没有可能达到发达国家的水平。一种是我们已经超过或有可能超过其他国家的。例如，我国悠久的历史文化在物质生活、文化生活消费方面为我们留下了丰富多彩的遗产，我们要保留和发扬这些方面，使人民的生活多彩多姿。

根据初步研究，今后一个时期我国社会主义消费模式将有如下一些特点：

第一，消费结构将有显著的变化。根据我国的具体情况，人民消费需求的主要项目和顺序大致是：（1）食品；（2）衣着；（3）居住；（4）日常用品；（5）交通工具；（6）教育；（7）保健；（8）娱乐。这些需求，有的占的比重大些，有的占的比重小些；有的增长得快些，有的增长得慢些；有的在一定时期停顿一下，过一阵子又会有所增长。总之，它们将有先有后、有快有慢地周期性上升。在生产发展的基础上，在人民物质、文化生活需要不断增长的基础上，消费结构将发生变化。这从建国以来三十多年的实践中，就可以看出一个端倪。从1952年到1979年我国消费品零售额中，吃的部分由56.5%下降到50.2%，穿的部分由19.3%增加到23.7%，用的部分由20.9%增加到22.1%，烧的部分由3.3%增加到4%。吃的商品中，粮、油的比重急剧下降，糖、酒的比重相对上升。穿的商品是棉布所占比重下降，化纤织品相对上升。用的商品中耐用消费品增长很快，一般日用品增长较慢，但对中档产品和新兴产品的需求增加了。当然，就全国来说，由于相当一部分农民生活还比较困难，很多居民生活还不富裕，在一定时期内，吃在消费构成中还将是占首位的，但比重将会相对下降，而质量将要提高，品种将要增加。再是城乡相当一部分居民迫切要求改善居住条件。同时随着生活水平的提高，群众对商业、服务业以及交通运输的要求也增加了。还必须看到，现在群众迫切要求学文化、学科学、学管理，丰富自己的文化娱乐生活，因此，随着物质生活水平的提高，教育、健身、娱乐等方面在人民消费中所占的比重将会增大。

第二，个人消费和集体消费的正确结合。马克思在谈到社会主义社会属于共同享用的消费资料时曾说："和现代社会（指资本主义社会——引注）比起来，这一部分将会立即显著增加，并将随着新社会的发展而日益增加。"① 我国劳动人民享有的公费医疗、免费教育、社会保险以及用个人消费的房租补贴和其他各种补贴等福利措施，其总额与工资收入几乎相等，相对于生产发展水平来说，处于相当高的水平上。今后无疑还将随着经济的发展逐步提高。但是集体消费又要量力而行，要想超越客观条件办得更多也不行。集体消费的办法也要有利于发展生产和厉行节约，有利于发挥劳动者的个人主动性。

第三，闲暇时间的增加和合理利用。社会经济文化水平的提高会带来两方面的积极的结果：一是社会产品的增加，一是闲暇时间的增加。闲暇时间是指由劳动者自由支配的时间，是劳动者用于享受和使自己进一步成长的时间。在我国目前的生产力水平下，还不能不保持较长的劳动日，加之商业、服务业不发达，职工需要用比较多的时间处理家务，这就使劳动者自由支配的时间比较少。今后，随着经济的发展，闲暇时间将会得到稳定的增加，同时社会应当扶助各种服务事业和文化、教育事业的发展，使劳动者的闲暇时间得到合理的利用。

第四，消费的多样性。由于我国土地辽阔，民族众多，各个地区、各个民族的经济文化发展很不平衡。由于城乡之间、工农之间、体力劳动和脑力劳动之间存在着差别，在实行按劳分配的条件下，我国社会主义消费在水平、结构、方式等方面都会具有多样性。这种多样性，是经济工作者应该认真关注的。

第五，人民将过着一种舒适而又不浪费的生活。马克思曾说：

---

① 《马克思恩格斯选集》第3卷，人民出版社1972年第1版，第10页。

一切节省归根到底都归结为时间的节省,他并且把节省时间的规律看作社会主义的首要经济规律。社会主义社会在生产上应当力求节约,在消费上也应当力求实惠。我们所要求的经济效果,不仅包括生产的经济效果,而且包括消费的经济效果,合理的消费结构和消费方式,是提高消费经济效果的重要条件。我国人民有勤俭持家的优良传统,我们要永远保持和发扬这种传统。我国在本世纪末每人平均国民生产总值和经济发达国家相比还是低水平,因此收入水平的提高幅度不可能太大,但我们应当力求在不很高的收入水平的条件下比较好地满足人民的需要,建立起舒适而不浪费,经济实惠而又丰富多彩的社会主义消费模式,使我国人民生活过得愉快和幸福。

在设计我国消费发展的远景时,应当清醒地看到:我们的社会主义制度,为建立劳动人民无比幸福、无比美好的生活开辟了道路。但是,美好的生活要靠我们用自己的双手来建立。党和政府力求提高全体劳动者的消费水平。可是,消费水平究竟能以什么样的速度提高,归根结底还要取决于生产实际增长。而生产的较大增长,又要靠全体劳动者的辛勤劳动,才能做到。现在有一些人,由于过去的创伤或者其他原因,对于生活抱有消极的甚至有害的情绪。他们怨天尤人,而不是砥砺意志,发奋图强,他们向社会提出种种要求,稍不遂意,便觉得社会亏待了自己,却不反躬自问:在全国人民为克服困难,发展经济而进行的集体奋斗中,自己作出了什么贡献?显然,这种想法是不正确的,既无助于社会主义生产目的的实现,也无助于自身消费水平的提高。

对于消费还有一个正确引导的问题。我们知道,人们对于生活方式和消费模式的选择,是同他们在评价社会实践时所持的观点和所使用的尺度(价值观)联系在一起的。然而,经验又表明,人们对自己的消费方式常常不是自觉的,容易受别人的消费方式的影响。这种消费示范效应对单个人起作用，对一个国家也常常起作用。现在我国人民迫切需要提高物质和文化生活。对于合理的需要，应该努力加以满足。但对于可能出现甚至已经出现的一些不良倾向，则必须加以引导。例如，有些地方结婚讲排场，摆阔气，使当事人背上沉重的债务，不仅没有给生活带来方便和舒适，相反带来了困难和烦恼。又如，有些地方请客送礼成风，增加了人们经济上、精神上的负担，助长了挥霍浪费等恶习。文娱生活中也存在着庸俗轻佻等现象。这一切决不会有利于而只会有害于人们过真正幸福的生活，社会不应该听之任之。根据我国人民目前的消费水平和实际需要，在近期内，首先，必须把满足人民"吃、穿、住、用、行"的基本生活需要，作为发展经济和提高消费水平所要解决的首要问题；其次，是要发展那些有利于建设社会主义物质文明和精神文明的产品，如发展某些耐用消费品，发展教育、科研、卫生、保健等事业，还要重点发展那些有利于方便人民生活的城市公用事业、商业、服务业、幼儿教育以及集体福利、文化事业。在普及的基础上，有选择地进行提高。总之，我们既要按照人民的需要安排好生产，又要对人民的需要加以正确的引导，这样才能处理好生产和消费的关系。

三、实现产业结构的合理化，努力满足人民的需要

我们研究了社会主义条件下生产和消费的关系以及中国社会主义消费模式，就要以对它们的科学认识来指导我们的经济工作。

建国以后，我们正确地处理了生产和消费的关系，取得了很大的成绩。但是后来有很长一段时间由于背离了社会主义生产目的，存在着为生产而生产的倾向，导致产业结构很不合理。产

结构中的主要问题是：农业严重落后于工业；轻工业不能满足城乡人民提高生活水平的需要；重工业脱离农业和轻工业片面发展；能源供应紧张，浪费严重；交通运输业成为国民经济的薄弱环节；商业、服务业以及教育科学事业和国民经济的发展不相适应。这些问题造成的主要后果是，经济效果下降，人民生活不能随着生产的发展得到应有的改善，社会主义积极性受到挫伤。

为什么我们会在长时期中发生违背社会主义生产目的的错误？怎样才能克服这些错误，以便更好地满足人民的需要？这些问题的解决对于我国社会主义经济的顺利发展具有十分重大的意义。

我们没有处理好生产和消费的关系是有客观原因的。我国在生产力水平比较低的情况下进入社会主义阶段。为了巩固社会主义制度，迅速发展生产力，需要有较多的积累。同时还面临着帝国主义、霸权主义侵略的危险，必须加强国防建设。在这种情况下，我们处理生产和消费的关系、积累和消费的关系困难是很大的。

但是，我们没有处理好生产和消费的关系主要还是由于主观上的原因，由于在经济建设上一直存在着一种"速成论"思想，由于对我国的国情缺乏深刻的理解，我们过去在经济发展战略上存在着以下一些问题：（1）盲目追求高指标，尤其是盲目追求重工业的高指标；（2）片面强调优先发展重工业，实行"以钢为纲"，工业挤了农业，重工业挤了轻工业；（3）盲目扩大基本建设规模，忽视发挥现有企业的作用；（4）积累率过高，积累挤了消费。发展战略上存在的这些问题，导致产业结构严重不合理，生产也就难以满足人民的需要。

我国经济管理体制上的缺陷也是没有处理好生产和消费的关系的重要原因。我们长时期实行的是一种高度集中的、以行政管理为主、排斥市场机制的体制。这种体制妨碍了企业和职工的主动性、积极性的发挥。而且当领导机关在经济决策上发生错误时，企业也只能遵命行事，缺少一种自动地满足人民需要的机制。这些，都不利于社会主义生产目的的实现。

为了克服过去存在的缺点和错误，我们正在贯彻执行以调整为中心的八字方针。调整国民经济的主要目标，就是逐步实现产业结构合理化，以利于社会主义生产目的的实现。当前，除了坚决压缩基本建设战线外，还必须努力把国民经济中的"短线"，首先是消费品生产搞上去，这是实现调整任务的关键一着。

发展消费品生产首先要巩固和加强农业这个国民经济发展的基础。前面已经指出，在我国人民的消费构成中，吃是第一位的，而食物基本上是农副产品；穿是第二位的，衣着的原料也大部分来自农业；用的东西也有不少是农业提供的。这些情况决定了搞好农业生产是改善人民生活的关键。这几年由于贯彻了"一靠政策、二靠科学"的正确方针，我国农业生产的形势是很好的。但是我们不能以为农业问题已经解决了，要看到农业问题还是第一位的问题。要坚持实行正确的政策，妥善解决不断出现的新问题，努力争取农业持续稳定的增长。发展农业既要重视粮食增产，又要重视农林牧副渔综合发展和多种经营，要因地制宜、因时制宜地处理好它们的相互关系。同时要注意恢复和保持生态平衡，这不仅是当前农业增产的关键，而且是关系到子孙后代的事情，不可不特别注意。

发展消费品生产还要大力发展轻纺工业。轻纺工业需要的投资少，见效快，产品既能满足市场需要，又能大量回笼货币，增加财政收入。随着农业生产的发展和农民收入的增加，农村需要愈来愈多的轻工业产品，因此发展轻纺工业也是满足农民需要，巩固工农联盟的重大问题。过去两年的调整工作中，轻纺工业有了一定的发展。但是前一段时间由于对需求结构、消费结构研究不够，轻纺工业的发展有一定的盲目性。我们必须克服这种盲目性，针对供销脱节的情况，选择最适销对路的若干种产品，一项一项地落实增产增收计划和措施，然后逐步扩展，真正把轻纺工业迅速搞上去。

为了把消费品生产搞上去，需要其他部门的配合。各行各业都要为发展消费品生产服务，都要积极支援农业和轻纺工业的发展。重工业要真正转上为农业、为轻纺工业，归根到底也就是为满足人民需要服务的轨道，从而求得自身的健康发展。机械工业要从过去主要为重工业的基本建设服务，转变成为各行各业现有企业以节能为中心的技术改造服务，为轻纺工业的挖潜革新改造服务，并且要积极地而又有计划地发展日用机电产品的生产。冶金工业、化学工业等重工业部门都要围绕消费品生产和国民经济技术改造的需要调整生产方向和进行必要的改组。交通运输业、商业服务业、科学教育等事业，也应为发展消费品、发展农业、轻纺工业作出积极的贡献。各行各业支援消费品生产的过程，同时也是本身按照社会主义生产目的进行调整的过程。这样做将在各个部门之间以及它们内部建立起合理的经济联系，按照人民的需要逐步建立起合理的产业结构。

为了满足人民的需要，我们还应该发展商业和生活服务业，努力提高服务质量。由于长期忽视这些行业，现在我国商业服务业很不发达，网点少，服务质量差，给人民生活带来很多不便。商业和生活服务业是劳动密集型行业，发展这些行业也有利于解决劳动就业问题，是今后城镇劳动力就业的主要出路。今后发展商业和生活服务业主要应该采取集体所有制形式，同时应该允许个体经济存在。

现在我国国民经济不仅在产业结构上，而且在组织结构上也存在着严重的不合理状况。我国经济经过三十多年的建设，基础并不是很薄弱的。但是由于产业结构、组织结构不合理，潜力难以充分发挥。马克思曾说扩大再生产有外延和内涵两种类型。过去我们主要依靠外延的扩大再生产，这在工业基础较差的情况下是必要的。现在工业已有了相当大的摊子，现有工业企业又有很大的潜力，今后应该主要依靠内涵的扩大再生产。这就要求在调整产业结构的同时，调整工业的组织结构，要按照专业化协作和经济合理的原则，有步骤地进行工业的全面改组，把现有工业生产的潜力充分挖掘出来。

我国工业的改组，是在扩大企业自主权的改革已在主要企业中铺开的基础上进行的，因此，它的基本形式应是企业之间多种形式的自愿互利的联合，使参加联合的各方都得到好处。但是，进行工业改组，也不能没有强有力的计划指导和行政干预。如果不进行自上而下的推动，联合是搞不起来的。当前要从全国着眼，从中心城市着手，进行行业组织的试点。要围绕在国内外市场有竞争力的名牌优质产品，打破行业、部门界限，以名牌产品的生产厂为中心，统一规划，组建公司、总厂或联合体，改变生产结构，实行专业化协作生产，促进新技术的推广应用，促进经济效益的提高，尽快把这些产品搞上去。

总之，通过以调整为中心的八字方针的贯彻执行，我们将逐步建立起一个比较合理的经济结构，使我国社会主义经济建设走上提高经济效益、满足人民需要的新的轨道。这个经济结构的主要标志是：国民经济各部门、各部门内部，以及社会再生产的各个环节之间的比例关系大体协调；社会的人力、物力、财力得到比较合理的利用，在合理布局的原则下各地区的经济优势得到较好的发挥；生产建设的发展和人民生活的改善联系密切，互相促进，社会生产关系包括经济体制，比较适应生产力发展的要求。这样，就可以做到：经济协调发展，稳定增长，社会主义制度的优越性能够比较充分地发挥出来，人民也可以得到更多的实惠。

我们的社会主义建设一定要努力实现满足人民需要的崇高使命。我们经过几十年的努力，一定能够建设起中国式的社会主义的物质文明和精神文明。我们应当学习别国的长处，也要避免它们的短处。我们建设的社会主义的物质文明和精神文明，应当是丰富多彩的、万紫千红的，比资本主义国家优胜得多。在党的领导下，全国人民发扬爱国主义精神，奋发图强，努力奋斗，一定能够用自己勤劳的双手和智慧的头脑，建设一个中国式的社会主义的高尚的物质文明和精神文明的社会。这个目标，我们一定要达到，也一定能达到，我们应当有这个信心。

坚持走有中国特色的社会主义道路*

(一九八七年三月二十五日)

建设有中国特色的社会主义,这个命题是邓小平同志提出来的。当我们正在进行坚持四项基本原则的教育,开展反对资产阶级自由化斗争的时刻,讨论建设有中国特色的社会主义这样一个题目,是有很重要的意义的。

中国近代史发展证明了一个真理:中国不可能在摆脱殖民地、半殖民地、半封建的社会以后,先经过一个资本主义社会,再进入社会主义社会。为什么呢?这是因为,当中国工人阶级及其政党——中国共产党登上政治舞台的时候,中国资产阶级革命已经走到绝境。帝国主义的侵略,已经使在中国持资产阶级共和国方案,企图建立一个独立的资本主义国家的任何希望完全破灭了。这是当时中国社会的历史条件和国际条件决定的。中国只能通过彻底的反帝、反封建的新民主主义革命,建立人民民主专政的共和国,走上社会主义道路。这是中国的惟一出路,也是中国历史的抉择。对于这样一个真理,认识得最早、最准确、最清楚的是

---

* 为中央国家机关党委举办建设有中国特色的社会主义教育系列讲座所作的报告。

毛泽东同志。他在《新民主主义论》中，科学地分析了中国的社会性质，中国革命的历史特点和革命发展的基本规律，以及中国革命所处的国际环境，令人信服地说明了在中国走资本主义道路绝对行不通的道理，指出了这条中国人民惟一可以选择的道路。

最近，有不少报刊发表了很好的文章，回答了中国走社会主义道路是历史作出的选择这个人们普遍思考的问题。今天我不从这个角度再去展开讨论了。想从以下三个方面讲点意见，同大家讨论。

一、社会主义中国所取得的成就证明中国人民作出的历史选择是正确的

建设有中国特色的社会主义，是我国历史发展的总趋势，是全国人民共同的、根本的利益所在。新中国的成立，在我国结束了极少数剥削者统治广大人民的历史，结束了帝国主义、殖民主义侵略、奴役中华民族的历史，劳动人民第一次成了国家的主人。经过对生产资料所有制的社会主义改造，建立了一个崭新的社会主义制度，占全人类 1/4 人口的中国走上了社会主义的道路，这是第二次世界大战以来最重大的历史事件。它不仅从此改变了中国的命运，也改变了世界政治力量的对比，对世界历史的发展进程产生了重大的影响。中国革命的胜利是有重大国际意义的。中国独立了，并且能够找到一条比较快地摆脱落后、走向繁荣富强的道路，这对于和中国人民有着相同经历、相同命运的国家、民族和人民，都是很大的鼓舞。社会主义给中华民族带来了振兴，使中国达到了历史上从未有过的统一和强大，在世界上享有很高的威望，在国际事务中越来越起到举足轻重的作用，成为维护世

界和平的重要力量。这是每一个炎黄子孙无不为之感到自豪的事情。但一些持资产阶级自由化观点的人却不愿看到这些举世公认的事实，认为我们三十多年来"没干多少好事情"，"正统的社会主义到现在是失败的"。他们这些攻击和丑化社会主义制度，否定中国人民在中国共产党领导下奋斗三十多年所取得的光辉成就的言论，显然是十分错误的。

我们三十多年来社会主义建设的成就，尤其是在党的十一届三中全会以来这8年整个国家各个方面的成就，是有目共睹的。尽管我们是在帝国主义、封建主义的长期压榨，尤其是在经过几十年的战争破坏的烂摊子上起步，国际环境也曾经给我们经济建设造成了很大的困难，加上我们在一些时候、一些问题上犯过错误；但是，三十多年来，我们还是取得了史无前例的巨大进步。集中地讲，就是我们国家的实力增强了，人民的生活得到了明显的改善。

下面举一些数字说明：

以国民经济全面恢复的1952年作为基期，该年社会总产值为1015亿元，1986年达到18774亿元，每年递增8.4%。在此期间，工农业总产值，1952年为810亿元，1986年达到15104亿元，每年平均递增8.7%。其中：工业总产值1952年为349亿元，1986年为11157亿元，平均每年递增11%，农业总产值1952年为461亿元，1986年为3947亿元，每年平均递增4.6%。国民收入，1952年为589亿元，1986年为7790亿元，平均每年递增6.6%。我们这样的发展速度，与世界各国比较是相当高的，都高于同一时期资本主义国家发展的速度。当然，有些资本主义国家在这期间有时比我们高一点，但总的加起来，我们的速度还是很高的。那种认为资本主义制度下经济发展快，社会主义制度下经济发展慢的论调，是不符合事实的。

我国社会主义建设的成就，具体说，表现在以下几个方面：

第一，建立了独立的、比较完整的工业体系和国民经济体系，各个产业部门都有了很大的发展。1986年同1952年相比，我国棉纱产量增长6倍，达到396万吨，居世界第1位；原煤产量增长13倍，达到8.7亿吨，居世界第2位；钢产量增长38.6倍，达到5205万吨，居世界第4位；发电量增长61倍，达到4455亿千瓦小时，居世界第5位；原油产量增长297.7倍，达到1.3亿吨，居世界第5位；水泥产量增长55.9倍，达到1.6亿吨，居世界第1位；机械工业产值增长107.6倍，达到3800亿元左右。在辽阔的内地和少数民族地区，兴建了一批工业基地。如攀枝花居于群山之中，过去只有几户人家，现在却建成年产300万吨钢的全国大型联合企业；再如十堰市过去地图上都没有，现在却建成了"二汽"这样的大企业。国防工业也从无到有，逐步地建设起来，已具备了远程导弹和核武器等战略武器的生产技术和生产能力。铁路、公路、水运、航空、通讯、邮电等事业都有很大的发展。1986年和1949年相比，铁路、公路和水运的货运周转量分别增长47.6倍、47.4倍、133.7倍，客运周转量分别增长19.9倍、209倍、11.2倍。同一时期，邮电业务的总量增长38.3倍。这些成就在腐败的旧中国是难以想象的。

第二，在农业方面，农业生产的条件有了显著的改变，生产水平有了很大的提高。尤其在党的十一届三中全会以后，我国农村经济改革的成功和由此带来的农业经济的迅速、全面发展，成为举世瞩目的事实。30年来，我国农业总产值增长7倍，达到3947亿元；全国农田的灌溉面积由1952年的2000万公顷扩大到1985年的4403万公顷；有3000多万公顷的低洼、淤洼地带和坡地得到了治理和改造，长江、黄河、淮河、海河、松花江等大江大河的洪水灾害得到了初步控制。解放以前，我国农业几乎没有农业机械、化肥和电力,现在全国农村已经拥有大中型拖拉机87万多台,小型拖拉机几百万台,机耕面积达到6亿亩,排灌动力机械有601亿瓦特,化肥使用量为5952万吨,用电量相当于解放初的13.4倍,达到578亿千瓦小时,农业逐步向现代化前进。1986年和1952年相比,全国粮食产量增长2.4倍,达到39109万吨;棉花产量增长2.7倍,达到354万吨。现在我国粮食和棉花的产量都居世界首位。当然,我国人口多,按人口平均粮拥有量从1949年的209公斤增加到1986年的377公斤。1949年我国还不到5亿人口,现在人口增加了1倍,人均占有的粮食增加80%以上。上述数字虽然还不高,但这是很不容易做到的事情。我国的人口占世界的将近1/4,而耕地面积只占全世界的7.2%。在人均粮食拥有量不多的情况下,人民政府采取了合理的分配制度和稳定粮价的政策,使全国人民的基本需要有了保证。中国如此众多人口的吃饭问题,这被近代历届政府和许多外国的政治家看做是一个不能解决的问题。在中华人民共和国建立前夕,毛泽东同志在评论美国国务卿艾奇逊发表的白皮书的文章里,就批驳了这种观点。现在这个问题,新中国终于解决了,这是社会主义制度优越性的一个非常有力的证明。

第三,城乡的商业和对外贸易有了很大的增长。1986年和1952年相比,社会商品零售总额由276.8亿元增加到4950亿元,增长17.9倍。国家进出口贸易总额,1986年比1952年增长38倍,达到738亿美元。按照平等互利、互通有无的原则,我们同世界上170多个国家和地区建立了贸易关系,现在我国进口贸易总额占社会总产值的12%以上。出口商品中制成品的比重也加大了。

第四,科学、文化、教育、体育事业有了很大的发展。1986年全国各类全日制学校在校的学生是18903万人,比1952年增长

3.5倍。1986年全国已经有1050个县普及了初等教育，占全国总县数的一半以上；学龄儿童入学率达到96.4%，但巩固率还不高。三十多年来，高等学校和中等专业学校培养近1000万各类专门人才，1986年全国科学研究人员比1952年增长19.4倍。研制核技术、人造卫星和运载火箭的成就，表现出我国科学技术水平有很大的提高。群众性的体育事业蓬勃发展，不少运动项目取得了出色的成绩。1986年我国运动员共获得26个世界冠军，12次打破或超过9项世界纪录，404次打破了172项全国纪录。我国体育代表团在第十届亚运会上，获得了94枚金牌。

第五，在生产水平不高、人口基数大、人均收入水平低的情况下，保证了全国人民的基本生活需要，并随着经济发展逐步地提高了生活水平。按照可比价格计算，把物价上涨因素扣除以后，全国居民的消费水平，1986年比1952年提高3.2倍。城乡人民储蓄大幅度地增长。1986年，人均存款达二十多元。城市劳动就业问题基本上得到解决。城乡人民的医疗卫生条件也有很大改善，卫生机构由1949年的3670个增加到1985年的200866个，医院的床位由8万张增加到222.9万张，每1000人医院床位数由0.15张增加到2.14张；卫生人员由54.1万增加到431.3万人，每1000人口医生人数由0.67人增加到1.36人。人口死亡率1949年为2%，到1985年降至0.66%，人口的平均寿命，解放前是35岁，现在提高到68岁；其中上海，据报载，已达到74.27岁，男性72岁，女性76岁。而世界人口平均寿命是多少呢？发展中国家是58岁，因为发展中国家科学技术也在不断进步，小孩生天花一类疾病也少了；发达国家平均年龄是73岁，平均年龄最高的大概是日本。现在我国人民的物质消费水平还不高，但是按照国际上统一的生活质量指数，不少指标已超过了不少中等收入国家的水平。

特别是党的十一届三中全会以来，坚持以经济建设为中心，实行改革、开放、搞活的方针，保证了国民经济持续、稳定、协调地发展。国民生产总值、国家财政收入、城乡居民平均收入大体翻了一番，10亿人民绝大多数解决了温饱问题。城市有6000万人就业，农村有7000万人转入非农业产业，经济体制改革在城乡全面展开，对外开放取得了开拓性的进展。

——从经济的持续稳定增长来看，1953～1978年间，我国社会总产值每年平均递增7.9%，而其中最高年增长32.7%，最低年下降33.5%，分别偏离平均速度+24.8和-41.4个百分点；1979～1986年期间，社会总产值每年平均递增10.1%，其中最高年增长16.5%，最低年增长4.6%，分别偏离+6.4和-5.5个百分点。这说明经济增长的稳定程度提高了。

——从国家经济实力的增长来看，1979～1986年间，国民收入平均每年增长315亿元，而1953～1978年期间平均每年增长84亿元。电力、钢、煤炭、石油的产量，分别从占世界的第7、5、3、8位上升到第5、4、2、5位。

——从人民生活来看，1986年和1978年相比，农村人均纯收入从134元增加到424元，城市人均生活费收入从316元增加到828元，扣除价格因素，分别增长160%和80%以上。全国城乡居民储蓄存款由210.6亿元提高到2300亿元。

由此看来，党的十一届三中全会以来的8年是我国历史上经济生活最活跃、经济实力增长最快、人民得到实惠最多的时期。任何否定或贬低我国人民所取得的成就的说法都是不正确的。

我们建国37年来的成就确实是辉煌的，不仅资本主义国家做不到，就是和社会主义的苏联相比，我们也并不逊色。大家知道，十月革命前俄国的工业和农业要比旧中国发达得多，比如钢铁，就有近200万吨；而我国1949年以前仅有几万吨，加上当时日本占领的东北也只有八十多万吨,而且设备已被破坏。拿我国37年取得的成就和苏联建国40年以后(1957年)相比,虽然两国的经历有所不同,也不能完全相比,但也可以看出一点不同。比如,钢产量,苏联1955年(1957年数字未查到)为4527万吨,我国1986年为5205万吨;煤产量,苏联1957年为46347万吨,我国1986年为87000万吨;石油产量,同期苏联为9834.6万吨,我国为13100万吨;发电量,苏联1955年为1702.25亿千瓦小时,我国为4455亿千瓦小时,这个指标就高得多了;粮食产量苏联1957年为10260万吨,我国1986年为39109万吨。可见以上述期间的成就相比,我国比苏联要发展得快一点。还应看到,我们是按照自己的意志、自己的路子走过来的,这也是举世公认的。

有些人拿只有三十多年、又处于发展阶段初期的中国同经过了几百年发展的发达的资本主义国家比较,以此来证明资本主义比社会主义好,这种比较是不科学的。确实,我们同发达资本主义国家目前的情况相比,在经济、技术、文化等方面还有很大差距;这种差距将激励我们更加奋发图强、更好地发挥社会主义优越性,以便缩小差距,迎头赶上。但是,某些人却以现在这种差距来贬低党的领导,攻击社会主义制度,这只能使人们妄自菲薄,丧失信心。我们认为,在比较的时候,不但要看到差距,更要看到造成差距的历史原因和自然条件。资本主义在英、法、德、荷兰等欧洲国家发展了三百多年,在美国发展了二百多年,在日本也发展了一百多年,它们今天的经济发达和物质财富比较充裕,是建筑在几个世纪以来对国内劳动群众的剥削以及对包括中国在内的广大殖民地、半殖民地人民的掠夺、剥削基础之上的。资本主义从原始积累开始,就是和侵略、掠夺、屠杀分不开的。中国从1840年鸦片战争以来,多少个帝国主义掠夺我们。就在上个世纪,帝国主义还在我国搞过就像贩卖黑人一样贩卖华人的血腥勾当。这是每一个中国人都不应该忘记的事情。这几年来，不少同志到西方国家参观、访问和考察，其中有少数同志根据浮光掠影的印象，在作报告、写文章或在不同场合的谈话中，只谈或者夸大地宣扬资本主义国家的各种各样长处；而对当代资本主义仍然是金融寡头统治一切的帝国主义本质，西方国家仍然存在着周期性的经济危机，失业、颓废、社会矛盾尖锐等等问题，却讲得很少或者根本不讲。这样，在一部分人特别是在青年的心目中，就很容易产生社会主义不如资本主义的这种错误的思想影响了。我们应该很好地学习《邓小平文选》的有关文章。邓小平同志说："资本主义无论如何不能摆脱百万富翁的超级利润，不能摆脱剥削和掠夺，不能摆脱经济危机，不能形成共同的理想和道德，不能避免各种极端严重的犯罪、堕落和绝望。"这完全是真理。资本主义世界从1825年以来，已经爆发过几十次经济危机，本世纪还两次把人类拖进世界大战，给人类带来了巨大的灾难。在发达的资本主义国家里，伴随着高度物质文明的是各种极端严重的犯罪、吸毒、卖淫、堕落这些丑恶的社会现象。尽管我们的社会主义制度还不够完善，但总比尔虞我诈、弱肉强食、损人利己、贫富悬殊的资本主义好得多。

还有些同志用近几十年发展起来的小国和地区为例，认为资本主义制度优越。这几个小国和地区近几十年的发展，是有许多特殊因素的。比如南韩，它的发展在很大程度上就是依靠外国的资金。南韩现在有4000万人口，外债高达400亿美元，平均每人1000美元。我国如果按这个水平借外债，要借1万亿美元，显然是办不到的。正如邓小平同志1980年在《目前形势和任务》的讲话中所指出的："过去，一些比较小的工资很低的国家和地区，由于有些发达的大国为了自己的利益在资金、技术等方面支持了它们，它们的廉价产品在一定时期的国际市场上也比较容易钻空子。

资本家把高额利润分一点给这些地方的劳动者，劳动者的生活就显得改善很快了。中国这样的社会主义大国，不可能走捷径。"

还有些人用国民党溃退到台湾以后所取得的经济上的发展和我们来比较。确实在一段时间里，台湾的经济发展是比较快的，但有其若干客观的因素和国际条件、历史条件。首先，用台湾这个海岛和发展极不平衡的内地相比，就缺乏科学性。台湾从17世纪20年代荷兰殖民主义者占领以来，包括后来日本的统治，就断断续续地经历了一个漫长的殖民时代，在这个过程中，台湾的经济从传统经济逐步地转变为现代经济，国民党溃退到台湾时，那里就具有相当的工业基础。在50年代到60年代，台湾当局又利用美国的经济援助，恢复和发展了台湾的经济。还应该看到，50年代以来，美国相继发动了侵朝战争和侵越战争，由于大量的军事订货，也大大刺激了台湾经济的发展。其次，把两种不同的政治制度进行比较也是不正确的。战后，尽管台湾的主权归还了中国，但实际上台湾经济是在长期脱离祖国内地的情况下依靠外国垄断资本的扶持发展起来的。这样一种特定的历史条件，决定了台湾资本主义必然具有某种半殖民地的性质。第三，经济的发展并不等于人民生活的富裕和安定。台湾当局及其御用经济学家用西方的"理论"来宣扬台湾已进入"中富的社会"。中富，好像是都富起来了。但实际上，台湾的资本家和统治集团过着奢侈豪华、花天酒地的生活，而低收入阶层则受通货膨胀或失业的威胁，基本生活常常都没有保障。台湾色情事业相当发达，被西方富豪称作是"男人的天堂"。既然生活吹得那么好，为什么还干这种事情？一些回内地探亲的台湾同胞、美籍华人称赞新中国成立以后一举清除了旧社会的污泥浊水，说这是共产党的大功大德。第四，从发展趋势看，台湾自从被联合国驱逐以后，在政治、外交方面一天比一天孤立，工商界人士对它的前途产生疑虑，台湾统治集团如蒋经国等也把自己的财产往国外转移,严重影响了台湾经济进一步发展。

如果要与资本主义制度相比较,那么印度在历史条件和人口条件等方面同我国相近,这还有一定的可比性。印度原是英国的殖民地,1947年独立,比我们建国早两年,独立以后就走上资本主义道路。英国、美国给它以援助,苏联也给它援助,国际环境比我们有利。印度人均耕地面积(5亩)也比我国(不到2亩)多,而且土地也比我们肥沃。从1951年4月至1952年3月这个年度到1982~1983年这个年度,31年来国民生产总值平均增长率,印度为3.6%,而我国为5.9%;人均国民生产总值平均增长率,印度为1.4%,我国为3.9%。长期以来,印度一直存在国民收入分配不均的现象,贫富悬殊,阶级斗争日益加剧,大规模骚乱时有发生。据美国海外发展委员会计算,1977年印度的生活质量指数为41,比世界平均水平低37,居世界104位,在80年代也没有明显改善。而我国的生活质量指数1979年为71,比它高得多。现在我国人民每天吸收的营养物达到人均3000大卡,而印度只有1000大卡,人均口粮只有200克。据印度报刊资料统计,占全印人口5%的资本家、地主、官僚人均年收入至少在5万卢比以上,其中1%最上层的人年收入至少在10万卢比以上,而占人口25%的低层的人人均年收入至多不过1000卢比。据1983年印度交通国务部长说,印度50%的人处在贫困线以下,还有30%的人处在贫困线上,这些人每天只能吃两顿饭,患有营养不良症的人约占总人口数的30%。前年我去访问印度,得到的印象是:印度从表面看,高楼大厦也很多,但就在高楼大厦旁边,那个情况比解放以前中国的情况糟得多。印度最大的城市加尔各答,我们去时正是冬天,晚上街上睡满了人,大多数盖一张报纸、塑料布。当时同行的钱俊瑞同志告诉我,解放以前的上海还没有这种情况。

据印度一位负责人说，加尔各答市有一半人没有房子，就在大街上住。孟买比加尔各答情况好一点，也有40%的人无家可归。我们在一个很漂亮的希尔顿饭店旁边，看到老百姓就在露天生活，用几块石头垒起来烧饭，从臭水沟里打水煮玉米糊，也没有菜，辣椒面倒在玉米糊里就是一顿饭。印度的农村比我国解放前的农村还要穷困。我们去看了一个中等以上的农家，在那里算是比较富裕的。但家徒四壁，连桌凳、床铺都没有，席子也没有，人就睡在泥巴地上。说他"富裕"，仅指多几口袋粮食而已，穷的农家就更可想而知了。当然，印度也有好的方面，如引进国外技术，消化得比较好，消化后就变成印度的技术，向第三世界输出，这一点我们就不如人家。印度对民族工业是保护的，当然开放不够。印度生产的汽车连我国原来生产的上海牌都不如，但街上跑的都是自己生产的汽车，外国的很少，并规定本国政府官员不准坐外国汽车。另外，街上没有像巴黎、纽约那样乱七八糟的广告。印度普及教育比较差，但对高等教育却很重视。从总体来说，虽然印度有它的进步方面，但和我国相比差距很大。实事求是地讲清这些情况，对于正确理解我国现状是有益的。

以上从不同角度对社会主义制度同资本主义制度所作的比较，证明我们走的道路是正确的。如果中国不搞社会主义，就不可避免地会出现两极分化，财富流入少数人腰包，而绝大多数人贫困交加，以至出现流离失所、饿死街头的惨状；国家也必然会倒退到半殖民地、半封建的社会，四分五裂。中国人民绝不允许出现这种状态。

二、中国仍处在社会主义的初级阶段

如上所述，三十多年来我们取得了举世公认的伟大成就，但由于我国有个特点，就是邓小平同志指出的：人口多，家底薄，发展极不平衡，要实现社会主义的现代化需要相当长的时间，任务是很艰巨的。那么，中国究竟处在什么阶段呢？1981年通过的中共中央《关于建国以来党的若干历史问题的决议》明确地提出了中国现在处在社会主义的初级阶段。党的十二大的政治报告，进一步肯定了这个论点。1986年十二届六中全会通过的《中共中央关于社会主义精神文明建设指导方针的决议》再一次阐述了这个重要的论断。这个论断有两层含义：一是当今我国的社会是社会主义社会，我们必须坚持社会主义，而不能离开社会主义；二是当今我国的社会主义，又是初级阶段的社会主义。我们考虑问题，处理问题，必须从这个实际出发，而不能超越发展阶段。

马克思主义告诉我们，实现共产主义，要经过低级阶段也就是社会主义，然后到高级阶段——共产主义。这是一条极其重要的真理。同时，实践又告诉我们，对于这条真理的认识需要发展、深化。在建设社会主义社会这个历史阶段中又应该划分若干阶段，至少应划分为初级阶段和发达阶段。然而，仅仅这样认识还不够，还要认识这个初级阶段的长期性。特别是在那些经济不发达的国家，工人阶级取得了政权之后，建设社会主义初级阶段会长得多。企图很快地完结这一历史阶段的过程，这是一种空想。我国和苏联的经验都已经充分地证明了这一点。

为什么这样讲呢？因为工人阶级只要具备了夺取政权的条件，采取革命的方式，推翻剥削阶级的统治，改变旧的生产关系，这是能够在比较短的时间以内完成的。不承认在一定历史条件下，半殖民地、半封建国家的人民，可以取得政权，超越资本主义发展阶段，而走上社会主义道路，这是革命发展问题上的机械论。而要把近乎中世纪式的以手工劳动为主的落后的生产力变为现代化的大生产的先进的生产力，要消灭文盲、普及教育，赶上发达国家的经济文化发展水平，是不能像夺取政权、改变旧的生产关系那样在很短的时间内完成的。一个是革命，一个是发展生产力，这是不一样的。要达到发达国家的水平，虽然由于社会制度优越可以比发达资本主义国家所经历过的时间要短，但还是需要相当长的时间。不承认生产的社会化、商品化是不可逾越的，以为不经过生产力的巨大发展，就可以进入成熟的社会主义，是革命发展问题上的空想论。

在我国，从建国初期算起，要实现邓小平同志所说的人均国民生产总值达到中等发达国家水平的目标，需要多少时间？大约100年时间，也就是到了下一个世纪中叶。至于要达到发达国家的水平，可能需要更长的时间。

统一对我国社会主义发展阶段的认识，不仅具有巨大的理论意义，而且具有巨大的实践意义。为什么这样说呢？不承认社会主义发展的阶段性，不认识社会主义从初级阶段到发达阶段需要相当长的时间，把社会主义革命和社会主义建设看得很容易，在这个方面，我们有过痛苦的教训：一个就是急于过渡，急于由社会主义过渡到共产主义。比如，从多种经济成分急于过渡到单一的公有制，从集体所有制急于过渡到全民所有制，从按劳分配急于过渡到按需分配，追求所谓"一大二公"，吃饭不要钱啦，诸如此类。这种"过渡"，过去大家都经历过了。另一个是急于求成。比如，提出违反自然规律和经济规律的"大跃进"，"苦战三年"就要改变中国的面貌。"人有多大胆，地有多大产"，"不怕办不到，只怕想不到"，等等。总之，有一种速成论的思想，就是认为社会主义建设很快就可以成功，这种倾向曾对我国建设事业造成了严重危害。这个历史教训是必须吸取的。我们建设社会主义过程中所以出现这种急于求纯、急于求成的错误，根本就在于离开了我国的基本国情，没有清醒地认识我国社会主义发展要经历一个相当长的初级阶段。当然,我们也反对慢吞吞的、不着急的、没有紧迫感的那种思想。但是,两相比较,37年来我们受害最大的是急于过渡、急于求成的"左"的思想所造成的损失。因此,我们反复强调坚持实事求是的思想路线,致力于发展生产力,建设四个现代化,并逐步实行对我国经济体制、政治体制的改革。

通过几年来的实践和探索,对于我国目前仍然处在社会主义的初级阶段这一点,大家的认识逐步趋于一致了,但是,初级阶段的基本特点是什么?究竟有多长?看法不尽完全一致,需要进一步认真地探讨。现在,根据大家讨论的意见,对于初级阶段的一些基本特征初步归纳如下几条,供大家研究。

第一,我们国家的社会生产力虽然有了很大的增长,但劳动生产率仍然很低,物质技术基础的总水平和人均收入也都很低,人均国民生产总值居世界130位;地区的发展很不平衡,城乡之间、地区之间的差别还很大。按照人均国民生产总值1000美元的目标,现在上海早已达到了;但是,在西藏、青海、甘肃等最困难的地区,现在只有几十美元。在全国10亿人口中,8亿农民基本上还是以手工劳动为主,以落后的工具搞饭吃。一个农业劳动力生产的粮食可以供养的人口,美国大约是70个人,法国是36个人,德国和日本是18个人,而我国大约是两三个人。在工业部门,传统产业仍然占主导地位,新兴产业、高技术产业的比重还很小,少量的现代化产业同大量的落后于现代水平的产业,同时存在。我国人口众多,劳动力充足,这是个优点;但是,人口增长和资源供应能力增长的矛盾长期处于紧张状态。我国地大物博,从总量来说是这样,但是以人口平均量来说却是一个资源贫乏的国家,对这一点认识清楚,才能更合理地、更节约地使用自己的资源。

为了说明我国生产力的落后,这里可以举几个例子。1979

年，我到美国访问时访问了几户农家，其中有一家有5口人，3个劳动力，夫妇俩和一个儿子，另外两个孩子上学。这家3个劳力种了1100英亩土地，合中国6677亩土地，生产10万公斤粮食，每人平均生产3.5万公斤粮食，与我国每个劳动力每年平均生产1000公斤粮食相比，就高出35倍。我访问的这户人家，是代表了美国一般的个体农户的情况。这一家大约每年收入5万美元，向联邦政府纳税1.5万美元，向地方政府纳税5000美元，剩下纯收入3万美元，平均一个劳动力可以得到1万美元的收入。这与我国同一年每个农业劳动力的收入（约216美元）相比，高46倍。我对美国工人的劳动生产率也作了一些调查。以福特汽车制造厂的一个分厂为例，它有4300人，一年生产21.5万辆汽车，人均年产50辆汽车。而我们的二汽，比一汽更先进些，据一年前我去作的调查：6.4万人，一年生产9.6万辆汽车，人均1.5辆汽车。由此看来，我们国家要富裕起来，不把劳动生产率提高是不行的。社会主义最根本的任务就是发展生产力，只有生产力的巨大发展，劳动生产率的不断提高，才能富国裕民。

第二，以公有制为基础的社会主义的基本经济制度已经在我国确立，地主、资本家作为阶级，已经消灭。但是，生产的社会化程度还很低，存在着以公有制为主体的多种经济成分，多种经营方式。作为主体的公有制本身也不成熟，在全民所有制经济内部，还存在着中央和地方、部门和企业、企业和企业之间复杂的利益关系；在集体经济内部，比如农村经济，所有权和经营权分开后，也出现了一些新的情况。除此以外，现在还有个体经济，中外合资的国家资本主义经济和少量的资本主义经济，包括允许外国人到中国来独资办企业等，作为社会主义经济的补充。这些都是和我们这个初级阶段有关系的。在社会主义初级阶段上，尤其必须以公有制为主体的前提下，发展多种经济成分，包括相当比重的个体经济、私营经济和外资经济不能要求过去那种"一大二公",纯而又纯。

第三,与公有制为主体的多种经济形式相适应的多种分配方式。在个人收入分配上,是以按劳分配为主,但同时还存在着性质不同的其他分配方式。即在按劳分配为主体的前提下,实行多种分配办法,包括各种合法的劳动所得,合法的生产条件带来的所得,以至某些合法的剥削所得等等。在共同富裕的目标下,鼓励一部分人,一部分企业,一部分地区先富起来。不坚持按劳分配为主的原则,不坚持共同富裕的原则是不对的,要求绝对平均也是不对的。我们说以按劳分配为主,就是说还有其他一些分配形式,比如,买股票分得红利,能说是按劳分配吗?在银行存款取得利息,能说是按劳分配吗?当然不能这样说。还有一些其他的形式、其他的方式。如不加以区别,就会把那些雇工问题的性质,都说成是社会主义的了。但是,实际上,只能说它是我们社会主义经济的一种补充,它本身还不能说是社会主义的东西。

第四,我国的经济虽有很大的发展,但自给自足的自然经济、半自然经济以及传统模式下的产品经济,仍然占有相当大的比重。农产品商品化的程度,总的来说还不到50%;工业生产资料,还有相当大的部分,靠调拨,而不是商品交换。商品经济很不发达,商品流通和金融机构还比较落后,社会主义的、统一的、开放的市场体系的形成,还需要一个发育的过程。而商品交换是社会主义条件下,不仅农民而且也是全民和集体企业惟一能够自愿接受的形式。全民、集体、个体和私营企业都是商品生产者和经营者,都需自主经营、自负盈亏。为了调动各类企业,各方面的劳动者和经营者的积极性,除了大力发展商品经济外,别无它途。国家计划也必须建立在等价交换的基础上。这就是有计划的商品经济。

第五,我国科技文教事业虽有很大发展,但是少量具有世界先进水平的科学技术同广大人民群众文化素质很低的情况，同时存在，文盲在成人中将近1/4（23%），这是个很大的问题。可是，要把我们整个民族的科学文化水平提高，需要几代人的努力才能达到。

第六，我国的社会主义，是独立自主、对外开放的社会主义。党的十一届三中全会以来，实行对外开放的方针，已经取得了开拓性的进展，但是，要把我国建设成为社会主义现代化国家，必须进一步对外开放，我们不能照搬别国的模式，但一定要对外开放，否则就会愈来愈落后，全盘西化不对，闭关自守也不行。

第七，我国人民民主专政的社会主义基本政治制度已经确立，工人阶级和其他劳动人民作为国家主人的地位的确立，使我国已经步入了人类历史上最先进的社会发展阶段，即社会主义的历史阶段；但是，社会主义的民主和法制还不健全，党和国家的政治生活的民主化、经济管理的民主化、整个社会生活的民主化，还是一个随着经济发展、文化提高逐步实现的过程。比如，文盲参加投票选举，参与国家政治生活，就有一定困难。因为上层建筑是由经济基础决定的，实现高度的民主也和充分发展社会生产力一样，要有个过程，建立社会主义民主政治是个长期的任务。

第八，从意识形态领域里讲，马克思主义、社会主义已经占有主导地位，但是，旧社会的习惯势力、小生产的狭隘观念和各种剥削阶级腐朽思想的影响和侵蚀，还严重存在，思想斗争还会长期存在。应当把这个问题看做长期的工作、长期的斗争，不能期望三年两年就把这个问题解决。和各种剥削阶级腐朽思想的斗争是一个长期的任务。党风问题也是一个需要长期解决的问题。

我们要在建设社会主义物质文明的同时，努力建设社会主义精神文明，要使传统的优秀文化与现代的先进文化相结合，继承和创新相结合。忽视学习外国先进的东西是不对的，忽视同资本主义、封建主义腐朽思想的必要斗争更是不对的。把这种斗争扩大化、简单化，企图用搞运动的办法解决思想问题也是不对的。

实现祖国的统一是历史赋予我们的任务。"一国两制"的科学构想，对推动祖国统一事业，产生了巨大作用。香港、澳门问题相继得到圆满解决。但祖国统一事业还未完成，我们还要按照这一原则和平解决台湾问题。

总之，社会主义初级阶段，既区别于新民主主义向社会主义的过渡时期，又区别于发达的社会主义，这是在经济不发达的基础上建设社会主义。有人说，我们既然没有走过资本主义，就先走一段资本主义然后再走社会主义好了。如果那样，我们就会和印度现在的情况差不多。但是，历史既不允许我们退到资本主义去，又要求我们在社会主义条件下吸收资本主义已经取得的反映现代社会化、商品化生产规律的那些东西，利用它作为社会主义的某些补充，以完成历史赋予我们的任务。这样，经过长期的努力，我们就能在经济发展上接近并最终超过资本主义的发达国家。

我们还可以看看苏联的教训。苏联从1917年十月革命到现在近70年，他们对自己所处的发展阶段，也有一个认识不断深化的过程，经过几代领导人的努力，可以说逐渐地接近于实际了。因为过去走得太快，现在在某种意义上也可以说是后退，但实际上不应该说是后退，而应该说是逐渐地接近于实际。列宁在十月革命取得胜利之后，由于当时国际上帝国主义的武装干涉和国内反革命武装叛乱，于是实行军事共产主义制度，帝国主义的干涉结束以后，列宁很快由军事共产主义转变为新经济政策。新经济政策，包括以国营经济为主体，允许一些私人的、个体的经济活动存在，也允许外国资本租赁本国的企业。斯大林一直说是在建设社会主义，他倒没有说马上要搞共产主义。但到赫鲁晓夫上台，就宣布苏联已经进入建设共产主义的阶段。到了勃列日涅夫，又改变了，说现在不是处在建设共产主义阶段，而是处在建设发达的社会主义阶段。到安德罗波夫的时候，说是处在发达的社会主义的门口。由此可见，他们对这个问题的认识也是逐步深化的。

回顾一下我们自己的认识过程，那也是很有意思的。1958年8月北戴河会议通过的关于农村建立人民公社问题的决议就认为，共产主义在我国的实现，已经不是什么遥远将来的事情了，并提出要七八年后就可以实行按需分配。后来，很快地就发现了这个错误。到同年底武昌会议时，又作了个《关于人民公社若干问题的决议》，指出不能混淆社会主义和共产主义两个阶段，社会主义阶段是长期的，但还没有提到初级阶段的问题。我们在这个问题的认识上，也值得很好总结。我们搞社会主义的历史要比苏联短得多，经济发展的起点和自然资源的拥有量也比它差得多，而我们的人口要比苏联多得多。因此，我们国家社会主义建设初级阶段的时间可能要比苏联长得多。

在这个问题上，极少数人攻击和污蔑我们社会主义制度，把社会主义说成是"空洞无物的幻想"，"实质是封建的半封建的"，"不过是抹上了马列主义、社会主义的一层油彩"。他们认为资本主义的生产方式是中国急需的，要"回过头来再补课"，主张引进资本主义的思想、理论、意识形态。他们这种倒行逆施，显然只会把我们社会主义现代化建设引向歧路。党中央领导同志曾指出：我们既不能在无产阶级革命胜利以后搞一段资本主义，也不能够忽视中国缺乏资本主义发展过程这样一个事实。无产阶级既已取得了政权，为什么还要搞资本主义？应该搞社会主义。但是，我们也不能因此忽视中国还缺乏资本主义发展过程这个事实。所以，我们要克服两种错误倾向：一种是要为资本主义平反，认为我们过去搞错了，要回到资本主义去；另一种是不让搞商品经济，不让个体经济存在。这两种倾向都要反对。

还有些同志看到我们国家很穷，心里很着急，恨不得在很短时间里就要把什么事情都办完，好像一觉醒来就要实现一个现代化，这是不现实的。我们有过这样的教训：1958年人民公社化决议就讲过，七八年就要到共产主义，那当然不行。同时又搞了"大跃进"，想三五年内就使中国面貌全部改观，结果遭受了令人痛心的损失。现在，在青年学生中有些不满情绪，很大程度上来自求成过急的心情。根据世界银行世界经济情况报告，1983年统计了154个国家和地区的国民生产总值，中国排在第136位。这是相当靠后的。到本世纪末，我国人均国民生产总值，按照邓小平同志讲的，要达到800美元到1000美元。到那个时候，根据对中国和其他国家发展的预测，我国可能进到75位左右。邓小平同志还设想我国在21世纪中叶达到人均国民生产总值4000美元，到那个时候，我们的位置会更提前一些。但是，应该看到，这不是一件轻而易举的事情，需要全党、全国人民同心同德，作长期的、艰苦的奋斗。

发展中国家赶超发达国家的基本前提，是持续地、较快地提高社会经济效益。我国的人均产值比较低，还不具备快速推动经济增长的必要的物质力量；而且无论从经济结构还是经济体制方面，都还缺乏经济高效率运转的条件；这样，就和一般发展中国家一样，在经济起飞之前，通常需要一个准备阶段。在这个准备阶段中，要把发展和改革相结合，通过改革在经济领域里主要做好三件事情：（1）要制定正确的产业政策，以及支持这个产业政策的有关政策体系，使资源得到最优化的配置；（2）要理顺经济关系，制定各种经济法规，建立能够有效运行的经济体制；（3）要进行国民经济高速发展的软件准备，包括建立良好的科技教育体系，提高全民族的科学文化水平，培养现代化建设所需要的科技人才和管理人才。总之，准备阶段各种工作进行得越好，我们高速成长的阶段就会更快地到来，并且能够进行得比较顺利。各个国家达到这个高速成长阶段的转折点有没有一个标准呢？根据外国的经验，就要看它人均产值的水平是多少。人口稠密的大国这个水平要低一点，人口少、资源丰富的国家要高一点；但从国际上一般发展的情况看，大体要在800美元上下（按1985年的美元计算）。这是一个临界点。达到这个水平，就表明整个国家的实力已经能够有力地推动国民经济持久的、稳定的高速增长了。但是，应该看到，一些发达国家从人均国民生产总值200美元以下达到800美元，都经历过一二个世纪的漫长过程，我们则要在15～20年期间走完这个过程。而后期的发展中国家，由于有国家的推动，并能够以较小的成本取得别国发展的成熟经验，即所谓"后发利益"，因而可以缩短这个过程，但仍然是个艰苦的过程。不少国家由于没有制定好打基础的战略和政策，经济就长期地被动或者停滞不前了。考虑到这些情况，党的十二大在制定本世纪战略目标的时候，就作出了把战略目标实际分为两个阶段的决策：前10年（1981～1990年）速度要慢一些，着重为后10年的起飞打好基础，要求工农业生产总值年平均增长6.25％；后10年平均增长7.5％以上。在实行中，1981年进一步调整国民经济后不久，1982年下半年就开始出现追求高速度的苗头，但由于党中央、国务院及时采取了小的调整措施，"六五"时期前3年总的来说还是平稳的，工农业总产值年平均增长7.8％，国民收入平均增长7.6％，经济效益提高得也比较快。但是，从1984年初开始，一些同志头脑不够清醒，到处加温加压，强调提前翻番，致使各地竞相攀比，增长过猛。1984年国民经济增长速度逐渐跃进式的上升，12月份达到20％以上，同时，投资规模大大膨胀，全民所有制单位固定资产投资比上年增长24.5％，职工名义工资增加21.3％。这样，就不可避免地出现积累和消费同时扩大，需求膨胀的局面，妨碍做好打基础的工作。党中央国务院不得不在1985年春采取加强宏观控制的措施，把建设的步伐放慢下来。这次被动所造成的余波影响，到现在还没有完全消除。这个经验，值得我们吸取。

三、体制改革的目的是为了建设
有中国特色的社会主义

前面讲过，建设有中国特色的社会主义，是邓小平同志提出来的。"文化大革命"结束，特别是在党的十一届三中全会重新确立了马克思主义的思想路线、政治路线、组织路线以后，中国的现代化将走什么道路，它的前景怎么样，这是全中国人民以及全世界人民所关注的一个大问题。邓小平同志所写的《建设有中国特色的社会主义》一书，对这个问题进行了科学的、系统的、扼要的回答，阐明了建设有中国特色的社会主义的基本问题。邓小平同志在十二大的开幕词里有这么一段话："把马克思主义的普遍真理同我国的具体实际结合起来，走自己的道路，建设有中国特色的社会主义。"正式提出建设有中国特色的社会主义，是在这时提出来的。这个思想已经成为我们建设社会主义现代化国家的总的指导思想。党的十一届三中全会以来的路线，概括来说，就是建设有中国特色的社会主义的路线，是实现我国社会主义现代化过程的路线。

建设有中国特色的社会主义，清楚地指明，我们要搞的是社会主义，而不是资本主义的现代化，我们的社会主义又是有中国特色的社会主义，而不是抄袭别人的东西。当然，说有中国特色，不仅指初级阶段有，到了社会主义的高级阶段，也是有中国特色的，但是在初级阶段还应有初级阶段的特色。坚持四项基本原则，坚持实行改革、开放、搞活的方针,这是党的十一届三中全会以来路线的基本点,也是走建设有中国特色的社会主义道路的基本点。实行改革、开放、搞活的方针,是我们经过三十多年的摸索、找到的坚持四项基本原则、完善和发展社会主义制度、促进生产力迅速发展的正确办法。这个总方针、总政策绝不会改变,而且只会越来越丰富和深入。坚持四项基本原则,坚持实行改革、开放、搞活的方针,这两个基本点是并行不悖、相辅相成的,是相互渗透、相互结合的统一的整体。不坚持四项基本原则,安定团结的政治局面就会遭到破坏,改革、开放、搞活就会失去根本的政治保证和必要的社会环境,甚至会走到邪路上去。而不实行改革、开放、搞活,社会主义社会就会停滞、僵化,社会生产力就不可能赶上和超过发达国家,人民生活也就不能从贫困、短缺中间摆脱出来,这样,党的领导就会失去群众基础,社会主义制度在同资本主义的竞赛中就不能取得胜利。我们应该有这样的紧迫感和危机感,从而坚定我们的斗志,搞好我们的事业。

针对近一个时期以来,资产阶级自由化思潮泛滥的情况,当前强调坚持四项基本原则,反对资产阶级自由化,这正是为了更正确、更全面地贯彻党的十一届三中全会以来的路线,绝不是也不会影响改革、开放、搞活的进行。

当然,改革、开放、搞活有一个方向问题。这方面存在三种看法:一是改到资本主义路上去,这就是一些坚持资产阶级自由化的人所讲的那一套;二是改回到传统的产品经济中去,改到老一套、老模式上去,有少数同志有类似的看法;三是坚持四项基本原则,实行改革、开放、搞活的总方针、总政策,走建设有中国特色的社会主义的道路,这是党中央确定的路线。

第一种观点,认为社会主义不如资本主义,中国要赶上发达国家,就要:一主张全盘西化;二主张公有制私有化,变公有制为私有制，先搞资本主义再搞社会主义；三把明明是资本主义的东西也说成是社会主义的。

第二种观点认为，我们的改革偏离了社会主义的方向，主张原来僵化的体制不变，或者退回到原来的体制去；认为现在出现的问题只能用原来的方法才能解决；也有一种说法：落后国家要赶上发达国家就得用苏联原来的那种模式。有的说，苏联那种模式虽然不好，可苏联不也成为社会主义现代化国家了吗？还有的认为，苏联现在已经成为现代化国家才对原来的模式进行改革，我们还处在初级阶段，没有必要对这种模式进行大的改革，主张仍然沿用原来的模式。

以上两种观点，是不符合我国国情的，是行不通的。我们既不能走资本主义的道路，也不能退到僵化的模式上去，我们应该走我们自己的路，建设有中国特色的社会主义。

那么，什么是有中国特色的社会主义呢？前面说过，要把马克思主义的普遍真理同我国的具体实际结合起来，走自己的道路，建设有中国特色的社会主义。这里所指的我国的具体实际是什么呢？这就是我国的国情和前面所说的我国社会主义建设发展所处的历史阶段。

我国的基本国情，正如邓小平同志多次指出的：我们国家大、人口多、家底薄、发展很不平衡。具体来说，我国的社会主义建设必须根据我国的自然环境，人力、物力条件，生产力发展水平，产业结构，经济结构，文化水平、经济、政治、社会制度，以及民族的、历史的、文化的传统等等。同时要立足于我国仍处在社会主义初级阶段。要根据这些来研究有中国特色的社会主义包括哪些内容。其中，有些内容在前一个问题中已经讲过，这里不再重复。

党的十二届三中全会《关于经济体制改革的决定》指出：我

国现阶段的经济,"是在公有制基础上的有计划的商品经济"。这是符合我国国情,适合于我国工业化和现代化要求的。建设有中国特色的社会主义在许多方面都是和这种认识有关的,这是我们进行经济体制改革的理论基础。这个认识丰富和发展了马克思主义,是理论上的一个突破,为建设和改革开辟了广阔的道路。在这方面还有一些理论问题需要弄清楚,例如:商品经济是不是只能和私有制而不能和公有制相联系?商品经济是不是只能造成两极分化,而不能搞共同富裕?要提高劳动生产率是不是就不能够公平分配?计划和市场是不是互不相容的?等等。这些问题都有待于深入研究,进一步把道理讲清楚。

现在有一种倾向,混淆了科学的社会主义和非科学的社会主义原则的区别。三十多年来,我们从事马克思主义的科学社会主义的探索和实践。但是,有的人把资本主义国家中开始注意制定计划和某些福利政策的现象也说成是社会主义的。例如,把日本的、法国的、英国的经济计划和国有化程度,说成比中国还好,把瑞典、挪威这些所谓福利国家都看成是搞社会主义的,这样就混淆了两种根本不同的社会制度;有的并且将那些所谓"社会主义"作为我们改革的目标和模式,主张照搬,这是不正确的。大家可以看一看,马、恩的《共产党宣言》里是怎样逐条严肃地批判资产阶级的、小资产阶级的社会主义,根源于人本主义的"真正的社会主义"的,联系我们从现代西方资产阶级经济学、社会学所看到一些观点,可以得到启示。西方现在的资产阶级经济学也是很巧妙的,说什么社会主义和资本主义最后要走到一起,所谓"走到一起"并不是走到社会主义,而是叫我们走到他们那里去。有些同志,在认识上就糊里糊涂地和人家走到一起了。我们说将来是要走到一条路上去的,是走社会主义,而不是像资产阶级学者或国内搞资产阶级自由化的人所说的那样走到资本主义路上去，对此应有清醒的认识。如果在这个问题上态度不鲜明，坚持四项基本原则就是一句空话。

另一方面，当前确实还有着一种要求退到原来的经济体制上去，回到原来苏联的那一套模式上去的想法。出现这种思想的原因之一，是有些同志看改革的成绩少了，看改革出的问题多了，或多或少地还有留恋旧体制的情绪。我们应该看到在过去的经济体制下，虽然取得了巨大的成就，但也使我们遭受到不少挫折，花的代价很大，经济效益不高。如果说依靠这种传统的体制，苏联能够实现工业化的话，那么根据中国的资源条件，是不能实现工业化和现代化的。因为我们人口多，人均资源少，经不起那种耗费，如石油、有色金属、黑色金属、煤炭等这些东西耗掉了是不能再生的。正是因为这样，我们才提出了改革的任务。当前经济生活遇到的问题，是前进中的问题，只有通过改革才能解决，而不能退到原来的传统体制中去。

对于改革的重要性、迫切性，我们还要从更广阔的时代背景上加以认识。第二次世界大战后，特别是70年代以来，世界范围的科学技术革命、产业革命的浪潮空前高涨，越来越强烈地要求经济、政治、社会生活发生深刻的变革，要求原有的产业结构和国际经济技术联系的格局来一个更大的突破。目前还处在试验阶段的许多高技术，将会普遍地运用于生产，一系列新兴产业将会发展壮大，使整个世界生产体系和科研水平发生根本改观。已经过时的、僵化的经济体制完全不能适应这种变化。正是在这样的历史背景下，苏联和东欧社会主义国家都掀起了经济体制改革的高潮。这种形势对于我们既是个难得的机会，又是个严峻的挑战。我们必须坚定不移地走改革的道路，通过系统的、配套的改革，建立起能够有效地吸收当前最新的科学技术成就、推动科学技术进步、促进生产力迅速发展的充满生机和活力的新的体制。否则，我们就可能在世界性的科学技术革命和改革的洪流中间再次落伍，难以实现社会主义现代化的宏伟目标，丧失我们应有的国际地位。这确实是关系到我们国家、民族及社会主义制度兴衰成败的大问题。

下面我想对改革中不少同志曾有疑虑的几个问题，作一点初步的讨论。

第一，物价问题。这是人们普遍关心、议论比较多的一个问题。大家知道，过去由于国家长期采取物价稳定的政策，实际上是通过国家日益增加的财政补贴，把物价冻结起来。这样就排斥了价值规律对于调节分配、激发活力和调整社会分工等方面所应起的作用。由此造成了产业结构的严重失调，也导致了经济生活中短缺和浪费并存。对此如不进行改革，就不可能形成社会主义商品经济所不可缺少的合理的价格体系，不可能促进生产的发展和商品流通，不可能正确地引导社会消费，充满生机活力的社会主义经济体制也就建立不起来。但是价格改革涉及到千家万户，这就产生了国家、企业、居民承受能力的问题，这里既包括实际经济的承受能力，又包括社会心理的承受能力。比如说火柴，因为成本上升，售价由2分涨到3分，一些群众就有反应了。并不是经济上承受不了，而是心理上的反应。只要我们宣传工作跟上去，这种心理上的反应是可以解决的。从政府来说，每一项价格的改革措施都应该力求把物价总水平的上升幅度控制在社会和人民能够承受的范围以内，这个问题是很大的问题。从物价补贴来讲，去年是242亿元，今年要补贴337亿元，这个数字占我们国家财政收入的1/7。这还是只就物价补贴这个范围算的，房租补贴还不在内，至于城镇居民水费、电费和生活用煤等价格补贴也没有包括在内。所以这个价格补贴的问题是个很棘手的问题。当然，这个问题要妥善处理的。从群众来说，也要提高对物价改革的必要性、复杂性的认识，增强对发展社会主义商品经济条件下价格变动的适应能力。这也是个大问题。社会主义国家在物价改革中出的问题是不少的。南斯拉夫改革十几年了，物价问题一直是个难题，物价每年上升幅度比较大，去年上升了90%多，因此提出要"稳定经济"。波兰1980年发生工潮也是同物价变动有关的。我们过去物价指数每年增加约1%～2%，这些年不同了，有一年增加到将近10%（百分之九点几）。这是全国平均数，要分城乡、分地区讲，城市要高些，城市中大概是北京、上海、广州最高，分别达到20%以上。我们对这个问题要采取非常慎重的态度来解决。另一方面，我们对那些借改革之机哄抬物价的现象、随便涨价的现象要坚决加以制止，要做好整顿市场的工作。当然，在改革时期，物价不可能像过去那样长期不变，也不能因为物价涨了，就说我们生活水平降低了，至少对绝大多数人来讲还不能这么说。从党的十一届三中全会以来，我国人民的生活水平总的说来在不断提高的。当然，少数家庭就业人口少、赡养人口多，以及退休职工等，生活多少有些降低，比较困难；再就是过去工资等级比较高的，几年来物价涨了，工资没有长，那些同志可能也要发些牢骚。但是，从整个社会来讲，特别是农民生活有了迅速的改善，职工的收入肯定也比过去多了。尽管如此，对某些职工生活的特别困难问题要妥善地加以处理。

第二，利益分配的问题。在整个社会主义阶段，按劳分配为主的这个原则是不能变的，不然就不是社会主义的了。改革的总的原则是既纠正平均主义，适当地拉开收入的档次，也要防止出现两极分化，出现百万富翁。改革必然要重新调整社会各部分人的利益关系。从整体上来看，大家都会得到利益，得到好处；但是，不可能齐头并进，必然有先，有后，有多，有少。对于极少数的懒汉来说，他的收益完全可能也应该在改革中间有所下降，以促使他由懒变勤。还应该看到，由于物质利益的特性，决定了一般人的欲望只能上升不能下降，所以调整利益关系是个难度很大的问题。在采取改革措施的时候，要尽可能照顾到各方面的利益，从而使改革能始终得到广大群众的支持，保证我们改革的顺利发展。在宣传教育方面，我们应该将改革的成果和困难随时告诉群众，团结群众同心同德地把改革进行下去。在利益分配上，我们国家机关在前年进行了工资改革，这是必要的，因为国家机关工作人员的工资比较低。改革以后，马上就带动了社会上其他方面，形成了相互攀比。这个影响是不小的。还有一些机关发奖金、发实物等，大家非常敏感。对这些问题，我们也要注意加以妥善的处理。

第三，关于私有经济问题。在社会主义的初级阶段，允许并且适当鼓励一些人在某些规定的行业中搞个体经营，有利于搞活经济和扩大就业。允许具有某些特殊生产技能或从事某些特定行业、经营项目的人，找几个帮手或带几个徒弟，在履行公平合理的经济合同的前提下，建立起平等互利、相互尊重的合作关系。至于允许带多少个徒弟、多少个帮手，国务院有文件规定。我们也允许中外合资办厂和允许外国资本家独资办厂，论性质，前者是一种国家资本主义的，后者是私人资本主义的，只要他们遵守中国的有关法律进行经济活动，就可以允许其存在和发展。为什么要这样做呢？因为这样做，可以增加社会的财富，减少社会就业的压力，也无损于社会主义公有制的基础；说到底，这些资本主义成分在我们社会中间占的比例是很小的。它只能作为社会主义经济的补充。

应当鼓励一部分人通过自己的辛勤劳动先富裕起来，为社会创造更多的财富，从而达到全社会共同富裕的这个目标。对通过合法正当的途径获得的高额收入，必须征收累进所得税，实行合理调节。国家征收所得税的法规已经公布，怎么使这个法规具体化并且严格地执行，要做很多细致的工作；只有很好地严格执行国家税法，才能合理调节各类人员的收入，防止工资收入差距过于悬殊。对那些通过不正当手段非法牟取暴利的行为，就要严加取缔，其中触犯刑律的人必须予以制裁。

第四，关于国有企业实行两权分离、自负盈亏的问题。有些同志认为，对国有大中型企业实行所有权和经营权分开的原则，会改变企业的全民所有制性质。这种担心是不必要的。实行两权分开改变的只是全民所有制实行的形式，而并不改变全民所有制性质本身。增强企业活力是经济体制改革的一个中心环节。现在一些企业并没有活起来的主要原因有两个方面：一方面是国家下放给企业的某些权力，被地方或部门的主管机关截留了；另一方面，给企业扩权的同时，对企业应该负的责任缺乏明确的规定，就是责权利没有很好地结合起来。所以，企业里只负盈不负亏，吃国家"大锅饭"的状况在很大程度上还没有改变。为了进一步深化企业的改革，除了已经规定下放给企业的权力必须坚决下放给企业（今年国务院发文规定，要把这一条作为考核各级政府行政人员业绩的一个重要内容）以外，要把改革的重点放在完善企业的经营机制上。具体来说，要根据不同行业、不同企业的特点，灵活地确定和完善企业合理的经营方式，小型企业特别是小型商业企业实行租赁制或者承包责任制，大中型企业在照章纳税的前提下，也可以实行各种形式的经营责任制，包括各种形式的承包制。承包的办法，包括像首钢实行过的利润包干递增的办法在内。在不改变公有制为主体，不损害国家利益的前提下，某些企业用股份制实行两权分离，也是一种可以试行的形式。最近邓小平同志指出：股票、债券是一种形式。谁使用就为谁服务，资本主义可以使用，社会主义也可以使用。我们要积极探索企业所有权和经营权分开的多种有效的形式，逐步走出一条既符合公有制为主体的原则，又能够增强企业旺盛的活力和生机的有中国特色的社会主义企业经营管理的新路子。

从前面的分析来看，中华人民共和国的诞生和建国以来的成就，证明中国人民在中国共产党的领导下走社会主义道路是走对了。如果不走这条道路就会天下大乱，重演四分五裂、备受凌辱的历史悲剧。过去是这样，今天也会是这样。如果发生这种情况，中国人民一百多年来奋斗牺牲的成果，就会前功尽弃。搞资产阶级自由化，企图退回到资本主义道路是违反历史规律的，是害国害民的。

但是，我们的社会主义不是脱胎于发达的资本主义，而是脱胎于未经资本主义充分发展的半封建、半殖民地。因此，我国社会主义发展必然要经历一个相当长的初级阶段。就生产力的发展水平以及由它决定的教育、科学、文化水平来说，就生产社会化和商品化的程度来说，我们现在还远远落后于发达的资本主义国家。我们必须在社会主义条件下，用一整个历史阶段去完成通常在资本主义下完成的工业化和生产社会化、商品化的任务。这件事，资本主义用了几百年，我们在社会主义条件下可以而且应当发展得更快，但至少也需要上百年，时间短了是不行的。对此要求过急是不对的，失去信心也是不对的。我们对于我国的未来满怀信心。我们完全有可能用比发达资本主义国家实现现代化要短得多的时间完成中国的社会主义现代化，建成具有中国特色的社会主义。

邓小平是社会主义市场经济
理论的奠基人[*]

(一九九四年五月十七日)

党的十四大确定我国经济体制改革的目标是建立社会主义市场经济体制。社会主义市场经济理论是建立社会主义市场经济新体制的理论基础,当然也是建立现代企业制度的理论基础;是建设有中国特色的社会主义理论的重要组成部分,也是我党对科学社会主义的又一新贡献,是对马克思主义的新发展。小平同志是建设有中国特色的社会主义的创造者,也是社会主义市场经济理论的奠基人。

一、为什么说小平同志是社会主义
市场经济理论的奠基人

我们知道,共产主义的创始人马克思曾经设想,未来社会(社会主义、共产主义社会)将有计划地组织社会的生产和经济活动;列宁也曾把计划经济和市场经济作为对立的两种社会基本制

---

[*] 在青岛一次会议上的讲话。

度来看待。苏联在十月革命胜利取得政权之后，实行计划经济制度，逐步地走上了高度集权的计划管理发展经济的道路。二次大战后取得政权的东欧社会主义国家，也基本上采取了苏联的做法来管理和发展经济。中华人民共和国建立以后一直到改革开放前，也是基本上仿照苏联的做法，建立了高度集权的计划经济体制。因此，长期以来，形成这样的一种观念：市场经济是资本主义特有的东西，计划经济是社会主义经济最基本的特征之一，搞社会主义只能实行指令性的高度集权管理的计划经济。如果搞社会主义时搞了市场经济，那就不是真正的社会主义了，就变成了搞资本主义了。不仅社会主义经济学家这样认为，西方资产阶级经济学家如弗里德曼、杜宾、米勒、萨缪尔森等人也大都这样认为。他们认为市场经济是他们资本主义国家特有的，社会主义国家如果搞市场经济就变成了他们那样的资本主义。好像市场经济和资本主义是一回事，和社会主义则是水火不相容的。在这样一种国内外普遍的对社会主义与市场经济势不两立的认识背景下，我国从1978年起开始了经济体制改革的实践。为此，小平同志倡导解放思想，实事求是，从理论和实践两方面寻找符合中国国情的建设社会主义道路，探索建立新的社会主义经济体制。小平同志早在1979年就指出：说市场经济只限于资本主义社会，资本主义的市场经济，这肯定是不正确的。我国在经济改革的实践中也开始突破计划统管一切，计划与市场对立的传统模式，党的十二大并提出了"计划经济为主，市场调节为辅"的原则。这是关于市场经济认识上的一大进步，并由此推动市场开始活跃，农村发展特快，城乡经济逐步繁荣。根据改革所取得的进展，小平同志又进一步指出：社会主义与市场经济不存在根本矛盾。问题是用什么方法才能更有力地发展社会生产力。他明确指出："经多年的实践证明，在某种意义上说，计划经济会束缚生产力的发展。"党的十二届三中全会，总结改革开放的经验，提出了社会主义是公有制基础上的有计划的商品经济，改革的重要任务是使绝大多数国有企业成为自主经营、自负盈亏、自我发展、自我约束的社会主义商品生产者和经营者，并要逐步发展和完善社会主义市场体系。全党在这个时期关于计划和市场关系的认识又前进了一大步，并在十三大提出了计划与市场都是覆盖全社会的论断，认为计划与市场可以在有计划的商品经济体制中实行内在统一，实行国家调控市场、市场引导企业的模式，市场机制的功能得到进一步的确认。

1989年之后，一段时间内，关于计划与市场的认识曾有反复，出现了姓"社"姓"资"的争论，针对这种情况，小平同志1990年12月在上海，特别是1992年初在南方视察时，再次明确指出：不要以为搞点市场经济就是资本主义道路，没有那么回事。计划多一点还是市场多一点，不是社会主义与资本主义的本质区别。计划经济不等于社会主义，资本主义也有计划；市场经济不等于资本主义，社会主义也有市场。计划和市场都是经济手段。小平同志上述论述非常明确地指出社会主义和市场经济不仅是可以相容的，而且是本质上有机结合的，计划与市场都是手段，社会主义和资本主义都可以用它们来发展经济，这就使我们关于市场经济的认识在改革十几年来不断进步的基础上产生了一次飞跃，使上百年来关于计划与市场的争论有了一个突破性的、具有划时代意义的进展。小平同志关于社会主义市场经济的思想理论，得到了全党和全国人民的拥护，写进了党的十四大报告，写入了宪法。小平同志把市场经济与计划经济从姓"社"姓"资"的争论中解放出来，使全党全国人民的思想更加解放，放心大胆地发展社会主义市场经济，以促进我国社会生产力迅速发展。

小平同志所以能提出社会主义市场经济理论，并不是偶然的，而是有着深刻的历史和现实原因的。这是小平同志坚持实事求是的马克思主义原则，科学地、系统地总结了世界各国经济发展的经验和教训的结果。分别来说，有以下四点：第一，接受了前苏联和东欧社会主义建设的失败教训；第二，总结了我国改革开放的成功经验；第三，借鉴了西方资本主义国家实行市场经济现实经验；第四，吸收了我国理论工作者对中外经济体制研究的科研成果。小平同志以无产阶级革命家的胆识和勇气，集各种先进经验之大成，加以概括，建立了完整的社会主义市场经济理论，把马克思主义推到一个崭新的阶段。所以说，小平同志是社会主义市场经济理论的当之无愧的奠基人。

二、社会主义市场经济的主要特点

社会主义市场经济是指社会主义制度下的市场经济，从运行方式来看，中国的社会主义市场经济与其他国家的市场经济并无大的区别。邓小平同志曾明确指出："社会主义的市场经济方法上基本上和资本主义相似。"譬如，（1）都要有实行以公司法人为核心的现代企业制度的、独立的企业作为市场主体；（2）都要有竞争性的市场体系；（3）都要有有效的宏观调控体系；（4）都要有市场中介服务体系；（5）都要有社会保障体系；（6）都要有市场经济法律体系等等。这就是说，与其他国家的市场经济一样，在中国的社会主义市场经济中，市场在资源配置过程中发挥基础性的作用。微观领域的活动，能由市场去做的事情，尽量由市场去做。政府的作用主要是为积极、公平的市场竞争创造良好条件，并通过宏观调控保证整个国民经济持续、快速、健康地发展。

那么，中国社会主义市场经济中"社会主义"究竟如何体现呢？或者说，中国社会主义市场经济的主要特性是什么呢？从经济的角度看,"社会主义"主要体现在以下两个方面。

第一,公有制为主体。这与资本主义国家以私有制为基础是不同的。这里所说的公有制,既包括国家所有制,也包括集体所有制和合作经济,而不像改革前那样主要是指国家所有制。从发展趋势看,集体所有制和合作经济的比重将越来越大。即使是国家所有制也要按照适应市场经济的要求进行改革,其比重也有所下降,并且主要是在"市场失灵"的地方发挥作用,具体地说,主要是在直接关系国家安全(如国防部门)、自然垄断(如城市公用事业)、社会效益性强(如环境保护、某些大型基础设施建设)、信息严重不对称(如部分金融、医药部门)等领域发挥作用。中国的实践表明,改革后的公有制,特别是集体和合作经济是能够和市场经济有效结合的。以集体和合作经济为主体的中国乡镇企业在改革后的十几年间从无到有,蓬勃发展,目前其产出已占到中国工业总产值的1/3以上的事实,就有力地说明了这一点。从整个所有制结构看,非公有制成分将占一定比重,在占主体地位的公有制中,与市场经济兼容较好的集体与合作经济成分将起越来越重要的作用。从企业的所有制结构看,大多数企业,特别是处在竞争性行业的企业,将在多种类型的公司制的框架下采取多种所有制形式并存,以公有制为主采取全资、控股和参股等多种形式的混合结构。

第二,在讲求效率,适当拉开收入差距的同时,最终达到共同富裕。我们改变了过去搞平均主义、吃"大锅饭"的做法,鼓励一部分人、一部分地区在合法经营的基础上先富起来。同时,我们注意到了收入差距过大可能带来的消极后果,主张兼顾效率和公平,防止和克服"两极分化",最终实现共同富裕的目标。中国是一个世界上人口最多,大多数人口居住在农村,经济发展很不平衡的国家,城乡之间、沿海和内地之间存在着较大的收入差距。市场经济发展起来以后，又出现了不同阶层收入差距过大的问题。不难理解，这些问题不解决好，很可能导致严重的政治和社会混乱。进一步说，收入差距过大、"两极分化"这样一种结果与我们搞市场经济的初衷是相背离的。如果全体社会成员不能公平地享受到经济发展的成果，那么，我们所搞的市场经济就不能算是成功的。因此，我们一方面在初次分配时坚持效率原则，按市场规则办事；另一方面，在收入再分配时，采用现代市场经济中通行的税收、转移支付等手段，调节收入差距，实施个人所得税、遗产税。在这个问题上，我们应当有更充分的理由、更有效的手段，比资本主义国家做得更好。近些年来，在平均主义的"大锅饭"尚未完全改变的同时，又出现了收入差距过大的问题。这很值得我们注意。

总之，对社会主义市场经济，应当从其共性和特性的有机结合上加以认识。对于其特性，既要注意到由于社会基本制度不同所造成的差异，也要注意到其他方面因素的不同所造成的差异。同为资本主义国家，美国、日本、德国的市场经济各有自己的特点。中国作为一个发展中的社会主义大国，实行市场经济必定有一些特殊之处。例如，中国的人口多，农业人口占大多数，经济发展不平衡，起点低但潜力很大，如此等等，这些情况必然要反映在中国的市场经济中。对由此而形成的一些特点，还需要我们作进一步的探讨。

三、学习邓小平同志社会主义市场经济理论的意义

小平同志关于社会主义市场经济理论是有中国特色的社会主义理论的重要组成部分。认真学习邓小平同志的社会主义市场经

济理论对于领会有中国特色的社会主义理论，尤其是对于当前的改革、开放和发展经济具有非常重要的意义。

第一，社会主义市场经济理论是我们进行经济体制改革、建立社会主义市场经济新体制的最直接的理论依据。建立现代企业制度与政府的宏观调控机制，健全市场体系与市场经济法规体系都要以社会主义市场经济理论为指导。

第二，用社会主义市场经济基本准则指导对外开放。现代市场是国际性的。中国的市场是世界市场体系的一个有机组成部分，在对外开放时我们必须按市场经济要求遵守国际经济通行的规则和惯例。

第三，用社会主义市场经济理论指导我国的经济发展。社会主义市场经济要求在国家宏观调控下让市场机制充分发挥其在资源配置中的基础性作用，以实现结构合理、效益提高条件下的经济持续、快速、健康的发展，并在发展社会生产力的同时，实现全社会的共同富裕。

以上是我个人学习小平同志关于社会主义市场经济理论论述的一点认识，供同志们参考。

关于经济体制改革

关于社会主义制度下的商品经济[*]

(一九八四年十一月十六日)

党的十一届三中全会以来,我们实行对内搞活经济、对外开放的方针,并在经济体制方面,有步骤地进行了一些改革。在农村,全面推行了以家庭为经营单位的联产承包责任制,积极发展专业户和各种形式的经济联合体,支持农民大力发展商品生产。在城市,实行多种经济形式和多种经营方式,对全民所有制企业,扩大了自主权,实行利改税,不仅集体经济和个体经济已经在实行独立核算、自负盈亏的制度,而且国营企业也已经成为或正在成为相对独立的经济实体,成为自负盈亏的社会主义的商品生产者和经营者。同时,积极发展对外经济技术交流,吸收和利用外资,引进先进技术,开辟经济特区,进一步开放一批沿海城市。采取这些方针政策,大大促进了商品生产和商品流通的发展。五年多来的实践证明,党中央的这些方针政策是完全正确的,是卓有成效的,得到了全国人民的衷心拥护和国外朋友们的普遍称赞。我们正在按照小平同志提出的建设有中国特色的社会主义的要求,

---

[*] 在中共中央宣传部组织的形势报告会上的报告。

进行着非常有意义的探索。

当前，摆在我们党的面前，特别是社会科学理论工作者面前的迫切课题是：制定这些政策和进行经济体制改革的理论基础究竟是什么？为什么这样做能促进生产力的更快发展和使人民得到更多的实惠，不这样做就会得到相反的结果？这样做，是前进了呢？还是后退了呢？是更符合社会主义的原则呢？还是背离了社会主义原则呢？这样一些问题，在我们国内，也引起了少数人的疑虑。例如，我们使一些人先富起来，出现了一些万元户或者比万元户收入更多的专业户，这样会不会发生贫富悬殊的问题？再如，开放沿海城市，是否会使沿海地区和内地的差别扩大？也有人疑虑：我们采取这样一些办法，会不会影响物价的稳定，引起通货膨胀和社会的不安定？等等。在国外，西方某些资产阶级学者，妄想我们实行上述政策会使我们走向资本主义那样的市场经济。譬如，美国的报纸就讲我们采取这样的政策，"一系列信条都在中国式的社会主义的名义下被抛弃了"，就是说我们要走向他们那样的经济了。也有些人攻击我们搞修正主义，说我们鼓励国内资本主义发展，鼓励竞争和剥削，完全是资本主义性质的改革，是把资本注入到中国经济中来了，等等。对这样一些问题，都是需要给以马克思主义的回答的。党的十二届三中全会的决定，对这样一些重大问题，都作了科学的、系统的、马克思主义的纲领性的回答。

中央的决定，是符合我国国情的，是对我国社会主义经济的性质有了更加全面、更加深刻的认识的结果。这里，很重要的一点，就是我们抛弃了把社会主义计划经济看成是同商品经济不相容的自然经济或半自然经济的观点，认识到商品经济是社会主义经济的内在属性的观点。《决定》明确指出，社会主义计划经济"是在公有制基础上的有计划的商品经济"。这不仅是我们制定对内搞活经济，对外实行开放的政策的理论基础，而且是我们进行经济体制改革的理论基础。无论在理论上和实践上，都具有重大的意义。

中央作出关于经济体制改革的决定之前，在理论界和经济工作干部中，对于我国现阶段社会主义经济的性质，特别是对大力发展商品经济的必要性和重要意义，认识并不完全一致。而认识这个问题，对正确贯彻执行中央对内搞活经济、对外开放的方针，大力推进经济体制改革都是有很大的作用的。

下面，我想根据近几年来我们执行十一届三中全会方针的实践，对商品经济的历史发展，以及人们关于商品经济在社会主义历史阶段的作用和它的命运的认识的发展，作一些分析；并对近几年提出的不同意社会主义经济是商品经济的观点，谈一些意见，向同志们求教。

一、对商品经济在社会主义阶段作用的认识的变化

社会主义经济之所以是大力发展商品生产和商品交换的计划经济，这是因为社会主义经济内部就具有商品经济的属性。这一认识，是对传统社会主义经济理论的重大突破。过去，有的同志对此有不同的看法，是不足为怪的。但是，只要我们依据实践是检验真理的唯一标准的原则，深入研究和总结国内外社会主义建设的经验与教训，我们的认识是可以逐步接近进而符合客观实际的。

商品交换产生于原始公社末期，商品生产在奴隶社会和封建社会曾替奴隶制度和封建制度服务过；而在资本主义社会，商品生产占统治地位，连劳动力也成了商品。那末，商品生产或商品

经济到社会主义社会是不是就要退出历史舞台呢？社会主义计划经济能不能和发展商品经济并存？商品经济是不是排斥有计划的发展？从马克思诞生到现在一百多年来，马克思主义者对这些问题的看法，一直在变化和发展着。

马克思在《资本论》中分析资本主义商品生产时曾经预言，在公有制的条件下，鲁滨逊在孤岛上进行的那种为满足自己各种需要而进行的产品生产，将在社会的范围内重演，因而商品关系及商品拜物教在公有制社会里将会消亡。后来，他在《哥达纲领批判》中明确表示：在未来的共产主义社会的初级阶段（即社会主义社会）里，"生产者并不交换自己的产品；耗费在产品生产上的劳动，在这里也不表现为这些产品的价值"[①]。虽然马克思和恩格斯都一再申明：他们只能从对他们所处的时代的资本主义经济的分析中推论未来共产主义社会的情景，他们从这种分析中所能得出的唯一结论是生产资料的公有制必将代替资本主义的私有制，至于新社会组织方面的细节，要留待当时的实践去解决，他们不能给出什么"现成方案"或"最终规律"去束缚后世革命家的手脚（恩格斯在《反杜林论》中就讲过这个意思），但是在马、恩逝世以后的数十年中，由于还没有社会主义的实践，科学社会主义的理论家在论述社会主义社会的基本特征时，通常都把它看作是一个没有商品生产和商品交换的社会，也就是不存在商品经济的社会。

正是在这样的思想基础上，列宁在十月革命前所写的《国家与革命》这部著名的著作中提出了在社会主义条件下整个社会成为"一个辛迪加"，所有的社会成员都是这个"辛迪加的雇员"的设想。既然全社会是一个辛迪加式的大公司，商品关系当然也就

---

① 《哥达纲领批判》，《马克思恩格斯选集》第3卷，人民出版社1972年版，第10页。

不再存在。列宁在革命前的这种设想，反映了当时社会主义者的共同认识。

十月革命胜利后，俄国共产党人开始也是按照这种无商品关系的社会主义模式建设社会主义。1919年俄共在党纲里把迅速消除商品货币关系规定为自己的目标。但是列宁很快就发现，这样做是行不通的。1920年起，列宁转而采取新经济政策，发展工农业之间的商品交换，给小农恢复贸易自由，"从国家资本主义转到国家调节商业和货币流通"。他把国营企业也改为实行经济核算，独立会计和自负盈亏，在市场环境中活动。这个政策很成功，促进了社会主义经济的迅速恢复和发展。

虽然新经济政策在实际生活中取得了很大的成功，但是社会主义经济是不是商品经济的问题在理论上并没有得到解决。早在新经济政策时期，"左"派（托派）理论家就已经提出，在多种新经济成分存在的条件下，只是在资本主义商品经济存在的范围内，价值规律才起调节作用，商品货币关系和价值规律作用的任何增强都意味着资本主义力量的增强，而社会主义改造的深入，意味着另一条经济规律——社会主义原始积累规律作用的加强。以后，随着斯大林在1928年转而采取"左"的经济政策，经济生活的实物化进一步加强了。虽然斯大林在实现农业集体化以后曾指出，有两种公有制即全民所有制和集体所有制并存，存在着工人和农民两个阶级，就需要有交换，但是当时苏联实际上采取的是剥夺农民的政策，因此也不可能明确回答两种公有制之间的交换是不是商品交换，价值规律起不起作用的问题。至于国营企业，当时所采取的"经济核算制"，已经不是列宁讲的那种自负盈亏的经济核算制，价值、价格、成本等等在斯大林时期的经济核算中只看作是计算工具。直到斯大林的晚年，即1952年，他才在《苏联社会主义经济问题》一书中承认两种公有制之间存在着商品生产和商品交换，认为必须利用价值规律。可是，他又认为这种商品交换只限于生活资料的范围，而不包括生产资料。在苏联，全部重要的生产资料都掌握在全民所有制经济的手里，全民所有制内部实行实物调拨，不实行商品交换，生产资料保持商品的外壳，但不是商品，生产资料的生产也不是商品生产。他根据这个理论认为集体农庄所需要的拖拉机和其他农业机械，国家不出售给集体农庄，而是控制在国家和各个地方政府建立的拖拉机站手里。这样一来，斯大林就把统一的社会主义生产分割成两大块：一块是生活资料的生产，这是商品生产，实行商品交换；另一块是生产资料的生产，这不是商品生产，它只能实行产品的调拨。对于属于商品生产的生活资料生产这一块，又分为两大过程：一个是生产过程，这个过程价值规律不起调节的作用，而只有影响的作用；另一个是流通过程，价值规律在这里才起调节的作用。所以，从斯大林的论点来看，一方面他承认社会主义社会还是存在商品生产和商品交换的，就这方面来说，对马克思、恩格斯和列宁的理论，有所发展，但是，同时我们也可以看到斯大林的《苏联社会主义经济问题》这本书里，并没有认为社会主义经济是要大力发展社会主义商品生产和商品交换这样一种计划经济。尽管他在主观上可能是要建设马克思、恩格斯所预言的产品经济（用马克思的原话叫"自由交换"经济），或者至少是半产品经济，但在实际上只能是自然经济或半自然经济。基于这种原因，斯大林时代所设计和实行的那种经济体制，就不是按照有计划地发展商品生产和商品交换的要求，而是基本上按照半产品经济的要求设计的，在实践上搞成了半自然经济；不是把产品当作商品，实行等价交换，而是实行单一的指令性计划，排除了市场调节，并采用高度集中的、以行政手段为主的管理办法。这种办法，对于集中力量发展重工业，准备和支持卫国战争，以及在战后医治战争创伤，是起了积极作用的。但是，在经济进入新的发展阶段以后，特别是在战争的创伤恢复以后，这种体制的弊病就一天比一天明显了。虽然在赫鲁晓夫时代进行了一些改变，以后勃列日涅夫也进行了一些改变，但是这种模式变化不是很大的。结果，把经济搞得很死，现在发展速度很缓慢，技术进步不快，经济效益也不好，虽然国家实力有所增强，但是人民得到的实惠并不是很多的。

我们自己对社会主义经济的认识，也经历了一个曲折的过程。

开始，我们信奉斯大林的理论，并按他的社会主义模式和体制行事。1956年，全党总结第一个五年计划的经验，我们开始认识到苏联那种决策权过分集中的体制的弊病。这种认识，反映在我们党的第八次代表大会的决议中，也反映在毛泽东同志的重要著作《论十大关系》中和陈云同志的许多论文之中，特别是在当时"八大"的发言中。可惜这些正确的主张没有能很好贯彻，相反，从1957年毛泽东同志批评"反冒进"以后，"左"的错误思想日益盛行。

1957年以后毛泽东同志对这个问题的观点有过很多变化。一方面，他对在我国发展商品生产和商品交换提出过一些很好的意见。例如，他在1959年读斯大林的《苏联社会主义经济问题》时指出：我们是商品生产还落后的国家，不如巴西、印度；商品生产要大发展；商品不限于个人消费品，有些生产资料也是要属于商品的；即使是完全社会主义全民所有制了，某些地方仍要通过商品来交换。1959年3月，他又针对农村搞"一平二调"刮"共产风"的错误，明确指出：价值规律"是一个伟大的学校，利用它，才有可能教会我们的几千万干部和几万万人民，才有可能建设我们的社会主义和共产主义。否则一切都不可能。"同时，他还批评了斯大林关于生产资料不是商品、农业机器不能卖给农民的观点。这是一方面。另一方面，毛泽东同志晚年却提出了社会主义社会商品生产和货币交换跟旧社会没有多少差别，只能在无产阶级专政下加以限制的说法。

在我国理论界中，孙冶方同志最早批评了苏联的经济模式和体制的弊端，指出它是在自然经济论影响下的产物。他还尖锐地批评了斯大林和苏联经济学界长期以来把价值和价值规律看成社会主义经济的异物的错误观点。这些都是很可贵的，是值得敬佩的。但是，孙冶方同志也是不赞成说社会主义经济是商品经济的。他的理由还是：生产资料不是商品，消费资料也不都是商品，只是同农民交换的那部分才是商品。因此，国营企业之间的交换，国家出售给职工的消费资料也不存在商品关系。显然，在这方面，冶方同志仍然是保持了那种传统的观点，在当时的情况下，冶方同志的这种看法也是完全可以理解的。

现在，通过研究和总结国内外社会主义建设的经验教训，通过我们五年多实行对内搞活、对外开放方针取得成功的实践，我们对于社会主义经济的性质、对于发展社会主义商品经济的重要性和意义的认识，比以前无疑有了较大的提高，因而有条件对我国社会主义经济的性质和特征提出新的论点来，这就是《决定》中所讲的"社会主义计划经济是公有制基础上的有计划的商品经济"。

二、社会主义经济是在公有制基础上的有计划的商品经济

社会主义经济的一个特征是计划经济，这是必须肯定的。但是，肯定这一点并不一定就要否定社会主义经济同时也具有商品经济的属性。商品经济的对立物不是计划经济而是自然经济。否定社会主义经济是商品经济的那种看法，实际上是把计划经济同

商品经济对立起来，或者是把商品经济看成是社会主义经济中异己的力量。这几年我国经济体制改革的实践，已经证明上述认识是不切实际的。经济体制改革的重要内容之一，就是要求我们在坚持计划经济原则的同时，按照商品经济的要求来组织整个社会的经济活动，力求把大的方面管住管好，小的方面放开放活，在保证宏观经济协调发展的前提下，活跃城乡各方面的经济生活。这就要求我们在理论上承认计划经济和商品经济在社会主义经济中是可以统一起来的，在实践中是能够寻找它们之间的结合形式和结合点的，而不是回到过去二者择一、非此即彼的老路上去。

为什么社会主义经济还具有商品经济的属性呢？这里有两方面的原因。

一方面，社会主义存在商品经济产生和发展的重要基础与条件——社会分工。列宁曾经指出："社会分工是商品经济的基础。加工工业与采掘工业分离开来，它们各自再分为一些细小的部门，各个部门生产商品形式的特种产品，并同其他一切部门进行交换。这样商品经济的发展使各个独立的工业部门的数量增加了。"[①] 列宁在《评经济浪漫主义》中，还进一步强调，"商品经济随着社会分工的发展而发展"。

当然，社会分工只是商品生产存在的一般前提。如果仅仅存在社会分工而不存在具有独立经济利益的不同经济主体，不存在社会劳动同局部劳动的矛盾，就只会有统一经济主体内部的交换，而不会有不同的商品生产者之间的商品交换。那么，在社会主义经济中是否存在具有独立经济利益的不同经济主体呢？答案是肯定的。

首先，社会主义条件下存在着全民所有制和集体所有制两种

---

① 《俄国资本主义的发展》，《列宁选集》第1卷，人民出版社1972年第2版，第161页。

公有制形式，对于集体企业来说，它们无疑应当是独立的商品生产者，不论它们与国家之间，还是它们相互之间，在经济关系上，都应当是以等价交换为基础的商品经济关系。不承认这种商品经济关系，就会在实践中采取种种损害农民经济利益的政策，从而受到惩罚。无论在国际共产主义运动中还是在我国，这方面的教训都是很多的。

不仅如此，还应当看到商品交换并不仅仅限于两种所有制的工农业之间，工厂生产出来的消费品是既卖给农民，同时也卖给工人的，所以说，单以两种所有制的存在来论证商品经济的存在，那是把复杂的经济现象简单化了。商品经济的存在还有更深刻的原因，这就是，在社会主义这样的历史阶段，由于生产力还没有发展到产品极大丰富的程度，就是还没有达到产品按需分配的程度，也就是马克思在《哥达纲领批判》一文中所说的：在随着个人的全面发展，生产力也增长起来，而集体财富的一切源泉都充分涌流后，只有那时才可以由按劳分配转为按需分配。在社会主义社会整个历史阶段，还达不到这样的程度。

在这个阶段，劳动仍然是主要的谋生手段，劳动能力是劳动者的"天然特权"，因此，即使在全民所有制的国营企业之间，以及每个企业内部劳动者之间仍然存在着根本利益一致前提下的物质利益的差别，这种利益上的差别，必须由等量劳动相交换的原则来调节，这是马克思早已讲过的。实践证明，在由生产社会化过程所决定的分工体系中，由于单个劳动者只能完成一种产品的一道或几道工序，而不能独立地提供整个产品，产品是由劳动者们组织成的企业生产出来的，因而劳动者之间的等量劳动相交换的关系，首先必须通过国营企业之间产品的等价交换近似地表现出来，这就决定了每个国营企业，存在着不同于别个国营企业的相对独立的经济利益，这种相对独立的经济利益，也体现着社会主义公有制条件下所有权同使用权、经营管理权的一定分离，因此，国营企业在相互关系上，不能不以相对独立的商品生产者来相互对待。它们之间的关系，不能不遵守等价补偿和等价交换的原则，这个原则也就是商品经济的原则。也就是说，只能采取以等价交换为基本特征的商品货币关系，来调节它们之间在经济利益上的矛盾。这样，社会主义仍然存在着广泛的商品关系，也就不足为奇了。《决定》所以强调价格体系、价格管理体制的改革是关键，就是与这个问题有关。

如果说生产资料的社会公有制带来人们之间的物质利益上的根本一致是实行计划经济的客观依据的话，那么，人们之间物质利益上的上述差别，就是社会主义经济还内在地具有商品经济属性的直接原因。

总之，把商品关系看作社会主义经济的异己的东西是不正确的。正如邓小平同志在分析我国社会主义农村经济时所指出的："可以肯定，只要生产发展了，农村社会分工和商品经济发展了，低水平的集体化，就会发展到高水平的集体化。"[①] 这里，邓小平同志把社会分工和商品经济的发展同社会主义集体化程度的发展直接联系起来，肯定社会主义社会存在商品经济，强调必须发展商品经济，这对马克思主义的社会主义经济理论，是一个重大的贡献。

有的同志不同意把社会主义经济看作商品经济，理由是：在社会主义社会，劳动力已经不是商品，土地、河流、矿藏等一般也不作为买卖对象了。是否可以根据社会主义社会劳动力不是商品，土地、矿藏等不能买卖，就否定社会主义经济具有商品经济的属性呢？我认为是不可以的。劳动力是不是商品，土地、矿藏

[①] 《关于农村政策问题》，《邓小平文选》第2卷，人民出版社1994年第2版，第315页。

等是否可以买卖,并不是商品经济的标志。在简单商品经济中,劳动力并不是商品。劳动力作为商品,只是资本主义商品经济的特征。土地、矿藏等不能买卖,只说明社会主义条件下,商品关系受到一定的限制,但并没有因此否定社会经济活动的绝大部分仍然是通过商品货币关系进行的。因此,社会主义经济从总体上看,仍然是一种商品经济。

有一种相当流行的观点是,只能提社会主义存在商品生产和商品交换,不能提社会主义经济也是一种商品经济,因为社会主义经济的主导部门——国营经济的生产和经营是不受价值规律调节的。这实际上仍然是坚持斯大林在《苏联社会主义经济问题》一书中的观点。在那里,肯定社会主义还存在商品生产和商品交换,但是不承认社会主义经济也是一种商品经济。原因在于,斯大林否认全民所有制内部流通的生产资料也是商品,不承认国营企业是相对独立的商品生产者。既然把社会主义商品生产和商品交换只局限于两种公有制之间的经济往来,以及居民向国营商店购买个人消费品的范围内,否认国营企业是相对独立的商品生产者,自然就谈不上社会主义经济是商品经济了。所以,这两年,伴随着否认社会主义经济是商品经济的观点,再次出现了否认全民所有制内部流通的生产资料也是商品的看法,出现了否认国营企业是相对独立的商品生产者和经营者,可以而且必须实行独立核算、自负盈亏的看法。这些看法同当前改革经济体制的形势和要求是不合拍的。当前,无论是农村还是城市,都要求大力发展社会主义商品生产和商品交换,缩小指令性产品生产和产品分配的范围,更多地利用经济手段和价值杠杆来实现国家计划的要求,逐步扩大市场调节的范围,打破部门分割和地区封锁,开展各种经济形式、各种流通渠道的市场竞争等等。这些重要的政策和措施,只能从社会主义经济也是一种商品经济得到科学的解释。

还有一种观点认为，如果把社会主义经济看成是一种商品经济，那么，国营企业就要以商品生产者的身份出现，成为一种独立的经济实体。这就意味着否定了全民所有制，否定了社会主义国家代表全体人民对生产资料行使所有权。否定了社会主义国家劳动者之间是共同占有、联合劳动的关系。这种看法也值得研究。

首先，应该划清社会主义商品经济同私有制基础上的商品经济的界限。的确，发展社会主义商品经济，意味着承认每个国营企业具有相对的独立性，成为相对独立的商品生产者和经营者，但是，这种"独立"，只是相对的，只是在经营上的相对独立性，而不同于私有制经济中商品生产者的完全独立性。所有权同使用权、经营管理权是可以分开的。国营企业对生产资料具有使用权和经营权，并不改变生产资料全民所有制的性质，也不影响代表全体人民利益的社会主义国家对生产资料行使所有权。因而，从根本上说，它没有、也不可能否定社会主义国家人们之间的共同占有关系，也就是说，没有改变社会主义全民所有制的性质。从这个意义上可以说，社会主义商品经济是一种特殊的商品经济。这一点斯大林在《苏联社会主义经济问题》中也说过。毛泽东同志在《论十大关系》中也曾明确指出："各个生产单位都要有一个与统一性相联系的独立性。"这实际上也涉及到了企业作为相对独立的商品生产者和经营者的地位及其权益问题。

当然，这里有几个问题需要弄清楚，就是所有权和经营权分开，并不是我们社会主义社会所特有的。封建社会里地主占有土地，农民租种地主的土地，他只要向地主缴地租就行了，至于他种什么东西、怎么经营可以自主。在资本主义社会里所有权同经营权也可以分开，股东可以是一些人，经理是另外一些人。这里还有一个问题，就是全民所有制企业成为相对独立的商品生产者和经营者之后，企业在遵照国家的法律缴纳各种税款之后，留给自己支配的部分，要从中划出一定的比例，比如现在大概是50％或者更多一点，用作本身的扩大再生产。这一部分投资是属于国家所有，还是企业所有呢？关于这个问题是有不同看法的，《决定》当然对这些问题不可能都作出详尽的规定。这个问题应该怎么看呢？我是这样想的，这一部分还应该是属于国家所有，但是在一定时间之内，比如说在若干年之内，5年或者10年之内，这一部分投资所得的收益可以减免所得税，目的就是充分地调动企业自我发展的积极性。如果都等同于国家投资，不给企业以适当的利益，那就会挫伤企业的积极性。但是，如果这一部分都归企业所有，这样，随着企业自我的不断发展，企业所有部分日益扩大，而原有固定资产的原值，由于逐年折旧日益减少，这样天长日久，就会使国家所有制逐步地变成了企业所有制。那就和南斯拉夫现在的企业自治有某种类似了，所以这是需要进一步研究解决的问题。

当然，承认社会主义经济具有商品经济的属性，要求各个国营企业成为相对独立的商品生产者和经营者的职能，就意味着要改变国营企业的经营方式，即从由国家直接支配和使用生产资料的高度集中统一的行政管理体制，转变为适应发展商品经济要求的，在国家法律允许的条件下，企业独立自主地进行经济活动的经营体制，这就是《决定》中所讲的政企职责要分开。只有这样，才能增强企业的活力，企业的积极性才能调动起来，整个国民经济也才能生气勃勃地发展。过去，正是由于否定了社会主义经济的商品经济的性质，因而也就否定了国营企业是相对独立的经济实体，由国家直接支配和使用生产资料，直接组织企业经济的产供销活动，使企业变成了国家行政机关的附属物。实践证明，这样的经营和管理方式，严重地束缚了生产力的发展。

实践经验告诉我们，离开大力发展社会主义商品经济，试图在自然经济基础上进行社会主义现代化建设，是不可能的。特别是发展中的社会主义国家,要想促进社会生产力的迅速发展,就要真正消除自然经济思想的影响,促进社会主义商品经济的大发展。在我国现阶段,社会主义商品经济的发展,就意味着社会生产力的发展和社会主义建设的前进。

党的十二届三中全会《决定》指出:"商品经济的充分发展,是社会经济发展的不可逾越的阶段,是实现我国经济现代化的主要条件。只有充分发展商品经济,才能把经济真正搞活,促使各个企业提高效率,灵活经营,灵敏地适应复杂多变的社会需求,而这是单纯依靠行政手段和指令性计划所不能做到的。"这个论断是十分正确的。

有的同志提出,是不是社会主义越发展,商品经济也越发达,这同我们过去讲的商品经济必然要消亡,两者是不是有矛盾呢?关于这个问题早就有过多种回答,除了前面所引述的马克思、恩格斯及列宁的论点以外,斯大林在《苏联社会主义经济问题》一书中认为,在社会主义阶段集体经济向全民经济过渡中间,商品经济要逐步消亡的,就是全民经济一部分一部分地代替集体经济,而使商品经济逐步消亡。苏联有些学者,比如有名的经济学家奥斯托洛维恰诺夫,还有卡托夫斯基,他们写的一些文章承认社会主义有商品经济,但是认为,社会主义阶段商品经济只有量的发展,量的发展引起质的变化,等到质的变化的时候,就到了共产主义阶段,到那个时候,商品经济就要消亡。波兰的经济学家布鲁斯认为,到了共产主义商品经济也不会消亡的。他认为,共产主义社会分工也不会消灭,只要社会分工存在,商品经济就不会消亡。在我国,也有些学者认为,在社会主义阶段,商品生产是量的扩大,质的消亡等等。从《决定》的精神来看,我国的社会主义经济越发展,社会主义商品经济也会越发展。这也就是说,在整个社会主义历史阶段,社会主义商品经济将会有充分的发展。

只有在具备了由按劳分配转变到按需分配的条件的时候，社会主义商品经济消亡的问题，才会提到议事日程上。至于什么时候消亡、怎么样消亡，那是要由当时的实践来回答的问题，这恐怕还要有一个很长的历史时间的。正如恩格斯在《反杜林论》中说："政治经济学不可能对一切国家和一切历史时代都是一样的。""政治经济学本质上是一门历史的科学。它所涉及的是历史性的即经常变化的材料。"① 恩格斯曾经批评一些人，他们总想到马克思的著作中找一些现成的、不变的永远使用的定义和概念来套现实，而不是用实践去检验理论概念和定义，以多变的现实生活来丰富和补充概念和定义。他指出："不言而喻，在事物及其相互关系不被看作固定的东西，而是被看作可变的东西的时候，它们在思想上的反映、概念，会同样发生变化和变形；我们不能把它们限定在僵硬的定义中，而是要在它们的历史的或逻辑的形成过程中来加以阐明。"② 马克思主义的这些历史唯物主义基本原理，应该成为我们探索社会主义经济性质的指导思想和方法论基础。

所以，根据社会主义国家建设的实践的经验，承认社会主义经济是一种商品经济，是对社会主义经济的客观发展作出的实事求是的理论概括。邓小平同志在十二届三中全会结束时说，经济体制改革的决定是马克思主义的基本原理同中国社会主义建设实践相结合的政治经济学，并要在5年之后检验这个论断，这是完全正确的。

三、社会主义商品经济的特点

虽然社会主义经济仍然是一种商品经济，但是，它既不同于

---

① 《反杜林论》，《马克思恩格斯选集》第3卷，人民出版社1972年第1版，第186页。
② 《资本论》，《马克思恩格斯全集》第25卷，人民出版社1974年版，第17页。

小商品经济，也不同于资本主义的商品经济，而是具有社会主义特征的商品经济。党的八届六中全会决议在谈到社会主义商品生产和商品交换时说："这种商品生产和商品交换不同于资本主义的商品生产和商品交换，因为它们是在社会主义公有制的基础上有计划地进行的，而不是在资本主义私有制的基础上无政府状态地进行的。"这是对社会主义商品经济特征的科学表述。十二届三中全会《关于经济体制改革的决定》进一步明确指出，社会主义计划经济是建立在社会主义公有制基础上的有计划的商品经济。这种商品经济的特点表现在以下两个方面：

（一）社会主义商品经济是建立在公有制基础上的，它所体现的生产关系，是社会主义劳动者之间的互相合作和平等互利关系，而不再体现雇佣劳动制度下剥削和被剥削的关系。[①] 由于社会主义商品经济是建立在公有制基础上的，劳动者联合起来共同占有生产资料，商品经济的范围已受到了一定的限制，劳动力已不是商品，土地、河流、矿藏等等也不成为自由买卖的对象。社会主义商品经济的发展，不可能引向资本主义。关于这个问题，斯大林在《苏联社会主义经济问题》一书中也有过一段话，他说："有人说，商品生产不论在什么条件下都要引导到而且一定会引导到资本主义。这是不对的。并不是在任何时候，也不是在任何条件下都是如此！不能把商品生产和资本主义生产混为一谈。这是两种不同的东西。资本主义生产是商品生产的最高形式（当然，这个问题现在也有不同的看法了，有人讲社会主义商品生产是商品生产的最高形式）。只有存在着生产资料的私有制，只有劳动力作为

[①] 当然，在我国社会主义社会的现实经济生活中，由于存在多种经济形式，包括引进了部分外资，在这种非社会主义的商品经济中，还有资本家参加。但是，这种国家资本主义性质的商品经济只是社会主义商品经济的补充，在整个国民经济中所占份额不大，从事这种商品经营的资本家也是在社会主义国家的管理和监督下活动。

商品出现在市场而资本家能够买卖并在生产过程中加以剥削，就是说，只有国内存在着资本家剥削雇佣工人的制度，商品生产才会引导到资本主义。"斯大林的这些话是完全正确的。社会主义的商品经济不仅不同于资本主义商品经济，也不同于小商品经济。不过，它还具有商品经济一般的特点。因此，在社会主义商品生产中依然存在劳动的两重性（具体劳动和抽象劳动），同时也存在商品两重性（使用价值和价值）问题。在社会主义商品经济关系中，除了基于生产资料公有制的根本利益一致，要强调生产者之间的互相合作，强调局部利益服从整体利益、目前利益服从长远利益之外，还必须在一切经济活动中考虑各方面的利益差别，贯彻等价交换的原则，体现平等互利的要求。

（二）社会主义商品经济是在全社会实行计划经济的前提下，有计划地发展，而不是无政府状态的商品经济。在生产资料社会主义公有制为基础的社会主义经济中，有必要也有可能由代表全体劳动人民利益的国家对整个社会主义经济的发展进行有计划的调节。这是资本主义私有制的社会根本办不到的。正因为这样，社会主义商品经济才有可能避免资本主义商品经济那种生产和交换的无政府状态，有计划按比例地协调发展。

这样我们就可以看到，社会主义经济兼有计划经济和商品经济的性质，它是计划指导下的商品经济，或者说，是建立在商品经济基础上的计划经济。

有的同志提出，过去我们一直在宣传计划经济为主，市场调节为辅，现在说我们的计划经济是有计划的商品经济，这两种提法有何异同？在这方面《决定》在理论上有哪些突破呢？应该看到，我们现在的提法是比以前的提法有了进一步的发展，是对我国社会主义经济特性的认识的进一步深化，在理论上确实是有新的突破的。关于这个问题，《决定》一共讲了四条：第一，就总体说，我国实行的是计划经济，即有计划的商品经济，而不是那种完全由市场调节的市场经济，就是说，不是资本主义的市场经济；第二，完全由市场调节的生产和交换，主要是部分农副产品日用小商品和服务修理行业的劳动；第三，实行计划经济不等于指令性计划为主，指令性计划和指导性计划都是计划经济的具体形式，实际上将来指导性计划会越来越多，指令性计划将越来越少；第四，指导性计划主要依靠运用经济杠杆的作用来实现，指令性计划是必须执行的，但也必须运用价值规律。这是总结了国内外社会主义建设的实践经验所得出的新的论点，最重要的是把实行计划经济和发展商品经济、运用价值规律统一起来了，同时肯定了计划经济并不是等于指令性计划为主，指令性计划和指导性计划都是计划经济的具体形式。这就突破了我们原有的经济体制的那种僵化的模式，它对于我国今后的社会主义建设，是具有重大的指导意义的。

在前一段的讨论中，有的同志不赞成"有计划的商品经济"的提法。这些同志说："提社会主义是有计划的商品经济，落脚点仍然是商品经济，那就把计划经济抽象掉了。"其实，计划经济是指在国民经济中有计划地分配社会劳动，或者说有计划地领导、组织和调节社会经济活动的一种社会经济制度。这里"有计划地领导、组织和调节"，必须落实到千千万万生产单位和经营单位的经济活动上。问题是这种经济活动是自然经济活动，还是商品经济活动。既然不论在两种社会主义经济之间，还是社会主义国营经济内部，都存在着商品生产和商品交换，社会主义企业之间的经济联系要通过商品货币关系来进行，国家对国民经济的领导和调节，就必须落实为对整个社会商品经济活动的领导和调节。我国三十多年来计划经济的实践已经表明，把社会主义国民经济当作一个大的自然经济来对待，也就是当作一个大的公司来对待，不仅会把小的方面（企业的微观经济活动）管死，大的方面（国民经济的发展方向，主要的比例关系）也不可能真正管住和管好。正是这种自然经济论的错误认识和有害实践，造成了技术停滞，效益降低，比例关系失调的恶果。有些同志在主观上是想实行"不须'价值'插手其间"的共产主义高级阶段，在产品经济的基础上实现计划经济，但是实践已经证明，这种把社会主义经济当作未来共产主义社会那种不存在商品货币关系的产品经济来对待的想法是脱离我们现实生活的，在实践中，人们所企望的产品经济不可避免地要成为自然经济的某种变种。而只有落脚到商品经济活动上的计划经济，才能反映社会主义经济发展的客观要求和必然趋势。把"社会主义计划经济是在公有制基础上的有计划的商品经济"的提法，作为同"社会主义经济是存在着商品生产和商品交换条件下的计划经济"互相补充的命题提出来，不仅有助于划清社会主义商品经济与资本主义商品经济的界限，也有助于消除把我国社会主义计划经济与落后的自然经济条件下的计划经济以及未来产品经济条件下的计划经济混为一谈的误解。

在这里，有必要把社会主义的商品经济和资本主义的商品经济区分开来。商品经济的概念是十分广泛的，它可以是萌芽的、不发达的商品经济，也可以是发达的商品经济，也可以是受到限制的特种商品经济。它可以是建立在私有制基础上的商品经济，也可以是建立在公有制基础上的商品经济。

关于社会主义的商品经济与资本主义的商品经济的区别，《决定》一共讲了六点：一在于所有制不同，二在于剥削阶级是否存在，三在于劳动人民是否当家做主，四在于为什么样的生产目的服务，五在于能否在全社会的规模上自觉地运用价值规律，六在于商品关系的范围不同，等等。这个划分是非常重要的，不搞清楚这种区别，就会迷失方向。关于什么是商品，现在认识是越来越前进了。今天上午，国务院常务会议讨论技术转让时，谈到了一个很重要的问题，即在社会主义有计划的商品经济条件下，技术也应该成为商品，要把技术变成商品，就要使技术商品化，开放技术市场，技术的售价可以实行市场调节，价钱由出卖技术的和接受技术的双方自由定价。这样可以解决我们一个老大难问题，打破技术和技术人员的部门所有制，活跃技术这个商品的流通，促进技术人才的交流和技术的交流，从抓科技的最终产品开始使科研成果尽快地形成生产力，把科技人员的积极性调动起来。这是一个好办法，也是我们科技改革的突破口。这是说我们对商品的认识越来越深化。现在正在草拟的科技改革的文件，准备把这个问题写进去。这确实是个很大的问题。我们科学技术很不发达，但我们的科技人才都是属于部门所有制、单位所有制，不能够流动，一个科研成果出现后很长的时间得不到推广、运用，怎么解决这个问题呢？就是把技术力也当作商品，开放技术市场。这样做，科学院和其他部门的科研单位把科研成果创造出来之后，哪个地方用就来买这个技术。那么，技术这个东西，属谁所有呢？可以有三种情况：第一种是属于国家计划安排的项目，所创造的技术，它的所有权属于国家，但是发明创造这项技术的人员从在出卖技术中可以得到一定的分成；第二种是由技术人员提出来，得到单位支持和使用了单位的设备的，这就同前一种有所不同，在出卖此项技术所得到的收入中，就应该给以更多的分成；第三种是业余搞的，技术的所有权就应属于个人的。出卖技术所得也归个人，当然个人所得都应照章缴纳所得税。

有的同志提出，社会主义商品经济同资本主义商品经济（即完全由市场调节的市场经济）的本质区别究竟在哪儿？社会主义商品经济的广泛发展必然产生盲目性，那末，又怎么做到有计划发展呢？理解这个问题的关键在于认识社会主义市场的可调节性质。在资本主义市场经济中，市场是至高无上的。不论是宏观的决策，还是微观的决策，都是由市场机制和市场原则来支配的。国家虽然可以利用价值规律的某些因素来影响经济发展，但是整个来说，资产阶级国家的经济政策只能跟在市场的波动后面，受异己的盲目的市场来支配，也就是我们经常说的事后调节。在资本主义的私有制的条件下，每种产品的生产者和经营者，都是按私人的利益来决策的，他在进行生产经营活动时，由于投入和产出时间有个间隔，投入到里面去的后果怎样，到产出后才能知道，所以只能事后调节，必然产生盲目性。承认社会主义经济的商品经济性质，当然也意味着发挥市场机制对于企业微观决策的调节作用。但是，社会主义商品经济中的市场同资本主义市场经济中的市场有着根本的不同。由于社会主义国家是社会主义所有者——全体劳动人民的代表，是国营经济的主人，它拥有多种法律的、行政的和经济的手段（包括工资、利息、税收、价格等经济杠杆），对市场进行有效的调节。这样，就创造了实际的可能性，使市场机制受制约于国家的宏观调节，从而把企业的微观决策同国家的宏观决策联系起来，使企业的微观经济活动在国民经济计划划定的范围内进行。因此，社会主义即使商品经济的充分发展，企业之间竞争的广泛展开，也有条件避免资本主义市场竞争的那种盲目性。但正如《决议》所说，社会主义商品经济的广泛发展，也会产生某些盲目性，也可能出现某些消极的现象和违法的行动，所以必须有计划地指导和调节，必须加强行政管理。这些都是我们在社会主义条件下能做到的。也就是说，社会主义国家完全有可能自觉地利用价值规律来达到计划经济的目的。

划清以上两种界限，即：计划经济同自然经济的界限，社会主义商品经济同资本主义商品经济的界限，将有利于我国经济和计划体制彻底摆脱自然经济论的影响，推进有利于商品生产和商品交换发展的改革；另一方面，有利于加强我国社会主义商品经济的计划性,防止商品经济发展中可能出现的无政府状态,真正把社会主义商品经济引导到有计划发展的轨道上来。

四、承认社会主义经济是有计划的商品经济,是进行经济体制改革、对内搞活、对外开放方针的理论依据

长期以来,我国社会主义经济活动,是在决策权高度集中于行政领导机关、按行政区划和行政层次组织起来、主要采用行政命令调节方法的经济体制中运行的。这种体制的特点是,在计划上大包大揽,在流通中统购统销,在劳动上是统包统配,在财政上统收统支。"统"字是这种体制的一个基本特色。正如决定所说的,它是一种同社会生产力发展要求不相适应的僵化的模式。这种体制把整个国民经济管得很死,窒息了企业活力和劳动者的积极性,必不可免地阻碍技术的进步、生产的发展和经济效益的提高。

但是,为什么长期以来不能改变这种不合理的体制呢?这是与我们在理论上长期未能摆脱自然经济的影响、不承认社会主义经济的商品经济性质有直接关系。不承认社会主义经济是有计划的商品经济,就只能按行政原则组织国民经济,用行政命令把企业的手脚捆得死死的,从而带来上述弊端。这就是为什么三十多年来,每当我们发现某种产品短缺而加强计划、控制的时候,这种产品就越控越死,越死越少;也就是说,我们越是强调加强所谓计划管理,严格限制商品经济发展的时候,计划经济碰到的困难就越多;而每当我们放宽对发展商品经济的限制的时候,经济就能够迅速发展,从而经济的计划发展反而会顺利些,发展就快一些,经济效益就更高一些。只有彻底克服自然经济的影响,肯定社会主义经济的商品性,明确提出要大力发展社会主义商品经

济，才能在国民经济计划的指导下，更好地利用市场机制，搞活经济，推动社会生产力生气勃勃地向前发展。

为什么要把承认社会主义经济是有计划的商品经济作为搞活经济，推动社会生产力迅速发展的基础和前提呢？这是因为：

（一）只有承认社会主义经济具有商品经济属性，才能完满地实现中央关于经济改革的各项决策，完善社会主义的经济机制。

近年来，党中央在农村经济改革取得巨大成功，城市经济改革试点取得丰富经验的基础上，采取了一系列措施推进城市、特别是城市国营工商业的经济改革。采取这些措施所要达到的目的，是要逐步建立一个"大的方面管住管好，小的方面放开放活"的经济管理体制，换句话说，也就是实现由过去那种在自然经济论影响下形成的按行政区划、行政层次、行政原则组织，主要采取行政命令方式调节的经济模式，到有计划的商品经济模式的转化。为了提高执行中央有关决策的自觉性，必须把目前局部性的改革措施同改革的总体规划联系起来，从经济改革目标模式的高度来认识各项具体措施的内容和意义。否则，就会对这些措施产生片面的认识，有时甚至用在旧模式下形成的旧观念来理解和解释新的口号，结果这些新的口号和新的措施在执行中就会走样和变形，不但达不到预期的目的，还会产生新的混乱。

例如，"简政放权"的口号，本来是在承认企业是相对独立的商品经营者的前提下提出来的。作为相对独立的商品经营者，应当有经营上的自主权，即有权根据市场情况和国家的有关法令和规定，作出微观决策。① 如果不是这样来理解，在执行"简政放

---

① 在理论界的讨论中，有的同志认为这种经营自主权的实质是所有权同占有权、使用权、支配权的分离，企业在国家保持所有权的条件下拥有后面三权。对于社会主义条件下是否存在这种分离，目前学术界还有不同的理解。但是这种分歧不妨碍绝大多数人一致同意社会主义国营企业应当拥有经营上的自主权。

权"的决定时,就可能出现两种情况:一种是把某些次要的权力下放给企业,而把主要的微观决策权(企业的日常生产经营决策权,如生产什么品种和规格的产品,生产多少,从哪里取得原材料,产品卖给谁,以及企业上缴国家税费后,它的所得如何支配,等等)紧紧抓在行政领导机关手里。由于各种权力是互相制约的,一环紧扣一环,主要的生产经营权不在企业手里,那些次要的、从属的权力也不可能真正放下去。

这里可以举一个例子,来说明城市经济体制改革的必要性和迫切性。上海是全国经营管理搞得比较好、经济效益最高的一个城市,它的工业产值占全国的1/9,财政收入占全国的1/6。对全国有很大贡献。但它在体制上仍有许多不合理的东西要改革。主要的问题是企业没有多少权力,权力大部集中在管理局和行政性的公司手中。在上海,建国初期我们采用割断私营企业同市场联系的办法,在当时为了对私营企业改造,这样做是必要的,通过加工订货、统购包销来控制为数众多的私营工商业。到了全行业公私合营以后,上海就把2.6万多户的工业企业,分别纳入到目前的81个专业公司里面,逐步地进行了产业调整,由公司统一调配企业的资金、技术力量和厂房设备,决定企业的产供销。在这一套管理体制下,上海工业在增加产量、降低成本、开发重点产业方面取得了很大的成效,但是也存在不少的问题。上面所说的工业历史的演变以及与之相适应的产品历史演变所形成的工商管理体制的主要弊病是什么呢?一是管理层次太多,一般是五级管理:市、委(办)、局、公司(其中也有分为总公司和分公司两层的)、企业,至少是五级,有的是六级。另一个是,企业处于层层的行政管理的严格管束之下,它的活力受到严重的压抑。根据我们在座谈中了解,几乎所有企业都反映:目前除国家计委下达的指令性计划以外,凡紧俏的商品,中央商业部都是统一调拨分配的；市、局、公司还要企业另加一部分作为对外协作的筹码，如永久牌、凤凰牌自行车、无敌缝纫机都是如此，结果层层加码，到了企业就不知道哪些是指令性计划，哪些是指导性计划，凡是上级下达的都算指令性计划，都得完成。企业本来可以自行采购的产品，仍然由上面专业公司来给它安排。例如，永久牌、凤凰牌自行车是上海最有名的自行车，自行车的底座，厂里如果向公司以外的企业采购，每个价格可以便宜1元钱，但公司不允许，它规定只能向公司所属的企业采购，这样，每年这两个厂就要多付出500多万元。缝纫机厂也是这样的。无敌牌缝纫机厂的木头台板，如果向公司以外的企业采购，可以每年少花500万元，但公司不同意这样搞，管得非常死。利润留成也是这样，有一半以上是集中在公司。上海市1978年恢复企业基金制度，1979年在若干企业里实行了利润留成，财政和试点企业直接结算，当时认为确实调动了企业积极性。1980年以后全面推行，改成了以局为单位的全额留成，再由局和公司核定到企业，先进企业留成就很低了。比如化工局留成利润有9.2%，分到公司成了7.8%，到了企业就更少了，如经营好、利润水平高的天荣化工厂留利水平只有2.83%；上海牙膏厂留利水平只有2.63%，其中奖励基金只有0.65%，每增长1万元利润，奖励资金只能得到65元，平均每一个职工分到五分钱。1983年上海市预算内的地方国营工业企业留利一共有13.77亿元，留利率14.7%，但局一级就占4.88%，公司一级又占了2.05%，企业只剩下7.75%，一半被上边扣掉了。企业反映，别的地方是两个大锅饭：市一级、企业一级，上海是三个大锅饭，一层一层把企业的拿走了，企业感到很不好办。所以，简政放权，究竟这个权放给谁？《决定》规定政府和企业的职能分开，政府原则上不再管企业了，要求把权力放出去。这个权力放给谁？上海就在争论，局里说这个权应该放给局，公司说这个权力应该放给公司，企业说这个权应该放给我企业。按照中央决定精神，当然权力应该放给企业。但这个问题现在很不好解决。因为上海有80多个公司，这些公司实际不是企业，还是行政性的公司，等于一个专业的分局。比如纺织局、化工局下面的公司，等于纺织、化工的分公司。这是上海的情况，这个问题在其他城市同样存在。和这个问题相联系的，还提出不少问题。比如，《决定》规定今后政府原则上不管企业了，那么，企业怎么办？企业一方面怕婆婆多，婆婆多很不好办；另方面又怕没有婆婆，没人管。首先，国有企业有几万个，国家计划能否直接下达给企业？第二，按指令性计划生产的产品是按指令性分配的，这部分产品实行计划价格，是便宜的，比如钢材，国家分配的价格是600元1吨，现在市场上钢材浮动到1200元、1400元1吨，这部分产品经过什么渠道才能拿到？第三，企业的经理、书记谁来任命？这些都要通过实践来解决。一机部把企业都下放了，下放给谁？如果下放到中心城市，如果不是按照《决定》的新精神办，那还是下放到管理局，下放到行政性的公司，和过去部里管差不了多少，甚至像有些企业所说的过去由部里管是用很粗的绳子捆，而下放到市里，用麻绳缠，捆得更紧了。总之，企业希望下放以后不要成为断了线的风筝，没人管。总还要有个单位管它，当然要管好，不能像过去那种管法。《决定》中指出，公司必须是企业，而不能是行政机构。而现有的公司基本上是行政机构的变种。怎样把它改造成企业？而企业性的公司又是什么样子？这种公司怎么样产生？它和工厂的职责怎样划分？也都有待于在实践中解决。

在这方面，以第二汽车总厂为主体的东风汽车工业联营公司是一个很成功的例子。它们的经验主要是：第一，坚持自愿原则，实行多种形式联合，有以下不同形式的联合层次：（1）公司的核心部分是第二汽车总厂直属的27个专业厂，以它们作为公司的总部,一套机构,两块招牌;(2)紧密联合的企业有4家,实行供产销、人财物的统一,但各厂仍保持独立法人地位;(3)半紧密联合的企业有15家,实行三不变(所有制、隶属关系、财政渠道不变)四统一(产品系列、改造规划、生产计划、管理办法),生产经营上,由联营公司统一管理,但工厂可以承担一定的地方任务,生产一部分其他产品;(4)松散联合的企业有83家,它们只部分地生产东风的系列产品,同时还生产其他系列产品,属于东风系列的产品,由联营公司统一领导,其他方面,公司不干预。第二,坚持互利原则,实行不同的利益分配办法:对紧密联合的企业,实行税前2:8比例分成,或税后1.5:8.5比例分成,公司占2或1.5,但公司并不提走,而是留给企业进行技术改造,作为公司对企业的投资;对松散联合的企业则完全采取等价交换的互利原则。第三,以二汽为主体,发挥了联合体的骨干和龙头作用。二汽不但可以给联营的工厂提供优质零部件,支援并参加工厂的组装或改装出优质的汽车产品,而且在技术上帮助工厂进行改造,攻克难关,帮助工厂建立比较先进的生产和经营管理方法,培养技术和管理人才。在公司统一领导下,根据各厂的特点和优势,实行专业分工。目前有些联营工厂,已开始以二汽为龙头,进行联合设计,联合开发新产品,不但加快了产品更新过程,而且锻炼了参加联合的工厂的技术力量。这些经验是值得重视的。

当然,另外一种情况也应当注意,就是确实把权力放下去了,却不善于按照建立有计划的商品经济的需要,运用各种立法的、行政的,特别是经济的手段影响市场和调节企业的自主经济活动,把它们引导到有计划按比例发展的轨道上去,结果也会滋生混乱。这是两个方面:一个是不肯把权放下去,另一个是放下去又不知道该怎样管理,要管就是老办法。新的办法,根据有计划的商品经济体制来管理,还要摸索,在实践中解决。

如何理解"打破条块分割,组织以大中城市为依托的网络性的经济区"的口号,这也是《决定》里提出的。我国国民经济中长期存在的"条块矛盾",是由旧的行政集中管理体制产生的。在这种体制下,既然把整个社会看作一个大工厂,一个大公司,由国家行政机关指挥全社会的一切经济活动(包括宏观经济活动和微观经济活动),国民经济就只能按行政系统来组织,使全社会的数以十万计的国营企业分别隶属于国家的行政部门和地区行政机关,形成所谓"条条"和"块块"。而且不管是"条条"、"块块"都要自成系统,形成所谓"完整的体系"。在社会化的大生产中,企业之间供产销的横向联系千丝万缕,错综复杂。而按照行政隶属关系组织经济,却要以上下级之间的纵向联系为主,不仅相互分割、甚至相互封锁,这就人为地阻碍了企业之间的横向联系的实现,并且驱使企业搞"大而全"、"小而全",于是"条块矛盾"就越来越严重。只要保持目前这样的行政集中管理体制不变,按行政部门组织经济,那就会割断属于不同条条的企业之间的经济联系;按地区原则组织经济,又会割断属于不同地区的企业之间的经济联系,条块矛盾怎样也不能得到很好地解决。

以大中城市为依托,组织网络性的经济区,是以完全不同的经济体制为背景提出来的,这就是社会主义有计划的商品经济。在商品经济中,千千万万个商品生产者之间通过买卖实现横向联系,形成囊括全社会的有计划的统一市场和经济网络,这种经济网络的枢纽,便是所谓中心城市,也就是大中城市。中心城市的影响,通过它的工商企业、交通运输、邮电企业、银行等等的经济活动,辐射到大片地区,直到全国以至全世界。比如上海,最近我们调查,它和全国 29 个省、市、自治区都有密切的经济联系,它的经济来往、经济网络辐射到全国 29 个省、市、自治区,全国只有两个地方上海是进大于出的:一个是山西,上海要用它的煤炭，一个是辽宁，上海要用它的钢材；其他地区都是出高于进，另外，它和国外140多个国家和地区已有着经济往来。本来上海的经济越活起来，它的网络就越来越扩展，这样才是这个城市应该起的作用。但是，我们有些同志的观念，还是限于上海本身几百平方公里的这个范围，或者是千把平方公里的范围，即包括所属10个县的范围。现在国务院、国家计委要搞一个上海经济区，又包括了上海周围分属江苏、浙江的10个市。实际上上海发生经济作用的范围，是和全国各地发生经济联系，和世界140多个国家、地区发生经济联系。应当这样来考虑上海的作用，考虑它的发展问题。

在社会主义社会以前，中心城市多少是自发地形成的，在社会主义有计划的商品经济中，国家却有可能自觉利用中心城市的上述作用，协调带动和促进它辐射所及地区的经济发展。

但是，目前有的同志对依托中心城市组织经济网络的口号理解得并不完全正确。有这样一种认识：以为所谓依托大中城市组织网络性的经济区，就是把原来属于中央和省、自治区的企业下放给大中城市，或者把经济区范围内的县、市划入中心城市的建制，而城市则因袭以前的老办法来管理企业，这样企业仍是城市行政机关的"附属物"或"算盘珠"。其实，这种理解是违背了以某些大中城市为中心建立经济区的原意，如果这样做，就会形成新的块块，现在已经有二十几个块块，如果那样搞，就会有更多的块块。这样不但不能改善地区之间的经济联系，带动成片地区的发展，还会加剧中心城市同邻近兄弟地区的矛盾，加深各个块块自成体系、相互封锁的弊端。这确实是值得注意的问题。我们考察现实的经济生活就会看到，在上海这个城市里，全国大中城市都在那里设点，甚至江苏省的某些乡镇企业也在那里设点；反过来，上海在各大中城市中也都有点，你的手伸到我这个地方，我的手伸到你那个地方，这是经济活动的正常现象。想把这些手割断不可能，那就会把经济搞死。要把经济搞活，就是把这种横向的联系发展起来，密切起来。

（二）只有承认社会主义经济具有商品经济属性，从而自觉地依据和运用价值规律的作用，才能把我们的经济工作真正转移到以提高经济效益为中心的轨道上来。

讲求经济效益，是社会主义经济工作的一项基本要求，也是党的十二大提出的实现我国经济发展战略目标的前提。马克思曾经指出，在未来的社会主义制度下，联合起来的生产者，将合理地调节他们与自然之间的物质变换，用最少的劳动耗费，取得最多的物质财富。然而，在我国社会主义建设实践中却常常出现经济活动效率低，浪费大，供需脱节，按总产值计算的增长速度虽然相当高，而可供消费的最终产品却增长很慢，人民得到的实惠不多，甚至有时发生国民经济比例失调，造成社会经济生活的严重动荡的被动局面。近年来党和政府一再强调把我们的经济工作转移到以提高经济效益为中心的轨道上来，然而收效还不十分显著。原因何在呢？应该说，问题的症结在于在自然经济论影响下形成的行政集中管理体制，严重阻碍了商品生产和商品交换的发展，违背了价值规律的要求。

社会主义建设的实践证明，在社会主义经济活动中，不论是提高微观经济效益，还是提高宏观经济效益，都必须承认社会主义经济具有商品经济的属性，尊重价值规律的作用。

所谓微观经济效益，主要是指社会主义企业经济活动的效益。提高企业经济效益的关键，在于改变旧体制下企业只是上级行政机关手里的"算盘珠"，"拨一拨、动一动"的状况，使之成为既有提高经济效益的强大内在动力，又有市场竞争的强大外部压力，具有高度活力的相对独立的经营主体。而这一切只有在把企业看成相对独立的商品生产者和经营者，造成价值规律对生产和交换起调节作用的适宜环境的条件下，打破地区和行业之间的封锁，消除垄断开展竞争，才有可能实现。

承认社会主义经济具有商品经济的属性，就不仅要承认集体所有制企业是独立的商品经营者，而且要承认全民所有制企业也是相对独立的商品经营者，也应当成为实行独立核算、自负盈亏的经济实体，在人、财、物、产、供、销等方面有自主的经济权力，使企业从行政机构的附属地位中解脱出来，根据社会需要独立作出生产和交换决策，成为权、责、利统一，在计划指导下自主经营的经济实体。

承认社会主义经济具有商品经济属性，从而承认企业的相对独立的商品经营者的地位，就可以解决企业吃国家的"大锅饭"的问题，从而使企业的经营成果同职工的物质利益挂上钩，解决职工吃企业的"大锅饭"的问题，使企业职工能从关心自身的物质利益上关心企业的经营管理。这样，企业就有了发展生产、改善经营管理的内在动力。

承认社会主义经济具有商品经济属性，就意味着承认社会主义竞争的必要性。竞争是商品经济特有的规律。在竞争中，一方面企业必须努力掌握市场信息，尽力做到适销对路，使自己生产的产品符合社会需要；另一方面，如马克思所说，"生产这些产品的社会必要劳动时间作为起调节作用的自然规律"，即价值规律，必然要"强制地为自己开辟道路"。这就迫使每个企业都要想方设法改善经营管理、降低成本、革新技术、开发新产品，使自己的个别劳动消耗尽可能地低于社会必要劳动消耗。这样，在社会主义国家计划的指导下，开展一定的市场竞争，可以成为一种对于企业的外部强制力，推动各个企业、部门和地区努力前进，永不停步。

承认企业是相对独立的商品生产者，尊重价值规律的作用，还可以促进每个企业更好地为社会需要生产，有助于产需的直接衔接，使企业在计划指导下努力根据市场的供求情况，具体确定哪些产品生产多少，以便使各种产品都能适销对路，符合社会需要。这正是取得宏观经济效益的基础。

（三）承认社会主义计划经济的商品经济属性，有助于大大改善我国的计划工作，加强国家对整个国民经济的计划指导，取得更大的宏观经济效益。这个问题，可以从两方面来看：

首先，在社会主义经济活动中，发挥"价值决定"（马克思语）的支配作用，有计划按比例地在各部门分配社会劳动，是改进国民经济计划工作，提高宏观经济效益的基本前提。我国经济发展的历史经验告诉我们，每当国民经济发生重大比例失调时，我国国民经济的宏观经济效果都大大下降，比如"大跃进时期"、"文化大革命"时期就是这样。而要保证社会主义经济能按比例发展，以提高宏观经济效益，在制定国民经济计划时，就不仅要以国民经济有计划的发展规律为依据，而且要以价值规律为依据，把二者有机地结合起来。这是因为，有计划发展规律要求要有计划地对资金、物资和劳动力按比例分配，而商品的"价值规律决定社会在它所支配的全部劳动时间中能够用多少时间去生产每一种特殊商品"①。由此可见，二者并不是对立和排斥的，而是有着共同的基础，可以统一起来的。有计划规律要求人们自觉地按比例安排社会生产，价值规律则除了要求人们合理分配社会劳动外，还要通过经济机制实现社会生产的按比例发展。例如，对于短线产品的生产者，应该给予较多的利益，对于长线产品的生产者，则给予较少的利益；引导企业主动地调节自己的生产，以适合于

---

① 《资本论》，《马克思恩格斯全集》第23卷，人民出版社1972年版，第394页。

社会的需要。只有把有计划发展规律和价值规律很好地结合起来，才能实现国民经济有计划按比例发展，从根本上保证宏观经济效益的不断提高。

其次，过去我们的国民经济计划不能把大的方面管住，有效地调节整个国民经济几十万个企业的活动，一个重要原因是单纯依靠行政命令、指令性指标来进行调节。企业的经济活动方面很多，事实上计划机关不可能统统用指令性指标把它们管住。例如，目前农业实行指令性计划的是29种产品，现在计划体制改革，准备减少到10种左右；工业目前实行指令性计划的是123种产品，准备减少到60种。我们国家产品有几万种甚至几十万种，只靠指令性计划怎么能控制得住呢？这样，指令性指标体系不能不留下许多"空子"，在这个范围内，具有独立经济利益的企业就会根据自己的利益作出选择。而由于在行政集中管理模式上建立起来的计划机关不善于运用适合于商品经济的调节手段，主要是税收、利率、工资和奖金，特别是价格这些杠杆，去调节企业同企业、企业同社会之间的关系，把企业的生产经营控制在计划要求的范围内，引导到适合于社会需要的轨道上去，结果大的方面没有管住，供需脱节、比例失调经常发生；而对小的方面却管死了，使整个经济缺乏活力。

在有计划的商品经济的条件下，国家拥有雄厚的经济实力和最高的决策权，完全有能力在实行对整个国民经济的有计划领导时，不但运用立法的、行政的手段，而且运用各种经济杠杆，建立行政方法与经济手段相结合的强有力的调节体系来调节整个国民经济的各种经济活动，实现国民经济充满活力的有计划发展。

为了做到这些，我们的计划机关需要思想上来一个大的转变，正如中央《决定》中说的打破只有指令性计划调节的经济才是计划经济的陈旧观念，使计划工作由制定指令性计划为重点逐步转向以制定国民经济和社会发展的战略方针、经济政策、调节措施为重点，努力学会运用各种经济政策、经济杠杆来调节整个国民经济，保证计划目标和计划任务的实现。这应该是计划管理体制改革的一个重要内容。就是对某些指令性的指标，也必须采取这种办法，才能保证其实现，否则就会落空。而做到这一切的前提，又是要认识社会主义是有计划的商品经济。

（四）承认社会主义经济的商品性也是我国实行对外开放方针的一个理论依据，同时也是保证我国社会主义企业能够执行这一方针，参加国际竞争的一个理论前提。

一个社会、一个国家要不要发展对外经济技术交流，利用国外的市场、资金、资源和技术，这是由它的商品经济发展程度决定的，由生产力状况决定的。在前资本主义社会，生产力水平低下，商品经济很不发达，自然经济占统治地位，在这种情况下，国际间的经济技术交往是很少的。到了资本主义社会，商品经济大大发展了，这就必然带来了国际间经济技术交流的大发展。马克思、恩格斯在《共产党宣言》中谈到资产阶级开拓世界市场的经济根源时，曾经指出："不断扩大产品销路的需要，驱使资产阶级奔走于全球各地。"① 社会主义国家发展商品经济、开拓世界市场的目的和性质，不同于资本主义国家。但是社会主义商品经济的发展，必然要挖掉民族经济的孤立性和闭塞性这一自然经济的根基，走向世界，从发达国家引进先进技术和管理方法，利用外资，并且挤进世界市场，有意识地利用世界市场，从中得到国际分工和国际商品交换的好处。这一历史趋势，是客观事物发展的必然性。对于我们这样发展中的社会主义国家来说，尤为重要。我国对外开放的方针，正是根据马克思主义的理论和我国社会主

---

① 《共产党宣言》，《马克思恩格斯选集》第1卷，人民出版社1972年第1版，第254页。

义商品经济发展的客观要求而制定的。

我们还要看到，对外开放的正确方针，并不是能够轻而易举地实现的。（1）为了建设对外开放的基地——开放城市和经济特区，我们需要投入相当数量的资金，首先是搞基础设施、"七通一平"的建设资金，这样才能建设对外开放的基地。（2）要有对外商外资有吸引力的投资环境和供销条件。这个很重要。日本国际贸易促进会的冈崎嘉平太先生几个月前到大连去了一次，他是想和大连做点生意的，到大连机场等了3个小时还上不了飞机，他就说连这个条件都没有，要人家来做生意就相当困难。（3）企业要对外国资本和外国技术有消化吸收的能力。这一点应该说上海最强。所以外国资本家都愿意在上海搞合营或者投资。但是上海有个很大的困难，我们这些年从上海拿的比较多，国家财政收入的1/6取自上海，给它返回去的少，所以它的基础设施越来越不适应需要。它有这方面困难，但消化吸收能力是最强的。（4）我国企业运用引入的资金和技术生产的产品，在国际市场上要有竞争能力。现在我国产品在国际市场上有竞争能力的实际上是很少的。我们的产品构成中，制造业的产品占的比例是很低的，农产品还占了相当大的比例，矿产品都是初级产品，经过加工的产品比例很低，特别是高价值的产品是很低的。比如我们的布匹出口很多，但都是坯布，人家经过加工，可以再增加1倍甚至2倍以上的价值；而且这些产品还受到国际市场的限制。如何提高产品的竞争能力，这是一个很大的问题。在旧的行政机关集中管理体制下，企业是和国际市场隔绝的。企业不知道自己的产品在国际市场上占的是什么地位。我们到国外去看一看，就知道我们的很多产品是在地摊上摆着的，而高级的商场里看不到我们的产品，这实在令人伤心。企业并不了解这些情况，因为产品是被外贸部门收购走的，外贸部门割断了企业和外商的联系；因而企业对成本高、效率低、资金积累能力很差等严重问题的解决，缺乏紧迫感，所以技术进步和产品更新换代很慢。同时，行政机关机构重叠，办事拖拉，效率低，合同的签订和履行都存在许多问题。这些都妨碍对外开放政策的实行和取得成效。我接待过不少美国企业家，他们讲花不起这么多钱。到北京来谈一次生意，要花几万美金，甚至十几万美金，大资本家还可以，小资本家就够呛，谈一个月还不知道找哪一个衙门才能接上头。现在美国出了一本书叫《怎样和中国做生意》，说和中国人做生意要有一种特殊的知识。这和我们旧的不合理的经济体制是有关系的。因此，必须对这种笨重的、缺乏活力的体制，进行改造，才能为对外开放的方针的实行创造条件。而这一切，正如前面所说，都是以承认社会主义经济是有计划的商品经济为前提的。

为了适应对外开放的新的形势，对我们的经济工作干部来说，就有一个学会做生意，学会运用商品经济的原则，同外国资本打交道的任务，这样才能做到在互利的条件下为我所用。特别是我们从事对外经济活动的所有干部，既要有无产阶级坚定的立场，又应当懂得资产阶级的生意经，懂得它的经济学，通晓国际市场上经济活动的规律，具备国际的经营知识和有关国际法的知识，不然，同他们是谈不成生意的。如果我们拿我们这一套和他们谈，我们有计划价格，而这种价格不是经常变化的，而他们的价格是天天变的；我们的汇率是不变的，他们的汇率是天天浮动的。如果没有这个知识，根本不能对话，那当然谈不成生意。过去三十多年来，由于照搬苏联的那一套和"左"的思想影响，我们经济学研究的路子也是越走越窄，政治经济学的社会主义部分往往讲一些抽象的政治原则，很少给人们以社会主义经济实际运行的知识；对于如何在市场环境中经营企业，调节经济，更是很少触及。今后我们应当在总结近年来在对内搞活对外开放经验的基础上，大力发展马克思主义经济学，用以武装我们干部的头脑。资产阶级经济学从上世纪末以来，对现代资本主义经济作了很多的论述。从总体来说，它是为资本主义制度辩护的，为它服务的，所以从本质上说，它是庸俗的、反科学的；但是，其中也反映了商品经济的某些共同的规律，因此也就不能一概加以否定。无论是为了了解资本主义的经济以便同外国做生意，还是为了发展我们社会主义的经济和发展我们的社会主义经济学，我们都有必要对资产阶级的经济理论认真加以研究，并且批判地利用其中对分析社会主义商品经济有用的那些东西。

总之，承认社会主义经济是有计划的商品经济，在国家的宏观经济决策和企业的微观经济活动中都尊重价值规律的作用，就既能促使企业竞相提高经济效益，又能保证国民经济按比例地协调发展，避免资本主义那样的经济危机和无政府状态。这样，就能使我们的经济工作，更彻底地摆脱各种"左"的影响，保证我国社会主义国民经济更加生气蓬勃地向前发展。

关于建立社会主义市场体系的几个问题*

（一九九二年）

十余年的经济体制改革，改变了那种主要由高度集中的计划来配置资源的体制，市场在调节生产、组织流通和引导消费中的作用愈来愈大。但是也要看到，我国的市场组织尚不健全，市场体系尚不完善，市场法规也是不完备的。要在我国真正建立起社会主义市场经济的新体制，还需要花大力气来建立和完善我国的社会主义市场体系，这是保证社会主义市场经济得以顺利发展的必要条件。对此，我准备从以下三个方面谈谈自己的看法。

一、建立市场体系是我国经济体制改革的重要内容

在传统的高度集中的计划体制下，虽然也像有些同志所讲的那样，我国并没根绝商品生产和流通。但不能不承认，那时我们在指导思想上不承认社会主义是商品经济，同时又把指令性计划做为计划经济的基本形式。在这种理论的指导下，我们不仅用计

---

* 载《理论学习与研究》1992 年第 5 期。

划分配、计划调拨来代替、取消生产资料的市场交换，而且试图用计划收购、计划调拨和计划配给来取代消费品的市场交换和商品性流通。在过去几十年间，我们主要靠指令性计划来管理经济，从而企业的一切生产活动均要听命于计划部门和主管机关，国营企业不过是社会这个大工厂的车间。在这种"大工厂"体制下，同企业是一个"车间"相适应的市场也就没有任何存身的机会。因此，在传统体制下，否认企业的自主权和独立性，是与排斥市场的作用紧紧联系在一起的，是一个事物的两个方面。

以上这种高度集中的传统体制，是随着城市工商业社会主义改造的基本完成在"一五"末期基本确立起来的。随着这种体制的运转，当时人们对这种体制集中过多的弊端就有所认识，并在实践中探索解决这一弊端的途径。这在毛泽东同志1956年写的《论十大关系》一文中有所阐述。遗憾的是，限于理论认识的不足和主客观条件的限制，对这种体制弊病的认识只限于中央集中得过多方面，着重从中央与地方的权力划分来寻找解决问题的途径，而没有看到传统体制的根本弊病不是中央管多了还是地方管多了，而是忽视、排斥市场机制在配置资源中的积极作用。是计划管多了，市场管理少了。正是由于理论认识上的限制，1979年以前的三次体制调整都没有把握住经济改革的中心环节：在扩大企业自主权的同时，发挥市场调节生产、组织流通、引导消费和鼓励创新的作用，而只是围绕中央与地方的关系，下放或上收企业。

粉碎"四人帮"后，全党和全国人民在解放思想的旗帜指引下，较彻底地清算了传统经济体制得以确立的思想基础，对传统体制弊端的认识更加深入。以党的十一届三中全会为标志，拉开了我国经济体制全面改革的序幕。随着经济体制改革的不断展开，对市场机制和市场体系的认识也不断深入，从而越来越把建立市场机制和完善市场体系作为我国经济体制改革的重要内容。所谓

"市场取向"概念，就是指改革的这种动向，改革中新老模式转换的方向。在党的十一届三中全会的公报中，第一次明确提出了要"在统一计划指导下重视价值规律的作用"。后来在《关于第六个五年计划的报告》中就明确为"计划经济为主，市场调节为辅"。这是首次承认市场调节在我国资源配置中的作用。1984年10月党的十二届三中全会所通过的《中共中央关于经济体制的决定》又进一步发展为：社会主义经济是公有制基础上的有计划的商品经济，实行计划经济不等于指令性为主，要实行指令性计划、指导性计划和市场调节相结合的原则。这种提法充分肯定了市场调节的地位。1985年9月党的全国代表会议所通过的《中共中央关于制定国民经济和社会发展第七个五年计划的建议》，更进一步把完善市场体系明确为与经济体制改革三个方面有联系的重要内容之一；明确提出，建立新型的社会主义经济体制，要进一步发展社会主义的有计划的商品市场，逐步完善市场体系；国家对企业的管理逐步由直接控制为主转向间接控制为主。1987年10月党的十三大所通过的政治报告，不仅进一步明确了新的经济体制的三个方面：搞活企业、建立市场体系和实行间接调控，而且对它们之间的关系也进行了科学的概括。这样，到1987年党的十三大，市场在国民经济运行中的重要作用终于得到肯定。与此相应，包括价格改革和完善各种市场的工作就更加展开和逐步深入。最近，小平同志的南巡谈话和江泽民同志在中央党校的重要讲话，都对计划和市场的关系做了精辟的说明，这对我们加快市场体系的建设和完善具有重要的指导意义。

要加快市场体系建设，发挥市场机制的作用，有一点必须明确，即是说由市场来配置资源决不等于简单的放开。市场机制要充分、有效地发挥作用，需要相应的组织建设和制度的创造，包括（1）建立统一、规范有序的商品市场、金融证券市场、劳动力市场、技术市场、房地产市场；（2）建立适应不同交易目的、协调配合、规范健全的现货市场与期货市场、批发与零售市场；（3）制定规范各种市场交易活动的法规，包括主体法（如证券公司法）和行为法（如公平竞争法）；（4）发展与物流、货币流、信息流相关的基础设施，如交通、通信、仓储设施和交易场所等。上述几个方面的内容大致都可归为建立市场体系的范畴。显然，没有市场体系的建立和完善，就谈不上市场机制发挥有效的作用，更谈不上计划与市场的有机结合。前几年，我们经济生活中所出现的一些问题，如经济结构失衡、流通领域混乱都或多或少地与市场体系不健全、不完善有关。如果我们准备在不太长的时间内，初步建立起宏观调控下的市场协调机制，实现计划与市场的有机结合，就必须认真总结近年来市场建设中的经验和教训，进一步加快市场体系建设的步子。

二、十年来我国市场体系的发展情况及存在的问题

首先介绍一下我国几种主要市场的发展情况。

1. 商品市场的完善和发展

传统的高度集中的计划体制对市场机制的排斥，在商品流通领域主要表现为市场长期处于压抑和萎缩状态。随着十余年来商业和物资流通体制的改革，我国的商品市场发展迅速，并逐渐形成了一定程度的商品市场体系。

（1）社会商品流通中市场调节的范围和比重逐步扩大。首先拓宽了消费品流通市场调节的范围。到1989年，商业部系统的实行指令性计划管理的商品从原来的188种减少到11种，其中工业品6种，农产品5种，其余基本上实行市场调节。1981年国务院

批转《关于工业品生产资料市场管理暂行规定》，给予生产资料生产企业一定程度的自销权，从而打破了生产资料流通靠指令性计划"包打天下"的局面。目前，由国家计委负责平衡、分配的生产资料已从 1978 年的 256 种减为 22 种，由部门实行指令性计划分配的原材料和机电产品由 316 种减为 45 种。由于从"七五"时期起，国家对重要生产资料的流通普遍实行了计划外部分实行市场调节的管理办法，所以，在国家统配的 22 种生产资料中，由指令性计划调拨和分配的比重均降到 50% 以下。大致而言，目前全社会商品流通中，70% 的品种、60% 的销售额已属市场交易。

与大部分的商品流通由计划分配转为市场交易相适应，我国商品价格体系和价格形成机制均发生重大变化。目前，绝大部分消费品都已实行市场价格。至于生产资料价格，相当部分的工业制成品实行了市场价格。初级产品则普遍实行价格"双轨制"。近年来，不仅实行市场价的部分所占比重逐步上升，而且，计划价与市场价的差距也不断缩小。

（2）商品市场组织创新和制度建设有所发展。随着国家对生产资料流通管理的放宽，打破了由物资专业公司独家经营的局面。1979 年以后，一些大中城市相继开设了一大批生产资料商场，并可采取现货交易和远期合同等多种交易方式，成交活动不受行政区划、行政部门的限制，也不受企业所有制性质的限制，用户可以自由选购。这标志着我国有形生产资料市场开始萌芽。随着国家统配物资的种类和比重逐步缩减，生产资料流通中横向联合和协调也有了较大的发展。目前全国共有多种形式的生产资料流通联合组织 8200 多个，其中紧密型的 470 个。1984 年后，以城市为依托的物资贸易中心开始出现，并发展迅速。截止到 1990 年，全国地、市以上的物资贸易中心发展到近 400 多家，营业额达到数百亿元。通过几年的实践，多数物资贸易中心的商品辐射、信息交流和多种服务的功能在不断完善和增强,大型物资贸易中心正在逐步办成重要生产资料的批发市场。1989年以来,我国又在苏州、沈阳进行组建综合商社或大型物资流通企业集团的试点工作,在无锡进行物资流通综合配套改革试点。最近,国家有关部门在深圳开始进行生产资料保税市场和有色金属期货市场的试点工作。总的来看,我国生产资料市场初具规模,不同形式、不同层次的专业性和综合性生产资料市场的格局初步形成。

在工业消费品和农副产品流通领域,国营商业、供销社及有关政府部门组建了一批工业消费品和农副产品贸易中心,其中有综合性的,也有专业性的,并按开放型自由流通的方式和原则营运。目前,全国工业消费品贸易中心已发展到900家。1990年在郑州组建了第一家国家级粮食批发市场,以现货批发为主,发展远期合同贸易,并逐步引入期货市场机制。1979年以来,城乡集市贸易发展迅速,目前约21%的社会商品零售是在集市贸易市场上成交的。集贸市场的购销方式已由基本上是零售、现货交易转向既有零售、又有批发,既有现货交易又有远期交易等多种交易方式转变。有些集贸市场,如福建石狮市场、河北白沟市场,已发展到跨地区、远距离辐射的商品集散、批发中心。

2. 金融市场的建立和发展

(1) 建立中央银行体制,充分发挥货币政策在资源配置中的作用。1983年前,中国人民银行既担负管理金融事业的职能,又承担对工商企业的存、贷款业务和国内贸易结算业务。这种职能双重化不利于中国人民银行充分承担起金融宏观调控的功能。为了和政府职能由直接控制向间接调控转换相适应,1983年9月,国务院决定由中国人民银行专门行使中央银行职能,将货币发行和信贷分开,不再兼办工商信贷和储蓄业务,以加强对货币的调节和对金融机构的管理和监督,更好地为宏观经济决策服务。与此同时，分设中国工商银行，承担原来由中国人民银行办理的工商信贷和储蓄业务。从此，一个以中央银行（中国人民银行）为领导，以国家专业银行（中国工商银行、中国银行、中国农业银行、中国建设银行）为骨干的二级银行体制开始形成。

（2）建立多种金融机构，创造金融市场主体。随着经济的发展、运行主体多元化和国民收入分散化，为了充分地吸收分散化的资金和在竞争的基础上优化资金的配置，就需要建立多种金融机构，形成金融市场。这是充分发挥货币政策在宏观调控作用中的组织前提。

建立多种金融机构包括建立新型的银行机构和建立其他非银行金融机构。就前者而言，1986年，国务院决定重新恢复、组建交通银行。交通银行是以公股为主的股份银行，经营人民币和外汇业务的综合性银行。稍后又相继成立了中信实业银行、发展银行和地方性的住房储蓄银行。就后者而言，包括①恢复中国人民保险公司；②发展城市信用合作组织。1989年全国共有3409家城市信用社；③建立各种信托投资机构。1979年，首先成立了中国国际信托投资公司。此后，各种信托投资公司、融资公司、租赁公司、财务公司相继在各地成立。1988年末，各类金融公司已达745家；④开办邮政储蓄。到1989年底，邮政储蓄网点达到15483个。储蓄存款余额已达191亿元。

（3）发展多种形式的金融市场。我国的信用过去由国家银行垄断，排斥商业信用，禁止各种融资活动。然而，改革以来，随着信用形式、融资结构的多样化，金融市场出现成为必然。目前我国的金融市场由以银行同业拆借为主的短期金融市场和各类债券为主的长期金融市场构成。

短期金融市场的建立和发展。我国的短期金融市场包括票据贴现市场、同业拆借市场和短期债券市场。

1980年初,上海首先进行了商业票据承兑贴现的试验,1985年,这项业务推广到全国;同业拆借市场是从1986年开始的。其特征是利用资金运动的时间差、地区差来调剂资金的供求。1987年拆借规模为2400多亿元。这两年更有新的发展。目前,除个别地区外,都建立了以城市为依托的拆借市场,形成了若干跨地区、跨系统、多层次的融资网络;企业短期债券市场是在1987年金融紧缩的前提下,首先在27个城市进行试点,1989年企业短期融资债券发行额为30亿元。

建立和发展长期金融市场。为了促进分散投资主体的形成和建立投资主体收益—风险对称机制,利用金融中介集中资金和调节投资流向是国家间接控制的重要内容。到1989年底,包括国库券、国家重点建设债券、金融债券和企业债券、股票在内,我国各种债券累计发行额已突破1000亿元。在证券发行有较大发展的同时,证券流通市场也开始出现。1988年4月,经国务院批准,在沈阳、上海、哈尔滨、武汉、重庆、广州、深圳7个城市进行了首批开放国库券市场的试点。同年6月,又确定54个城市做为第二批试点城市。目前我国从事证券转让业务的交易机构有346家,全年转让额为50多亿元。并在深圳和上海建立了比较规范的两家证券交易所。

3. 房地产市场的发展

房地产市场是指房、地产业的劳动产品通过交易,实现其价值和使用价值的过程。房地产市场的业务主要有房地产的买卖、租赁、抵押三种流通方式。房地产市场又可再进一步分为房产市场和地产市场。房产市场主要是对住房进行租赁、买卖和抵押,地产市场的业务则是将平整和开发的土地,出售或租赁给用地单位或个人。1983年底,在经济体制改革的推动下,深圳、佛山、江门等城市率先开展了各种房地产经营业务。六届人大二次会议所通过的《政府工作报告》肯定了房地产业是一个新型产业，房地产市场是大力发展的市场。在此形势下，各地房地产管理部门和其他有关部门纷纷成立各种房地产开发公司。到目前为止，全国已有各类房地产开发企业2400多个。一些房地产开发公司业务已达海外房地产市场，如珠江实业总公司、广东省信托房地产开发公司、深圳经济特区房地产公司等在香港、澳门、美国、加拿大、澳大利亚、马来西亚和泰国等地投资房地产业。

总起来看，我国的房地产市场尚处于初级阶段。其特点是：第一，房产供不应求，商品房源不足；第二，市场经营以租赁为主，售买为辅；第三，租赁市场以租公房为主；第四，不仅住宅商品化程度低，而且售房价格与居民收入相比过高，直接影响了一般居民的购买能力；第五，住宅的非市场分配和低房租制，这种发育不全、程度较低的房地产市场非常不适应经济体制改革的要求。我们需要结合住宅体制的改革，进一步加快房地产市场的发展。

4. 劳动力市场的发展

近年来，我国的劳动力市场伴随着经济体制改革和劳动制度改革有了迅速发展。城乡劳动力的流动和交流日趋频繁，市场机制开始发挥对劳动力资源部门间、地区间和职业间流通的调节作用。我国的劳动力市场目前有两类。一类是有组织的劳动力市场，它多以职业介绍所、劳动服务公司、人才交流中心等机构为中介，沟通劳动者和用人单位的联系。另一类是无组织的劳动力市场，如大城市街头的保姆市场和木匠市场，由劳动者和用户直接见面、会谈、确定劳务关系。

我国市场体系建设近年来确实有了很大的发展，但也存在着一些问题。主要有：

1. 市场间发育不同步，非商品市场建设严重滞后

目前，我国市场体系建设的基本格局是商品市场发育程度相对较高，而非商品市场，特别是金融市场、劳务市场发展不足，从而严重影响了市场体系整体效率的提高。有计划商品经济的核心是在国家计划的宏观指导下，主要靠市场来配置资源。资源主要是生产资料和劳动力，而在商品经济条件下，资金的分配在很大程度上就是生产资料和劳动力的分配，所以，金融市场和劳动力市场的发育状况是实现市场调节的关键。目前的实际情况是，就金融市场而言，间接融资市场还带有很强的计划分配资金的印记，而直接体现为资金的市场分配的直接融资在我国则刚刚起步。就劳动力市场而言，全民所有制内部存量状态的劳动力流动性极低，增量劳动力调整带有很大的计划分配性质。这种状况限制了企业根据市场变动调整产品结构和在部门间转移的能力。

2. 部门、地方对市场的分割、封锁严重，难以形成统一的市场

由于我国几十年来是按行政部门、行政地区来组织经济和管理经济，所以我国的市场，无论是商品市场还是非商品市场都存在着严重部门分割和地区分割。商品、资金、劳动力、技术在部门间、地区间的流动不仅受到很大的限制，商品市场、金融市场、劳动力市场也被分割成局部的和地方性的市场。当本部门、本地区某种资源供不应求时，就限制它的流出，反过来，当对某种资源的需求不足时，则限制其他市场资源的流入。这种市场分割和封锁极大地降低了市场配置资源的效率。

3. 市场主体行为不端正，交易秩序混乱

由于预算软约束和政企不分，我国商品市场和非商品市场的参与者的市场行为都程度不同地存在着一些问题。出现了许多靠行政权力支持的公司，它们一只眼睛盯着国家，一只眼睛盯着市场，以公权谋商利，流通环节交易行为不规范；企业之间的竞争

不公平和低水平过度竞争,以次充好、冒名顶替的不良行为时有发生;国营商业机构、国家银行和管理职能与经营职能冲突;企业负盈不负亏,自我积累、自我发展意识不强。正是由于存在这些不合理的行为,我国市场组织化程度较低,市场混乱现象较为严重。

4.市场组织和市场法规建设滞后

就市场组织而言,市场发育程度较低,现代化的交易组织或交易形式发展不足。我国的商品市场,多为现货交易,少期货市场;多"骡马大会式"的商品订货会,少规范和发达的批发市场。我国的金融市场则是多间接融资市场,少直接融资市场,证券交易市场更为落后:多短期融资市场,少长期融资市场,多债券发行市场,少证券交易市场。我国的劳动力市场则是多无组织的供需直接交易市场,少以中介机构为媒介的有组织的市场。房地产市场则多为福利型低租赁市场,少商品型住宅买卖市场。

就市场法规而言,一些相当于市场建设基本法的法规,如公平交易法、反垄断法、公司法、证券法、劳工法等还没有制定出来;已经颁布实施的一些法规,如经济合同法,保护消费者利益的规定和城乡集市贸易管理办法、条例等,还都不十分完善,有的是地区性的,有的已不适应市场的发展变化;对已经实施的市场法规,也存在有法不依、执法不严的现象。

三、加快改革与发展步伐,推进社会主义市场体系的形成

为了加快我国社会主义市场体系的建设,我们需要抓好以下几个方面的工作:

1.大力发展金融业、保险业、房地产业和信息咨询等,促进

金融市场、房地产市场、劳动力市场和技术市场的发展。我国非商品市场发育程度的严重滞后，是与我们长期以来否认这些部门的生产性、排斥它们的发展有着直接的关系。所以，要改变非商品市场发展滞后的局面，就必须像小平同志最近讲的那样，进一步解放思想，在改革和开放的基础上大力发展上述第三产业。金融业发展的重点是在进一步深化银行体制、提高银行内部竞争性和效率的基础上，加快以证券发行、交易为中心的直接融资市场的发展。劳动力市场发展的关键是进一步改革我国的劳动人事和工资制度，赋予企业较大的用工权和职工的流动权。在此同时，大力发展社会保障事业和就业介绍、培训机构。房地产市场发展的关键是通过住宅制度改革，将福利型住房制度改为商品型住宅制度，建立起既能平衡供求，又利于房地产业自我积累、自我发展的新体制。

2. 进一步改革宏观管理体制，打破行政部门、行政区划对社会主义统一市场的分割。部门对市场的分割，在商品市场方面主要表现为内贸与外贸分家，商业与物资分设。随着近年来流通体制的改革，商业与物资相互分割和相互封锁的状况有了较大改变，但内外贸分家的格局基本如旧。今后，要逐渐打破这种界限，通过试点，建立起一批内外贸兼营的大型流通企业。这样做有利于把国内市场和国际市场联系起来，发挥两类部门的综合优势。在金融市场方面，部门分割主要表现为几家国家二级银行分专业或部门设置。近年来，它们之间的业务虽也开始交叉，但相互间的竞争仍然不够。改革的方向应是改这些专业性银行为分别从事一般工商贷款业务的商业银行和专门从事长期投资业务的发展银行或投资银行。这些做法，既可以解决银行业的部门分割，又可解决国家二级银行所面临的经营职能和管理职能冲突的问题。打破地区对市场分割和封锁的关键，是地方政府不再继续干预各类企业的自主经营活动。为了实现这一目标，需要对目前的"分灶吃饭"式财政包干体制进行改革，切断地方政府干预本地企业经济活动的利益纽带。

3.进一步加快产权、劳动、人事、工资和计划体制的改革，切实把竞争性部门的企业推向市场，比较彻底地解决我国市场主体软预算约束和政企不分的弊端，消除市场主体行为不合理的体制根源。同时，在保证总供给和总需求基本平衡的基础上，进一步放开价格，逐渐取消价格双轨制，为市场主体的行为提供单一和真实的信号。

4.大力发展新的市场组织，加快市场法规的建设。农副产品市场的发展，应在充分利用目前已经发展起来的多元化流通网络和多重的市场组织基础上，大力发展大型批发市场，在现货批发的基础上发展远期合同交易，并逐步引入期货市场；工业消费品市场建设的重点是将批发业务转到生产集中、消费分散的商品上。发展总经销等新的购销形式，改造现有的工业品贸易中心，将其办成有形的工业消费品批发市场；工业生产资料市场的发展要把改造订货会与建立国家级物资交易所结合起来，大力发展产销直接见面和城市集中的物资配送中心。金融市场要稳步发展规范的证券交易市场；劳动力市场要大力发展职位信息中心和职业介绍所等新兴的有组织的市场。

在组织创新的同时，加快市场立法工作，特别是一些确定市场主体法律地位的主体法，如公司法，证券公司法，和交易规范的行为法，如公平竞争法、反垄断法、证券交易法要早日出台。地区之间自行制订的一些市场法规要尽早统一化，以保证统一的市场秩序的形成。

5.大力发展市场基础设施的建设。要加强通讯、港口、仓储和商业网点的建设，逐步形成布局合理、联系通畅、节省高效的物流网、信息网和资金网络。

如何加快我国社会主义市场体系的建设是个大题目,需要经济理论界、实际工作部门的同志们通力合作,解放思想,认真总结改革以来的经验和教训,借鉴国外市场体系建设中的成功经验,在今后的工作中大胆地去探索、去创造。只要我们这样努力地去做,符合我国国情的社会主义市场体系就一定会迅速发展起来并逐渐趋向完善,一定会更有力地促进我国社会主义商品经济的大发展。

发展社会主义市场经济，完善计划与市场相结合的新体制*

（一九九二年十月二十二日）

计划和市场的关系问题，是社会主义经济体制改革的一个核心问题，14年来我国的经济改革，始终是向着改革以往高度集中的指令性计划管理体制，扩大市场机制调节作用的方向进行的。通过这十多年的艰苦努力，我们在理论和实践两方面都取得了一系列重要进展。特别是今年年初邓小平同志南巡讲话，指出计划与市场不是区分社会主义与资本主义的标志，资本主义有计划，社会主义有市场，进一步澄清了在这一重大问题上的思想认识，鼓舞了全国人民加快改革开放的信心。早在1979年，邓小平同志就讲过社会主义也可以搞市场经济，最近又进一步提出发展社会主义市场经济，这是社会主义改革理论上的又一重大突破，我国社会主义改革开放进入了一个新的发展时期。

发展社会主义经济，是建设有中国特色的社会主义的一项根本性内容。我们所要建立的社会主义市场经济新体制，既不同于

---

* 载《环球经济导报》1992年10月22日。

以往苏联的高度集中的计划经济体制，也不同于西方私有制基础上的市场经济，而是依据中国国情，依据中国生产力水平低的状况，依据我们的社会主义政策要求，把有效的市场机制和有效的宏观管理结合起来的新的经济体制。在这方面，我们已经取得了许多宝贵的经验，需要认真总结，同时，也应当看到，在社会主义条件下发展市场经济，是一项前无古人的事业，需要我们以马克思主义实事求是的精神，创造性地进行工作。目前建立社会主义新经济体制虽然已取得了一些重大的进展，但也存在不少问题，有些问题（如市场发育）需要时间和过程才能逐步完善，有些问题则需要探索和创新（如提高国营大中型企业活力，公有产权的管理形式，完善计划管理体系和形式等）。所以，根据马克思主义原理，认真总结过去十多年改革的经验，探索社会主义市场经济中计划与市场结合的具体形式，是当前理论工作和实际工作的一项紧迫任务。

一、社会主义市场经济的基本内涵

自从马克思提出有计划地组织全社会生产和经济活动的重要思想以来，计划和市场问题就引起人们的普遍关注。特别是1917年社会主义在俄国的成功，使这个问题在实践上真正提到议事日程，变得更加突出和重要。20年代初期，列宁从当时苏联的实际出发，实行了著名的新经济政策，改变了战时共产主义流行一时的"直接过渡"做法，"转而采取市场"的经济形式，通过灵活机动的手段来实现计划。列宁逝世以后，由于理论认识上的局限，那种排斥市场机制、排斥商品经济、主张把国民经济当做一个大工厂来管理的思想占据了统治地位，并在这种思想的指导下形成了高度集中的计划经济体制。二次大战后新出现的许多社会主义国家也相继照搬了这种排斥市场的计划经济体制。这种高度集中的计划经济体制对于新生的社会主义国家迅速集中和动员资源,在帝国主义和各种敌对势力的包围中较快地进行大规模的重点建设,为以后的经济和科技发展奠定坚实的物质基础起了积极的作用,否认或看不到这点是不符合马克思主义历史唯物主义观点的。但是也应该看到,这一计划经济体制存在资源配置效率不高的严重弊端。从微观上看,由于企业缺乏自主权,企业的创新动机微弱。同时由于排斥市场竞争,企业缺乏提高效益的压力;从宏观上讲,由于计划配置资源所形成的产品结构和产业结构与市场上形成的需求结构严重脱节,在部门间、地区间资源配置效益偏低,脱离实际和急于求成的计划脱离了国力和国情,结果导致国民经济严重的波动。所有这一切都说明了以往的排斥市场机制的计划经济日益束缚了生产力的发展。

十余年来,我们对社会主义经济中计划与市场关系的认识是不断进步,不断深化和不断完备的。改革之初,我们破除了把市场调节与社会主义对立起来,把指令性计划等同于计划经济的观念,第一次提出了计划经济要与市场调节相结合的观点,并在实践中付诸实施。这一理论进步是社会主义经济思想重大的进展,其历史意义重大。80年代中期,在改革逐步深化和理论研究深入的基础上,党的十二届三中全会通过的《中共中央关于经济体制改革的决定》郑重指出,我国是有计划的商品经济,并随之提出了我国经济体制改革的重要任务之一就是逐步完善市场体系。1987年党的十三大又在进一步总结改革开放经验的基础上进一步明确了确立社会主义新经济体制的具体设想。进入90年代以来,随着改革的深化,我们党和政府对计划和市场关系的认识进一步深化和成熟。特别需要指出的是,最近小平同志关于计划与市场的论述,不仅理论上深刻、精辟,也将指导我们更加大胆、更加科学地研究社会主义经济中计划与市场的关系，并在理论创新的基础上，进一步加快建立社会主义市场经济体制的进程。

在现代经济生活中，不仅存在着日趋复杂和细致的社会分工，而且劳动者以及各个经济组织还具有独立的经济利益，所以社会主义条件下必然广泛存在着商品货币关系。既然存在着商品货币关系，就必然存在着市场。面对着无限丰富、复杂多变、千姿百态的需求，成千上万个企业的生产如要符合需要，就必须根据市场的变化决定生产什么、生产多少、如何生产、在什么地方生产，亦即要靠市场来调节资源的配置。从这个意义上社会主义商品经济也就是社会主义市场经济。商品经济不可能脱离市场而存在，即使在社会主义高级阶段也将如此。更何况我们现在还处于社会主义初级阶段，生产力还很不发达，多种经济成分存在，市场体系还不完善，市场法规还不健全，市场调节效率还不高，所以我们更应当加快建立社会主义的市场体系，大力发展社会主义市场经济，加快确立社会主义市场经济体制。当然我们所要建立的社会主义市场经济体制在所有制结构和分配方式上与资本主义的市场体制有很大的不同。我们一方面坚持公有制的主导地位，另一方面努力实现共同富裕。

同时，我们要大力发展的市场经济绝不是古典资本主义时期那种原始和落后的市场经济，我们要确立的市场经济体制也不是排斥计划，即国家对国民经济自觉管理的市场经济体制。完全自由的市场经济目前在西方资本主义国家实际上也不存在，更何况我们国家以公有制为主导，更重要的是我国的政治制度保证了我们有可能对国民经济的协调发展和宏观平衡进行科学的计划调节。从另一个角度看，现实经济生活的计划调节或主动管理也是内生的。所以，计划和市场都是社会主义经济内在的东西，二者不可分割地联系在一起，作用融合在一起，并且都是覆盖全社会的，渗透经济生活的各个方面。只是由于它们功能不同，作用方式不同，从而在不同层次、不同领域结合的方式和具体形式有差异罢了。只有承认我国是社会主义市场经济，只有肯定计划与市场都是社会主义经济内生的，才能正确认识和处理计划与市场的关系；同时只有承认计划与市场作用机制的差异，作用层次的不同，才能有效地把计划和市场有机结合起来，发挥各自的长处，补充各自的不足。以上两方面应是我们处理社会主义计划与市场关系问题的基本共识。

二、对计划体制进行改革的成果及目前处于转换之中的二元体制弊端

由于处理计划和市场的关系问题是建立社会主义市场经济体制的核心问题，所以，十余年来在理论认识上不断深化的同时，在实际改革过程中也对计划与市场的关系进行了以下五个方面的改革。

1. 下放权利，改变过度集中的决策体制。从决策角度讲，排斥市场的以往体制的最大弊端就是权力过于集中，而市场机制从本质上讲是一种分散决策机制。从这个角度讲，权力分散是形成市场，或者说是市场成为资源配置形式的首要条件。因为，如果成千上万个商品生产经营者不能根据市场需求变动和成本条件自主地进行生产、交换和投资决策，也就谈不上由市场来配置资源。这也正是我们在评价改革初始阶段采取的分权让利措施时，所应把握的一个基本出发点，我国的经济体制改革首先对以往的高度集中的决策体制进行了冲击，采取了一系列对企业扩权让利的政策和措施。尽管这些政策和措施的贯彻落实还很不尽人意，但相比较而言，企业的自主权还是有所增加，从而开始根据市场供求

变化来调节自身的生产经营活动。

决策权力分散的分权改革，集中地表现为指令性计划的大幅度减少。高度集中的计划经济体制运作的基本特征，就是靠大量的指令性计划来实现资源的分配和调节社会再生产活动，宏观的资源产业配置，区域配置由计划来决定，微观的生产什么、生产多少和为谁生产也是由计划决定。由于微观领域生产品种繁多，且需求情况多变，从上而下的计划不科学，时效慢，效率低，资源浪费严重。同时企业缺乏活力和动力，要搞活企业就必须对企业扩权，要扩权就要减少束缚企业活动空间的指令性计划。从1979年起国家生产和流通领域的指令性计划逐年减少，目前国家计委管理的工业生产指令性生产品种，由以往的120多种左右减到60种左右；国家统配物资品种由250种减少到26种，商业部门计划收购的品种由188种减为23种，在全部社会商品中，由计划决定生产按计划价格交易的商品已降到30％以下。

2．调整和放开价格。如果说对企业扩权让利是创造市场行为主体的必要前提的话，那么价格放开，使之能灵活地反映市场供求关系的变动，则是市场有效地配置资源的重要条件。如果只把价格做为一种计算或核算工具，它的逆向调节可能表现得并不明显，但若在企业有了相应的自主权特别是对其自身利益有所关心的条件下，价格仍是固定的、不合理的，那么这时市场调节的作用将是负向的和低效的，因此，推进企业的扩权势必要求与价格的放开同时进行。1990年以来，价格改革在以下几个方面迈出了重大的步子：第一，对部分电子和机械工业产品实行了浮动价格，先后放开小商品和大部分的日用工业品价格；第二，在相当大的范围内放开了城市的农副产品销售信号价格，在整个消费品市场中，除粮、油等少数农副产品外，已基本上由价格来调节生产和需求；第三，逐步提高了严重偏低的生产资料价格，并对暂时不能放开的生产资料实行"双轨制"。到1987年双轨制价格占全部生产资料种类的40%，交易额占75%以上。价格双轨制在生产资料生产和流通领域计划体制依然存在的条件下，允许价格在一定范围内成为刺激生产、进而配置资源的信号。当然，由于它的过渡性，在这里计划和市场的结合尚是板块式的，并存在着许多摩擦。

3. 改变国家流通部门统购包销的单一流通形式，开放的多渠道的流通网络初步形成。与生产上的直接计划相适应，在以往体制下，大部分工业品的产销是隔断的。企业的产品统统由国家流通部门（物资、商业、外贸）收购，至于销售是否对路，就是国家计划的事了。在这种单一的流通体制下，供需总量脱节、结构失衡是司空见惯之事，随着生产企业和流通企业自主权的扩大和独立利益的承认，这种高度集中的单一的流通体制自然也就难以维持下去，企业自销、商业选购、产销一体化等流通形式也应运而生。同时由于联通供需的需要，由此产生流通收益的刺激及国家政策的放开，使流通领域的非国有成分迅速发展，初步形成了以国营流通部门为主导的多种成分参与的流通体制。这种多渠道的流通体制是市场机制在商品市场上发挥调节作用的必要条件，也是近年来流通领域计划和市场得以初步结合的重要原因。

4. 发展和培育市场体系。市场要有效地配置资源，不仅要求价格具有较大弹性，而且要求市场是一个发达和一个健全的体系，即不仅要有商品市场，而且需要劳务市场和金融市场。只有这样才能把劳动力和资金配置到需要发展的行业和竞争活力强的企业。从商品市场的建设来看，目前，我国已有农产品市场1万多个，日用工业品批发市场3000多个，大型钢材市场200多个，生产资料贸易中心近400家。我国的金融市场已初具规模。在银行系统集中和分配资金能力大大增强的同时，以银行同业拆借为主的短期金融市场，以各类债券为主的长期金融市场和以证券流通为主的证券市场开始形成。据不完全统计，目前全国主要从事证券交易业务的机构已达300多家。在劳务市场方面，在国营经济中的存量部分实行优化组合的同时，增量部分实行全员合同工制和临时工制。这样，非国营经济部分和国营经济增量部分已初步形成了地方性的劳务市场，从而为市场参与配置资源起了积极的作用。目前，全国县、市以上劳动部门已建立劳务市场服务机构8000多个。

5. 建立初步的宏观间接调控体系。对企业和地方扩权并放开价格，并不意味着中央政府对经济放任不管，而是从过去对企业生产和流通的直接控制转化为通过宏观管理来间接调控企业。改革十多年来，我国在建立新的调控手段和形成新的管理方式方面所进行的改革是：(1)建立中央银行体制，充分发挥货币政策在宏观调控中的作用，建立了以中央银行（中国人民银行）为领导，以国家专业银行为骨干的二级银行体制；(2)国家预算内基本建设投资由预算拨款改为建设银行贷款，尝试用经济手段来调控投资；(3)实行税制改革，发挥税收调节生产流通、分配和消费的作用；(4)建立、健全各类经济法规，把经济管理纳入法制的轨道。以上几方面的改革使我们积累了实行新的宏观管理的经验，检验了我国宏观调控手段的功效，同时也发现了今后应予完善的问题。

十余年来对计划体制以上五方面的改革，使我们的经济运行机制发生了重大的变化。过于集中的权力和利益结构向相对分散的方向转化，地方政府及各类经济实体的权力和利益有所增强；单一的由行政机构确定的资源配置信号向二元化的方向转化，市场信息在资源配置中的作用明显增强；单纯依靠行政机构和行政手段进行运作的直接计划控制向计划调节与市场调节并存转化，经济手段、间接调控在政府的宏观经济管理中开始发挥重要作用；纵向的金字塔式的行政协调的组织体系依然存在，同时也开始出现横向的市场自行组织机制。由于这四方面的变化，我国目前的经济运行机制既非改革前的单一计划机制，也不是政府宏观调控下的一元的市场机制，而是一个计划与市场虽已结合，但尚未有机融合在一起的二元机制。一方面，以往计划体制下的动力机制、信息机制、调控机制和组织机制已程度不同地被改变，但它们又都没有全部消失，有的仍在起作用。另一方面，新的计划与市场结合的构架开始逐步形成，其基本构成要素或快或慢、或先或后地生成，但一个能够有效运行的新的经济机制系统则还远未形成。所以，目前的体制是一个新旧交替的体制，是一个仍在转换中的带有二元特征的体制。

这种二元体制与以往的计划体制相比是一个历史进步，它带来了 80 年代我国经济的高速成长。但是这一计划与市场未能有机结合的二元体制，与我们要建立的社会主义市场体制有较大的距离，主要是市场的分割和市场体系不健全。市场的分割或封锁主要表现为不同的部门和行政区划之间的条块分割。这种分割在生产领域表现为各地方和部门不顾本地的资源和生产经营条件，大上价高利大的短平快项目，造成分散生产，重复布点，破坏了配置资源的统一市场的形成。在流通方面，当产品供不应求时，阻止本地产品流出；而当供大于求时，阻止外地产品流入。市场的不健全，主要表现在各类商品市场有所发育的同时，要素市场与之极不对称。资金、劳务、技术、信息和房地产等各类要素市场严重滞后，使市场调节的功能难以得到正常发挥。

现阶段计划与市场结合中的摩擦，一是表现在投资上。由于价格的不合理，国家产业政策和区域政策受到市场引导的独立经济实体投资行为的冲击，形成中央投资意图与地方或企业投资方向的不一致；二是表现在生产上，计划内生产任务价格偏低而受到市场调节部分的冲击；三是表现在价格上，一些商品双轨价格之间的悬殊价差形成计划价严重偏低，而市场价严重偏高的"双重扭曲"；四是表现在商品流通上，计划内调拨部分，与市场调节部分相互影响相互制约；五是表现在金融上，与经济实体身份相应的经营功能与国家专业银行身份相应的调控功能冲突；六是表现在企业行为上，政企分开虽已经起步，但企业仍普遍处于一边盯住政府一边盯住市场的"双重依赖"的状态之中。

当前二元体制共存所产生的这些问题表明了在一个不太长的时间内，通过深化改革建立起社会主义市场经济新体制这一历史使命的紧迫性。邓小平同志南巡讲话以后，人民群众改革的热情进一步激发，全党对进一步加快改革，大胆地建立社会主义市场经济体制的认识已经统一。只要科学规划，大胆实施，谨慎操作，中国共产党就能领导全国人民完成历史所赋予的这一重任，建立起计划与市场有机结合的社会主义市场经济体制。

三、建立计划与市场有机结合的社会主义市场经济体制的主要任务

为了实现这一目标，中近期促进计划和市场有机结合的战略任务可以概述如下：在保持政治和社会相对稳定的前提下，争取在三到五年内建立起一个竞争性企业制度、有序市场和国家调控相结合的市场经济新体制。在这里，竞争性企业是指所有的企业都真正放开，成为由市场决定其生存和发展的真正自负盈亏的企业；有序市场是指打破条块分割的、组织健全和法规完备的市场；宏观调控是指国家主要运用经济手段、法律手段和必要的行政手段对国民经济实施的有效调节。为了实现这一战略任务，近期应

深化和完善以下几个方面的改革：

1. 深化企业体制改革，使企业成为真正自负盈亏、自我约束、自主经营、自我发展的商品生产者。企业既是经济主体，又是国家调控的对象。计划和市场要结合好，最为关键的是企业能对市场信息、国家调控做出迅速的反应。要做到这点，就要探索国有企业产权制度的改革，以解决国有企业预算约束软化以及承包后出现的企业行为短期化倾向。要达到这一目的，现代股份公司可能是一种较好的形式。从目前的承包制向国家控股和国家机构、社会团体及职工参股的转化可采取以下几种形式：（1）新建企业凡是集资兴建的，应当考虑转化为股份制。投资者根据资金比例取得相应的利润份额和决策权力。（2）老企业凡是有条件的可利用与外资和内资合作的机会转化为股份制，根据这几年的试点情况看，应严格防止借股份制之机将利润转化为工资。所有国有企业的股份制试点要妥善安排有序进行，不应一哄而上。

国有企业实行股份制不可能一下子全面铺开。对于目前的大部分企业来讲，最急迫的是促进存量结构的调整和提高经济效益，使那些资不抵债、亏损严重、产品低劣、货不对路的企业停产或破产，或被其他经营好的企业兼并。对于经营不好、亏损严重的企业而言，它们破产的困难和压力主要不在国家，因为它们破产既会减轻财政的包袱，又会使厂房设备、劳动力得到更好的利用。破产的压力主要来自职工，因为职工在失业之后收入受到较大影响。加之我国实行的是就业、福利、保障三位一体的体制，就业机会的损失亦即福利和保障的损失。这样国家出于政治安定的需要，往往会维持不应存在下去的企业的生产。所以，要调整存量结构，关键是如何缓解因企业破产给职工带来的收入、福利和保障的损失。这就要求我们加快劳动保障、职工福利体制的改革。一方面把企业所负担的福利、救济和保障功能交给社会，一方面由个人、社会和企业共同建立失业救济和保险基金。

2. 继续推进价格体制的改革，没有合理的价格体系也就谈不上有效的市场调节。所以一定要充分利用几年来连续的供求基本平衡、双轨价格差大幅度缩小的有利时机，在控制住总需求的基础上，把绝大部分生产资料的价格放开，逐步取消双轨制。国家重点建设和重点大型企业所需要的原材料采取国家订货，保量不保价。价格并轨的基本原则是，凡是供求基本平衡的商品，计划价要向市场价靠，即放开价格，而产品供求差距很大，计划价大大低于市场价的商品，主要是基础工业产品，并轨方法是较大幅度提高计划价格水平，并通过调价，简化计划价格形式逐步实现单一综合计划价。

放开价格是市场有效调节的条件，但价格放开并不等于形成市场。所以在理顺价格体系的同时，要积极发展多种有利于产品顺畅、稳定流转的新型流通组织形式。在农副产品和生产资料的重点产销区努力完善现有的各类现货市场，通过组建有组织有指导的批发市场，提高现货市场的组织程度。同时，在大力发展远期合同的基础上，注意有条件地引入期货市场机制发展期货贸易。同时鼓励和发展产供销之间的联营、联购和联销等多种形式的横向联合；大力发展交通、仓储设施和信息贸易的建设；结合金融、财政和劳动体制的改革，促进金融市场、劳动市场、房地产市场等市场体系的建立和完善，努力改变目前我国市场发育中要素市场严重滞后的不协调状况。

3. 建立、健全市场法。计划与市场有机结合的一个条件是企业的市场活动要依法而行、有法可依。我国目前市场竞争的低效和混乱就是与市场法制不健全有关。要在清理现有法规的基础上，抓紧制定维护市场秩序、约束企业行为的基本法规，如公司法，公平竞争法和反垄断法，在立法的基础上，强化司法工作。

4. 改进计划工作，增强国家的宏观调控能力。对我们这样一个区域之间差别很大，市场发育尚未成熟的发展中大国而言，只要计划真正符合经济规律，那是完全必要的。如果说没有市场的计划调控是没有基础的计划调控的话，那么没有国家调控的市场则是低效和盲目的市场。所以，计划与市场结合好，不仅要形成市场和完善市场，而且还要改进和完善计划工作和提高国家宏观调控能力，改进计划方式和提高计划的科学性，使计划尽可能符合实际需要，切实把握住经济发展的方向。首先，要建立科学的计划决策程序，重大比例关系的调整，重大项目的确定和重大经济政策的出台都要按程序确定，要有咨询、有比较、有论证，并建立计划决策责任制，对违反决策程序并造成重大失误的决策人应追究相应的责任。在增强国家宏观调控能力方面，从这几年经验来看，最重要的是通过调控投资、进而控制住总需求，实现供需的基本平衡，只要总需求控制住了，其他方面的工作就容易做了。其次，要有一个好的产业政策，要运用财政利息、国家扶持、税收优惠等手段保证其实现，达到产业结构的合理化。再次，通过财权事权的合理划分，形成一个统一管理、分级调控的纵向管理体制。在大事管好的基础上，重点给予省级政府相应的和必要的调控权，以发挥地方发展经济的积极性和创造性，建立符合本地实际的各具特色的计划与市场结构形式。

向市场经济转变是一场深刻的经济社会大变革[*]

(一九八七年)

由社会主义市场经济体制替代计划经济体制，不仅仅是一个提法上的变化，它涉及到对社会主义经济性质认识的重大变化，进而涉及到社会主义经济的组织方式、经济改革的目标和改革策略的相应变化。社会经济生活的各个领域的变化，对政府、企业、个人都将提出新的要求并产生深刻的影响。我们对此一定要有充分的思想准备。实现由以往的计划经济向市场经济过渡，需要做好以下十个方面的转变。

第一，所有制方面，将由单一的国家所有或集体所有的公有制形式向以公有经济为基础的混合型所有制（股份制）转变。改革以来，我们在搞好全民所有制企业方面做了大量工作，但是效果不尽如人意，关键在于这样一种所有制的管理形式是适应当时产品经济或计划经济的要求而形成的。在这种企业组织形式下政企关系不易理顺，企业筹集资金渠道过窄，不利于企业的成长，不适应市场经济的要求。要发展社会主义市场经济，实行股份制

---

[*] 在党的十三大小组会上的发言，载《大众日报》1992年12月1日。

企业制度势在必行。当然这种股份制企业是以公有股份为基础的，各种所有制的企业间以及各种法人间相互持股，包括个人持股在内的混合所有制。所以，现在的全民所有制、集体所有制为主的形式将逐步改变，向公有股份为主的混合所有制形态转变。

我国的产权制度改革，其目的是要使我国社会主义公有制的产权安排成为一种适应市场经济规律并能有效配置社会资源的财产制度。构造这样一种产权制度的要点应包括：（1）公有资产的所有权主体应是多元的、独立的，并相互竞争的；（2）公有资产的所有权必须从行政权中分离出来，成为一种只依财产利益而不依行政意志而独立行使和实施的权利；（3）公有资产的所有者主体与经营者主体之间关于使用公有资产的相互约束条件应是清晰的而不是模糊的，而且使用公有资产过程中的风险和收益应是对称的；（4）公有资产的产权应是流动的，各权利主体在追求自身财产安全和增值中，可以依法转让各自的财产权。现在看来，实行股份制是社会主义产权制度的基本形式和基本方向。

第二，经济运营方式，将由政府为主体向企业为主体和个人为主体的格局转变。在目前的双重体制下，从上而下的各类行政组织（特别是企业的主管部门），仍然作为经济运营的主体，控制着各种权力，企业并没有真正成为经济主体。实行社会主义市场经济，政府不能再继续扮演经济主体的角色，企业和个人应当成为决策主体、执行主体、利益主体。企业经营的决策、执行和利益又是要落实到企业家和职工个人的。个人在经济活动中的责、权、利必须统一。企业为主体同时意味着个人主体作用的加强。只有企业家和职工个人的责任和利益明确，职工个人的主体作用发挥出来了，企业的主体作用才能落到实处。

首先应进一步从法律上明确企业作为独立的市场主体的地位。我国的法律已经规定企业是独立的自主经营、自负盈亏的经济实体。但由于缺少操作细则，对一些具体的过程和程序没有明确规定。最近颁布有限责任公司条例、股份企业试点条例，以及全民所有制企业转换经营机制条例，可操作性增强了，有利于进一步解决政企分开问题。但到目前为止，这个问题还没有完全解决。例如企业要不要有主管部门，法律上如何限定主管部门的权限，政府在劳动人事上对企业控制和企业独立性之间的矛盾。这些问题至今在认识上还没有完全解决，法律上也不可能马上完全明确起来，需要有个探索过程。所以，企业的独立性，不仅仅是一个口号，也不仅仅是缺少法律细则的原则性条文，而应当是以法律形式反映的组织规则和运行程序。

第三，企业经营的决策风险，从由政府和社会承担，转变为由企业和个人承担。市场经济是一种风险经济，没有风险，就缺少竞争的动力。目前，一些企业经营不善，长期亏损，也不能宣布破产，经营者不承担经济责任，风险由政府和社会而不是由决策者承担，这种状况必须改变。企业要自负盈亏，风险必须自负。企业破产后，经营者首先应承担相应的责任，职工也应承担应有的责任。这样，企业、企业家和职工才能真正走向市场。对此，人们应当有充分的思想准备。

以往有一种不正确的说法，认为全民所有制企业不能破产，认为这类企业破产就是破社会主义的财产。这种看法是不正确的。对那些没有经济效益、长期亏损、给国家造成很重负担的企业，早破产，国家财产就少浪费、少损失，破产恰恰是保护国家财产免遭更大损失的可行办法。破产法（试行）规定，企业无力偿债时，即应宣布破产。当然，从目前情况看，国有企业亏损面大，简单地按照无力偿债规则处理，企业破产面就会很大，社会承受不了。但从长远看，这个问题必须解决。要严格执行破产法，否则，优胜劣汰、自负盈亏就不可能真正落实。

第四，企业的经营战略由依赖型向自我发展型转变。在旧体制下，那种由上级部门下达计划，包销产品，企业依赖于政府的经营方式已经不能适应市场经济的新形势，企业要在市场竞争中取胜必须寻求一条适合自身经营特点的，走向市场的生存和发展战略。企业要强调竞争意识和质量意识；要重视产品的市场占有率；要确立自己的主导产品、强化名牌意识；提高产品的竞争寿命；延长产品的生命周期，注重市场信息的收集与整理；把规模经营和多元化经营相结合，形成自己的经营特色。

近几年来，我国企业在经营战略转变方面已取得了很大的进展。绝大部分企业已经开始注重市场调研，注重新产品开发，注重产品质量和信誉，注重市场营销。特别是随着国家指令性生产和收购计划的减少，企业对市场的依赖程度日益增加，市场竞争意识和市场开拓能力已大大加强。但是仍有一部分企业，特别是一些国有大中型企业经营战略没有实现真正的转变，不能适应市场经济的新形势。正是这些大型企业蕴藏着巨大的经营潜力，它们具有良好的科研基础与生产条件，有条件形成自己的产品销售网络。只有大中型企业经营战略转变，国民经济的整体实力才能发挥出来。

第五，政企关系将由以往的政企不分向无行政上级隶属的企业转变。改革以来，虽然在政企分离方面做了大量工作，但政企仍难以真正分离，其根源在于每个企业都必须有个主管部门。既有主管部门，就有了隶属关系，政府部门就有权对企业进行各种形式的干预。要真正政企分离，企业应当向无行政隶属方式转变，这样才能彻底解决行政干预问题。当然企业在无行政隶属关系的条件下要按照国家的方针政策依法经营，受法律的规范和约束，并接受股东及董事会的监督。

第六，政府管理经济由实物的、直接的、一对一的管理转变为价值的、间接的、行业性的管理。今后国家对企业一般不再下达实物性生产计划、物资分配计划、产品收购计划。产品供求由市场调节。对少数大型骨干企业以及一些重要产品的管理，也由实物型向价值型转变。对绝大部分企业不再直接干预。随着无行政隶属关系的企业的形成，政府部门的机构与职能将相应地改革，政府与企业之间"一对一"的隶属、挂靠关系将不再存在，政府职能将转向全行业的间接管理，主要是统筹规划、掌握政策、信息引导、组织协调、提供服务和检查监督等。

第七，国有资产的管理将由实物化向价值化、货币化、证券化转变，同时由单一的固定资产管理向地产、房产、有价证券、商品等资产一体化转变。

以往的国有资产管理是实物性的，如只对国家投资形成的厂房、设备进行登记，不准转移等，而缺乏价值形态的管理，对国有财产的保值、增值、价值运动不能有效管理。今后随着资本市场的形成和完善，国有资产也将以证券形式在市场上运动。同时，随着房地产市场的形成，部分国有资产也将进入房地产市场。所以，今后国有资产管理不仅仅是实物型的，而是主要表现为价值型、证券型、房地产型。

第八，劳动用工制度将由国家包就业向职工自主择业转变，企业经营者由政府任免向董事会选举或聘任的方式转变。随着劳动合同制的推广和完善，企业职工不再采取"国家职工"的形式，各种福利也实行社会化保障，国家不再一切包下来。相应地，经营者的选择也破除铁交椅，经营者的任免和报酬与经营业绩直接相联系。

在社会主义条件下，是否存在劳动力市场，我们也曾有过曲折的认识过程。实际上，社会主义劳动力市场是一个习惯或借用的说法，它并不意味着我们存在着雇佣劳动关系，而是在广大劳动者共同占有生产资料、平等劳动关系基础上，使劳动力资源得到合理利用的组织形式。主要是形成一种用人单位与求职者之间相互双向选择的机制，即使劳动者有权选择自己满意的职业，又使用人单位有权吐纳员工，提高经营效率。形成适度的劳动力市场，有利于在劳动力使用中引入奖勤罚懒和优胜劣汰规则，有利于调动广大劳动者的积极性，从而也有利于更好地体现按劳分配原则。

第九，竞争的机制将由目前的不同所有制企业采取不同的标准向各类企业实行同一竞争规则转变。目前人们普遍反映企业的竞争条件不平等，不同类型的企业赋税不同，享受各种优惠政策和享有的权力不同。实现企业间的平等竞争首先要解决用法律规则代替行政规则的问题，消除由于行政干预不规范造成的企业间权利与义务的不平等，形成企业自主地进行生产经营活动的完备的法律环境。其次，应制定统一的，对各类企业均适用的公司法或企业法。目前，对全民所有制企业、集体所有制企业、三资企业都有不同的法律。今后应当通过制订统一的法规、法律，使各类企业在相同的法律和政策环境下从事平等的竞争。再次，对各类企业平等赋税。同时，要制定反垄断法、反不正当竞争法，以及保证市场有效竞争的各种法律、法规。

第十，价格制度将由行政性定价向市场定价转变。近几年在放开价格、理顺价格体系方面做了大量工作，大部分产品实行了指导价和市场价，但基础部门的产品价格偏低的问题依然存在，其他产品的行政定价仍然有相当大的比重。所以，分阶段、有步骤地理顺价格体系，并相应地完善价格形成机制，是今后一段时期市场建设的一项基本任务。今后，国家定价的产品主要是在某些自然垄断行业，如铁路、电力、航空等部门，其他产品应当逐步由市场定价。国家定价也要反映价值规律和供求规律。不仅要完善工农业产品和其他劳务产品的价格机制,而且还应当包括广义价格,如利率、汇率、土地使用费等方面的相应改革。

建立社会主义市场经济体制,是一项艰巨复杂的社会系统工程,需要有一个长期发展的过程,既要有持久的努力,又要有紧迫感。应当看到,这样的新体制形成得越快,我国经济发展的速度也就越快,经济效益也就越高,我们应当为之努力奋斗。

重视并加强对市场问题的研究[*]

(一九九七年)

随着我国改革开放的不断深入和市场经济相当快的发展,在世界市场国际化和全球化的趋势不断发展的大环境下,近几年我国的市场发生七大变化:(1)我国的市场基本上已由卖方市场转变成了买方市场,既包括生活资料市场,也包括生产资料市场,形成了全局性的买方市场。(2)我国市场与国际市场的联系日益紧密,经济发展的对外依存度增加,已由过去的10%左右上升到现在的大约40%的水平。(3)我国市场化程度大大提高。据统计,现在生产资料的价格有85%以上是由市场调节,生活资料的价格95%左右由市场调节。商业流通3/4左右是由非国有经济在发挥作用。(4)我国市场体系全面发育的趋势已很明显。不仅商品市场发展较快,资金市场、技术市场、产权转让市场、房地产市场、期货市场等也有了不同程度的进展。(5)市场购买力分流趋势日益加强。近年来居民消费支出开始呈现多元化、多渠道的特征,非商品支出的比重进一步扩大。由于证券业的迅速发展,股票、债券等市场吸引了大量资金。购房、医疗保健、交通通讯、

---

[*] 载《新华文摘》1997年第11期。

教育文化等的支出大幅度增加。(6) 农村市场发展滞后十分明显。有着近9亿人口的农村消费品市场份额仍赶不上3亿多居民的城市市场份额。一方面，现在许多产品有城市化的倾向，不适合农民的需要。另一方面，农村市场开发得又很不够，很多在城市销售不畅的产品，在农村市场上却非常抢手，农民往往买不到或无钱购买。(7) 我国正在进行两个根本转变，其中经济体制由传统的计划体制向市场体制转变就困难重重，特别是不少国有企业产品没有销路，经济效益下降，其根本原因就是不能适应市场的需要。

因此，国家以及各个地区、行业部门都要深入研究市场问题，密切关注市场的变化。

一、市场问题是当前经济运行中的一个突出问题

1996年我国经济在物价涨幅明显回落的情况下，仍然保持了较高的增长率，基本上成功地实现了宏观经济的"软着陆"。另一方面，长期以来存在以及近年来新出现的体制性和结构性矛盾有所加剧，其突出表现是国有企业的亏损进一步扩大，部分职工的生活困难。导致企业亏损的原因是多方面的，但几乎所有的亏损企业面临的一个共同问题是产品销售困难，或者产品不适应市场需求，或者质量差、成本高，或者虽然产品还可以，但营销能力不行。由此造成产销率下降，1996年大部分时间里工业品的产销率低于1995年。产品滞销加剧了企业之间的资金拖欠，使企业本来就紧张的资金更为紧张。总之，市场问题已成为当前导致企业经营困难的一个普遍而又突出的原因。

进一步观察不难发现，当前的市场问题有着明显的结构特征。

当许多企业特别是那些亏损企业销售不畅、产品积压的时候,一些优势企业生产的名优产品却在迅速地扩大市场份额,提高其市场占有率,加快了生产和销售的集中过程。这种情况最明显地发生在冰箱、彩电、洗衣机等家电行业,钢铁、汽车等行业也逐步出现变化。以冰箱、彩电等为例,排在行业前几名的企业产品市场占有率达到80%以上,这些企业以市场扩张带动企业规模扩张,开始接近或达到我们多年来所追求的规模经济水平,效益情况较好;与此同时,行业内从企业数量来说,多数和大多数的企业市场份额相应下降,陷入困境,日子很不好过。所以,我们所说的市场问题,是在产品和企业发生明显分化的情况下出现的。前一段时间有个说法,叫"宏观报喜,微观报忧",实际情况是,微观上并非都不好,而是数量上虽占少数,但生产名牌产品、市场占有率高、规模大的企业比较好;数量上占多数或大多数,但生产非名优产品、市场占有率很低、规模一般过小的企业不好或不大好。这种结构性的变化从长期看是积极的,但也带来了一系列必须重视并加以解决的问题。看不到变化,就不能准确把握当前市场问题的实质,也就难以找到解决问题的办法。

另一个值得注意的情况是外国产品和外商在华投资企业生产的产品对国内市场的冲击。国际资本对进入中国感兴趣,主要是对中国的市场感兴趣,它们把中国看成最大、最有潜力的一个市场。在对外开放条件下,进口外国产品补充和丰富了国内的市场供给,带来了新的技术、服务和时尚,同时又必然与国内生产厂家形成竞争。前些年我们对进口产品有诸多优惠,加上一度走私严重,"水货"泛滥,即使在1996年降低关税以前,我国实际的关税水平并不高(据有关专家测算,关税实际征收额与进口额的比例,前几年我国关税实际征收率约在3%~5%),这样就不可避免地对国内市场形成不合理的冲击。外商在华投资企业具有某种战略意图的进入和扩张，对原有的国内企业形成更现实的挑战。近几年外资进入呈现出一种倾向，由过去主要是中小资本进入转为国际大财团的进入，后者要求控股并使用它们自己的品牌，而我们一些企业缺少名牌意识，认为用谁的牌子都无所谓，受眼前利益的驱使，在合资时既没有注意保护、发展自己在市场上已有一定影响力的品牌，又缺少合资后创出新名牌的战略构想。有些中方企业放弃自己在市场上已有一定知名度和竞争力的品牌，转而使用外方品牌；有的企业将自己的知名商标低价转让给合资企业，合资企业弃之不用，将其"封杀"；某些合资企业暂时使用中方的名牌，但将中方名牌产品的盈利主要用来为外方的品牌作广告，对中方名牌宣传很少，使中方名牌逐步失去市场知名度，最终退出市场。由于这些做法，导致一些在国内市场上有相当知名度和市场份额的名牌消失，有些行业的国内名牌近乎垮掉。更令人担忧的是，没有坚持保护、发展自己名牌的企业，合资后大多取消了企业原先在国内属于领先水平的技术开发机构，转而利用跨国公司本部的研究开发机构提供技术，这样就大大削弱了我国自主进行技术开发和创造新名牌的能力，形成对国外技术和国外名牌的长期依赖。

总之，市场问题是新形势下改革、开放、发展中多方面的问题和矛盾的集中反映。对此应当有新的思路和新的办法。

二、关于市场问题的若干认识

为了推进市场问题的解决，需要在一些理论和认识问题上作新的探讨。

一个问题是在社会主义市场经济条件下会不会出现生产过剩以及由此产生的某种危机？过去我们分析资本主义基本矛盾时，

指出资本主义经济中必然发生生产过剩危机。在社会主义市场经济条件下，是否会出现某种生产过剩现象？从过去十几年的情况看，我国的市场状况大体上经历了三个阶段。第一阶段是短缺经济，供求缺口较大；随着改革开放的推进，开始获得自主权的各种经济主体纷纷增加供给，并出现了重复建设、重复生产现象，从而进入了以数量扩张为特征的第二阶段；90年代以后则逐步进入第三阶段，在这一阶段，随着产品供给的增加，在大多数领域特别是竞争比较充分的行业，原有的卖方市场逐步转变为买方市场，出现了产品和企业分化，重视品牌、质量和服务的趋势，这一点在近一两年表现得尤为突出。显然，追求品牌、质量和服务倾向的出现不是偶然的，其前提是在产品数量上基本得到满足，以至出现供过于求。据国内贸易部的有关调查，近一两年90%左右的消费品属于供过于求和供求平衡。从生产资料的情况看，产品积压的问题要更严重一些。

据此，我们是否可以认为我国已经出现相当普遍的生产过剩问题呢？首先，应当承认，现在的东西确实比以前丰富得多了，改革前的短缺经济状态基本上结束了，我们所面对的市场形势与以前相比有了根本性的变化。既然是搞市场经济，市场经济固有的一些规律就要起作用的。改革前短缺经济是一种常态，随着市场经济的逐步发展和成熟，供求大体平衡，并在某些时期和领域出现一定程度的供过于求，也将会成为一种常态。这种状态对维护消费者的利益、鼓励生产者的竞争、促进产业结构升级都是有好处的。在这种状态下出现某些方面的生产过剩应该说是自然的、正常的，对此要以正确的态度认识和对待。但是，我们现在所面对的情况与西方国家早期所出现过的生产过剩之间的区别也是明显的。第一，西方国家曾出现过的生产过剩直接源于人民群众有支付能力需求的相对不足，而有效需求不足则与这些国家经济和社会的基本矛盾有关。由于基本社会制度差异及其他复杂的原因，这些年来我国人民群众的收入在全社会收入中的比重是上升的。第二，如前所述，目前"过剩"的主要是非名优的、不适销对路的、市场竞争力差的产品，其中的许多产品并不能构成有效供给，只有"过剩"这些产品才能被淘汰，才能被更适合市场需求的产品所取代。第三，已经出现的供求平衡或供过于求的局面并不巩固，有些产品和服务还有较大缺口，如某些基础产品和基础设施，有些产品经常处于波动状态，如部分农产品。西方国家为了刺激有效需求，曾一度大力推行凯恩斯主义，但结果并不美妙。就我们目前所处的状况看，显然更不适合采取简单的扩大需求的政策。

另一个问题是用何种思路和方式解决前面说到的市场问题。一种思路是维持现有的产品和企业状况，通过一些促销手段把现有的积压产品卖出去。另一种思路则把重点放在产品和企业结构的调整和改进上，通过总体上提高产品和企业市场竞争力来解决产品销售问题。现在确实存在着这样一种情况，企业生产的产品还是不错的，有的质量相当好，企业内部管理也有一定水平，但由于不重视或不懂得市场营销，缺少好的营销渠道和手段，产品销售情况不理想，或者需要打着别人的牌子才能卖出去。对这种企业来说，当然要重点抓好产品促销。但这种情况只是少数或极少数。对面临销售困难的大多数企业来说，问题还主要是出在产品上。产品不符合市场需要，质量低、成本高，只在促销上下功夫是不可能从根本上解决问题的。有的企业"内功"不行，心思主要放在用某些不正当的手段推销产品上，甚至不惜搞假冒伪劣，这就不仅是本末颠倒，而且是是非颠倒了。所以市场问题，首先和主要的是产品问题，要按照市场需求开发、生产产品，要调整产品结构，提高产品质量和档次，如此等等。需要强调的是，在产品变化的背后，不仅有管理和技术的变化，而且有企业组织结构的变化，在当前和今后相当长一个时期，后一种变化更为重要，也更为引人注目。在过去一些年，在许多行业，特别是进入比较容易的加工行业，存在着相当严重的小型、分散、重复的问题。这种现象有其特定的体制和历史原因，而且对在短期内迅速增加供给、促进市场竞争起到了某种积极作用，但由此造成的资源浪费也是显而易见的。在那些规模经济具有重要意义的行业，同时存在几十、几百家企业，使用几十、上百个品牌，是不可能持久的。在这些行业，最终能够生存并发展起来，成为名牌的品牌只能是少数几个，其背后企业将主要是达到规模经济要求的、在国内外市场上有竞争力的大企业和企业集团。这意味着要经历一个大的产品和企业结构的调整过程。事实上，这个过程已经开始，前面说到的产品和企业分化趋势就体现了这一点，而且这个过程还将持续相当长的时间。解决企业所面临的市场问题，应当从这个大的背景考虑，而不能就事论事。对目前产品滞销的企业而言，虽然可通过自己的努力创出新的名优产品，但其中相当数量的企业，可能要经过与现有生产名优产品的优秀企业之间的联合、购并等形式的资产重组，在新的专业化分工体系中，寻求自己的产品定位。

三、当前解决市场问题需要重点考虑的一些方面

市场问题具有综合性，解决市场问题涉及到企业运行和发展的各个方面。这里提出几个当前似应着重考虑的问题。

第一，进一步提高对企业适应市场重要性的认识。这一点改革开放以来就讲，应该说是老生常谈了，但问题并未完全解决。不管市场需求，只埋头生产的企业比过去少多了，但还是有，现

在有的产品积压严重的企业就属此类。有的企业把考核指标仍然主要放在总产值上，有的虽然讲总销售收入，但产品出厂算数，销售款能否收回则不考虑，销售收入中一部分实际上是虚的。还有的地方政府把增加总产值放在首位，借以考核企业和评价自己的工作。所以，如何真正按照市场需求组织生产，评价经营业绩，在认识和考核方式上都有改进的余地。

第二，积极推行名牌战略，培育一批在国内外市场上有竞争力的名牌产品。近几年，名牌问题在引起社会各界广泛关注的同时，在认识和实践上也出现了某些误区。有些企业把精力主要放在外部包装上，对自己的品牌作名不符实的宣传。有些机构出于这样那样的动机，热衷于"评"、"炒"名牌。其实，一个最简单朴实的道理是，世界上没有哪一个真正的名牌是"评"出来的，也不是有关机构"宣布"、"推荐"出来的，更不是企业自封的，而是在市场竞争中产生出来的，是千千万万消费者的自愿购买行为"选"出来的。创立和发展名牌没有捷径可走，必须在质量、技术、管理、营销等方面下真功夫。有条件的企业和地方，应当制订出切实可行的名牌战略，对有前途的品牌给予必要扶持，通过长时间踏踏实实的努力，创造出若干真正的名牌来。

第三，积极推行大企业和企业集团战略，加快企业和资产的重组步伐。大企业和企业集团战略是名牌战略的题中应有之义。从世界范围看，名牌产品几乎都是本行业中规模位居前列的企业生产的，因为只有规模上去了，在产品开发、生产成本降低、营销渠道、广告宣传等方面才能取得优势。我国品牌上的散、乱和企业组织形式上的小型、分散、重复是相对应的，而一批名牌的形成及其市场占有率的提高过程，正是一批大企业和企业集团的成长过程。企业的成长既可通过自身的积累，更多地则是通过联合、购并等重组方式。从现有的情况看，后一种方式有更大的用武之地，它不仅可以促使优秀企业迅速扩张，而且有助于市场竞争力差的企业资产的重新配置，加快产品结构、企业组织结构、产业结构的合理化和升级。对此应有一定的政策扶持，同时要加快资本市场培育和社会保障体制的改革与建设。

第四，加强市场营销体系的开发和建设。这些年来我国的市场体系有了长足发展，但流通组织从总体上看还是落后的。如何借鉴国际经验，结合现阶段企业、市场的实际，开发和建立起一套行之有效的市场营销网络，可以说是摆在每个企业面前的大课题。那些销售业绩突出、市场占有率稳定并能提高的企业，基本上都有一个高效率的营销网络，有一套特点鲜明的营销战略和策略。应当很好总结这些企业的成功经验，用很大的精力去探索和建立适合各个企业和产品特点的营销体系，在大规模、专业化、少环节等方面多作努力，以切实降低流通成本，提高营销体系的效率。

第五，加强对国际市场和农村市场的研究和开发。开拓市场具有多方面的含义，研究和开发国际市场和农村市场当前应予以更多重视。随着我国开放程度的扩大，国际和国内市场的界限日益模糊，可以说是你中有我，我中有你。考虑市场范围，不仅要看到国内市场，同时要看到国际市场。我国沿海地区许多企业，本身就是出口导向型的。国际市场的竞争更为激烈，有一些与国内市场不同的特点。要了解和适应这些特点，学会合理地保护和增加自己的利益。在今后一个时期，在保持我国企业在劳动密集型产品上优势的同时，要下功夫研究高技术、高附加价值产品的国际市场开拓问题，这对增强我国产品在国际市场上的竞争力、保持外贸的稳定增长具有重要意义。农村市场是我国潜力最大的市场。农村与城镇相比，居民收入水平还有较大差距，消费水平上也拉开了档次，这在客观上拓宽了同一类产品的市场空间。因此，一方面要继续提高农民的收入水平和市场购买力，逐步缩小与城镇居民间的差距，另一方面要大力开发适合农村市场需要的产品。经验表明，这样做的企业往往会有超出预想的收益。随着时间的推移，农村市场的潜力将会更充分地表现出来，在整个市场体系中的重要性也将相应增加。

关于宏观管理与经济发展战略

关于改善我国经济结构的意见[*]

(一九八〇年)

一、我国经济结构的现状和存在的主要问题

(一)应该怎样评价我国当前的经济结构

当前经济结构和解放前相比,发生了根本性的变化。

旧中国是半封建半殖民地社会,经济结构极不合理,生产力长期停滞。建国以后,为改造旧中国的经济结构做了大量的工作,取得了巨大的成绩。

第一,建立了独立的比较完整的工业体系和国民经济体系。解放前,我国农业和手工业占优势,现代化工业比重很小,国民经济依附于帝国主义。解放后,我国进行了大规模的社会主义工业化建设。从1949年到1979年,工业总产值增长41.5倍,其中重工业总产值增长97.6倍;工业总产值占工农业总产值的比重,已由30%提高为70.3%,重工业总产值占工业总产值的比重,由26.4%提高为56.3%。我国工业的门类逐步齐全,现代化水平不断提高,我国已经由农业国变为农业工业国了。

---

[*] 给国务院的建议报告。

第二,农业有了较大的发展。农民在土地改革以后,就走上了集体化道路,30年来我们大规模地进行了农田水利基本建设,农业生产条件得到显著改善,生产水平有了较大提高。1979年粮食总产量达到6642亿斤,比1949年的2264亿斤增产43378亿斤;按播种面积计算亩产371斤,比1949年的137斤增产234斤。解放前我国农业几乎全部是手工劳动,解放后农业机械化也有了一定的进展。

第三,交通运输事业有了很大发展。旧中国遗留下来的线路少、运输能力低、布局不合理的状况有了改变。现在全国除西藏外,各省、市、自治区都通了火车;除西藏的墨脱和四川的德荣两个县外,全国各县都通了汽车。1979年民用航空线国内里程达16万公里,国际航线已有15条,同十多个国家通航。我国已建立起一支初具规模的远洋船队,同一百多个国家和地区往来。

第四,国内外贸易发展迅速。旧中国广大农村基本上是自给自足的自然经济,现在起了重大变化。国内社会商品零售总额1949年为140.5亿元,1979年达到1800亿元,增加近12倍。在对外贸易方面,1950年进出口总额11.3亿美元,1977年148亿美元,1978年206.4亿美元,1979年293.9亿美元,近两年增加很快,进出口产品的构成也起了变化。通过对外贸易,为现代化建设积累了一些资金,引进了一批先进技术设备。

第五,技术结构有了显著改善。我国工业不仅有了大批机械化设备,而且有了一批自动化设备。农业中也采用了一些农业机械和新技术。我国国民经济的技术结构,已经由解放前以手工劳动为主,发展为目前自动化、半自动化、机械化、半机械化、手工劳动相结合的多重结构。

此外,在生产发展的基础上,人民生活比解放前也有很大的改善。

我国经济结构发生以上变化的根本原因，在于胜利地进行了新民主主义革命和社会主义革命，建立了社会主义制度，为迅速发展生产、改革经济结构提供了有利条件。从解放前后经济结构的对比可以看到，我国当前经济结构存在着很多积极因素。由于我国已经建立起独立的比较完整的工业体系和国民经济体系，生产力特别是工业生产力有较大的发展，已为现代化打下了基础。这就可以基本上立足于国内，独立自主地进行建设，就易于适应各种情况，经受风浪的能力较强。

我国农业有巨大潜力。矿产资源和水力资源也较丰富。同时，我国劳动力多，如果善于使用，也可以成为发展生产的有利条件。只要我们充分利用社会主义的优越性和以上这些有利因素，一定能逐步建立起适合我国情况的、合理的、适应社会主义四个现代化建设需要的经济结构。

但是，当前我国经济结构存在的问题还是相当严重的。由于经济结构不合理，国民经济比例严重失调，导致我国社会再生产不能顺利进行。许多工厂由于缺少原料、动力而开工不足；许多基本建设项目被迫下马，不下马的也打消耗战，长期不能建成投产。不少设备的利用率很低，大量待业人员需要就业。经济结构不合理也导致经济效果下降。经济结构不合理，也造成能源消耗的严重浪费，每消耗1吨标准煤所创造的国民生产总值，我国还不到日本的16％。经济结构不合理也阻碍人民生活水平的提高，并妨碍经济管理体制的改革。当前我国经济结构存在的问题严重阻碍着四化的实现，我们对此必须有足够的认识。

（二）当前经济结构存在哪些主要问题

1．农业严重落后于工业，阻碍国民经济迅速发展。建国以来，我国农业产值在工农业产值中的比重呈急剧减少的趋势，从1949年的70％下降到1979年的29.7％。我国农业日益落后于工业,工业有离开农业而片面发展的危险。我国农业劳动生产率低,1979年我国农业人口占总人口的83.8%,农业劳动者占工农业劳动者的84.6%,农业比重虽然这样大,农产品仍远不能满足国民经济发展的需要。我国农业结构也很不合理,由于过去一个时期片面地实行"以粮为纲",破坏了森林和草原,不仅不能充分利用自然资源,而且使生态平衡遭到破坏。长期以来我国农业的发展和整个国民经济的发展不相适应,一段时期内粮食的增长速度还低于人口增长速度,第二个五年计划以来,每年都要净进口粮食几十亿斤。只要歉收或征购偏高,局部地区就发生饥荒。这种情况同一个农业大国极不相称。

2. 轻工业落后,不能满足城乡人民提高生活的要求。我国轻工业一直没有摆在应有的地位,轻工业投资占基本建设投资的比重过低,第一个五年计划时期为5.9%,以后不仅没有增加,反而还有减少的趋势。我国按人口平均的主要轻工业产品,不仅大大低于世界先进水平,而且有些还不能满足人民生活的起码需要。我国轻工业的生产技术大都相当于国外四五十年代的水平,有的是二三十年代的水平,劳动生产率很低。轻工业内部比例关系也极不协调。轻工业落后导致市场供应紧张,近两年市场商品可供量与购买力的差额有几十亿元。

3. 重工业脱离农业和轻工业而片面发展,并且内部比例严重失调。我国重工业也很不发达,还需要进一步发展,但从当前整个经济情况看,重工业的规模和速度超过了国民经济可能提供的物力和财力,挤了农业和轻工业,也妨碍自己的发展。重工业部门之间也很不协调:一是燃料动力工业落后。1953年到1979年我国工业总产值每年平均增长11.1%,而能源生产每年平均只增长10.0%,加上使用能源中浪费严重,能源问题已成为当前国民经济中的突出问题。二是原材料工业和加工工业不相适应。目前我国机床加工能力大于钢材供应能力3～4倍，机床拥有量虽多，但粗加工为主的机床比重大，精加工为主的机床比重小，机床效率也比国外低得多，机械制造工业远远不能适应国民经济技术改造的需要。三是建材工业落后。1953年到1979年建材工业平均每年增长速度为11.6%，低于重工业13.4%的年平均增长速度，除第一个五年计划和"调整时期"外，建材主要产品的增长速度都低于同期工业增长速度。各重工业部门内部也比例失调，如石油、煤炭工业内部采掘失调，钢铁工业内部采矿和冶炼、冶炼和轧制比例失调等等。这些情况使得重工业难以充分发挥对农业、轻工业和整个国民经济的主导作用。

4. 交通运输业的发展也远远落后于经济增长的速度。我国铁路通车里程不到美国的1/6，不到苏联的1/2，比印度还少。我国公路、水路运输也不能满足工农业生产发展的要求。沿海港口吞吐能力严重不足，影响对外贸易的发展。我国邮电通讯也是国民经济中的一个薄弱环节。

5. 商业、服务业和国民经济发展不相适应。我国1978年比1957年人口增长48%，职工总数增长2倍多，社会商品零售总额增长2倍多，而商业、饮食业、服务业人员增加很少。同一时期每一人员服务的人口数，零售商业由114人增加为214人，饮食业由560人增加为918人，服务业由840人增加为1711人。使得职工每天要花很多时间排队去买东西，增加了居民生活的不便。1979年稍有改善，但不相适应的情况，还是很突出的。

6. 对外贸易和加速现代化的要求不相适应。1978年世界贸易总额26212亿美元，我国仅占0.8%。我国出口商品（按外贸国内收购的出口商品总值计算）在工农业生产总值中所占的比重也很小，1977年和1978年为3.9%。由于外贸出口增长慢，限制了进口技术装备的能力；进出口商品的结构也不合理，进口成套设备中缺乏全盘的综合平衡工作。

7. 基本建设规模过大，战线过长。第一个五年计划时期基建支出占财政支出37%，现在一般认为这个比例比较合适。第二个五年计划时期提高到46.2%，远远超过了可能，对生产起了消极作用。第四个五年计划时期平均为40.2%，1978年为40.7%。基建规模过大严重影响了投资效果，同时挤了正常生产，挤了人民正常的消费。去年整顿基本建设取得了一定成效，但是规模仍是过大，调整的任务还很艰巨。

8. "骨头"和"肉"的比例关系失调。第一个五年计划时期，全部基本建设投资中生产性投资占71.7%，非生产性投资占28.3%，这个比例基本上适应当时国民经济发展的要求，生产建设发展快，人民生活相应地得到改善。第二个五年计划时期生产性投资上升到86.8%，非生产性投资下降到13.2%。1967年至1976年间，生产性投资上升到87.3%，非生产性投资下降到12.7%，再度出现"骨头"和"肉"的比例关系严重失调。1977年全国城市平均每人居住面积只有3.6平方米，比1952年的4.5平方米还少0.9平方米。城市缺房户达626万户，约占城市总户数37%。

以上列举的问题远不全面，其他问题，如价格结构不合理，三线建设遗留问题多，国防工业和民用工业脱节，工业污染严重，城镇集体所有制企业发展慢，科学、教育事业和现代化要求很不适应，职工技术水平和管理水平很低，待业人员多，等等，也都是调整经济结构中应该逐步解决的问题。

在以上这些问题中，最主要的是农轻重比例关系失调。农轻重关系本质上是生产资料生产和消费资料生产两大部类的关系。当前我国经济结构的根本问题，就在于生产资料生产和消费资料生产不相适应，特别是消费资料生产严重落后于生产资料生产。

我们应当把解决两大部类的关系作为解决一系列经济结构问题的出发点。

(三) 造成当前经济结构不合理的原因是什么

原因很多,其中比较重要的有以下几点:

1. 盲目追求高速度,破坏了综合平衡。综合平衡是计划工作的首要任务。从1958年开始,我们不断地盲目追求高速度,违背国民经济按比例发展和综合平衡的要求。过去曾流行过一种说法,认为比例应该服从速度,把不切实际的高指标称之为马列主义,把合乎实际的指标斥之为右倾机会主义或修正主义,把综合平衡当成消极平衡批判,把对综合平衡的破坏当成"积极平衡"来提倡。实践已经充分说明,这些观点是完全错误的。

在社会主义建设问题上,长期存在一种"速成论"思想,把经济建设看得过于简单容易,希望在一个早晨把一切事情都办好。在这种思想指导下,难免从主观愿望出发,提出脱离实际的高指标,盲目追求高速度。不切实际地要求各省搞成工业省,建立独立完整的工业体系,也是这种"速成论"思想的表现。今后我们在经济建设上应该着重反对急于求成的速成论,同时,也要防止和克服消极情绪。

2. 片面强调优先发展重工业,忽视了农业和轻工业。毛泽东同志曾一再指出,在社会主义建设中要正确处理重工业、轻工业和农业的关系。然而,在实践中,我们往往忽视农业和轻工业,片面强调优先发展重工业。特别是长期实行"以钢为纲",在重工业内部也引起了严重的比例失调。过去有一种流行的理论,认为从轻工业开始工业化是资本主义道路,从重工业开始工业化是社会主义道路,这种理论缺乏科学根据。事实上,从农业国向工业国过渡,一般是从轻工业开始工业化的,轻工业和农业发展到一定阶段,才要求优先发展重工业,这可以说是一个规律。我国

1953年大规模开展社会主义工业化时，由于当时工业中轻工业比重较大，有一定潜力，而重工业却很落后，同时考虑到当时的国际环境，因而提出优先发展重工业的方针，这在当时是必要的。第一个五年计划时期贯彻这个方针也取得很大成绩。但优先发展重工业不能离开农业和轻工业，重工业的发展速度不是任何时期都要快于轻工业，后来我们离开农业、轻工业的基础片面发展重工业，出了问题。

3．片面追求高积累。第一个五年计划时期我国积累率基本上稳定在23％到25％之间，这是比较适合当时情况的。第二个五年计划以来我国积累率长期偏高，这也是形成经济结构不合理的一个重要原因。过去由于对社会主义生产目的认识上不明确，实际上存在一种积累率愈高愈好的看法，认为积累率越高，国民经济发展越快。实则不然。实践证明，积累率过高总是引起国民经济比例失调，导致投资效果和生产效果的严重下降。如果积累过多，生产性积累比重过大，不仅与生产资料的增长不相适应，而且必然造成消费水平过低，挫伤劳动者的积极性，给生产建设带来消极影响。

4．公社化过程中某些过"左"的做法挫伤了农民的积极性。我国经济结构的问题，从根本上说是农业过分落后。农业落后，轻工业上不去，重工业也难以迅速发展。造成农业过分落后的原因很多，其中重要一条是公社化和这以后长期执行的过"左"政策，挫伤了农民的积极性。我国农业合作化取得了伟大成绩，但在合作化的后期，有些地方就有对合作化速度要求过快、对社会化程度要求过高的缺点。特别在公社化过程中，由于共产风、高征购、瞎指挥，伤了元气。后来林彪、"四人帮"又长期不断地搞所谓"割私有制尾巴"，取消自留地和集市贸易，还搞什么"穷过渡"，有些正确政策不能始终如一地贯彻执行。

5. 全民所有制经济管理体制有严重的缺陷。我国现行的经济管理体制，集中过多，统得过死，企业缺少应有的自主权，不能发挥市场调节的辅助作用。在工业、交通运输业和商业中，也没有重视和充分发挥城镇集体所有制经济的作用。加上政企不分，偏重行政管理办法，忽视经济手段，社会生产缺少一种自动调节的机制，不能及时发现和解决国民经济中出现的问题。

（四）我国当前的经济结构属于什么类型

关于经济结构的类型问题，国内有多种说法，很难一下得出一个比较准确的概括。许多同志认为，我国当前是一种畸型经济结构，工业片面抓钢，农业片面抓粮。这种意见是有道理的。我们觉得，我国当前经济结构是某些重工业部门过分突出，农业、轻工业、能源工业、交通运输业、建筑业和商业服务业相对落后，地区搞自给自足的经济体系，部门、企业又搞大而全、小而全的生产系统。这种经济结构，具有比例失调、构造松散、机制失灵、效率低下、浪费严重等缺陷。

这种类型的经济结构，国民经济各部门的比例关系是不会协调的。国民经济各个部门、各种成分、各个组织、各个地区以及社会再生产各个方面的构造必然是松散的，它们之间缺乏内在的紧密联系，专业化和分工协作受到阻碍，商品流通不能顺利进行。计划机制和市场机制都是失灵的，供产销各环节之间、生产和流通之间的矛盾得不到及时解决，市场对计划的反馈不能灵敏地实现。由于以上情况，必然导致效率低下，浪费很大，这是完全可以理解的。

综上所述，我们既要看到当前经济结构问题的严重性，也要看到其中存在的积极因素，这样才能对它有全面的认识，对存在的问题有正确的估计，才能找到解决这些问题的正确途径和方法。

二、改善我国经济结构的建议

合理的经济结构是相对于一定的时间、地点、条件而言的。对于我国来说，要建立的经济结构，应当是一个能够比较充分和比较有效地利用我国人力、物力、自然资源，使再生产的各个环节、国民经济各个部门特别是农轻重能够协调发展，实现经济活动良性循环的经济结构。所谓实现经济活动的良性循环，就是说要在国民经济发展中做到速度高，积累多，效果好，人民生活不断改善。这就要求在今后10年内，尽可能加快农业、轻工业、能源、建筑、交通运输、邮电通讯和商业、服务业的发展，重工业的发展不可能也不应当太快，切实保证我国经济今后能够持续地高速度地增长，力争国民收入的增长速度高于总产值的增长速度。

调整我国现存的经济结构，必须把握住我国经济的基本特点，从实际出发，发挥优势，扬长避短。我国经济的基本特点是：（1）10亿人口，其中8亿是农民，人口多，劳动力多，资源比较丰富，但资金不足；（2）社会主义建设虽然取得了重大成就，但底子还很薄，技术、管理水平也很低；（3）社会主义经济制度已经确立，但经济结构和管理体制还很不完善；适应我国生产力状况和四化的需要，全民所有制经济和集体所有制经济将长期并存，在社会主义公有制经济占绝对优势的情况下，多种经济成分和多种经营方式也将长期并存。

从我国经济的基本特点和当前国民经济结构存在的问题出发，在今后调整我国经济结构，制定有关政策时，似应把握住以下几个主要点：第一，我国的社会主义制度要求我们的经济结构应当以满足人民的吃、穿、用、住、行等基本生活需要为中心；第二，要把发展农业放在首要地位，同时也要解决好能源这个极其重要的问题，真正使交通运输成为先行，今后 10 年内应当多发展劳动密集型的、节约能源的产业，以利就业问题和能源问题的解决；第三，坚持自力更生方针，充分利用现有基础，扩大再生产，主要在现有企业的挖潜、革新和技术改造上下功夫；第四，扩大出口，引进技术，利用外资，加强我国若干薄弱环节；第五，军事工业和民用工业要真正结合起来，寓军于民；第六，把发展科学教育放在重要地位，努力搞好人口规划、环境保护、劳动条件、城市建设、保健卫生等方面的工作。总之，要把社会生产适应满足人民不断增长的物质和文化需要，作为改善我国经济结构的出发点和目标。

(一) 全面发展农业，为国民经济发展打下坚实的基础

当前我国农、林、牧、副、渔各业全面发展的一个主要困难是粮食问题没有解决。但是，中外历史的经验表明，粮食问题，只能在农、林、牧、副、渔各业和经济作物的全面发展中去解决，而不能一律以粮为纲，单打一。更不能毁林、毁草原、毁经济作物去发展粮食。否则，不但解决不了粮食问题，反而会破坏农村经济，破坏生态平衡，带来严重的恶果。

为了全面发展农业，建议：

1. 维护生产队为基础的集体所有制，尊重生产队的自主权。要实行各种符合生产力发展水平、行之有效的联系产量计酬的责任制度和其他经营管理制度。对社员自留地和家庭副业，要有长期稳定的政策。

2. 科学地制定农业区域规划。保证经济作物区和林牧区的农牧民口粮供应，要允许各个地区之间加强协作，互通有无，以充分发挥各个地区的自然优势和经济优势，争取短期内使林、牧、渔业和各种经济作物有比较大的发展。

3. 制定适合我国特点的农业机械化政策，不要照搬外国全盘

机械化的经验。要充分利用农村劳动力多这个条件，实行科学种田，努力提高单位面积产量。除东北、西北等地广人稀的地区以外，其他地区首先解决农村运输、仓储以及抢季等方面的农业机械。今后一段时间内，还应采取措施鼓励和扶持役畜的使用和发展。目前，我国化肥施肥水平低，尤其氮、磷、钾不成比例。今后化肥生产的发展，应在氮磷钾之间有一个合理的比例；同时应增加有机肥。发达资本主义国家已普遍出现农业有机构成大大高于工业的情况，单位农产品占用的固定资产和流动资金很多，消耗的能源过高，这种情况很值得我们注意。

4. 讲究农业建设工程的实效。历年来通过国家投资和生产队出工兴建的农田基本建设规模相当大，对农业生产起了重要作用。但有相当一部分工程实效很差，有的甚至还破坏了环境和生态平衡。今后，兴修水利应改变过去那种只重工程措施的做法，要把治山、治水和植树、种草结合起来，使水源获得基本保证。应当反对形式主义，杜绝无效劳动，重视已建工程的配套，充分发挥投资效果。

5. 要有计划、有步骤地调整工农产品的比价，缩小工农产品的剪刀差。

(二) 加快轻工业发展，增加积累，改善人民生活

要使轻工业的增长速度快于重工业的增长速度，争取1985年轻工业的比重由现在的40%多一点上升到50%以上。

为了加快轻工业的发展，建议：

1. 逐步改变轻工业的原料结构。鉴于现代工业的发展趋势，以及我国重工业（特别是石油化工和煤炭化工）的发展和市场的需要情况，设想先争取1985年（或者再多一点时间）轻工业产品的工业原料和农业原料的构成由现在的三七开，上升到四六开以至对半开；然后再争取到1990年（或者再多一点时间）实现六四

开以至七三开。

2. 逐步改变轻工业的产品结构。据国内外的经验，随着人民生活水平的提高，在吃、穿、用三项消费品中，穿的特别是用的比重会上升；耐用消费品和中、高档消费品的比重也会上升。轻工业产品的结构需要依据上述情况作相应的改变。同时要保持和发展传统手工艺品，换取更多的外汇。

3. 调整轻工业所有制结构。在一个长时间内，手工业生产还是不可忽视的，集体所有制工业也要进一步发展。可以允许集体所有制工业的产值在轻工业产值中的比重超过全民所有制工业。此外，还要恢复和发展个体手工业，作为社会主义公有制经济的补充。

4. 要坚决贯彻业已确定的发展轻工业的"六个优先"[①]的原则，提高轻工业职工中科技人员的比重，调整轻工业内部的不合理结构，尽快补上欠账，克服轻工业内部比例失调。

5. 重工业部门应当努力生产一些适合人民需要的消费品，特别是耐用消费品。

（三）调整重工业结构，充分发挥机械工业在技术改造中的作用

重工业在国民经济中具有主导作用，它要为国民经济各部门提供能源，提供原料、材料和机器设备，同时也要为人民提供耐用消费品和提供出口产品。要使重工业能够有效地促进国民经济迅速发展，就必须紧紧围绕上述几个方面的需要来安排重工业的生产和建设，增加为农业和为轻工业服务的比重。为了改善国民经济结构，除了改变重工业本身的服务方向和产品结构以外，还需要适当调整重工业的发展速度和它在工业总产值中的比重。

---

① 指原材料、燃料、电力供应优先；挖潜、革新、改造的措施优先；基本建设优先；银行贷款优先；外汇和引进技术优先；交通运输优先。

实现四化，必须对我国国民经济各部门进行技术改造。机械工业要很好地承担起这个任务，切实调整服务方向。要从主要为基本建设服务转向更多地为老厂挖潜、革新、技术改造服务；更多地为农业、轻工业服务，更多地为城市建设特别是住宅建设服务，更多地为人民生活特别是为生产耐用消费品服务；从只着眼于国内市场，逐步转向更多地为出口服务。

为此建议：

1. 有计划地加速设备更新。我国现有的多数企业设备陈旧，争取在10年内把过于陈旧的设备更新一遍。这样做可以增加废钢来源，促进钢铁工业发展；可以提高机械工业企业设备利用率，缓和机械工业吃不饱的矛盾；有利于改善企业的技术状况，促进劳动生产率提高；有利于增加品种，提高质量，特别是可以减少能源消耗和原材料浪费。这应当作为10年规划的一项战略任务提出来。在设备更新的过程中，要考虑到我国劳动力还有富余，不能一律强调自动化，而应以提高质量，增加品种，节约能源，降低消耗，防治环境污染，提高产品的技术经济指标和扩大生产能力为目的，使生产出来的产品具有先进水平和国际竞争能力。自动化水平的提高必须根据生产的条件和需要。在设备的大修理费用高于新购设备费用，或者浪费能源的价值高于新购设备价值时，要坚决进行更新。现行的过低的折旧率要适当提高，使技术改造有稳定的资金来源。

2. 充分利用军工企业生产能力，按产品制造工艺的类型和特点，统一组织军工和民用机械工业的专业化生产。全国的机床，有相当一个部分在军工企业，而且其中将近70%是大型机床、高精度机床和数控机床，但现在利用得很不充分。因此在机械工业的生产组织上，必须突破国防工业和民用工业、各部所属工业和一机部所属工业之间的界线，按工艺性质相近的产品组织专业公司,统一组织同类产品的生产。军工企业生产民品有时需要增加某些设备,但不宜盲目扩大基本建设,更不要新增生产线,要努力做到在一条生产线上,既能生产军用产品,也能生产民用产品。

3.提高质量,降低成本,增强在国际市场上的竞争能力。我国机床拥有量在世界居于前列,但我们的机床技术性能差、质量低、寿命短、可靠性差、产品成本高。只有质量提高了,成本降低了,才能用更好的机器装备国民经济各部门和进入国际市场。我国出口产品逐步转为以机械工业产品为主,增加成套设备出口,这应当是机械工业发展的战略思想。

钢铁工业是重工业的一个重要部门,它的发展应当充分考虑国民经济各部门特别是机械工业对钢材质量、品种、数量、规格的要求。为了改变目前钢铁工业过分突出的情况,在一个时期内,冶金部门应当把钢铁生产的重点放在发展品种规格、提高质量上。发展钢铁生产需要大量的投资和能源,在我国四化建设的进程中,不同阶段到底需要多少钢铁,是需要认真研究的问题。现在日本年产1亿吨钢,出口钢材3000万吨,在国内消费的部分当中,用钢材最大的造船业和汽车制造业的产品又主要用于出口,其他机械制造业出口量也很大。西德钢的年产量也只有5000万吨钢,英国还不到3000万吨钢,但都够满足国内制造业的需要。我们到底需要多少钢,应当有个切合实际的测算。钢铁工业的内部结构也要进行调整,目前铁与钢的比例是1.09比1,而世界平均水平为0.7比1。如果降低到0.9比1,每年就可节约900多万吨标准煤。同时还要加强废钢铁的回收和利用。这样就可在不增加能源消耗的情况下,增加钢的产量。还应当着重指出,钢是初级产品,只有轧成钢材,才能进入消费领域。因此,要大力提高钢的成材率。目前我国钢材的成材率,如果能够达到历史上曾经达到过的85%的水平,那么,我们消耗同样多的能源,生产同样多的钢,就可以得到比现在多得多的钢材,大大提高钢铁工业的经济效果。

我国石油化工和煤炭化工还很落后,今后10年在原料、资金可能的条件下,应争取有较快的发展,使之能够为轻工业提供更多的原料,并为农业现代化作出更大的贡献。

(四)及早确定长期稳定的能源政策,建立合理的能源结构

能源是工业发展规模和速度的一个制约性条件。按人口平均能源消费量是社会生产和生活水准的一个综合尺度。现在我国能源严重不足。不解决能源问题,要使国民经济协调发展,人民生活不断改善,是不可能的。

我国能源资源按实现四化的要求来说,并不十分丰富。目前石油储量需要进一步查明;煤炭资源比较丰富,探明储量6000亿吨,精查储量1600亿吨;水能资源虽然丰富,但70%分布在西南边缘地区。以现在掌握的可采储量计算,我国按人口平均能源资源量只相当于世界平均数的1/2,相当于美国的1/10,苏联的1/7。因此,我们需要制定有远见的、有科学根据的能源政策。

1. 根据我国能源资源情况,在相当长的时间内应以煤炭作为主要能源。因此今后10年的能源消费构成,仍需保持目前煤炭占70%以上的比重。大力开发煤炭资源,特别要大力综合开发山西、内蒙、贵州、两淮、山东等地的煤炭,有计划地建设一批大的煤炭基地。要合理开采,改善劳动条件,实现安全生产。今后10年煤的汽化、液化问题不可能有很大的进展,主要还是直接燃烧,因此要重视提高煤炭质量、改进燃烧技术,提高煤炭的利用效率,并采取保护环境措施。

2. 石油要加强地质勘探,合理开发,合理使用。今后石油主要应当用作化工原料,要大幅度减少直接烧掉的部分。为了保护我国有限的石油资源,可考虑加强洗煤工作,逐步增加煤炭出口,减少石油的出口。

3. 水电是一种廉价清洁的可再生性能源。我国水能资源比较丰富，但现在开发的还不到理论资源量的3%。就投资和建设周期来说，如果考虑到火电的煤矿和运输的配套，水电并不比火电逊色。因此，今后应当抓紧水能资源的开发和建设。为了有效地利用我国的水能资源，今后要选择距离负荷中心近而技术经济指标又比较优越的水电站，进行建设。

4. 要重视解决农村能源问题。认真发展水电、沼气、薪炭林，解决农村的能源问题。今后在投资和材料分配方面，要为农村多种形式能源的发展创造条件。

5. 要大力节约能源。我国节约能源的潜力很大，过去能源耗用系数大约为1.2（即产值增长1%，能源的消费量增加1.2），去年抓了一下，耗用系数下降到0.12，足见能源节约是大有可为的。节约能源的主要措施，应是加强能源管理，坚决压缩那些能源耗用量大、而产品又不是社会特别需要的生产，并注意发展节能工业；同时在技术改造中要采取必要措施节约能源。某些长期耗能特高的"五小工业"，要下决心停办。

（五）加强城市和农村的规划和建设，有计划地发展建筑材料工业和建筑业

当前我国城镇居民最突出的生活问题是缺少住宅。农村缺房现象也很严重。因此，今后应当有计划地大量发展民用建筑业。建筑业是国民经济的一个重要物质生产部门，我们应当重视建筑业的作用，当前尤其要重视建筑材料工业和民用建筑业。

1. 加强城市规划，合理布局，有计划地进行建设，克服目前的无政府状态。农村的建设也要因地制宜，合理规划。

2. 建筑材料工业是建筑业发展的基础。要大力发展建材工业，加快发展水泥、玻璃、砖瓦等建筑材料。发展地方集体所有制的建材工业，保证民用建筑业所需要的建筑材料的供应。发展

新型建材。择优建设非金属矿基地，为国民经济和国防尖端提供非金属材料。

3. 加强建筑业与国民经济有关部门的平衡和协调。

4. 逐步实行建筑物的商品化。

5. 实行住房基金储蓄，实行分期付款，鼓励个人购买和修建房屋。为此住宅的分配、使用和收租的办法也要作相应的改进。

(六) 适当降低积累率，合理调整投资结构

1. 长期以来我国积累率过高，出现了很多问题。根据国内外的历史经验和我国当前国民经济水平，积累率保持在25%左右为宜。

2. 基本建设的规模要适当。基本建设规模的确定，应当适应我国的国情国力，必须有个界限：一不能降低人民生活，二不能出现财政赤字，三不能留物资缺口。要有效地缩小基本建设规模，必须下决心停缓建一些重工业大项目和准备引进的项目。

3. 遵循先生产、后基建的原则，在基本建设投资的使用上必须首先保证现有设备技术改造的需要。加快现有企业的技术改造，是实现四个现代化的主要方式和根本途径。从新建为主改变为更新改造为主，是分配投资的一条重要原则。今后用于现有企业的技术改造的资金在中央和地方基本建设投资总额中的比重，应由1978年的30%逐步提高到70%。引进外国的技术设备，首先是用于老企业的技术改造，不能一讲引进，就安排新的建设项目。

4. 按照合理调整农轻重结构的需要，确定投资方向。首先保证轻工业的必要投资，这既能缓和市场供应紧张情况，又能迅速形成新的积累。同时在具备条件时应适当增加农业投资。改变挖农业、补工业，挤轻工、保重工的投资分配办法。重工业的投资也要适当安排，首先是保证能源工业发展的需要，冶金工业投资主要用于增加适合需要的产品品种、规格，提高质量，用于必要

的矿山建设。

5. 适当地增加为生产服务部门的投资，加快商业、服务业的发展，是建立合理经济结构的一个重要方面。

6. 增加教育和科学投资，加快科学教育事业的发展。科学和教育事业落后已成为我国四个现代化的重大障碍。尽可能多和尽可能快地增加科研和教育投资，是分配投资必须考虑的一个极其重要的问题。

7. 应当把讲求投资经济效果提到首位。各部门都应确定合理的投资回收期限和合理投资的最低标准，不符合标准的，不许建设。今后再不允许经营性亏损企业存在。对政策性亏损，要尽可能缩小补贴范围和补贴金额。

(七) 调整进出口商品结构

目前我国进出口商品结构必须进行调整，以适应经济结构合理化的要求，促进农轻重的协调发展，加速社会主义现代化建设。

1. 在进口方面，应以引进关键技术和关键设备以及我国资源不足或从经济效益上不利于自己生产的物资为主，以利我国各行业的现代化。大的成套设备的引进必须从严掌握，慎之又慎。要加强仿制、翻版和创新的能力，防止重复引进。要制定适合我国情况的保护政策，凡是国内能够制造或在进口一些技术以后就能制造的设备，一律不得引进。

2. 出口方面，要充分估计国内资源的可能，国内市场的需要。要根据国内生产的可能和国际市场的需要，由以出口农产品和初级产品为主逐步过渡到以重工业和轻工业产品为主，特别是要发展机械工业产品和高级加工产品的出口。机械工业产品要在增加单机出口的同时，努力发展成套设备出口。要大力发展劳动密集型产品，特别是我国擅长的各种手工业品和工艺品的出口。要制定保护国内资源的政策。对那些"高汇商品"（1元人民币以下换1元美金），要大力组织出口。那些出口商品亏损率在70%以上的"高亏商品"，要有步骤地提高质量、降低成本、降低收购价格后再继续出口，或减少出口，直至停止出口。

3．调整进出口商品结构，要特别重视运用经济手段，制定各种限制进口、鼓励出口的政策和措施，例如确定合理的外汇结算制和税收、价格政策等。

（八）做好经济区划，建立合理的地区经济结构，发挥各地经济优势

合理的经济结构要求科学地制定经济区划，建立合理的地区经济结构，充分发挥各地的自然优势和经济优势，大力发展商品经济。

1．要根据自然资源的分布情况，原有工农业生产的基础，交通运输条件，以及历史上形成的经济联系，在全国划分若干经济区，把经济区划和行政区划严格区别开来。将来行政区划也应按经济区划作适当调整。

2．各地应从实际情况出发，建立能够发挥各自优势，包括自然优势（气候、土壤、资源等）和经济优势（生产能力、技术力量、管理经验等）的经济结构。各地经济结构不应千篇一律，而应各有重点，各具特色。各地要把人力、物力、财力主要投放到比较经济效果最高的部门，主要生产比较成本最低的产品。经过综合平衡，在最优的地区经济结构基础上建立的全国经济结构，也才可能是农轻重协调发展的、经济效果最高的经济结构。

3．建立能够发挥优势的地区经济结构，需要相应地创造一些条件。譬如，在交通运输条件上要保证有关物资的调出、调入畅通无阻；区际交流物资的价格规定要做到互利；要使调出商品的地区能够按时、按质、按量得到自己需要的商品；等等。更重要的是兼顾原料产地、加工单位等各方面的利益。

4. 必须克服各地都要建立门类尽可能齐全的经济结构的思想。一般说来，由于各地自然条件的差异和历史上各地经济发展的不平衡，要求各地一律全面发展，是不现实的。即使在那些有条件全面发展农轻重部门的地区，也应注意适当集中力量发展更有利的产业部门。只有这样，才能取得全社会较高的经济效果。

（九）运输先行，是经济结构合理化的重要条件

随着生产社会化的发展，国民经济各部门之间的联系，产供销之间的联系，生产和消费之间的联系，以及各地区之间的联系越来越密切，对交通、运输、邮电、通讯提出了更高的要求。我国经济的发展和经济结构的调整，要求交通、运输、邮电、通讯应当有一个较大的发展。

1. 对各种运输方式，要按照其不同特点统筹安排，合理分工，合理利用，尽可能改变铁路承担运输任务过重的局面。铁路主要应在长距离的、大宗的物资运输中发挥作用。要充分利用水运，凡是有条件走水运的，要尽量安排水运；积极开辟华南地区同华东、华北地区间的沿海直达航线。对短途运输要根据经济合理的原则，在铁路与公路之间明确分工，尽可能交由公路运输承担。要提高民用航空在长途旅客运输和货运中的作用。要组织好各种运输方式间的衔接转运工作，逐步推广铁路、水运、公路联运和沿海、长江、内河联运；努力创造条件，开展产、供、运、销大协作。

2. 对邮电、通讯要统筹安排、合理布局。除军事部门和铁道部门外，各部门的通讯系统，应该统一规划、统一建设、统一管理。各大中城市的电话建设和邮电营业网点建设，要纳入城市建设规划，提高通讯能力和服务水平。

3. 各产业部门要合理安排生产力布局，按照合理流向分配调拨产品，以减少对流、过远等不合理运输。增加煤矿、磷矿等矿

山的洗选能力，消灭运输大量无用的石头、灰分等不合理现象。

（十）改革经济管理体制，促进经济结构的合理化

当前，国民经济比例严重失调是我国经济发展的重大障碍，不首先解决这个问题，经济体制改革就不能全面展开。但是，没有经济体制的彻底改革，建立农轻重协调发展的合理经济结构也是不可能的。

长期实行的以政代企的行政办法为主的经济管理体制，重工业大部分由中央各部管，农业和大部分轻工业由地方管，不利于综合平衡，妨碍农轻重协调发展；军工的独立体制，在和平时期容易造成军工生产能力大量闲置，不能发挥应有作用；条条管生产，块块管生活，容易造成生产和生活脱节，发生以生产挤生活的情况；单纯用行政命令、行政层次、行政区划的办法来管理经济，是阻碍商品经济发展，建立万事不求人的、门类尽可能齐全的经济结构的重要原因之一。

只有在经济管理体制的改革中，真正按照客观经济规律办事，扩大企业的自主权，在公有制基础上实行计划经济，充分发挥市场调节的辅助作用，才能在国家统一计划的指导下，发挥经济机制的自动调节作用，促进经济结构的合理化，促进经济的协调发展。

预测 2000 年的中国[*]

（一九八六年）

研究任务的提出

现在不少外国人都在议论环太平洋地区，特别是亚太地区的崛起。有人甚至说，欧洲正在衰落，亚太地区将成为世界经济的中心，这难免言之过甚，但亚太地区确有不少国家和地区近二三十年来发展很快。那么，作为这个地区的最大国家，我们伟大的祖国将扮演一个什么角色呢？2000 年的中国是个什么样子？这不仅是全国人民关心而且也是全世界关心的一个问题。这个问题的研究是这样引起的。1980 年 1 月 16 日，邓小平同志在人民大会堂作了《目前的形势和我们的任务》的报告。在报告里讲："我们的四个现代化是中国式的。前不久有一外宾同我会谈，他问，你们那个现代化究竟意味着什么？我跟他讲，到本世纪末，争取国民生产总值每人平均达到 1000 美金，算个小康水平。"这就是 2000 年中国的总的样子，总的目标。

从小平同志指示之后，我们就着手准备了。研究工作正式开

---

[*] 为《2000 年的中国》一书写的前言。

始是在1982年党的十二次代表大会之后。党的十二大决定，到本世纪末，工农业年总值要在提高经济效益的基础上翻两番，人民生活达到小康水平。随后，召开了全国人民代表大会，确定了第六个五年计划。在第六个五年计划里，社会科学研究的重点项目中，就包括了对2000年中国的研究这个课题。为完成这个重点研究项目，动员了许多人，包括了做实际工作的和做理论工作的；包括了自然科学家、社会科学家。先后直接参加这项工作的有400位专家。我们还通过中国科协组织了广大的自然科学家，中国科协有108个分会，有一万多会员，他们直接或者间接地参加了这项工作。这一重点项目在去年5月初步完成了，研究报告共有200多万字，报送国务院，国务院转发到各省市自治区和各有关部门。今天不可能把这200多万字的东西在一个多小时内说清楚，只能讲一些重点。

要从我们的国情出发

　　认清国情，是考虑长远发展的基础。我们的研究工作，首先就是从研究我国现在的国情开始的。我们是个社会主义国家，已经建立起一个独立的、比较完整的工业体系和国民经济体系，打下了一个很好的基础。据初步统计：我国7种主要工农业产品的产量，1985年在世界上的位次，粮食居第2位，棉花居第1位，肉类居第2位，钢居第4位，煤居第2位，原油居第6位，发电量居第5位；我国工业的增加值（净产值加折旧）居美、苏、日、西德之后占世界第5位，农业净产值居世界第1位。虽然如此，我们还是一个发展中国家，与世界上那些发达国家相比，我们还落后得多。从科学技术方面来讲，一般估计还落后20年。至于说按人口平均的主要产品的产量来说，有些方面我们还低于世界的平均数。如按劳动生产率来计算，我们落后得更多。

我们国家有许多优势，当然也有劣势。我们的基本国情是什么情况呢？

从国土来讲，地域辽阔，960万平方公里的土地，在世界上占7%，居第3位，仅次于苏联、加拿大。在国土面积中，山地约占1/3，高原占1/4强，盆地约占1/5，平原和丘陵各占1/10左右。沿纬度方向从高温带到赤道带，共跨越了8个温度带，这种不同地域，有极大差异的气候、地貌、水文、土壤、植被等各种自然要素错综复杂地结合在一起，构成了对经济发展有直接影响的自然环境。

我国的经济发展很不平衡，一般来讲，东边富，西边穷。人均农业总产值1988年东部1611元，中部948元，西部718元，东比中高70%，比西高1.2倍。当然在富的地区有穷的地方，穷的地区也有富的地方。拿上海市来说，那够得上比较现代化的都市，当然那里也有落后的东西；要讲到边远山区，有些地方还过着原始的生活。这是一个很复杂的情况。这种情况在发达国家中基本上是不存在的。

从人口来讲，到1985年底，我国总人口达到104532万人，占世界总人口的1/5强，居世界各国之首。人力资源是丰富的。按有劳动能力的人来计算，有5亿多人，包括城市的和农村的。比日本、西德、英国、法国4国总人口数还多70%。在总人口中，农业人口83458万人，占近80%，大大高于世界平均44.5%的水平。这是世界其他国家所没有的。但从人口的文化技术素质来讲，我们还是比较低的。现在文盲、半文盲还占21.34%，这是很大的事。即使是非文盲，文化水平也是低的。

从资源来讲，我们地大物博，资源总量是很丰富的。但是按人均资源来讲，我们又是一个资源贫乏的国家。拿土地来讲，全国约有9685万公顷耕地，居世界第4位，但人均只有1.39亩，世界人均为4.7亩。有31908万公顷辽阔的草原,在世界上仅次于苏联、澳大利亚,居世界第3位,其中可利用面积有22434万公顷,我国人均5.3亩,而世界人均11.4亩。淡水总面积为1664万公顷,其中可养殖面积占30%,淡水鱼类共有700多种,地面水资源我国人均2700立方米,而世界人均11000立方米,高出我国3倍。全国森林面积有11525万公顷,居世界第6位,人均1.7亩,而世界人均15亩。人均林木蓄积量,我国只有9.8立方米,大大低于苏联370立方米、美国100立方米的水平。我国水力资源极为丰富,蕴藏量达6.76亿千瓦,居世界第1位。海洋渔场面积达到81.8万平方海里,海水可养殖面积49.2万公顷,海洋鱼类资源约有1500种。人均地面资源少,对我国的经济,特别是农业的发展,非常不利。

地下矿产资源很多,已发现的有140多种,是当今世界上矿种比较齐全的少数国家之一。有资源丰富、类别齐全的煤,已探明储量达7682亿吨,居世界第3位。铁矿资源分布很广,现已探明铁矿石储量达496亿吨。石油资源也较多,达116亿吨。钨、锌、锂、钛、钒、铜、锡等金属矿产储量居世界前列。但从人均来讲,我们的资源是很有限的。因此如何爱护和利用我们的资源,这是个很大的问题。

但是,各种资源在地区上分布极不均匀。占全国国土面积56.5%的西部地区,耕地面积只占23.5%;草原面积的73.7%、林木蓄积量的47%、水力资源的82.5%集中在西部地区;煤炭储量东部只有6.4%,中部的山西、内蒙两省、区却占全国一半以上;在已探明的可采石油储量中,黑龙江大庆油田占40%以上;天然气储量的70%集中于四川盆地,铁矿石分布虽比较广泛,但大矿区则主要集中在辽宁、四川、河北等地。可以说,地下资源是东边穷,西边富;智力资源是东边富,西边穷。目前总的来说是东富西穷,这是长期形成的。1985年,我国城市职工人均总收入为1096元,其中东部地区为1132元,中部地区1026元,西部地区1136元,职工收入西部地区高于东部地区。东、中、西三部分的比例关系为0.996:0.903:1。农民的人均收入,1985年为398元,其中东部地区为463元,中部地区389元,西部地区332元,农民收入东部地区高于西部地区。三个地区的比例为1.44:1.2:1。东边经济发达,文化程度也就高;西边经济落后,文化程度也就低。解放三十多年,情况在不断变化,但不是一下就能有根本的变化。对地大物博,我们要进一步认识。对其他一些问题,也要用辩证的观点看。因此在设计我们的发展战略时,确实要考虑哪些是我们真正的优势,哪些是优势中包含了劣势,哪些是劣势,但是我们有办法克服它,要把这种种因素都考虑在内才行。

上面说的是一些基本的情况,地域情况、人口情况、资源情况、经济情况、智力情况,还有基础设施情况。在基础设施中,最薄弱的环节,过去我们认为是能源。我们这个国家的能源确实是最薄弱的环节之一,但更为薄弱的环节是交通,我国的交通运输能力不足,沟通南北的运输手段几乎全靠铁路,而大部分是单行线,复线里程只有19.2%,而且主要靠蒸汽机车牵引。我国的铁路网密度每万平方公里只有54公里的铁路营业里程,仅及印度的50%。铁路密度在东部地区每万平方公里有115公里,比中部地区的85公里高35.3%,比西部的24公里高3.8倍。在94万公里公路里程中,一级公路422公里;铺有沥青、渣油的高级、次高级路面只有19.5万公里,其余均为沙石路面和土路面。公路密度东部地区每万平方公里为2342公里,比中部地区的1171公里高1倍,比西部地区的561公里高3.2倍。港口码头、泊位严重不足,1985年底,沿海码头总长度只有69448万公里,泊位只有503个,其中万吨级的仅有178个。全国民用机场97个,其中可降波音707以上机型的只有15个。内河通航为11万公里。这是交通运输方面的情况，能源和交通运输是密不可分的，而且能源能不能得到很大的发展，在很大的程度上还依赖交通。我们这个国家能源的构成有自己的特点。我们的能源主要有煤炭、石油、天然气和水电。从现在到本世纪末，在我们能源结构中，煤炭始终不会少于3/4，而煤炭的开发利用没有包括管道运输在内的交通的配合，是不能实现的。交通，也包括通讯。说到通讯，我们在世界上是最落后的国家之一。我们现在全国电话总机的数目是419万部，占全世界总数的0.8％，而我们的人口占世界1/5多，平均每100人中，只有0.34部，这是世界平均水平的1/26。我们长途电讯线路总长度是16万公里，不到印度的一半。我们全国电话的总门数，还赶不上香港。信息是科学技术交流中很重要的东西，而电话都这样不灵通，还谈得上别的嘛！因此，对经济增长中的薄弱环节应当充分看到。能源的紧张，资金的短缺，经济体制的弊端，经济封闭性，十年动乱破坏的后果，对这些都必须考虑到。不考虑这些，就制定不出比较接近实际的长远发展目标。当然，我们也要看到我们的长处，看到我们的优点。如前所说，我们是社会主义国家，已经建立起一个独立的、比较完整的工业体系和国民经济的体系，我们有巨大的人力资源，也有丰富的矿产资源，有近千万的优秀的、有知识的各方面干部，有十亿多勤劳勇敢的人民，特别是十一届三中全会以来，我们实行对内搞活经济、对外开放的政策以后，我们国家已经发生了很大的变化。我们有信心克服我们的困难，能够在比较短的时间内，从现在起到2000年，达到小平同志设想的那样一个目标。

2000年中国的轮廓图像

总的还是小平同志讲的和十二大确定的目标，即在提高经济效益的基础上，使工农业年总产值翻两番，也就是纯增3倍；人民生活达到小康水平。按小平同志的说法，人均达到800至1000美元。小平同志原来是讲1000美元，后来估计到人口的增加，为了更有把握性，所以说是800到1000美元，实际他心里还是想达到1000美元的水平。要达到这个目标，经过专家们的反复计算，可以有三种选择。

一种选择是，重型结构方案，即基本上延续十一届三中全会以前的那种偏重发展重工业的方针。实施这种方案，积累率要达到32%。它是一个投入多、产出少、宏观经济效益差的方案。

第二种选择是，从社会主义生产的根本目的出发，以人民实现小康水平的消费为导向，确定产业结构，使产业结构与消费结构相适应。实施这一方案的积累率大约为29%。可以说这是一个协调发展的方案。这里包括几个方面的意思：（1）从人民日益增长的物质文化的需要出发，首先安排好消费品的生产，进一步按照消费品生产发展的要求，安排好生产资料的生产。（2）必须给农业更多的投入。无论是水利、农田基本建设，还是农业中科学的运用，需要花的钱相当多。（3）加快能源交通、邮电以及商业、外贸、金融、保险、咨询、技术服务等所谓第三产业的发展。使这些方面在国民经济中的比重有所提高。对第三产业的提法，有不同看法，有的人说是科学的，有的人说是不科学的，可以继续讨论，但是，上面所说的那些行业，肯定是需要大力发展的。（4）运用新技术改造传统产业，并适当发展知识密集和资金密集的新兴产业，使整个传统技术体系中间，能够浸入高新技术的因素，形成大批高技术和传统技术相结合的技术复合体。这方面，世界上有些议论。在像美国这类经济发达的国家里，认为钢铁、煤炭、造船、纺织等都属于"夕阳工业"了。而电子信息工业、新兴材料、激光、生物工程等这类的东西，叫"朝阳工业"。实际上，这也有片面性。说是这样说，可"夕阳工业"他们也不能抛弃，要搞新兴工业，还需要煤炭、钢铁以及其他东西。我国有些学者也主张把重点转到"朝阳工业"来，对"夕阳工业"不要花太多力气。议论的结果，大家认为还是应将这两种结合起来，拿新兴技术改造传统产业。传统产业在我国并不是"夕阳工业"，它不仅不能衰落，而且将有很大发展，当然新兴技术和新兴产业一定会发展得更快。(5) 为了实现四化，增加智力投资是十分必要的。(6) 根据我国经济发展不平衡的特点，正确处理我国东部、中部和西部三个经济地带的关系。这是一个很大的课题。要立足于东部，充分发挥各地的相对经济优势，改善经济的梯度结构，使我国地区发展的布局能够合理化。对这个问题，各地方争论很大，各不相让。如果同时都发展，我们有过经验，结果都发展不起来。如何合理安排，这是很大的事。(7) 建立以大中城市为中心的、不同层次的、规模不等的、各有特色的经济网络，充分发挥大中城市在社会主义商品经济中的多功能的作用。(8) 通过国际贸易，引进外资，引进技术，增强我国自力更生的能力，加快实现现代化的进程。如果按这个方案进行，我们翻两番还可更多一些，人民的福利可能搞得更好一些。

第三种选择是，在第七个五年计划、第八个五年计划期间，把我们的积累率提得更高一点（达到35%），使发展速度更快一点，翻得更多一点；人民生活在这10年里改善少一点，到第九个五年计划，即1995年以后，我们再来改善人民生活。这个方案，可以称之为"超高速发展方案"，它是以牺牲人民近期利益为代价，将在一定程度上挫伤人民群众的积极性。

经过研究认为，按第一种选择，可能达到翻两番，但相当困难，人民的生活改善有限。按第三种选择，翻两番不仅可以达到，而且还可能大大超过，但人民生活在最近十年八年里不会有什么明显改善。我们排除了第一、第三两种选择,而采取了第二种选择。这对翻两番有保证,更重要的是翻两番的经济效果比另外两种选择都好,人民从现在起就能一年一年地得到明显的好处。根据这种选择,初步研究的结果,2000年的中国的轮廓或者说图像,有以下10点:

第一,到2000年,人口将控制在12.5亿以内。

到2000年,国民生产总值按人口平均要达到800至1000美元,这和人口多少很有关系。中央提出到本世纪末,人口要控制在12亿以内。这相当困难,恐怕控制不住。我们初算的结果,有三种可能性。从1983年到2000年,如果人口平均每年增长0.95%,那么本世纪末人口可以控制在12亿。可是现在我们人口平均增长率高于这个数字。如果我们每年净增1.15%,现在大体就是如此,到本世纪末就是12.5亿。如果每年平均增长1.34%(比1982年低,那时是1.45%),可以控制在12.8亿以内。按现在的预测,要实现12亿的目标,困难是很大的,恐怕还要为突破做准备,但也不会超过13亿。现在农村有所放开,这个放开要十分慎重。前年我到印度访问,甘地夫人接见了我一次。她也问到人口问题,我讲了一下我们人口的情况。她说印度人口近7亿了,战后人口增加了1倍。国外一个人口学家说,本世纪末印度人口可能超过中国,这对印度来讲是很大的灾难。印度上层很阔气,农村和城市比解放以前的中国还要糟糕得多。人口多是好事,但如果超过了我们经济承担的程度,这就是大问题了,经济就不能有很大的发展。

我国婴儿的死亡率在下降,人口的预期寿命延长了。大体是这样的:人口死亡率,1981年是35‰,1985年下降到32‰,1990年可以下降到27‰,1995年可以下降到23‰,2000年可以下降到20‰,这是卫生部预计的情况。从现在起到1995年之前为一个潜伏的生育高潮期，平均每年进入育龄的妇女人数达1100万人以上，比以往任何时期都高。1996年之后，这个高峰才会逐步平稳下来。这是因为1986到1996年10年间，从1963至1973年生育高峰中出生的妇女人口相继进入21到29岁，这一高育年龄段人口逐年增加的缘故。人口平均寿命，解放前只有36岁，现在有了很大的进步，1982年是68岁，1985年上升到69岁，预期到1990年是人均71岁，2000年达到72岁以上。现在全世界都是这个趋势。日本人均寿命比我们高，现在平均是78到79岁，妇女一般比男人多一两岁。人口年龄结构，日本现在向老年化过渡了，这是他们的一个忧虑。年轻人少了，老年人多了。我们这个国家还没有到那个程度，年轻人很多，老年人少。到2000年，我们就由年轻型向成年型过渡了，成年人占人口的多数了。65岁以上老人占总人口的比例，目前是4.9%，本世纪末可能达到7%左右。我国老龄化达到目前世界最高水平国家16%的水平，要到2040年前后了。

就业人口空前增长。由我国目前人口年龄结构的特点所决定，15岁到64岁的经济生产年龄人口，同1982年的6.21亿相比，1985年约增加0.62亿，1990年将增加1.44亿，2000年将增加2.37亿，就业人口将随之迅速增长，如何开辟就业门路是一个非常重要的问题。这里还有一个大家关心的问题，就是农村人口集镇化，城乡人口的构成会发生重要变化。我国城镇人口占全国人口的比例，1982年是20.8%，到2000年会上升到38%。这主要不是农村人口拥入大城市，而是乡村城镇化，这是一个进步。到那时，城市、乡村人口比例是四六开了。在中小城镇人口约占56%，大城镇人口约占44%。现在城镇人口主要还是在大城镇（约占70%）。

以上是人口的变化，是我们的一个预测结果。在这方面我们提了一个建议，要力争把我们国家的人口控制在12亿以内，我们还应继续执行计划生育的基本国策，不能动摇。现在，应该引起严密关注的是人口问题的严重性和目前的趋势——近一两年，由于政策的放松，特别是广大农村的失控，妇女总和生育率又回升上去了，1985年为2.2，也就是平均一个妇女生育2.2个子女。如果不加控制，妇女总和生育率一直保持在2.2，到2000年，中国人口将达到13亿，更为严重的是，到2021年中国人口必将超过16亿，2049年将高达19亿至20亿！如果妇女总和生育率恢复到1982年的2.47，那么，我国人口到2000年将高达13.6亿，2021年达17.5亿，2049年达21.6亿！所以，严格实行计划生育的国策，一刻也不能放松！如能争取在1990年妇女总和生育率降为1.5，然后保持这个水平到2021年，那么，到2000年我国人口可控制在12亿左右，2020年约为13亿左右。2021年以后可以逐步提高生育率，其临界值在2.16上下，那时人口将长期稳定在12亿左右。根据前几年的经验，只要全党一致努力，是可以做到的。在本世纪内，还要继续提倡一对夫妇只生一个孩子，并采取优生优育的政策。现在我们全国低能儿童还很多，特别是在山区。这主要是近亲结婚造成的，对我们民族的昌盛很不利。

第二，人民的生活将达到小康水平。

小康水平，在全国来讲也不是一个样的，是多层次的。城市有城市的小康水平，农村有农村的小康水平；富裕地区有富裕地区的小康水平，贫困地区有贫困地区的小康水平。全国一样是不可能的。实现了本世纪的战略目标，我们城乡人民的收入会成倍增长，能够达到小平同志提出的人均1000美元的设想。到那时，基本生活资料如穿衣、吃饭、住房可以得到一定的满足。住房，这几年农村有很大的进展，建筑了30多亿平方米的房子，人均增加了3平方米。现在农村人均住房有14平方米多，这的确是一个很大进步。城市这几年也建了一些房,"六五"期间,城市新建住宅竣工建筑面积3.7亿平方米,加上原有住宅面积,1985年城市居民住宅建筑面积已达11.3亿平方米,比1980年增加75.6%。1985年人均居住面积为5.2平方米,比1980年的3.9平方米增长了33.3%。1985年城市缺房户已由1980年的789万减少到712万,减少9.8%,其中无房户减少14.9%。农村盖房是自己拿钱,而城市建设住房是国家拿钱,城市建房速度还比较慢。国家正在考虑把住房商品化,逐步采取一些措施。其他一些文化生活条件都将有改善。估计到本世纪末,我们全国人民的消费水平可能达到日本70年代那么一种消费水平。因为我们人口多,原有平均生活水平比日本低得多。1980年我国城乡人民的平均消费水平是227元,按不变价格测算,2000年可以达到617元,比1980年提高1.7倍,平均每年递增5.1%,城乡人民的消费差别,将由1980年的2.7∶1,缩小到1.8∶1。到2000年时,农村居民的消费水平大约可达到现在城市居民的中等生活水平。现在,在我国人民的消费结构中,吃饭要占总消费的50%多,我们人民的健康水平还是好的,世界卫生组织的专家来中国考察都承认这一点。但是生活消费里面,吃的部分多了,就会带来很多问题,给农业带来很大的负担,因为吃的大都是从农业来的,你就必须要给农业有更大的投资。将来,在总的消费结构里,粮食的比例要降低。经济越发达的国家,吃的东西在消费中的比重就会比较低,这不是生活水平的降低,从总的营养价值来讲,还是提高了的,但是在吃的方面花的钱在总支出中所占的比重小了,用在其他方面的相应增加了。这种情况,在我们城乡居民中也是如此。特别是党的十一届三中全会以后,随着经济的稳步增长,城市居民生活水平正在由低层次向高层次发展。1985年城市居民家庭平均每人收入752元,比1978年增长138.1%,平均每年递增11.5%,这是建国以来城市居民收入增加最快的一个时期；同时，每户居民家庭就业由1978年的48.6%上升到1985年的57.6%，因而每一职工负担人数由1978年的2.06人下降到1985年的1.74人。收入的增长，使得消费水平不断提高，消费结构显著变化。1985年城市居民生活费支出平均每人达732元，比1978年增加421元，增长135.4%，平均每年递增11.3%，剔除价格上涨因素，实际递增7.3%。消费习惯也正在向适应社会发展的、新的消费习惯转变。

1. 食品消费由"温饱型"向"营养型"转化。从绝对量看，食品消费支出1985年人均390.36元，比1978年的178.92元增加211.44元，增长118.2%，平均每年递增6.3%。从食品消费结构看，粮食的消费量从1981年的人均145.44公斤降为1985年的131.36公斤，减少14.28公斤，而肉、禽、蛋、水产品，1985年人均消费40.56公斤，比1981年增加7.56公斤，增长22.9%。

2. 衣着消费的需求由单一、低档向多样、中高档发展。1985年穿着商品支出平均每人112.32元，比1981年增加44.76元，增长66.3%。棉布从1981年每百人平均消费464米降到1985年的271米，而呢绒1985年平均每百人消费43.56米，比1981年的21.96米增长98.4%，绸缎1985年每百人消费5.4米，比1981年增长50.8%；呢绒、绸缎成衣分别由1981年每百人11.04件、2.04件上升为1985年的23.4件、10.58件，呢绒成衣增长1.1倍，绸缎服装增长4倍多。1985年每百人每月购买皮鞋5.41双，比1981年增加1.58双，增长41.3%。

3. 耐用消费品由"机械型"向"电子型"发展。四机一箱（电视机、洗衣机、收录机、照相机、电冰箱）涌入居民家庭，打破了"老四件"（自行车、手表、缝纫机、收音机）的一统天下，到1986年6月底止，每百户城市居民家庭拥有彩色电视机24台、收录机54架、照相机14架、洗衣机59台、电冰箱13台。

还有一组数字也反映了这种变化。1985年与1981年相比，职工消费构成中吃的部分由56.7%降为53.3%，穿的由14.8%上升为15.3%，用的由18.5%上升为21.6%；农民消费构成中吃的部分由59.7%降为57.7%，穿的由12.3%降为9.9%，用的则由10.2%上升为11.4%。

在城市里，现在的消费结构，除了吃的以外，其他方面主要就是电视机、电冰箱、洗衣机这类耐用消费品。目前在职工家庭中，自行车、缝纫机、钟表、电视机、录音机、电风扇的普及率都超过70%以上；农民家庭自行车、缝纫机、钟表的普及率超过40%，电视机、录音机、电风扇的普及率还较低。现在这方面的消费水平，已经达到日本70年代的水平。日本70年代的水平是一个什么含义呢？就是每人平均的国民收入大约是1600美元。而我们现在城市人均国民生产总值，上海是一千多美元，其他城市平均大约是六七百美元。所以，这个方面有很大的不合理。这是一方面。另一方面，群众手里还存了很多钱，现在在银行存的钱有一千多亿元，等着买彩色电视机、双开门电冰箱之类的东西，而这种东西我们现在还不能充分供应，这确是个问题。现在群众把钱存起来，若是存了很久还是买不到他们需要的东西，这怎么办？这就有个怎么引导消费的问题，有个产业结构怎么调整的问题。

在这个方面，现在在城市里议论较多的大概有两个问题：一是住房。住房开支，资本主义国家一般占工资收入的1/4到1/3。我们国家的房租呢？只占工资的1.5%，那就是相当人家的十几分之一。我们一个平方米现在交的房租只有0.1元或者不到0.1元，如果照国外的那个比例讲起来，每平方米房租至少要交1.50元才行。包括我们在座的各位同志，如果把房租提高到这个高度，那我们一个月的工资交了房租就剩不下多少了。可是，如果不提高房租，要房屋商品化是不可能的。只有提高了房租以后，人们才肯买房子。我们城市的房屋政策，照现在这样搞下去肯定是不行的，你再盖多少房子都不够。将来是要提高房租，要实行房屋商品化。但是怎么样做到房屋商品化是一个很大的问题，要探索一个解决这个问题的办法。要过渡到房屋商品化，就要提高房租，而提高房租就要提高工资，增加工资就要几百亿元。把这个钱拿出来之后，以房租形式收回，又拿这个钱来盖房子，这样就可以周转起来了。将来我们每个职工的房费就加在工资里了。你多占了房子，就多出房租，这也就避开了现在那种这一级要什么样房子，那一级要什么样房子的棘手问题，而是根据工资的多少自己确定租用多少房子了。

另一个议论较多的问题，就是小汽车进入家庭消费的问题。在国外，个人消费的大宗支出，一个是房屋，另外就是汽车。房产、汽车都自成一个系列，它的发展把许多相关产业带动起来了。最近在我们的报纸上看到，价值5000元的小型汽车可望进入家庭。我们对这些问题还没有探讨。到国外考察过的同志都了解，经济发达的国家，已经变成一个所谓汽车社会了。他们的社会生活都靠汽车联系，这个给他们带来很大的方便，但是他们认为也带来了很大的祸害，既已形成这种格局、这种生活方式，要再改变它也就没有办法了。对此，有些外国朋友向我们提过很多建议，他们希望中国不要再走他们走过的路。我们的城市里，例如，北京市有几百万辆自行车，已经把交通搞得拥挤不堪，上海更为严重，你若搞那么多汽车，道路有没有呢？往哪里停车呢？在我国的大中城市，究竟主要是发展大型公共汽车，还是主要发展小型汽车，这是需要认真研究的问题。人民生活改善了，消费向着哪个方面引导？这类问题是需要很好地讨论的，现在把格局定下来之后，将来想要改变就很难了。有些外国朋友的意见是：我们应该大力发展公共交通。即使将来汽车进入某些人的家庭以后，也不可能家家都有汽车，公共汽车还得大大发展。结果又有公共汽车，又有小型汽车，城市交通将更拥挤，将来究竟是个什么样的情况，要吸取发达国家正反两方面的经验，结合我国国情研究解决的办法。

第三，经济实力将占到世界的第 5 位。

我们国家的国民生产总值，1980 年大体上是 2833 亿美元，这位于美国、苏联、日本、联邦德国、法国、英国和意大利之后，居第 8 位。到本世纪末，根据现在所得知的各国发展的预测情况，如果我们实现了工农业年总产值翻两番之后，我们国家的国民生产总值估计会超过 11400 亿美元，每人平均将近 1000 美元。如果达到这个数字，我们就可能居世界第 5 位，那就超过了英国、意大利和法国。就是达到了这个水平之后，也应该说清楚，由于我国人口众多，按人口平均的国民生产总值，在世界上的位次还是很低的。目前我们占第 151 位，到那时可能上升到第 75 位。所以一方面看到我们良好的前景；另一方面要看到我们还是一个发展中国家，我们自己要加倍努力。

随着经济的发展，产业结构将发生很大变化。到 2000 年，第一产业的比重将由 1980 年的 36% 变为 22%；第二产业将由 49% 变为 52%；第三产业将由 15% 变为 26%，其中信息咨询等新兴服务业将有很快的发展。生产布局，也会有很大的改善。80 年代，我国将充分利用和发挥东部地区原有企业的生产能力，从 90 年代到 2000 年以后的相当一段时期，将继续利用东部沿海地区工业基地的基础，同时将把投资和建设的重点逐步转向中部特别是西部地区的开发和建设。1985 年工农业总产值，东部地区占全国的 56.9%，中部地区占 28.9%，西部地区占 14.2%；工业总产值，东部、中部、西部则分别占61.2%、26.5%、12.3%。从投资看,"六五"期间累计,全民所有制单位基本建设投资总额,东部为1627亿元,中部为997亿元,西部为588亿元。东部投资比中部多63.2%,比西部多1.8倍。东部投资多,相应的新增固定资产也多。5年共建成投产项目6.6万个,其中大中型项目274个,新增固定资产1095亿元,比中部新增固定资产718亿元多一半以上,比西部的444亿元多1.5倍。这将进一步增强东部地区的生产后劲。同时,通过横向经济联合、辐射、扩散,东部的领先也将带动与推动中部,特别是西部经济的发展,从而促进整个国家经济实力的增强。

第四,工业生产总量将相当于美国80年代初的水平。

从现在到2000年,将是加速我国工业化进程的时期。一次能源将增长2倍,电力将增长3.6倍,交通运输通讯将增长4倍,冶金将增长2.7倍,化工将增长4.1倍,纺织将增长2.8倍,机械将增长4.2倍。电子、光纤通讯、激光、新型材料,都将有更快地增长。总的来说,到2000年,我国工业生产总量大约相当于美国80年代初的水平。2000年,我们钢的产量可能达到近1亿吨,煤可能达到13亿吨,石油可能有3亿吨左右,水泥可能有3亿吨,电可能有9000多亿千瓦时。

第五,农业将适应经济发展和人民生活改善的需要。

到2000年,粮食能达到10000亿斤以上,棉花达到10000亿担以上,我国人均的农产品产量占世界的位次,将由目前的第35位,提高到第25位,达到或接近世界平均水平;产值大概将增加2倍。我们农业是有希望的。种植业年增长3.6%。农业的结构会有所调整,比现在更加协调。种植业由71.7%变为53.7%。林业由4.8%,提高到8.7%。畜牧业由17.2%,提高到27.8%。副业由4.4%,提高到7%。渔业也有增加。农产品的商品率,由目前的 60%，上升到 80%。农村的商品经济会有比较快的发展。

第六，建立灵活、开放型的经济，外贸将有较大发展。

根据现在的预测，外贸总额可能不止翻两番。现在我们的出口产品结构，是以农产品、初级品为主，将来要变成加工品，产值高的产品，当然这是很不简单的事情。同时，我们要充分利用国际信贷多中心的发展趋势，灵活地运用外资，以缓解我国建设资金不足的困难。

第七，建立起具有中国特色的社会主义经济体制。

企业将真正成为自主经营、自负盈亏的商品生产者和经营者。它们的活力和对社会的责任感，将大大加强起来。所有制的结构会有变化，当然这个变化肯定是以公有制为基础，即国营经济、集体经济为主，个体经济也会有一定的发展。现在，全国个体经济，根据不完全统计，已有 5000 万户，其中还包括了私人经营和我们同外国合营的，这是一个相当大的数字。当然，在我们整个经济生活里，它不会起多么大作用，但这总是个比较重要的变化。最近城市体制改革会议上提出，要发展经济的横向联合。经济横向联合，是一种混合经济，是这个省和那个省，这个市和那个市，这个企业和那个企业联营的。其中有国营经济、集体经济，有的还包括个体经济和外资，并在实际上采取股份的形式。我最近去第二汽车厂作调查，二汽集团的东风汽车联营公司，就是和 22 个省市的 130 多家企业进行联营的，这里面有全民的，也有集体的，将来还准备和外国联营，它现在已有一个产品和外国合营了。这种横向联合的经济，必然使各种类型的企业集团，突破原来部门和地区的界限而有较大的发展，并在经济生活中占越来越重要的地位。

同时，国家对于企业的管理将由直接控制为主变成间接控制为主，充分发挥经济杠杆的作用。关于这个问题，中央领导同志最近在全国城市体制改革会上讲了一个重要的意见。他说：我们国家体制改革总的目标，就是要由一个原来比较僵化的体制变成一个生机活泼的新体制，这个转变需要一个相当长的时间。我们预测可能到本世纪末这种新的体制才能够变成完备的形态。这种形态肯定不同于戈尔巴乔夫最近讲的那一套，也不同于过去斯大林说的那一套，更不同于西方那一套。现在我们正处在旧的体制向新的体制转变的过程中。在1984年中央发布体制改革决定以前，我们的体制还是以旧的体制为主，但注入了一些新的东西；从体制改革决定发布以后，逐步形成旧的体制和新的体制并存的均势状态。从整个体制改革来讲，过程要长，但这种并存的均势即没有哪一种为主的"胶着"状态，如果拖得太久了，对整个经济生活是不利的，要尽量缩短这种过程，早日实现以新体制为主、旧体制为次的经济运行机制。国务院正在研究明年、后年作一些大的改革。现在组织了一个班子，研究方案。当然，大的改革方案能不能出台，取决于我们今年的经济运行怎样。如果我们经济运行得像我们计划的那样，比如今年经济总的增长8%，工业增长10%，农业增长8%，物价上升6%，工资上升5.6%，货币发行200亿等，这个目标如能实现，将比预期的更好，那么，明年这些措施就可以出台，如果今年经济运行情况没有这样好，就可能考虑再晚一点。

第八，科学技术水平将有较大提高。

到本世纪末，我们科学技术的水平肯定会有比较显著的提高，与世界的差距明显缩小，科学将达到80年代中后期和90年代的世界先进水平，综合技术水平可达到发达国家70年代末、80年代初的水平。为了促进国民经济的技术改造，逐步改变我国目前的产业结构、技术结构的落后状况，迎接新的技术革命的挑战，并为下一个世纪的经济社会发展做好技术储备，从现在起，应该有选择地加速高技术的研究与开发，有重点地扶植新兴产业的成长，争取在一二十年内较大幅度地提高新兴产业在国民经济中的比重。这些高技术的研究与开发，可以选择这样一些方面：生物技术，包括高产、优质、抗逆动植物新品种，新型疫苗和药物，蛋白质工程等；空间站系统，包括空间站、空间站运输系统等；信息技术，包括智能计算机系统，光电子器件与集成技术，信息获取技术等；先进防御技术，包括强激光武器技术、高级自动寻的制导技术等；自动化技术，包括计算机综合自动化制造技术，智能机器人等；能源技术，如燃煤磁流体发电技术、先进的核反应堆技术等；新材料技术，包括光电信息材料，用于航天的耐腐蚀、重量轻的结构材料，用于先进防御技术的特种功能材料，用于动力装置的耐高温、高韧性复合材料等。这些高技术研究与开发实现后，可以取得重大经济效益，促进国民经济的发展，为下个世纪我国经济飞跃准备科技后劲。但是应该看到，目前有三个亟待解决的问题：一是基础技术水平低，基础元器件、基础设备质量差。二是专业化大批量生产系统远未形成。三是系统配套装备的研究与开发远远落后于工艺的研究与开发。所以，在把发展高技术作为国家战略的重要组成部分的时候，要实行"有限目标，重点突出"的方针，在投资政策上，必须考虑高技术产业的市场、技术、设备变化迅速的特点，选好重点、给以支持，还要贯彻"军民结合，以民为主"的方针，把军民之间在高技术方面的研究与开发，更紧密结合起来。这对我国高技术的发展和整个国民经济的发展，都将产生深刻的影响。当然，我们应当承认，到本世纪末，我们和世界先进水平比较可能还会差 10 年，有的会差 20 年。当然在少数的领域，也会同世界先进水平不相上下。同时，科技人才的结构会有明显的改善。科研机构将逐步向经营型、开放型转化。科研生产联合体将会大大增加。

第九，文教、卫生、体育事业将有较大发展。

到本世纪末 我国将基本形成面向世界、面向21世纪、面向现代化的新的国民教育体系。全国农村可普及小学教育，城镇普及初中教育，大城市基本普及高中教育；高等教育将获得较快的发展，具有大学文化程度的人口占总人口的比例，可由目前的0.6%提高到2%。预计文盲、半文盲占总人口的比例，将由1982年的23.5%降低到8%左右。

我们的文化艺术事业也会有很大发展。医疗卫生网比现在好。在体育方面，我们可能成为世界体育强国。

预测表明，到2000年，全国共需要专门人才4900万人，是1983年的1400万人的3.5倍。考虑到实际的可能，从1983年秋到2000年至少需要累计培养各级专门人才3400万人。其中研究生77万，大学本科生870万，大学专科生785万，中专生1690万人。专门人才专业结构也将发生显著变化。

由教育部门培养分配到国民经济各部门工作的（以下同）管理专业的大学本科毕业生，由1983年的3.2万人（占总毕业生数的2.61%），上升到2000年的59万人（占总毕业生数8.67%），增长17倍；财经专业的，由6.2万人上升到71万人，增长10.3倍；政法专业的，由1.4万人上升到40万人，增长27.6倍；工科专业的比重下降。每年约有1400万人受到职前或职后的技术教育。全国可能每10个同龄青年中将有一个进入各类高等学校，在校生可望达600万至700万人，其规模接近于80年代的美国。预计到2000年，我国高等院校中的在校生数量，可居世界各国前列。

教育经费在国民收入中的比重将大大增加。1980年为4%，2000年可望增加到6%～7%。1950年至1981年的31年中，全国教育事业的基本建设投资总计为121.29亿元，今后将通过各种渠道逐年增加用于教育的经费总额,到 2000 年,将增加到 900 亿元左右。

第十,传统观念将有较大的变化。

按照党的十二届六中全会决议确定的"以经济建设为中心,坚定不移地进行经济体制改革,坚定不移地进行政治体制改革,坚定不移地加强精神文明建设,并且使这几个方面互相配合,互相促进"的我国社会主义现代化建设的总体布局。到本世纪末,我国社会主义精神文明将有很大发展。我国人民将逐步从小生产的意识中解脱出来。过去在自然经济、半自然经济中形成的传统观念,将逐渐被社会化、现代化的观念所取代。有理想、有道德、有文化、守纪律,将成为整个社会的普遍风尚,整个中华民族的思想道德素质和科学文化素质将得到相当大的提高。

这里我想讲一个问题,就是对于发展社会主义有计划的商品经济所引起的思想观念的变化,以及在新旧思想观念交替过程中,人们思想上引起的矛盾,要进行分析,作出正确的评价,以便有针对性地进行思想政治工作。

现在,我们国家正面临着社会主义商品经济大发展的时期。农村由自给半自给经济向商品经济发展,城镇则由产品经济向商品经济转化。在这种形势下,我们所进行的社会主义物质文明建设和精神文明建设,都与商品经济的发展有密切的联系。

我国社会主义商品经济,是在自给半自给经济和产品经济的基础上发展起来的。农村家庭联产承包责任制的建设,专业户的发展,国家对农村经济宏观管理体制和手段的改革,使农户和乡镇企业成了独立的商品生产者和经营者,使农村的社会分工有了重要发展,价值规律在农村经济发展中发挥着越来越大的作用。城市的工商企业和其他企业逐步形成了相对独立的经济实体,有了一定的经营管理自主权和相应的经济利益,并随着经济改革的深入发展逐步走向自主经营,自负盈亏。城市经济在广泛的范围内采取了商品货币形态、市场调节以及企业之间竞争的扩大,这使价值规律在城市经济发展中的作用在一步一步增强。经济生活的这些变化,使自然经济和产品经济下形成的一些传统观念受到越来越大的冲击。哪些方面受到冲击呢?比如经济上的"平均"、"重农"、封闭观念;政治上的人治、特权观念;思想上的一言堂、轻知识观念,等等。这些封建意识对我们的社会主义革命和建设产生了消极影响,如我们长期存在的大锅饭、平均主义、宁穷勿富、"一大二公"、小而全、集权、神化领袖、依赖思想等等,实际上是因袭了封建社会小农观念的基本模式。这些旧观念,主要有以下四类:

第一类:封建主义的残余观念。如等级观念、特权观念、官僚主义观念、任人唯亲观念等。

第二类:自然经济和小生产的狭隘保守观念。主要是因循守旧、重农轻商和平均主义的观念。还有闭关锁国,夜郎自大;目光短浅,不思进取;安贫乐道,听天由命等观念。

第三类:把社会主义同商品经济对立起来的观念。

第四类:僵化体制下形成的观念。

显而易见,要大力发展商品经济,就必须彻底破除这些旧的思想观念。

那么,我们要提倡、确立的新观念又是什么呢?我以为,我们要确立的是能适应并促进社会主义有计划商品经济大力发展的科学社会主义的思想观念群。主要有三类:

第一类:商品经济本身所要求具有的思想观念系列,如价值观念、时间观念、成本观念、利润观念、市场观念、效益观念、积累观念、科技观念、管理观念、信息观念、竞争观念,重视教育和人才的观念等等,它们反映商品经济在市场竞争中所必须凭借的手段、条件和杠杆。

第二类：是由商品经济派生出来，同商品经济相适应的思想观念系列，如开放观念、信誉观念、联合观念、社交观念，它们反映了商品经济依赖于社会化的条件；开拓创新的观念，反映了商品经济对其生产者、经营者的精神状态的要求；还有同商品经济相适应的道德观、利义观、法制观、民主观、是非观、荣辱观、平等观、善恶观、贫富观等。

第三类：与公有制基础上的有计划的商品经济相适应的新观念系列。这里可分为两种情况：一是思想观念内涵的更新。如生产目的观、物质利益观、效益观等。二是由社会主义有计划的商品经济产生的特有的思想观念系列，这就是社会主义精神文明，如公有观念，共产主义的思想、理想、精神、情操，商品经济中的主人翁观念，按劳分配观念，同志式的人际关系的观念等。这些新观念的核心是通过强调个体积极性的发挥，来达到群体的幸福，这与四项基本原则和"四有"新人的标准有着必然的、密切的联系。目前，这些与发展社会主义商品经济相适应的新观念，逐步地在人们的思想上树立和加强起来了。同时，随着未来十几年我国经济社会条件的变化，人们的社会心理也将会发生这样一些发展趋势：

一是从"封闭型"走向开放型。这是由于我国将进一步对外开放，经济体制、政治体制将进一步改革；生产、流通、分配和消费领域打破半封闭状态，改变生产的传统经营管理方式、大力发展商品生产和商品交换，人们的活动范围将由小变大等等原因。

二是从"中庸保守型"走向创新型。这里，如何破除嫉贤妒能、怕冒尖、怕出名等社会心理是我们面临的重大任务。

三是时间效率观念的增强。

四是破除平均主义的观念，真正按劳分配。

五是主人翁观念及职业道德观念的增强。

消费观、审美观、价值观、幸福观等等观念也都有深刻的变革与更新。人们的恋爱观、婚姻质量观、道德观就其主流来说是积极、健康、向上的。2000年家庭结构的特点是,以两代人同居的核心家庭为普遍形式,三代人同居的直系家庭逐步减少。在农村,生活上分居而生产上联合的新式家庭将逐步取代旧式大家庭,农村和城镇个体劳动者家庭的生产职能将相应增强。

总之,这些社会心理素质的变化和发展,这些新观念的形成和确立,对于解放人们的思想,改变人们的精神面貌,激励人们锐意进取,开拓创新,对于促进我国社会生产力的发展有巨大的作用。对于这些新观念带来的积极因素,我们必须有足够的认识。现在我国的社会主义商品经济,无论城市或者乡村,都还是处在不发达阶段。克服在自然经济、产品经济下长期形成的传统观念,树立起适应社会主义商品经济发展的新观念,仍然是我们思想政治工作的一个重要任务。

商品经济的发展给人们带来了一些新思想,这些新思想对我国社会主义商品经济的发展是有利的。但是也不能不看到,社会主义商品经济,固然是在生产资料公有制基础上的有计划的商品经济,但是支配它的运动规律,仍然是包括价值规律在内的商品经济通行的规律。因此商品经济固有的盲目性、自发性等等带来的消极因素,仍然是存在的。社会主义公有制、计划性以及商品范围的有限性,只是为克服这些盲目性和自发性等消极因素提供了可能性,而要把这种可能性变成现实,需要有科学的计划基础,强大的宏观间接控制能力,完善灵活的经济体制,高水平的管理人才等等,而这些在短时间内是难以完全具备的。因此,商品经济的盲目性和自发性带来的消极因素,就会在经济体制改革中反复出现,弄得不好甚至会泛滥起来。与此相联系,排斥国家计划的观念，片面追求企业利益，不顾国家利益，甚至挖国家墙脚的观念，"一切向钱看"的观念，损人利己的观念，弄虚作假、损害消费者利益的观念等，也会滋长起来。近年来我们党内和社会上出现的不正之风，许多与这个有关系。

上述这些观念和社会主义、共产主义观念是不相容的，任其发展下去就会把社会主义商品经济引向邪路。这里应该明确的是，社会主义道德所要反对的，是一切损人利己、损公肥私、金钱至上、以权谋私、欺诈勒索的思想和行为，而决不是否定按劳分配和商品经济，决不能把平均主义当作我们社会的道德准则。因此用正确的社会主义商品经济的观念，用共产主义的理想来克服这些不正确的观念，这是思想政治工作的一个极为重要极为迫切的任务。

走向2000年，我们当然会遇到很多困难，诸如：人口净增2亿，就业压力十分沉重；教育和科技远不适应经济发展的要求；交通、通讯、能源严重钳制国民经济发展；地面资源严重短缺，生态环境可能恶化；资金不足对经济发展的严重制约，等等。尽管困难很大，但我们有前面所讲的种种优势，我们一定能够扬长避短，克服艰难险阻，胜利地走向2000年。

我们研究的初步预测大体就是这些内容。最近，小平同志多次提出要为建党100周年就是2021年和建国100周年就是2049年提出一个我国发展的目标来。这就要继续研究我国在建党100周年的时候是一个什么样子，建国100周年的时候是一个什么样子，那就要把2000年中国的研究再推前20年、50年。现在"2000年的中国"的研究报告已经出来了，要根据实践来验证，不断地改进修正我们的预测，使其接近实际。同时，要为建党100周年、建国100周年时，我国是个什么样子，再作进一步的研究。从现在起到本世纪末的15年，对我国来说既是一个良好的机会，也是一个严峻的挑战，因为世界新的技术革命在蓬勃发展，科学技术在日新月异地进步。如果我们丧失这个机会那将是非常可惜的。这15年，充满希望，既有美好的前景，同时也担当着很大风险。要实现我们的目标有很多有利条件，也还有不少困难，需要经过艰苦奋斗，甚至付出必要的牺牲，才能取得成功。

深入探讨社会主义初级阶段的产业政策[*]

（一九八八年三月七日）

感谢中国管理科学研究院给我这样一个机会在它主办的全国产业政策研究班来同大家讨论产业政策问题。通过这次讨论，我将能够向同志们学习许多新的知识。

一、党中央关于制定产业政策的精神和原则

党的十三大提出了在社会主义初级阶段我们党建设有中国特色的社会主义的基本路线。这条基本路线的主要内容，是一个中心，两个基本点。这个中心就是经济建设，两个基本点，从根本上说来都是为这个中心服务的。

十三大提出："在经济文化落后的条件下建设社会主义必须有一个很长的初级阶段"；"社会主义的根本任务是发展生产力，集中力量实现现代化"。

---

[*] 在中国管理科学研究院主办的全国产业政策研究班上的报告。

马克思主义的历史唯物主义从来认为生产力是一切社会发展的最终决定力量,生产关系和上层建筑只有适应生产力的状况,才能促进生产力的发展。

我们已经进入社会主义建设时期,发展生产力已经成为直接的中心任务。国家的富强,人民的富裕,教育科学文化事业的繁荣,公有制和人民民主政权的巩固和发展,一句话,社会主义优越性的充分发挥和吸引力的不断增强,归根到底,都取决于生产力的发展。一切有利于生产力发展的东西,都是符合人民根本利益的,因而是社会主义所要求的,或者是社会主义所允许的。一切不利于生产力发展的东西,都是违反科学社会主义的,是社会主义所不允许的。

产业政策的制定,不是游离于我们这个社会之外的而是根植于我们这个社会之中的。它当然同生产力的发展有直接的关系,同时也和生产关系和上层建筑有关系。

十三大进一步肯定我国仍处在社会主义初级阶段,这是我们确定路线方针政策的理论基础。

我国仍处在社会主义初级阶段,最根本的是由于我国现时生产力的落后。而产业结构和产业政策则是一定的社会生产力发展程度的反映。所以我们研究产业结构和产业政策,也不能离开这个基本点。①

产业政策是为发展战略服务的。从十一届三中全会以来,特别是十二大以来,我们的发展战略就在转变,我们逐步改变了过去那种片面追求产值、产量增长速度的发展战略,转到像十三大提出的注重效益、提高质量、协调发展、稳定增长的战略。这就要求把发展战略的研究与产业结构、产业政策的研究结合起来。

---

① 对"社会主义初级阶段"的分析见本书第一部分中的《坚持走有中国特色的社会主义道路》一文,这里作了删节。

为了使新战略能够更好地实施，要以改革的精神从现在到本世纪末有成效地实现以下转变：第一，要由指令性计划经济也就是通常所说的产品经济转到有计划的商品经济，要逐步地形成一个符合社会主义商品经济的全国统一的市场体系，使市场不断地得到发育和完善。第二，要由总产值增长的速度型经济向经济结构、产业结构合理化的效益型经济转变，使各种能够促进注重效益、提高质量、协调发展、稳定增长的经济结构和产业结构逐步形成。第三，要由封闭型、半封闭型的经济向开放型的经济转变，国际经济变化的一些有利条件我们要尽量加以利用，不利的一些东西要想办法加以克服，要逐步地加强我国在国际经济活动中的地位和作用。第四，扩大再生产要从外延型向内涵型转变，要充分利用"存量"，新投入的"增量"要引发存量发挥更大作用。这里技术改造、技术进步因素将起越来越重大的作用。引进外资引进技术有可能，要尽量用在这个方面。第五，经济发展不但要搞好自然资源和人力的开发利用，而且要向智力开发转变。过去我们以消耗大量的能源，消耗大量的原材料，以大量人的就业，来解决发展问题，而对智力的开发做得是很不够的。所以我们全国人民的文化水平、教育水平要有一个新的提高，才能够适应经济发展的新要求。第六，农村要从单一的农业经济向多种产业经济转变，农业人口要向非农业人口转化，逐步形成具有中国特色的、城乡一体化的布局。根据统计局统计，现在农村人口约占63.6%，因为已有8000万～9000万的劳动力转移到非农产业，农业劳动力约占总劳动力的64%，这个情况已经有了很大的变化。我国出现的这种变化，不是把农村人口转移到大城市，而首先是农村城镇化，逐步地把农业人口变成非农业人口，这就要求城乡要有合理的布局。世界各国相当重视我国的这条农业劳动力转移的道路。4年前我到印度访问，甘地夫人接见我时曾问到这个问题，在他们国家，农村人口盲目地流入大城市的现象是很严重的，像加尔各答这样的城市有一半的人口露宿在街头，孟买约有1/3人口露宿在街头。甘地夫人也为这件事情焦急，她说你们采取农村城镇化的经验两国可以交流。把农业人口的大部分逐步变为非农业人口，这是一个发展的趋势，一个国家要工业化，就必然包括一个农业人口变成工业人口的过程，——这个工业化是一个广义的概念，农业本身也要工业化。由于乡镇工业的发展，去年我国农村的社会总产值中，非农业部分开始超过了农业部分，这是一个重要的趋势。第七，各个经济区域的资源优势向经济优势转变，生产力的布局要有新的变化。现在每个地方都强调当地的资源优势，问题在于如何把这个资源优势变成经济优势，特别是西南、西北地区自然资源确实很丰富，但是还没有转化为经济优势，其他一些地区也有类似情况，这在研究地区产业政策时应特别加以注意。第八，国防工业和科研要向军民结合以民为主转变，改变军民各成体系的格局，逐步达到军民一体化，在面向国民经济建设中加强国防建设。第九，国营企业要从依附型向自主型的方向转变，由生产型向生产经营型转变，逐步地使其成为具有活力的自主经营、自负盈亏、自我积累、自我改造、自我发展的新型企业。第十，人民的生活将由温饱型逐步向小康型转变，从衣食为主转向住食用为主。现在我们吃的占消费支出的55%，而在发达国家吃的不到20%，将来发展的趋势，是要转到住、用方面，住房要商品化，要重视人民生活质量的改善。这种种方面都和以提高经济效益为中心，长期稳定发展有联系，和新的经济发展战略以及相关的产业政策有关。

二、部门的产业结构和产业政策

三十多年来，从我们的发展速度看，和同一时期各国来比，都还是相当高的,是取得了很大成绩的。比如,1952年到1985年,我国的社会总产值平均每年递增8.4%,工农业总产值递增8.6%,工业总产值递增11%,农业总产值递增4.6%,国民收入递增6.6%。纵比,中国历史上从来没有过这样高的发展速度;横比,包括日本在内的其他国家,也没有我们快。但我们发展速度快,经济效益却不高。针对这种粗放经营、经济效益低的情况,我们提出了通过资源合理配置和企业组织结构合理化来提高宏观经济效益的问题,这是个很大的问题。这和我们产业结构的形成、产业政策的确定有密切的联系。

回顾我们三十多年的历史,我们工业化(现代化)的道路,大约经过了以下几个时期:

1. 第一个五年计划时期,以重工业为中心,工业布局都在内地。毛主席在《关于正确处理人民内部矛盾的问题》里讲了,我国工业化的道路是以重工业为中心。重工业的发展又是和国防工业的发展联系在一起考虑的。当时苏联援助我们156项,都是分布在内地,而没有分布在沿海,这也是和当时对国际形势的考虑有关系。这就形成了后来我国经济发展,特别是工业发展的一个基本的格局。直到现在,我们的那些骨干企业还是那时搞起来的,当然以后也建设了一些,基本上还是沿着那个路子下来的。这样,一种近似苏联模式的产业结构在我国就逐渐形成了。我说近似,就是说不完全是苏联的模式,只是大体类似苏联的模式。

1956年毛主席总结了"一五"时期建设的经验,发现有毛病,作了《论十大关系》的报告,从原则上提出了改善我国产业结构的重要指导思想。他讲到工业和农业的关系,说苏联只重视工业,不重视农业;讲重工业和轻工业的关系,只重视重工业,不重视轻工业;也讲了沿海和内地的关系,只注意了内地,没有发挥沿海的作用;还讲了国防工业和民用工业的关系,国防固然重要，但如果民用搞不好，国防也搞不起来，他说你要什么原子弹，没有把经济搞起来，你也不会有原子弹；而且，还讲了体制上集中过多的弊病，要给基层和企业以主动性，等等。这本来是很好的指导思想，但没有落实。后来，很快就在政治上进行反右派、经济上反对反冒进，搞大跃进、搞人民公社化，把这个正确的指导思想一风吹了。

我们现在这种产业结构的原型是从"一五"时期沿袭来的。当然，它也推动了我们经济的发展，但同时带来了很多弊病。

2. 大跃进时期。1958年提出了以钢为纲、以粮为纲、全面跃进；提出了"一马当先，万马奔腾"，又提出什么"元帅升帐，一切让路"，这个后果是很严重的。大家都很清楚，在这个时期，随着人民公社化运动，还提出了各地"自成体系"的口号。这个口号很厉害。它一个公社就是一个自我封闭的经济单位，要公社自己什么都搞，工农兵学商，综合的，这对我们后来的各地、各部门自成体系有很大的关系。所以我们说各地的产业结构趋同化、同构化，也有的同志不大赞成这种提法，实际上恐怕还是存在这种问题的。这个问题的总根子还是从大跃进、人民公社化那个时候引发起来的。它同尔后我们产业结构的发展有很大的关系。

3. 大搞三线建设。这是1964年提出的，是在贯彻调整方针、经济复苏之后。它和当时我们对国际形势的估计过分严峻有着直接的关系。三线建设花了多少钱？大概花了近3000亿。这使产业结构加大了国防的比重，产业布局则是"山、散、洞"，造成了很大的损失。我们现在的产业布局和产业结构，和这个三线建设关系很大。我们现在固定资产是8000多亿，三线加其他的军工就有3000多亿，而且大都是按"山、散、洞"方针搞的。

4. 粉碎"四人帮"之后。华国锋同志主持中央工作期间，又提出了要搞什么"工业省"的口号，不管什么省都要限期搞成

"工业省"。这实际又进一步强化了趋同与同构的倾向。所以说趋同和同构并不是一下子形成的。

从上面的情况看，我们在产业结构与产业政策上是不是采取倾斜政策？从"一五"到大跃进、到三线建设、到搞工业省，恐怕都还是倾斜政策。问题是倾斜对象的选择对不对？倾斜的程度适当不适当，是不是倾斜得过度了，或者不该倾斜的倾斜了，而该倾斜的又没有倾斜？同时倾斜的政策中又缺乏系统化的配套的政策体系。日本采取倾斜政策成功了。苏联实际上也是采取倾斜政策的，它至今还是倾斜政策，一个是重工业，一个是国防工业，这是非常明显的。但苏联有成功也有失误。我们也是如此，这里有很多教训。问题是怎么把倾斜政策搞正确，这是个很大的问题。

所以，可不可以这样说，我国产业结构的不合理现象和所谓趋同、同构现象的产生和发展不是偶然的。我们也不能由于采取倾斜政策出了毛病，就不要倾斜政策。但是我们也应该从我们过去搞倾斜政策中总结经验教训，使倾斜能搞得好一些。

党的十一届三中全会以后，特别是在"六五"计划时期，由于党的改革、开放、搞活政策的实施，需求结构对产业结构的牵动作用大大增强了，产业变动率随收入水平提高而加大，经济发展随之加速（1953至1978年，社会总产值年递增7.9％，而1979至1986年就递增10.1％），农轻重比例趋于协调，为经济的稳步发展创造了条件。

但是，历史上形成的影响经济发展的产业深层结构不合理现象虽有改善，但还没有根本改观。这主要反映在几个方面：（1）基础产业的发展严重滞后。（2）加工工业发展过快，而且各省的结构趋同。这种趋同有过去的东西，也有新的东西。比如，这种同构化也表现在生产能力的引进上。据统计，到1985年底，全国共引进电冰箱生产线（实际有些是装配线，下同）116条，洗衣机生产线 108 条，彩电生产线 113 条。其中有相当部分因外汇短缺、进口零部件困难和市场饱和而开工不足。还有金属拉链生产线 57 条，总能力达 60 吨，有 90% 的引进设备在闲置。装啤酒、饮料用的易拉罐，引进的生产能力达 30 亿个/年，大大超过了目前需要。如广东省每年只需要 3.5 亿个，而引进 9 条生产线，年产能力 11 亿个。而这种容器的成本要比玻璃瓶高 1 倍以上。（3）生产力闲置与紧张并存。（4）资源的短缺与积压并存。（5）出口贸易的初级化还没有明显的改进等等。

这些是我们目前产业结构存在的弱点。要使产业结构合理化就要采取相应的产业政策，来克服这些弱点。

对此，党的十三大明确指出我国国内市场广阔，传统产业存在着很大的发展余地；对外开放的不断扩大，又为我们充分利用国外先进技术提供了广泛的可能性。要把这两方面的有利条件很好结合起来，以运用先进技术改造和发展我国传统产业为重点，同时注意发展高技术新兴产业，带动整个国民经济向前发展。根据这样的考虑，今后相当长时期内调整和改造产业结构的基本方向应当是：坚持把农业放在十分重要的战略地位，全面发展农村经济；在大力发展消费品工业的同时，充分重视基础工业和基础设施，加快发展以电力为中心的能源工业，以钢铁、有色金属、化工原料为重点的原材料工业，以综合运输体系和信息传播体系为主轴的交通业和通信业；努力振兴机械、电子工业，为现代化建设提供越来越多的先进技术装备；以积极推行住宅商品化为契机，大力发展建筑业，使它逐步成为国民经济的一大支柱。要重视发展第三产业，努力实现一、二、三产业协调发展。我们必须加强基础工业和基础设施的建设，否则经济发展没有后劲。基础工业和基础设施的发展也不能孤立进行，要同其他方面的发展相协调。

这里,要处理好一、二、三产业的关系。有人主张这么划分产业,也有人不主张这么划分。但我们已经在用这种划法,世界也通用这种划法,我们不妨采取这个办法来研究。

我们三类产业从建国初期到现在是有大的变化的。比如1952年我们第一产业是52.1%,第二产业是21.7%,第三产业是26.2%;党的十一届三中全会以来,这三大产业的比重,又从1980年的30.8:48.2:21,变为1985年的29.8:44.5:25.7。农、轻、重的关系由过去那种畸轻畸重的状况趋于协调,比重从1978年的27.8:31.1:41.1变为1986年的34.1:31.5:34.4。这个变化和我们现代化的要求不是完全适应的,第三产业的发展比较慢。根据世界发展的趋势,第三产业在经济发展中的比重会越来越大。但它决不是离开第一产业、第二产业发展的,而是随着它们的不断高度化而得到发展的,不然,"皮之不存,毛将焉附"?

要解决大的产业内部的关系。这里一个重要问题是农业。中央非常重视这个问题,要坚持把农业放在十分重要的地位。从发展趋势看,纯农业的比重要下降。但这不是说我们在产业结构和产业政策上可以忽视农业的发展。相反,对农业应给予极大的重视,要大力促进它的发展。因为虽然农业产值占国民生产总值的1/3左右,但农业人口占总人口的将近70%,农业劳动力大体也是这个比例,农业情况如何,对我们经济发展影响极大。江苏工农业产值居全国之首,超过上海。江苏同志讲,他们工业产值中的60%,还是以农副产品为原料的,出口的产品里以农副产品为原料的占50%。所以离开农业来谈工业,来谈其他产业的发展是不行的。在其他国家也不行,在中国更不行,这是由中国的国情所决定的。江苏工业如此发达还是这样,那么,工业欠发达、不发达地区就更应该加强农业了。

毛主席说农业是发展国民经济的基础,实际上这个论点马克思早就提出过，他说到了共产主义农业也是基础。当然，那时农业也工业化了。

党的十一届三中全会以来，农业的发展速度大大加快了，同时农业内部结构也发生了很大变化。比如1987年和1985年比较，种植业从76.7%降到66.2%，可是粮食的生产量却大大增长了，最高达到4000亿公斤，这几年将近增加了千把亿斤；林业由3.4%上升到5%，牧业由15%上升到19%，副业由3.3%增加到7.1%，渔业从1.6%上升到2.4%。

农业结构的变化，促进了农业的发展，使农民的收入也相应地有了较大幅度的提高。

我国产业结构的变动，最大的是农业，所以它发展快。农业产业结构的这种变动是好事情，但是从整个产业来说要求一下改得合理化也不可能。农业粮棉油等种植比重的改变，一年就是一个生产周期，变动较快，但工业生产周期（特别是建设周期）要长一些，变动较慢。当然农业的大的建设如水利工程的建设，农业的机械化等等也是要较长时间的。今后，向淡水、海洋索取动物蛋白质，是我国食物发展战略的一个重点；在低山丘陵综合开发利用板栗、枣、柿、核桃、油茶、文冠果、杏仁、椰子、腰果以及竹笋、食用菌等各种干鲜食物，是扩大食物源、营养源，增加收益，改善农业生态环境的一个重要途径；通过草食家畜将草转化为肉、奶等畜产品，仍将是扩大食物来源的一个重要方面；以农民庭院为基地，经营种植业、养殖业，是最大限度利用土地、劳力资源潜力，增加食物产量，实现脱贫致富的一个重要途径和经济形式。要把传统的粮食观念转变为现代的食物观念，并用物质流的观点解决好工农业协调发展，增强农业后劲。

第二个是工业内部的结构，主要是解决基础工业与加工工业的结构问题。

还有就是第三产业,其中交通、通讯等特别落后,怎样促进它的发展,在研究倾斜政策时要解决这些问题。

重点产业和倾斜的产业政策的确定,要从我国现实的产业结构不合理的状况出发,有针对性,保持适当的倾斜度,但是确定多大的倾斜度还要取决于经济上的开放度和国际市场上的竞争力。

没有重点就没有政策,但如果都是重点,那也就没有政策了。当然,全国有全国的重点,地区在服从全国、发挥本地优势的条件下,也可以有自己的重点。各个行业内部也是如此。

部门产业政策研究要做好以下几项工作:第一,着重研究一下本产业的现状和它到本世纪末的变化。第二,本产业的发展和其他产业的关系?本产业的发展要求别的产业配合解决些什么?能够给别的产业解决些什么?本产业这种发展能够给整个国民经济解决什么问题?第三,为了达到本产业发展目标,需要哪些重要的政策?这些政策哪些需要国家解决?本部门能够解决些什么?

三、地区的产业结构和产业政策

党的十三大提出:在产业发展的地区布局上,既要重点发挥经济比较发达的东部沿海地区的重要作用,又要逐步加快中部地区和西部地区的开发,使不同地区都能各展所长,并通过相互开放和平等交换,形成合理的区域分工和地区经济结构。对少数民族地区和贫困地区,要给予必要的支援,进一步研究和制定符合这些地区实际情况的政策,增强它们的发展活力,促进这些地区的经济繁荣。

地区的发展战略要同地区的产业结构与产业政策结合起来研究。最近几年,对前者的研究比较重视;对后者的研究才刚刚开始。而只有把这两方面的研究结合起来,才能制定正确的发展战略和保证它的实施。

在这方面，是不是有这样几个问题要深入讨论：

第一，把国家总的要求与地区的特点结合起来。地区的产业结构的构想和产业政策的设计必须服从全局的总要求、整体的总利益。第二，要扬长避短、发挥地区优势，施展地方特色，特别要抓住本地区的比较优势。第三，在提出合理的产业结构构想的基础上，根据自己的特点拟出具体的产业政策设计方案。第四，要把农业放到重要位置上，有步骤地促进农业的现代化。脱离这个基础，其他产业结构和产业政策是搞不好的。第五，发挥中心城市的作用，特别是省会城市和省辖市的作用；发展小城市和集镇，促进农业人口向非农业人口的转化，形成适合我国国情的城镇体系。第六，产业结构的构想和产业政策的设计都要坚持开放，而且要越来越开放。不但要对外开放而且要对内开放，绝不要再像过去那样各自搞完整、门类齐全的经济体系。第七，在上述研究的基础上，对本地区资源配置及统一市场进行分析与预测，对本地区生产力布局现状及其发展变化进行分析与预测，认识本地区在全国范围内的地位、作用和比较优势所在，然后提出主导产业、不予限制的产业及应限制的产业，并提出产业的合理分工格局。第八，为了在资源最优配置的基础上实现合理的产业结构和企业组织结构，应该采取哪些价格、金融、税收、外贸、外汇等一系列调控政策。

四、借鉴国外（地区）的经验

各国（地区）的产业政策，就其研究、制定、实施等方面，能够给我们提供一些什么有益的启示呢？

归纳起来，有以下几点：

1. 从国际竞争的大背景来考虑适合本国情况的发展道路，研究制定相应的产业政策，而不在闭关自守中创造什么奇迹。

在当今世界中，开放是生路，封闭是死路，唯有参与国际竞争，才有可能获得发展。成功的产业政策，是充分发挥本国优势、促进开放、促进交流、促进适应国际分工、适应国际竞争的产业政策。这样的产业政策，才有可能在国际经济的大舞台上创造奇迹。

发达国家也好、发展中国家也好，产业政策的制定总是以考虑国际经济形势的变化作为调整、重组的依据的。如世界新的技术革命推动了生产力的迅猛发展，发达国家为适应这一挑战，从60年代开始了产业结构的调整，其主要特征是：在整个国民经济中，资本和资源密集型的传统工业部门所占的比重不断下降，知识和技术密集型的新兴工业部门所占的比重不断上升，毫无疑问，这种产业结构的调整是和产业政策的重组有着直接的关系。这期间，南韩获得了发展中国家的一个有代表性的成功。1983年南韩根据第一次石油危机的冲击，发达国家进行结构调整，以及其他因素，意识到要抓住这一时机发展重化工业，将产业政策从"出口刺激型"转变为"工业化刺激型"，参与国际竞争。这次转轨，基本上是成功的：既比较注意国际分工，又保证了具有出口市场。

2. 审时度势，在世界经济的转折关头，抓住机会，迎接挑战，及时调整自己的产业政策；要果断行动，而不坐失良机，畏首畏尾。

灵活应变者生存，麻木不仁者淘汰，是当代国际竞争规律。即使处于相同的国际环境、具有相同的发展条件、参与相同的国际竞争，但最终成功的只能属于能够审时度势、抓住机会、勇于迎接挑战，及时调整、确定新的产业政策的强者。

50年代至60年代，香港、台湾、新加坡、南韩抓住发达国家向发展中国家和地区转移其劳动密集型产业的高潮这一时机，断然行动，调整各自的产业政策，取得了经济发展的成功。南韩是依次发展轻纺工业进口替代与出口替代，重化工进口替代与出口替代的产业政策，走的是一条"正统"的工业化道路。台湾则采取先发展轻纺工业进口替代，然后发展高技术产品的组装加工出口，再迂回发展重化工的产业政策，是非"正统"的工业化道路。而新加坡与香港，则是其独特的城市型经济的特点，实行了在直接进入轻工业的出口替代以后，断然转而发展金融业等非物质生产部门的产业政策。从1955年到1985年30年中，四个国家和地区合计，出口额增长66倍，即从16.86亿美元猛增到1133亿美元，年平均增长率高达24.2%。

3. 研究和制定产业政策，必须要有强烈的国家、民族的危机感和发展经济的紧迫感。我国人民要书写新的历史，而不能听天由命，等待历史摆布。

历史是无情的。它每时每刻都在抛弃不合时代潮流的落伍者。特别是在落后基础上起步的国家、地区与民族，如果不惊醒起来，没有一种弃旧图新、敢于奋起直追、迎头赶上的雄心壮志，如果不脚踏实地、克勤克俭、艰苦创业；如果没有一套切合实际的能够充分利用后发性效益的、缩短工业化进程的产业政策，那就会与发达国家的差距越来越大，最终被历史所淘汰。成功的产业政策总是在历史的选择面前，去选择自己将要书写的历史。

我国台湾省正是在它的危机感、紧迫感下，考虑到自己资源、能源的贫乏，自知经济实力根本不能同美、日发达国家竞争，而不听天由命，把重点放在发展技术密集度高、能源和资源密集度低、市场发展潜力大、附加价值高的技术工业。台湾的这一产业政策适应了新的国际分工模式也取得了成功，给人们以很好的启迪与借鉴。

4．政府强有力的正确干预，是产业政策产生与执行并获得成功的关键，而无政府主义状态下的产业政策往往是无所作为的。

政府通过强有力的、积极的、主动的决策、干预，利用经济的、立法的、行政的手段，施以间接的宏观的调控，来保证产业政策能够得到预期的目的。而有些发达国家、发展中国家的政府，对于产业政策的制定和执行，往往处于无计划性、无连续性、漫不经心的应付状态，这样就很难达到预期的效果。

日本的政府干预是很有效的。1963年政府提出《产业结构调查会咨询报告》，提倡新产业体制，发展重化工谋求出口，改善原材料进口、创汇率低造成的国际收支不平衡状况。系统的产业政策得以贯彻，加快了日本经济的高速增长。后来，政府又提出了《七十年代的通商产业政策》，围绕60年代加强出口竞争转到70年代重视对外经济平衡及促进进口和资本自由化而建立新产业政策的基本观点：知识集约化，并在长期计划中改变单纯追求数量增长的倾向，开始重视充实国民福利。一系列通过产业政策的干预（这种干预相当部分又是通过立法手段进行的），均告成功。

5．要有一个由各方面专家学者组成的专门从事产业政策研制的智囊机构，作为政府决策咨询的重要部门，并使产业政策的决策过程成为政府各部门之间、政府与企业之间、以至全国各地协调一致的过程，而不是缺少公众支持与多变的政策决定。政出多门、政策多变是公众最难以接受和容忍的。

产业政策体系的设计，必须是适合国情、符合国际竞争要求、审时度势，经过科学论证的政策设计。同时，经过协调各方面意见，取得共同认识，为顺利推行铺平道路。只有这样的产业政策，才能得到公众的理解与支持，才能充分发挥产业政策在组织全国协调一致的行动中的作用，保证政治与经济上的稳定，促进经济发展。

南韩在这一点上是比较引人注目的。它先后成立了两大经济智囊——开发研究院（KDI）和产业经济研究院（KIET）。尤其是以南韩科学技术情报中心和国际经济研究所合并而成的产业经济研究院，专门研究产业政策，及时地分析预测产业结构的变化，为决策层提供了科学的依据。

6. 重视发展教育和科技，提高整个民族的素质，是在世界经济大动荡中采取新的产业政策的国民基础，而忽视了这一点就难以形成内在的发展动力。

目前，发达国家资本和资源密集型的传统工业所占的比重日益下降，知识和技术密集型的新兴工业所占比重迅速上升。这样就引起了世界各国产业结构的大调整。各国在激烈的经济动荡之中，都在采取相应的新的产业政策。而新的产业政策要求国民对知识产业、技术产业，特别是高技术产业有相当的适应性。教育与科技的水平、劳动者受教育的程度、整个民族的文化素质，是使这些产业赖以发展的内在动力。一些国家和地区的历史经验证明：产业政策、产业结构的转轨成功与否，与国民的教育、科技基础息息相关。西方发达国家劳动力的素质——受教育的程度——是比较高的，而南韩、新加坡、香港、台湾的劳动力的素质在发展中国家和地区中相对也是比较高的。这对于发展劳动密集型、技术密集型、知识密集型产业来说是极为有利的条件。即使在国民教育水平、民族素质处于较高水准的日本，从1971年5月举行的"70年代设想"研讨会开始，就提出了推行"知识集约化"的产业政策。这一产业政策的基本观点，不仅对产业结构、产业组织政策提出了新的要求，也对国民的知识结构、知识层次提出了新的要求。很难设想，一个国家或地区的劳动者受教育程度很差，却能很好地执行发展知识型、技术型产业以及高技术的产业政策。所以，千方百计地、迅速有效地提高整个民族的文化科学水平,是执行正确产业政策成功的保证。

7. 产业政策的执行最终是通过经济细胞——企业来实现的,企业是否具有活力,是产业政策能否成功的关键,而不依靠企业自身的主动性、积极性和创造性,产业政策的落实是不可想象的。

产业政策是针对一个国家或地区在发展过程中经常存在的供求之间的不均衡,根据需求预测去鼓励和引导社会资源向某些产业领域流动和转移。在这种转移中,形成最有竞争力的生产与经营规模,这样又会产生新的不均衡,解决这个矛盾的办法是依靠企业发挥创造性,不断地去克服正在不断克服的不均衡。产业政策最终的实现,只能靠企业自身的努力。因为需求影响供给,但供给在一定条件下也能创造需求。企业真正有活力不仅能纠正产业政策中所可能出现的偏差,而且能使经济的发展比产业政策所预期的更好。

苏联、东欧等社会主义国家在较长时期内是靠国家投资新建一些大中型国营企业来推动整个经济发展的。法国、巴西、印度也接近这种类型。另一种类型是支持形成若干巨型垄断性企业为顶点的企业组织结构,如日本通过持股关系形成的企业集团。第三种类型是,一方面通过市场竞争和兼并,提高资本集中度,另一方面通过政府的政策反对市场垄断,同时支持中小企业的发展,成立相应的中小企业管理机构。美国和西德属于这种类型。

8. 根据目前世界范围存在的条件和机会,如果我们有一套切合实际的、符合社会主义初级阶段大力发展生产力要求的、有远见的、能保证我国经济稳定高速增长 20 年左右的产业政策,而且有相应配套的措施,各部门各地区同心协力贯彻执行,我们完全有可能在 20～50 年内,从一个低收入国家跨入中等收入、甚至高收入国家(从沿海开放地区来看)行列。这是具有现实的可能性的,而不是可望不可及的。

历史的经验正是如此。日本、南韩是在具备必要条件时，抓住了机会、振兴飞跃的。日本 1952 年人均国民生产总值仅为 226 美元，由于它有一套正确的产业政策，在 1951 年至 1980 年间保持了年均 8.1% 的经济增长率，1965 年人均国民生产总值突破 1000 美元，达到中等收入国家水平；1978 年人均国民生产总值达 8476 美元，进入高收入国家行列。南韩 1960 年人均国民生产总值为 240 美元，但因为它有一套适合国情的产业政策，从而促进了它在 1960～1980 年间保持年均 7% 的国民生产总值增长率，1980 年人均国民生产总值达 1520 美元，进入中等收入水平国家的行列。

在世界经济发展中，随着劳动费用条件的变化，发达国家的产业结构不断调整。劳动密集型产业总是向劳动费用低的地方转移。从亚太地区看，早期是从美国向日本转移，以后又向"四小龙"转移。那两次转移我们因为搞大跃进，特别是后来又搞"文化大革命"，把良好的机会都失掉了。目前，国际形势又为我们提供了良好的机会：发达国家产业结构的调整，日元、德国马克、台币等货币的升值等因素，推动了又一次新的劳动密集型产业向劳动费用低的地方转移，包括订货单和工厂企业，都正在从发达国家和地区向劳动费用低廉的地方转移。这对我们是一个非常有利的机遇，这个过程还会继续下去，值得我们特别重视。要有紧迫感，千万不要再失去这个机会了。在这种转移过程中，我们的优势是很有吸引力的。这就是我国沿海地区劳动力费用低廉，素质比较高，交通方便，基础设施较好，尤其是科技开发能力比许多发展中国家都要强。我们具备着利用转移机会、参与国际竞争的内在条件。

还有值得注意的现象是，发达国家的股市下跌，剧烈的动荡使国际投资者更加谨慎地重新选择新的投资方向。因为股市的巨变有可能出现一定的萧条和衰退。这样，国际市场容量将会减少，而我们的出口商品多属中低档，受影响比较小，对我们参加国际交换与国际竞争有利；国际投资重心的转移和国际比较优势的转移同样不可避免，对我们吸引外资也是很有利的。

在这次国际产业结构的调整中，我们也面临着相当强的竞争对手，主要是东南亚的一些国家和印度等国，它们在国际贸易方面的经验比我们丰富，管理水平也比我们强，而经济发达的我们的邻国又不愿意看到我国的强大，对我们投资心怀顾虑，更不轻意转让先进技术，但却积极支持同我们竞争的那些国家，这都给我们带来困难，对此我们必须有清醒的估计和正确而迅敏的行动。

为了抓紧当前的机遇，我们必须迅速相应地确定我们的发展战略。同时我们要相应地调整我国的产业结构、产业政策，特别是沿海地区要从战略的高度，有领导、有计划、有步骤地大力发展两头在外的外向型经济，走向国际市场，参与国际交换、投身国际竞争。这样，就能达到靠优势取胜、借机会发展的最佳效果。

我国是处在社会主义初级阶段的发展中国家，人口众多而经济发展水平又低，需要几代人的努力才能实现现代化的宏伟目标。在这个过程中，我们将面临许多机会和挑战，只要我们坚持改革、开放的总方针，又有一套有中国特色的产业政策体系，来创造必要的条件，就一定能抓住时机，在当代的国际竞争中实现振兴中华的宏图大业！

从买方市场看中国经济*

(一九九八年)

一

1997年中国经济的运行呈现两个突出的特点：一是经济在保持快速增长的同时，物价涨幅进一步回落，"软着陆"成功，出现了"高增长、低通胀"的良好发展态势；二是国民经济的市场化程度进一步提高，"瓶颈"制约继续缓解，以短缺经济为特征的卖方市场已初步转变为供略大于求的买方市场。我们多年来梦寐以求达到的目标现在终于实现了。这是党的改革开放政策的巨大成功，是值得大书特书的。买方市场的形成，为经济体制改革的进一步深入创造了比较宽松的外部环境，使国家的宏观调控更为有力，为经济运行实现稳中求进的总体要求提供了良好的物质基础。

现在，中国粮食、农副产品、工业消费品以及主要生产资料的供应明显改善，总体上处于供求平衡或供略大于求的状况。据对613种典型商品的调查统计，1997年下半年供过于求的商品有

---

* 为《中国经济年鉴（1998）》写的前言。

195 种，占总数的 31.8%，比上半年增加 26.5%；供求基本平衡的商品有 408 种，占总数的 66.6%，比上半年减少 22.8 个百分点；而供不应求的商品仅有 10 种，只占总数的 1.6%。

从国内需求看，消费品和生产资料需求增长缓慢并有回落的趋势。1997 年社会商品零售总额约为 28000 亿元，同比增长 12.8%，扣除物价因素实际增长 11.5%，实际增长比 1996 年回落了 1 个百分点。1997 年生产资料销售额为 38500 亿元，同比增长 8%，增幅回落了 5 个百分点。国内生产资料产品的生产和消费大体同步增长。

从物价水平来看，近几年来物价水平呈现持续快速回落的趋势。1995～1997 年，社会商品零售物价上涨指数分别为 14.8%、6.1%和 0.8%。1996 年和 1997 年生产资料价格总水平分别下降 1 和 2 个百分点。农业生产资料价格下降之快也是近年来少有的，1996 年农业生产资料价格上涨 8.4%，涨幅较 1995 年回落达 19 个百分点；1997 年农业生产资料价格总水平比 1996 年下降 1 个百分点，已呈现负增长趋势。物价水平的快速回落，进一步说明商品市场供求关系已发生了很大的变化，买方市场的初步形成则是物价得以持续回落的基础。

二

经过改革开放以来近 20 年的经济快速增长，中国开始走出短缺经济的困境，国内生产能力的大幅度提高和国内市场对外开放进程的加快，使市场供求状况已经从过去的卖方市场初步转变为买方市场；市场的主要矛盾，已从过去的商品短缺变为供求平衡或供略大于求。当前，中国的买方市场表现出以下特征：

1. 这种买方市场的形成，不是在居民收入减少，而是在居民收入水平不断提高的条件下形成的。改革开放以来，中国人民的生活水平不断提高，近两年虽然收入水平的提高有所减缓，但仍保持了一定的增长。1996年城乡居民储蓄存款比上年增长29%；1997年9月底，全国城乡居民储蓄存款已达44139亿元，增长速度为18%。

2. 这种买方市场的形成不是在物价上涨的情况下出现的，而是在经济增长保持较高水平的同时，市场价格总水平持续走低。1997年全国商品零售价格比上年仅上涨0.8%，居民消费价格比上年上涨2.8%，价格涨幅是近20年来的最低点。这在以前短缺经济条件下是难以想象的。

3. 这种买方市场，不是一般的供过于求，而是通过竞争，优胜劣汰。随着经济体制改革的深入，市场导向日益明显。在买方市场条件下，企业的生存与发展基本上取决于它是否能适应新条件下市场需求总量和结构的变化。相当一部分企业在参与市场竞争中，因其产品不能适应市场需求的变化，以致生产能力放空，库存增加，效益下降，处于困境。而适应市场需要的名、优、特、新产品在市场上则销售旺盛，生气勃勃。市场竞争优势逐渐向能适应竞争需要的，拥有名牌产品，具有规模效益和科技、人才优势的企业与企业集团集中。企业的优胜劣汰和产业结构调整加快。

4. 过去制约经济发展的所谓"瓶颈"已开始发生变化。1997年交通运输能力出现了一定的闲置，电力生产也出现了供求平衡，原材料、燃料、动力购进价格则有所下降。

5. 居民的消费心理已趋正常，理智消费、按需选购已成为主要的消费行为。1997年的几次调低利率，并没有像以往那样形成消费热潮，说明消费者在新的市场条件下，消费行为趋于理性和正常。消费者对商品的质量、外观、档次、牌子的要求更高，选择性更强，从而对厂家和商家的要求也就更高。

当前中国买方市场的这些特征，有利于我们解决改革开放进程中的深层次问题，对保证经济的持续、快速、稳定、健康发展将起积极的促进作用。

三

对中国出现的买方市场，有两种不同的看法。一种认为这是市场经济的正常现象，有利于中国的改革开放进一步深入和经济结构调整。另一种看法认为，买方市场的形成是由于需求不足造成的，会引起经济偏冷，因此，应该放松银根，刺激需求。对这两种看法应有进一步的分析。观察现在市场上供求状况，应该着眼于整体经济发展，特别是供求的结构变化，而不能像计划经济时期那样仅仅注意总量的变化水平。否则，出现一定程度的"供大于求"状况，就会担心"有效需求不足"，从而要求"放松银根、刺激需求"，结果很可能又重走经济过热的老路。

现阶段，中国确实存在着一定程度的供略大于求的现象，表现为在经济保持较高增长速度的同时，仍有部分行业和企业开工不足，生产能力闲置较多，部分产品库存超过正常水平，企业间债务拖欠较为严重，甚至一些公共产品的生产能力也出现了暂时性的、局部性的过剩。出现这种情况不能简单地认为是"有效需求不足"，它的形成是有多方面原因的。

1. 计划经济体制造成的供给结构与需求结构脱节是导致当前有效需求不能实现的根源之一。原有的利益分配机制仍然在中国现实经济生活中起一定的作用，大量本应通过市场解决的供给与需求问题，依然通过计划的途径解决，这就严重阻碍了消费需求的增长。例如福利性分房制度就严重制约了房地产业的正常发展。

2. 中国在改革开放之前和改革开放以后的一段较长时期中，

采取了数量扩张的增长方式，必然带来经济增长质量低下和结构失调。在以前多次经济过热中，由于改革尚不到位，随着地方、部门、企业权力和财力的迅速扩大，造成盲目追求粗放扩张，重复建设、重复引进超过正常需求，造成供给结构的扭曲，一旦需求膨胀消失，结构问题便暴露出来。

3. 当前，效益不好的企业和市场上严重积压的产品，大多是因为不能适应新的市场要求。这些企业的发展观念仍没有摆脱计划经济时代的烙印，只注重生产和暂时的需求，没有在市场调查和预测、提高技术水平和科技含量、提高产品质量和档次上下功夫。它们生产的产品大多是质次价高，产销不对路，不能满足消费者的需要。这样的产品在市场经济条件下当然没有市场。

4. 近期缺乏新的消费增长点。目前居民消费支出开始呈现多元化、多渠道的特征，非商品支出的比重进一步扩大。由于证券业的迅速发展，股票、债券等市场吸引了大量资金，而国有企业改革和结构调整，使下岗职工增多，这都使得即期消费大大减少。在中国当前所处的经济发展阶段，大多数居民的收入水平决定了其消费水平仍然处于较低层次，市场上基本生存与发展所需要的消费品市场竞争十分激烈，继续增长的市场空间受这类商品的低需求收入弹性制约，难以快速扩大。而像家用汽车、住房等10万元级的商品消费，距离普通消费者的购买能力尚有相当大的差距，且商品消费基本上是现金交易，目前难以形成新的消费热点。

5. 中国农村市场仍开发不够，农民的很多需求仍得不到满足。中国广大人口在农村，市场潜力是非常大的。而现在，很多在城市卖不出去的产品，在农村却很抢手，由于缺乏畅通的销售渠道，农民可能还买不到。农村往往需要功能简单、操作方便、实用耐用、价格便宜的产品，但这没有引起充分的重视，大量的资金和资源被浪费在过度的城镇市场竞争中。

6. 市场竞争日益激烈，发达国家跨国公司给中国企业发展带来巨大压力。90年代进入中国的外资主要以发达国家跨国公司为主，它们的进入已不是看中中国廉价劳动力和引进外资的优惠政策，而是看中中国巨大的市场。这些跨国公司纷纷以直接投资和倾销产品的方式进入中国市场，凭借其资本、技术、经营和品牌优势，对中国企业展开了挤占市场的强大攻势。在国内大部分企业刚刚从供不应求的市场环境中走出，对买方市场还极不适应的情况下，这些跨国公司没有付出太大的代价，就占领了中国相当大的市场份额，而国内企业则感到困难重重。

因此，中国市场潜力仍很大。所谓饱和，只是在现阶段，居民收入不高条件下较低档次消费品市场的暂时饱和。随着中国经济发展到一个新的阶段，这种状况是会有所改观的。

四

以最近一次的经济"软着陆"为标志，中国的短缺经济和以数量扩张为主的发展阶段基本结束，今后相当长的一段时期里，中国经济发展中的主要矛盾将从以总量为主转变为以结构为主，国民经济开始进入以结构优化和升级、整体经济素质提高为特征的阶段。因此，不能因为现在有些有效需求实现不了，一些国有企业发展遇到困难，就放弃"适度从紧"的宏观调控方针。否则将又一次引起重复建设和盲目扩张，以至引发通货膨胀，进而错过进一步深化改革、进行国民经济调整和产业升级的大好机会。

现在，中国经济已经步入一个新的时期，要继续在"适度从紧"的宏观调控政策下，寻求突破当前制约经济发展的消费结构和产业结构升级障碍的途径。应该引起我们注意的是，1997年的亚洲金融危机虽然没有导致中国的经济动荡，但将给中国的经济发展带来一定影响。其中很重要一点是，由于东南亚各国的货币贬值，而人民币不贬值，将给中国的出口带来较大压力，如果处理不当，将影响中国经济的发展。在这种背景下，我们的经济发展应该更注重国内需求。中国的国内市场广阔，潜力巨大，只要注重开发，保持合理的投资和消费需求，今后，中国的经济仍然能够保持较高的增长。这就要求花大力气研究如何形成国内新的经济增长点和消费热点。

1. 大力调整和优化经济结构，扶持支柱产业，发展新兴产业。目前结构不合理是制约经济发展的主要矛盾。在中国经济进入一个新的成长阶段后，以市场需求为导向，依靠科技进步，对经济结构进行战略性调整，积极推进经济增长方式的根本转变，提高国民经济整体素质和效益，将是一项长期任务。应压缩和淘汰那些不适应市场需求的产品的生产能力，提高市场需要的产品的有效供给水平，培育具有良好潜在市场前景的产业和产品。大力发展能够带动整个经济增长的支柱产业，发展新兴产业和高技术产业，加快发展科技含量高、附加价值大、支撑经济增长强的产业和产品，加速产品更新换代。应大力发展以电子信息产业为代表的新型产业和高技术产业，振兴装备制造业，提高国家装备水平，带动传统产业技术进步和升级。要解除制约房地产发展的体制弊端，拓展购房抵押贷款业务，加快城镇住宅建设，使建筑业成为国民经济的支柱产业。加速发展环保产业和海洋经济等新兴产业。

2. 加强对农村市场的研究和开发，这在当前具有重要意义。近几年农村居民的收入和消费水平增长较快，消费结构和行为出现令人瞩目的变化，消费重点正在从衣、食、住等方面迅速向以改善生产、生活方式的各种工业产品方面转变。据调查，目前农村居民对家用电器等耐用工业消费品的购买意向远高于城市居民，各种农用车辆机具的销售增长比较迅速。而另一方面，农村与城镇相比，收入水平还有较大差距，消费水平上也有档次差距，这就在客观上拓宽了同一类产品的市场空间。因此，一方面要继续提高农民的收入水平和市场购买力，逐步缩小与城镇居民间的差距；另一方面要大力开发适合农村市场需要的、实用耐用、物美价廉的产品。

3. 要有针对性地增加投资，以促进形成有效需求。这对促进经济的发展和结构调整也是必需的。但绝不能再回到过去那种盲目上项目、铺摊子的老路上。应该将有限的资金投入到那些市场前景好、能够产生良好效益、能够促进经济结构优化和带动产业升级的重大项目上。要注重对基础设施和基础产业的投资，而这也必须将投资政策和产业政策、区域政策相结合，特别注意对中西部地区的基础设施建设投资。今后，资金应该主要投入到农田水利基础设施建设、市政基础建设和高新技术领域以及很快能见效的工农业技术改造等项目。李岚清副总理在前不久的达沃斯经济论坛提出，今后3年，中国将投入7500亿美元用于基础设施建设，这将对中国形成新的经济增长点，扩大国内需求，使中国经济在新的国际国内背景下保持较高增长速度起到积极作用。但我们不能将这简单地看成是放松银根，要以此为契机，优化经济结构，继续加大宏观调控力度，加强对投融资的监督和管理，对全社会投融资进行引导和优化，提高投融资的效益和质量。因此，要加快推进投融资体制改革，完善资本金制度，继续完善项目法人责任制、招标制和工程监理制，以有效途径解决资本金的来源问题，实现投资主体的多元化。

4. 加快流通体制改革，加强市场营销体系的开发和建设。这些年来中国的市场体系有了长足发展，但流通组织从总体上看还是落后的。如何借鉴国际经验，结合现阶段企业、市场的实际，开发和建立起一套行之有效的市场营销网络,可以说是摆在每个企业面前的大课题。那些销售业绩突出、市场占有率好并能提高的企业,基本上都有一个高效率的营销网络,有一套特点鲜明的营销战略和策略。应当很好总结这些企业的成功经验,大力探索和建立适合各个企业和产品特点的营销体系,在大规模、专业化、少环节等方面多作努力,以切实降低流通成本,提高效率。

5. 在经济不断增长的基础上,进一步改善人民生活,提高人民收入水平特别是农民的收入水平,增加购买力,拓宽消费领域,引导合理消费。在改善物质生活的同时,提高生活质量,扩大服务性消费。实行保障城镇困难居民基本生活的政策,应该从多方面采取措施,加大扶贫攻坚力度,以减缓居民收入水平差距的进一步扩大。要加大分配体制的改革,坚持按劳分配为主体、多种分配方式并存的制度,完善分配结构和分配方式。

6. 增强中国企业和产品在市场上的竞争力,扩大它们在国内、国际市场上的占有率。随着世界经济全球化国际化的趋势日益加强,中国开放程度的不断扩大,国际和国内市场的竞争日益激烈。在考虑市场范围时,要将国际国内市场结合起来。现在,国内市场是国际市场的一部分,国内市场的竞争激烈程度往往并不亚于国际市场。企业的发展战略将以长期占有和扩大市场份额为目标,而不再仅仅满足于短期的利润目标。这就给中国企业增强竞争力提出了更高的要求,迫使它们不断提高产品的质量,降低成本,提高效益,形成合理的企业结构和产品结构。政府应该运用宏观调控政策,一方面,要加强对外资的引导和管理,尽可能地保护国内有发展前途的幼稚产业免受太大的市场冲击;另一方面,以信贷和财政优惠等措施,积极推行大企业和大企业集团战略,培育一批在国内外市场上有竞争力的名牌企业和产品,同时促进形成中国合理的大中小企业格局,以保持和加强中国经济整体的市场竞争能力。尤为重要的是，要加大科技投入。21世纪的经济发展趋势将是知识经济，每个企业乃至国家的竞争力，主要是科学技术的竞争力，要加大科学技术转化为现实生产力的力度，解决促进经济发展的重大和关键技术问题。1997年秋季，中国共产党胜利召开了第十五次全国代表大会，制定了跨世纪的发展目标和纲领，对中国新时期的发展将起重大指导和促进作用。我们相信，在中国共产党的正确领导下，全国人民团结奋进，一定能克服前进中的困难，保持经济的持续、快速、健康发展，把一个繁荣昌盛、兴旺发达的中国带入21世纪。

关于企业改革与企业管理

改革经济管理体制与扩大企业自主权[*]

（一九七九年九月）

中华人民共和国成立30周年了。列宁说：庆祝伟大革命的纪念日，最好办法是把注意力集中在还没有解决的革命任务上。认真研究和正确解决实现社会主义现代化中存在的重大问题，是我们庆祝建国30周年的最好办法。

现在，全国人民都在关心经济管理体制的改革。改革经济管理体制是一个很复杂的问题，涉及的方面很广，内容很多。改革应该从哪里下手呢？理论界和做经济工作的同志都在进行热烈的讨论，下面谈谈自己的一些粗浅的看法。

一

许多同志考察了经济管理体制改革的历史经验和当前的实际情况，认为改革经济管理体制要从扩大企业自主权入手。我认为这种意见是合乎实际的，是有道理的。

---

[*] 向北京地区社会科学界庆祝中华人民共和国成立三十周年学术讨论会提交的论文。

改革经济管理体制所以必须从扩大企业自主权入手，主要是由于以下一些原因：

第一，现代工业是社会化大生产，而企业则是它的基本生产单位。现代化生产是通过成千上万个工业企业分工协作来完成的。每个企业由一定的劳动者组成，拥有机器设备等劳动手段和原料、材料等劳动对象。组织在企业中的劳动者运用各种机器设备，作用于劳动对象，形成生产力，为社会创造出物质财富。由于劳动力在企业，多数技术人员和管理干部在企业，设备的使用和原料的消耗在企业，产品的制成在企业，盈利或亏损也首先在企业反映出来，所以社会产品的丰富程度，就决定于各个企业生产和经营的好坏。企业在国民经济中的地位作用就像是生物体中的细胞。细胞有其自身的新陈代谢活动，新陈代谢越活跃，细胞越有活力，生物体的生命力就越旺盛。企业也是一样。为了充分发挥企业在社会生产中的作用，实现社会生产力的高速度发展，就必须使企业有必要的自主权。企业的自主权是企业新陈代谢的前提条件。

现在我们的企业普遍感到经营管理上的自主权太小。据鞍钢调查，他们采用经济办法管理经济的主要困难有：（1）计划指标统统由上级分头下达，互不衔接；（2）企业没有扩大再生产的权力，没有进行技术改造的资金；（3）靠违背客观规律的"长官意志"、行政手段管理企业，经济责任不清。鞍钢这样大的企业经营管理权都很小，其他企业的情况也就可想而知了。

曾经有过一种观点，认为在社会主义全民所有制中，企业的自主权是无关紧要的，甚至反对企业有自主权。实践证明这种观点是不正确的，由于企业是组织社会主义生产的基本单位，它就必然具有一定的独立性，我们就必须尊重这种独立性，给它以必要的自主权。这是发展生产的要求。诚然，社会主义企业和资本主义企业有根本区别。社会主义企业建立在公有制基础上，社会主义经济是在全社会范围内有计划地组织起来的，但并不能由此否定社会主义企业的独立性和自主权，只不过这种独立性和自主权同资本主义企业的独立性和自主权相比在性质和内容上有所不同罢了。毛泽东同志早就在《论十大关系》中指出："从原则上说，统一性和独立性是对立的统一，要有统一性，也要有独立性。""各个生产单位都要有一个与统一性相联系的独立性，才会发展得更加活泼。"

第二，社会主义生产是建立在生产资料公有制基础上的商品生产，社会主义工业企业既是国家计划的基本单位，又是商品生产的基本单位。企业必须有权利用市场，利用价值规律，生产社会所需要的商品，并把自己生产商品的劳动消耗同社会平均必要的劳动消耗加以比较，以自己的收入抵偿自己的支出，做到盈利。企业盈利了，生产就会发展；企业亏损了，生产就要衰退。可见，社会主义商品经济的特点，要求我们承认企业作为独立商品生产者的地位，给予它必要的自主权。这就是说，一方面，要使企业对自己的经营成果切实负经济责任；另一方面，又要赋予企业应有的经营管理权限和应得的经济利益，使其能够以独立商品生产者的身份，在生产和流通领域中，充分发挥主动性、创造性，把企业的生产多快好省地推向前进。

社会主义经济作为公有制经济，要求有计划按比例地发展生产以满足社会的需要，作为商品生产和商品交换，它又受价值规律的调节。因此，社会主义经济必须实行计划指导下的市场调节，而以计划调节为主，市场调节为辅。社会需要的产品千差万别，国家计划不可能规定得那样详尽和准确，这就需要企业在国家计划指导下，根据市场的需要来制订自己的生产计划。国家计划是否正确，企业生产的产品是否对路，都要由市场是否需要这一客观标准来鉴定。工业企业既然要把自己的产品拿到市场上去出售，又要向市场购买各种生产资料，就应当有权根据市场的需要组织生产，根据生产发展的需要改进经营管理，进行挖潜、革新、改造。如果不给予企业这方面应有的权力，对于企业正常的生产经营活动限制过死，计划指导下的市场调节就会成为一句空话。

实行市场调节意味着允许企业之间开展竞争。有人认为，竞争和资本主义有着内在的联系，社会主义只有竞赛而没有竞争。这是不对的。竞争是商品经济的产物，私有制基础上的商品经济和公有制基础上的商品经济，都存在着竞争，只是竞争的性质不同。在资本主义社会，资本家在竞争中尔虞我诈，你死我活，力图打倒对方。这种竞争虽然促进了生产的发展，但它带来了社会财富的浪费和商品生产者的分化。在社会主义社会，竞争则是为了利用价值规律，调动一切积极因素，更好地完成国家计划。各个企业之间开展竞争，看谁生产上得快、产品质量好、花色品种多、成本低、利润高，对四个现代化贡献大。通过竞争，使办得好的企业及其职工，得到较多的物质利益；办得差的企业及其职工，得到较少的物质利益。由于经营管理不善而长期亏损的企业，有的将要在竞争中予以淘汰，这对国家有利无害，对于职工个人来说，国家会重新安排工作，他们绝不会像资本主义社会那样，因企业被淘汰而失业。这些说明，在社会主义企业之间正确地开展竞争有利于鼓励先进，鞭策落后，发现矛盾，解决矛盾，促进生产的迅速发展。而要开展企业之间的竞争，也要求给予企业经营管理的自主权，否则竞争是开展不起来的。

过去还流行过一种观点，认为全民所有制经济内部不存在商品生产和商品交换，并认为社会主义制度下生产资料不是商品。实践证明，这种观点也是不正确的。由于全民所有制企业，在社会的共同利益之下，有自己独立的经济利益，因而它们都是有自己利益的经济主体。在它们之间转让产品时，必须实行等价交换，否则，它们的利益就会受到损害。这种情况决定了全民所有制企业之间的交换也是商品交换，它们生产的产品，包括消费资料和生产资料，都是商品。在过去那种观点的影响下，人们不把全民所有制企业看成独立的商品生产者，不给予它必要的自主权。现在必须根据实践是检验真理的唯一标准，认识全民所有制经济内部也存在商品生产和商品交换，生产资料也是商品。在正确理论的指导下，有计划有步骤地进行经济管理体制的改革。

第三，企业必须实现经营管理"自动化"。发展社会主义工业，有赖于各个工业企业主动地、多快好省地发展生产，实现企业经营管理的"自动化"。这里所谓"自动化"，不是指装置电子计算机之类的东西，而是指企业能够经常充分地发挥主动性，实行自主管理、自动调节。只有这样，企业才能主动地改善经营管理，进行挖潜、革新、改造，实行技术革新和技术革命，多快好省地发展生产，充分满足人民日益增长的物质和文化需要。只有这样，也才能真正做到充分发挥社会主义制度的优越性，迅速赶上和超过经济发达的资本主义国家。社会主义制度克服了资本主义制度的根本矛盾，消灭了剥削，具有巨大的优越性，但是要充分发挥这种优越性，就必须发挥企业的主动性和积极性。现在，我们的企业由于缺乏自主权，经营管理是被动的，非常缺乏主动性，因而严重阻碍着社会主义优越性的发挥。我们改革经济管理体制，就是要改变这种状况，按照客观经济规律的要求，扩大企业的自主权，逐步实现企业的"自动化"。我们不仅要实现社会主义企业"自动化"，而且要实现整个社会主义社会的"自动化"，就是要使社会主义社会具有这样一种经济机制：它能够自动地实现在高度技术基础上发展生产，满足人民日益增长的物质文化需要。而企业的"自动化"则是社会"自动化"的基础。

实现社会主义企业"自动化"，也就是使它具有强大的经济动力。社会主义制度有没有经济动力？这个问题历来是有争论的。一切社会主义者都认为，社会主义较之资本主义具有更大的发展动力。一切反对社会主义的人则认为，社会主义制度没有发展动力。我们马克思主义者坚信社会主义制度是符合社会化大生产的要求的，是历史发展的必然趋势，它以满足人民需要作为生产的直接目的，因此它的巨大动力是任何私有制社会不能比拟的。问题在于，这种动力如何落实到每一个企业的生产经营中，以及通过哪些环节来落实。我认为，要使企业具有强大的经济动力，就必须给予它必要的自主权。企业有了自主权，才能实行严格的经济核算，实行自负盈亏，认真贯彻按劳分配原则，把职工的经济利益和企业的经营成果联系起来，做到国家、企业和职工个人的利益紧密结合，使广大职工从物质利益上关心企业经营的成果。这样，再加上强有力的思想政治工作，就能够使企业在发展生产、改善经营管理上有无比强大的动力。

有些人习惯于使企业成为国家行政机关的附属物和"算盘珠"，认为企业的一切经济活动都要由上级行政机关安排，如果不这样做，全民对于生产资料的所有权就不能得到实现。"四人帮"的帮书《社会主义政治经济学》甚至说：如果企业的各种权力不是集中在国家手中，社会主义全民所有制就"被分割成为地方所有制、部门所有制、企业所有制或者集体的资本主义所有制了"。这种说法完全歪曲了社会主义所有制，用封建的国有经济的目光来看待社会主义全民所有制。马克思曾把社会主义经济称之为"一个自由人联合体，他们用公共的生产资料进行劳动，并且自觉地把他们许多个人劳动力当作一个社会劳动力来使用"[①]。他还把社会主义交换称之为"在共同占有和共同控制生产手段这个基础

---

① 《资本论》第1卷，《马克思恩格斯全集》第23卷，人民出版社1972年第1版，第95页。

上联合起来的个人所进行的自由交换"①。那种官僚衙门式的经营，宗法家长制的指挥，是和社会主义公有制的本质不相容的。

第四，建国30年来的实践证明，处理中央和地方的关系也必须有利于发挥企业的主动性和积极性。否则，就不可能取得很好的经济效果。如何处理中央和地方的关系，也是改革经济管理体制必须解决的一个重要问题。但处理中央和地方的关系，必须有利于充分发挥企业的主动性，必须以尊重企业的自主权、给企业以必要的自主权为出发点。这是由企业在国民经济中的地位和作用决定的。不从发挥企业的主动性出发来考虑中央和地方的关系，是处理不好这种关系的。建国以来，我们曾经进行过几次经济管理体制改革，往往是"一统就死，一死就叫，一叫就放，一放就乱，一乱就统"，就这样团团转，经济效果很不理想。为什么会这样呢？一个重要原因是，这些改革主要是解决中央和地方的集权与分权问题，而没有解决企业的自主权问题。不管是集权把企业收上来，归中央各部"条条"管；还是分权把企业放下去，归地方"块块"管，企业的权限始终是很小的，甚至有越来越小的趋势。这样做，都是按行政系统、行政层次来管企业。其结果，不是由于"条条"管而割断了行业之间的联系，就是由于"块块"管而割断了地区之间的联系。企业和职工的积极性和主动性不能充分发挥出来，经济总是搞不活。这次经济改革，要吸取历史教训，从扩大企业自主权入手，避免走过去的老路。只有从扩大企业自主权入手，才能从生产、交换、分配、消费各个环节搞清企业内部和外部的关系，发现经济管理体制中需要解决的问题，从而也才有可能处理好中央和地方的关系，搞好整个经济管理体制改革，并取得最好的经济效果。

---

① 《政治经济学批判大纲》第1分册，第96页。

综上所述,社会主义经济客观上要求工业企业必须有经营管理的自主权。可是,现在我们的企业自主权很少。上级行政机关对企业管得过死,计划大包大揽,产品统购统销,财政统收统支,基本上是"供给制","吃大锅饭"。企业的生产由国家统一安排,产品由国家统一调拨。企业要投资、要物资,都要向国家申请,上面不批准就毫无办法;亏了本,国家补贴,企业不负经济责任;增加人也要申请,不批准,就不能添一个人;人多了,也无权处理,只能任其窝工浪费;工资、奖金则是企业经营好坏一个样。总之,企业的人、财、物、供、产、销一律听命于中央或地方的行政管理部门。企业的职工不论有多大的积极性,管理人员、技术人员不管有多大本领,都难以发挥出来。要改变这种被动局面,把企业管好,就必须扩大企业的自主权。这是改革经济管理体制的根本问题。党的十一届三中全会指出:"现在我国经济管理体制的一个严重缺点是权力过于集中,应该有领导地大胆下放,让地方和工农业企业在国家统一计划的指导下有更多的经营管理自主权。"① 这是完全正确的。

十一届三中全会以来,许多地方改革管理体制试点的经验也证明,从扩大企业自主权入手改革经济管理体制的做法是正确的。例如,四川省今年对100个企业进行扩大自主权的试点,主要扩大了企业以下7个自主权:(1)利润提留权;(2)自筹资金扩大再生产权;(3)多提留固定资产折旧费权;(4)销售部分产品权和计划外生产权;(5)外汇分成权;(6)灵活使用资金权;(7)惩处权。这样做的结果,触动了沿用多年的计划、财政、金融、商业、外贸、物资供应等方面的不合理的体制,经济效果显著,立志改革的人,都为它叫好。据其中84个地方工业企业统计,今

---

① 《中国共产党第十一届中央委员会第三次全体会议公报》。

年上半年比去年同期工业总产值增长15.1%,利润增长26.2%,而全省工业总产值只增长9%,利润只增长17.1%。今年头8个月,试点企业上缴给国家的利润比去年同期增长25%,增长幅度比非试点企业高出1倍以上。其他一些地区的试点也取得了同样显著的效果。扩大企业自主权,究竟是对的还是不对的,是必要的还是不必要的,实践已经作了明确的回答。

二

在目前条件下,企业的自主权扩大到怎样的程度才比较适宜呢?我认为,应当使企业在人、财、物、供、产、销6个方面,有充分的自主权,使企业能够做到独立经济核算,自负盈亏。有人对全民所有制企业实行自负盈亏有不同的看法,认为这样做会损害全民所有制。这种顾虑是不切实际的。一个经济制度是否优越,应以它能否取得较好的经济效果,能否较快地推动生产力向前发展为客观标准。多年来的经验证明,集体所有制实行自负盈亏,使企业从领导人员到广大职工,无不关心企业的经营成果,无不对企业的人、财、物、供、产、销进行精打细算。在不少全民所有制企业发生亏损的情况下,集体所有制企业都取得较好的经济效果,生产发展很快。一个重要的原因,是集体所有制企业有较多的自主权,实行独立经济核算,自负盈亏。全民所有制和集体所有制同是社会主义公有制。从目前情况来看,全民所有制企业实行独立经济核算,自负盈亏,同样会有很多好处。当然,全民所有制企业实行自负盈亏和集体所有制企业有所不同。我们知道,各个企业由于固定资产占用情况不同,自然资源条件不同,会产生不同的盈利水平。集体所有制的这些级差收入归集体所有,对于全民所有制企业,国家要通过征收固定资产占用税和资源差别税等办法，把这部分收入全部收归国有，使企业的盈亏能真正反映企业的经营效果。所以，全民所有制企业同样可以实行自负盈亏，这将促进他们改善经营管理，为社会主义建设作出更大的贡献。当然，全民所有制企业实行自负盈亏，涉及到经济管理体制的一系列改革，需要一定的时间。我们应当积极创造条件，使之逐步实现。

为了使企业逐步实行自负盈亏，应当妥善解决目前企业在人、财、物和计划等方面权限过小的问题。

第一，劳动管理权限问题。目前，企业对劳动力管理的权限存在的问题很多。主要是：（1）企业的劳动力都是由劳动部门分配给企业，不分企业技术繁简，劳动强度轻重对性别的要求，一律是男女搭配，硬向企业分配。（2）上级机关任意向企业借人、调人、派差，使企业负担过重。（3）对企业的工资奖励办法规定得过死。这些都不利于企业发挥主动性。今后企业按照国家规定招收工人时，要给企业以考试权，择优录取权，不合格的人，企业有权拒绝接受。应该鼓励企业精简职工。企业要有一个先进合理的定员，在此基础上，由于改进劳动组织、提高生产效率而精简下来的人员，要根据实际情况，广开工作门路，妥善安排。一时不能安排工作的，可由企业或主管单位负责组织文化技术和业务训练。企业对职工应该有培训计划和考核制度，大的企业最好能办技工学校。新工人进厂要给以专业训练，使他们掌握基本技术、安全知识和工厂的基本制度，经过考试合格，然后上岗位。现在那种一进厂不经严格训练就上岗位的做法，必须改变。职工工资的升级面和奖金额，应当根据企业的经营好坏，有所不同，不要搞平均主义。在国家每年审批给企业的工资总额范围内，采用什么样的工资奖励制度和形式，什么样的工资水平，可由企业自行决定；在国家计划指标范围内，由于节约劳动力而节约下来的工资,可以由企业自己留作增加工资、奖金和举办集体福利。

第二,财务管理权限问题。目前,国营企业的财务管理体制,基本上是一种统收统支的办法。企业的利润上缴国家,亏损由国家补贴;发展生产所需资金,除留用一部分折旧费外,都由国家拨款;职工集体福利开支和奖金,按工资总额一定比例提取。企业使用国家资金(包括固定资产和流动资金)也不承担经济责任。这种办法主要有三个问题:(1)企业的经济权限小,权力和责任脱节。企业不仅没有实现扩大再生产的权力,而且往往没有保证简单再生产的权力。折旧率很低,留给企业的折旧费更少。上海市工业的折旧率平均只有4.2%,按现行规定70%由企业安排使用,设备更新需要34年以上。鞍钢的折旧率更低,平均为2.92%,全部留给企业,设备更新也要34年,如按现行规定留70%,则需要48年多。像这种"复制古董、冻结技术进步"的设备管理和折旧制度,必然造成设备陈旧落后,许多设备超期服役,带病作业,每年还要耗费大量维修费,增加成本开支。(2)企业奖金与经营成果不挂钩,实际上是搞平均主义,干与不干一个样,干好干坏一个样,赚钱赔钱一个样。(3)用行政办法管理财务,手续繁,效率低,又易脱离实际,不利于经济发展。

企业必须有权合理提取和使用折旧基金,进行技术更新。资本主义国家固定资产基本上是10年以内就要折旧完,有不少五六年内就折旧完。资本主义国家的政府鼓励这样做,以便刺激生产,增加财政收入;资本家也乐于这样做,因为它既加速了资本的周转,又可以因多算成本、少算利润而少交所得税。我们现在的做法,实际上是吃老本,不仅不考虑精神磨损,连物质磨损也不顾。因此,应该规定合理的折旧率,缩短折旧年限,合理使用折旧费。还应实行有偿使用流动资金,国家收资金利息;有偿使用固定资产,国家征收固定资产税。企业有权合理使用固定资产和流动资金,也有权支配归自己的那部分利润。

由于目前还不具备全面实行自负盈亏的条件,可以先实行利润留成制度,作为过渡办法。所谓利润留成,即企业按照国家规定的比例留用自己的利润,作为三种基金:(1)发展生产基金;(2)职工福利基金;(3)职工奖励基金。这种办法和统收统支的办法比较起来,是前进了一步,使企业取得多少基金,决定于它经营的好坏和对国家贡献的大小。但是,现在利润留成也还有许多问题需要解决,例如价格问题和税收问题。价格高低和利润大小有直接关系。1978年,按销售利润率计算,石油是40%,电力是31%,冶金是13%,煤炭是1%。这样悬殊的利润率水平,怎么实行利润留成呢?1978年,全国统配煤矿的工人有210多万人,给国家上缴利润和税金不到10亿元。而燕山石油化学总公司只有3.3万多职工,一年上缴利润和税金就有10多亿元。这种差别的形成,主要是由于价格不合理。另外,同样一种产业,由于自然条件等不同,利润也是不同的。比如,大庆出售100元的原油赚67元,而玉门出售100元的原油只赚20元。这类问题如何解决?一种办法是调整价格。比如,从发热量来讲,大致2吨煤等于1吨原油。1吨原油现价为100元,1吨煤的现价不到21元,显然这个比价是不合理的。如果把煤的价格按发热量提到和原油的价格一样,那就会发生连锁反应,很多产品就要涨价。这种办法现在难以实现。能不能找到现在可行的适当办法呢?能找到的,比如,可以采用不同的利润留成率,也可以征收资源差别税和固定资产占用税。大庆的自然资源条件好,就征收资源差别税。燕山石油化学总公司占用固定资产多,就多收固定资产占用税。这样来使它们和其他企业的利润,在客观上有可以比较的标准。

第三,物资管理权限问题。当前物资管理采用的是行政调拨的方法,不是采用商品流通的办法。我们的物资分三类,第一类物资由国家统一分配，归国家物资部门管；第二类物资归有关部门管；第三类物资归地方管。但生产一类物资，需要三类物资；生产三类物资，也需要一类物资。这就引起许多问题。我们的物资管理是既分"条条"，又分"块块"，十分复杂。名义上物资是集中管理的，实际上是最大的分散管理。你要点物资，不知要跑多少地方才能解决。所以，只好开"骡马大会"，采购人员还满天飞，这不是现代化的管理，而是类似自然经济时代的"日中为市"式的管理方法。

物资管理上的一个突出问题是，生产计划与物资供应计划不衔接，制订计划时就留有缺口。而且往往是计划层层加码，物资层层克扣，中间层层扒皮，企业无法完成计划。为了改变这种状况，在制订计划时不应留有缺口，在生产计划确定以后，物资供应部门应负责保证按计划供应物资，并由供需双方订立合同，保证执行。不履行合同时，企业有权要求供方赔偿经济损失。按计划拨给企业的物资，任何单位不得克扣或挪用。

组织好生产资料流通是一个大问题。要彻底解决这个问题，生产资料就要和消费资料一样，进入市场。这在目前还难以全部做到，但是要创造条件，逐步实行。这里涉及到前面谈过的一个理论问题：生产资料是不是商品？这个理论问题不解决，在制度上就很难改进。从30年的实践看，生产资料也应该作为商品生产，实行商品交换。这对发展社会主义经济是更为有利的，对解决产销脱节，解决生产资料调拨中经常出现的那种一方面大量积压，一方面严重不足的问题，可能是一条出路。对加强经济核算，提高经济效果，也是有好处的。

第四，计划管理权限问题。上面讲的人、财、物都有计划问题，这里主要讲供、产、销问题。社会主义工业企业的供、产、销，集中反映在计划上。企业在供、产、销方面有多少权力，实际上也就是个计划管理权限问题。社会主义经济是计划经济。企业必须在国家计划的统一指导下进行生产与建设，按照多快好省的要求，全面完成国家计划。但是，计划如何制订，如何管理，却是一个需要研究的问题。现在的缺点是集中过多、过死，主要的问题是：（1）企业的各项计划指标都是由上级机关确定的，上级机关对计划控制过死，企业无权改变。国家规定的经济技术指标，又不是由一个主管部门统一下达，而是由许多部门分头下达。这些指标相互之间，又没有综合平衡，企业无法全部落实。往往企业有增产能力，产品也有销路，但由于计划没有安排，却不能生产。而已经积压、没有销路的产品，又强迫企业生产。（2）生产指标层层加码，原材料却不按计划供应。（3）产销计划脱节。

解决以上问题，必须扩大企业制订与执行计划的自主权。（1）企业有权参与制订计划。制订计划应当贯彻群众路线，采取自下而上和自上而下相结合的办法。（2）企业在完成国家规定的计划指标后，可以根据市场的需要自行确定增产指标，或者接受带料加工。（3）企业的主管机关，在确定产品计划的同时，应立即提出原料、材料、燃料动力的供应计划，企业有权根据物资实际供应情况，修订生产计划指标。（4）企业有权拒绝接受上级机关下达的违背客观经济规律、可能给企业的均衡生产和设备造成破坏性后果的生产任务。总之，在计划方面应当使企业在遵守国家计划和国家规定的产业政策的前提下，有权根据本身的生产能力、原材料的供应、产品推销等情况，来决定它的生产经营活动。上级机关不要随意给下面布置任务，特别不要下达空头产值指标。

这里有一个正确处理国家计划和企业计划的关系问题。国家计划应该在各个企业供产销平衡的基础上编制。企业的各项经济指标，只能由一个主管部门统一下达，并保证企业生产建设所必需的物质条件。国家下达的产品计划，要逐步建立在产销合同的基础上，企业必须保证完成国家下达的各项经济指标。企业在完成国家计划的前提下，燃料、动力、原料、材料有节余时，可以按照市场的需要，生产适销对路的产品。这些产品首先由商业、外贸、物资部门选购；他们不收购的，允许企业按照国家规定的价格政策自行销售。主管部门对企业执行国家计划的情况，主要考核三个指标，即（1）产品的品种、质量、产量；（2）利润；（3）合同执行情况。对承担有出口任务的企业，还要考核出口产品的合格率、履约率、创汇额。

现在我们的企业常常是以产定销，这是不符合经济规律的要求的。生产是为了需要。如果我们不能按照需要生产，这种生产就是盲目的生产。怎样才能使计划把生产和需要结合起来呢？就是计划一定要建立在合同的基础上，要按照合同组织生产。有些产品，如大、中型的机器设备，使用单位和生产单位可以直接签订合同；有些没有办法直接签订合同的东西，如螺丝钉、螺丝母等大路货，使用部门可以和有关的销售公司订合同，销售公司再同生产企业订合同。工业企业生产的布匹、热水瓶、电视机，不知道卖给谁，但有经销它的百货、五金、电料公司等，生产单位可以和这些公司订合同。目前还有一个问题影响产销结合，就是生产单位不知谁需要自己生产的产品；需要这种产品的用户又不知道哪里生产它。登广告是解决这个问题的一个好办法。如四川宁江机床厂原来因产品"无销路"而长期"吃不饱"，可是登了广告后，国内外纷纷订货，使该厂由"吃不饱"变成"吃不了"。现在，一方面产品不足，另方面又积压很多。解决这个问题，就得给企业更多的自主权，使企业想方设法"找米下锅"，积极打开产品销路，根据销售合同制订生产计划，再根据生产计划来订零件、部件、协作件、原料、材料、动力、燃料的供应计划，劳动力计划和新产品试制计划，以及财务计划。要以生产计划为中心，经过综合平衡，使各种计划相互衔接起来，形成企业的计划，再把这个计划变成作业计划，落实到班组里，班组按照作业计划组织生产。这样，企业的计划工作才能真正走上正轨，生产的商品才能适合社会的需要。

三

有的同志担心扩大企业自主权会产生资本主义自由化。我认为，这种担心是不必要的。正确地扩大企业自主权，是不会产生资本主义自由化的。

第一，我们扩大企业自主权，不仅以坚持社会主义公有制为前提，而且是为了进一步完善社会主义公有制。以全民所有制企业实行自负盈亏而言，它也并不影响生产资料公有制的性质。在私有制经济中，自负盈亏是生产资料私有权的表现；在集体所有制经济中，自负盈亏是集体对生产资料所有权的表现；在全民所有制经济中，自负盈亏则是社会主义物质利益原则的表现。这里是有原则区别的。社会主义公有制实行按劳分配，消灭了剥削。企业有了必要的自主权，能够独立自主地进行经营管理，因而能够更好地贯彻按劳分配原则，这样不仅不会产生剥削，还会更好地完成国家计划，促进国民经济的发展，增强社会主义的物质基础，从而将有利于彻底消灭产生阶级和剥削的条件。

第二，我们扩大企业自主权，不仅以坚持社会主义计划经济为前提，而且是为了进一步完善社会主义计划经济制度。扩大企业自主权是在国家统一领导下进行的。扩大企业自主权的结果，只能是加强国家对企业的领导，而不会削弱国家对企业的领导。在社会主义经济活动中，国家的计划是国家对企业领导的重要方面。由于实行计划指导下的市场调节，以计划调节为主，市场调节为辅,整个国民经济的发展方向、增长速度、结构变化、积累和消费的比例、基本建设投资规模和方向、总的工资水平和物价水平以及重点建设项目等重大问题,都是由国家来管的,企业则在国家计划指导下,独立自主进行生产经营活动,管理自己的供产销衔接。这样做,才是按客观经济规律办事,充分发挥社会主义优越性。有什么理由担心会削弱或取消社会主义计划经济呢?

第三,我们扩大企业自主权,强调用经济办法管理经济,并非取消用行政办法管理经济。科学的行政管理不仅是必要的,而且是重要的。行政管理包括经济立法和经济司法,以及由行政部门决定的政策、法令和计划指标等等。当然这些东西都要反映经济规律的要求,要运用经济手段,如税收、价格、利率等进行行政管理,而不是对企业的生产活动进行事无巨细地干预。我们要在本世纪内实现四个现代化的伟大历史任务,搞好经济立法和经济司法是非常重要的。发展社会主义经济,要发挥经济民主,就要在经济工作中加强法制。像我们这样大的国家,搞社会主义现代化建设,有那么多复杂的问题需要解决,那么多繁重的任务需要完成,办事不能没有一个章法。经济管理体制与企业自主权,也需要用法律形式加以肯定。这样,我们搞经济工作才有所遵循,才会有正常的工作秩序。否则,办事只能靠首长批条子,即使条子批得正确,也是批不胜批的,何况这样做很容易助长违背客观规律的"长官意志",甚至会发生胡作非为、贪赃枉法等现象。总之,把经济办法和行政办法对立起来是不对的。我们在经济管理体制改革中要建立起经济办法和行政办法相结合而以经济办法为主的经济管理体制。这样,行政办法也将更有效地促进社会主义经济的发展,防止资本主义自由化。

第四,我们在扩大企业自主权的同时,还重视和加强思想政治工作。我们有从事思想政治工作的优良传统和丰富经验,在清除林彪、"四人帮"那一套唯心主义、形而上学、形式主义、弄虚作假的坏作风以后，把政治工作和经济工作结合起来，把思想教育和物质鼓励结合起来，就更能够发挥思想政治工作的威力，保证企业和广大职工有正确的政治方向，能够有效地抵御资产阶级和其他剥削阶级思想的腐蚀。我们还要在企业内部和全社会范围内发扬社会主义民主，加强社会主义法制，坚持民主集中制，这也是防止资本主义自由化的重要保证。

还有同志担心扩大企业自主权以后，地方政府和有关部门就没有什么事情可做了，地方上也得不到什么利益了。这种担心也是不必要的。改革经济管理体制就是按照经济规律的要求组织经济，打破部门和行政区划的界限。但这并非使政府在发展经济方面就无事可做了。相反，要做的事情是很多的。例如，地方党委和政府对所属地区的企业至少要做好以下几方面的工作：（1）监督企业遵守党和国家的方针、政策、法令，努力完成国家计划；（2）领导企业的党和群众团体的工作；（3）研究发展规划；（4）在企业之间进行必要的组织、协调工作；（5）搞好为企业生产、职工物质文化生活服务的公用事业和公共设施。企业对地方也必须承担相应的义务。企业上缴的税金和利润，应按照规定的合理比例，留给企业所在的地方政府，使地方的经济利益同企业经营好坏挂起钩来。企业办得好，地方可以多收入，办得不好，就少收入。

我们是无产阶级专政的国家。国家政权对经济应当起促进作用。恩格斯曾经说过，政权对经济可以起三种作用：一种是促进作用；一种是阻碍作用；一种是一方面起促进作用，另一方面起阻碍作用。归结起来还是两种作用，一种是好作用，一种是坏作用。不能认为我们的国家政权在任何情况下都起好作用。搞不好就会起坏作用。林彪、"四人帮"横行时期，就起了严重的破坏作用。我们要使无产阶级专政的国家对社会主义经济起促进作用，就要努力学习按照客观经济规律办事。当前要坚决贯彻执行调整、改革、整顿、提高的方针，从我国的实际出发，搞好改革经济管理体制与扩大企业自主权工作，以加速实现社会主义的四个现代化。

培养经济管理人才是我国当务之急*

（一九八〇年二月二十八日）

以中国社会科学院和国家计委为主组成的中国工商行政管理代表团，于10月8日至11月3日，在美国访问了麻省理工学院、哈佛大学、宾州大学、印第安纳大学、斯坦福大学的管理学院和17个大公司，着重考察了它们如何培养和训练管理人才。通过考察，我们了解到，现在，美国企业的管理人员大都受过专门的管理教育，经理、副经理一般都要受特别的训练，通常都拥有硕士学位。他们精通本职业务，被认为是创造利润的最宝贵的资本。美国成为资本主义世界最发达的国家，至今在生产和科学技术的多数领域仍保持领先地位，这同它们十分重视管理人才的培训是分不开的。

访问中我们感到，美国管理教育的有些方面是值得我们借鉴的。现在我国的管理水平很低，这和管理教育不发达很有关系。为了适应我国国民经济发展和加速四个现代化的需要，我们急需发展管理教育，培养大批经济管理人才。

---

* 在中国企业管理协会首次年会开幕式上的讲话。

马克思说："凡是直接生产过程具有社会结合过程的形态，而不是表现为独立生产者的孤立劳动的地方，都必然会产生监督劳动和指挥劳动。"① 这就是说社会化大生产需要指挥和管理。社会化程度愈高，对管理的要求愈高。社会主义生产是高度社会化的大生产。我国现在约有40多万个工业、交通企业，还有大量的商店、农场和服务性企业，每个企业少则数十人，多则数百人、数千人甚至数万人，企业内部和外部都存在着复杂的分工协作关系。没有一定数量的、具有较高的管理水平干部，是难以管好这些企业的。同时社会主义生产是要建立在高度技术基础上的。而发展技术就有一个管理问题，管理好坏，对技术进展的影响很大。技术愈发达，对经济管理的要求愈高。而且发挥社会主义制度的优越性也要求提高管理水平。社会主义经济存在着有计划按比例发展的可能性，但要使这种可能性成为现实性，则不仅要求搞好企业的管理，而且要求搞好整个国民经济的管理，要求按照社会主义基本经济规律和国民经济有计划按比例发展规律以及其他社会主义经济规律的要求办事。社会主义经济中虽然不存在无产阶级和资产阶级的对抗，但仍旧存在着各种人民内部矛盾，必须通过管理恰当地解决这些矛盾，才能调动劳动者的积极性，发挥社会主义制度的优势性。

建国以后，我们曾经从中央、地方和部队抽调大批干部从事经济建设，他们很多人现在是经济管理和企业管理的骨干。我们还在有些综合性大学中，在财经院校中，在许多工业、农业、交通院校中，以及在各种业余学校和函授学校中，培养经济管理人才和轮训经济管理干部。这些干部对我国经济建设作出了宝贵的贡献。但是，现在我国的管理工作和经济发展的要求还很不适应，

---

① 《资本论》第3卷，《马克思恩格斯全集》第25卷，人民出版社1974年第1版，第431页。

估计我国现有管理干部约六七百万人，其中相当一部分人没有受过系统的管理教育，不少人虽然在工作中积累了丰富的经验，但缺乏现代经济管理科学的知识，我们不少管理人员的文化水平也比较低。根据鞍钢的调查，厂处级以上管理干部中，大学水平的占14.2%，中专和高中水平的占17.2%，其他都是初中和初中以下水平；科级管理干部中，大学水平的占6.5%，中专和高中水平的占26.3%，其他都是初中和初中以下水平。而在经济发达国家，大公司的各级管理人员几乎都受过高等教育。造成当前我国管理落后的原因很多，其中最重要的是林彪、"四人帮"的干扰破坏。他们为了颠覆社会主义制度，故意把经济管理和"资本主义"、"修正主义"混淆起来。他们大搞什么"政治建厂"，大批所谓"管、卡、压"，不仅把工厂企业中正当的规章制度破坏殆尽，而且几乎停办了全部财经院校和管理专业，使经济管理和管理人才的培养，遭受到难以弥补的损失。

但是，迄今我们对培养管理干部的重要性、迫切性还认识不足，我们往往重视培养技术人才而忽视培养管理人才。诚然，培养技术人才是重要的。但现代化大生产既要求先进的技术，也要求科学的管理，管理工作跟不上，先进技术也不能充分发挥作用。我国有些企业的设备和技术虽然也比较先进，但生产效率却比国外同类企业差得多，一个重要原因是管理落后。我国的管理工作和现有技术水平也不适应，如不提高，更不能适应加速四个现代化的要求。可见，培养管理人才和培养技术人才一样是当务之急。

我们也往往重视改革经济管理体制而忽视培养管理人才。现行经营管理体制妨碍企业发挥主动性，也不利于培养管理人才，因此这种管理体制必须改革，重视此项改革是正确的。但是，也要看到管理干部水平低所带来的种种严重后果，因而不能忽视培养管理人才的问题。许许多多先进企业的事例表明，在现行体制下，只要努力改进经营管理，我们在增加品种、产量上，在提高产品质量上，在降低成本增加盈利上，在改进技术提高劳动生产率上，以及在其他许多方面，都是大有可为的。而且随着经济管理体制的改革，对管理干部也提出了更高的要求。为了促进经济管理体制改革有步骤地进行，为了适应新的管理体制的需要，同样必须重视培养经济管理人才。

怎样加快培养经济管理人才呢：

第一，大力培养在职管理干部。要有计划、有步骤地轮训在职干部，争取在几年以内把现有的管理干部轮训一遍。我们有轮训干部的传统和经验。现在，全党工作的重点已转移到四化建设上来。适应这种转变，轮训干部的内容也要转移到四化建设迫切需要的管理教育上来。不仅从事经济管理和企业管理的同志应该掌握经济管理科学，从事党政工作和其他工作的同志也应该学一些经济管理知识。尤其要重视大中型企业主要领导干部的轮训工作，可以有计划地抽调这些企业的党委书记、副书记、厂长、副厂长进行为期几个月到一年的训练，让他们系统地学习一些政治经济学和经济管理的理论，例如社会主义基本经济规律的理论，国民经济有计划按比例发展规律的理论，商品生产和价值规律的理论，按劳分配的理论，经济核算的理论，系统工程的理论，企业决策的理论等等。要结合学习理论，总结过去正反两个方面的经验，同时把学习和考核结合起来，学习结束时，做出合乎实际的结论，根据学习成绩安排适当的工作。为了培养接班人，也应该做好中级、初级管理干部的轮训工作，从企业和机关中抽调中年的相当于科室和车间负责人的优秀干部，到有关学校进修，毕业后回到企业中担任副职，经过一定时期的实践考验，工作出色的可提为企业的主要负责人。还要从中年、青年工人和基层干部中选拔一批表现好、有培养前途的人到学校进行培训，优秀的提拔到经济管理的岗位上来。

第二，充实现有的财经院校，开办新的管理学院。我国现有的财经院校太少，全国财经院校只有22所，学生9600人，加上综合大学的经济系和工业大学管理专业的学生，也只有18000多人，只占在校大学生总数2.6%，同经济管理和企业管理的需要太不相称。而且我国财经院校主要是培养会计、统计、计划、劳动管理等职能部门的初级专业管理人员，缺少培养中、高级管理人员（如工厂、企业的厂长、经理）的院校和系科。因此，我们要有计划、有步骤地开办一些管理学院，中央可以办，省市也可以办。这些管理学院除培养职能部门的管理人员外，还设立研究生部，进行综合性的高级管理教育，培养厂长、经理等中、高级管理干部。招生对象主要是在职管理干部，他们应该是高等学校毕业（或具有同等学历）而又具有5年至10年实际管理工作经验的人。财经院校和管理学校还应该用相当的力量开办各种类型的在职管理人员进修班或夜校，培训在职的高级管理干部。

第三，理工科学生也应学一点管理知识。理工科院校都要开设管理课程，学理、学工的学生都要学一点管理科学。实践证明，科学技术人员学一点经济管理知识，可以使他们在工作中注意经济效果，这对于经济建设和科学技术的发展都是很有利的。

第四，大企业要积极培训自己的干部。大企业既有必要也有条件培训本企业的管理干部。因此，它们都要有训练中心，利用技工学校、电视大学轮训基层干部和技术工人，提高职工的管理水平和技术水平。学习成绩好坏是考工升级的重要根据之一。

第五，还有必要建立一个管理教育和研究中心。现在我国管理教育既缺乏师资，又缺乏教材，管理科学的研究工作也很落后。为了发展管理教育和管理科学，可以考虑抽调一些有丰富管理经验和一定理论水平的干部、教师和研究人员，筹建一个全国性的经济管理教育和研究中心,其任务是总结我国经济管理的经验,研究国外经济管理的经验和学科,创立适合我国情况的社会主义经济管理科学;规划各类管理专业的课程设置;编写示范性的教材;定期召开管理教育和管理科学的学术讨论会;出版学术性刊物;同国外交流经验和组织互访等。通过这些活动培养管理教育的师资和管理科学的研究人才。

关于改革工业企业领导管理制度的探讨[*]

(一九八〇年十月二十三日)

经济管理体制的改革，扩大企业自主权，都涉及到工业企业现行的领导管理制度的问题。

一、工业企业现行领导管理制度存在一些什么问题？

1978年底举行的党的十一届三中全会指出：应该认真解决党政企不分，以党代政，以政代企的现象，实行分级分工分人负责，加强管理机构和管理人员的权限和责任。

1980年9月召开的五届人大三次会议又指出：管理工作党政不分，政企不分，使企业很难建立独立的生产指挥系统和独立的经营管理系统。

这些问题的产生，都同我们工业企业现行的党委领导下的厂长负责制有直接的关系。

---

[*] 在北京技术经济和管理现代化研究会举办的报告会上的讲话。

中央为准备人大五届三次会议而举行的政治局扩大会议，着重讨论了党和国家领导制度的改革问题，其中也涉及到工厂领导管理制度的改革问题。中央领导同志在讲话中指出我们国家现行的领导制度存在着权力过分集中的现象，就是在加强党的一元化领导的口号下，不适当地、不加分析地把一切权力集中于党委，党委的权力又往往集中于几个书记，特别是集中于第一书记，什么事情都要第一书记挂帅、拍板。党的一元化领导，往往因此而变成了个人领导。全国各地都不同程度地存在这个问题。

在工业企业里，同样存在这个问题，有的还表现得特别严重。这就是党委领导下的厂长负责制，实际上往往变成了党委书记一长制。工人群众为此编了一个顺口溜："一元化，书记大，事事都要他发话。"这是反映了工厂的实际情况的。

现行的党委领导下的厂长负责制，有些什么弊端呢？

第一，不利于真正加强党对企业的思想政治领导作用。

企业党委直接管理企业，势必陷入具体的行政事务之中，也就造成党不管党、以党代政的反常现象，甚至像处分职工、开除职工也用党委名义。实质上，把党组织变成为一个普通的行政机构，削弱甚至取消了党对企业的政治领导作用。

社会主义的经济建设应当由无产阶级的政党来领导，这是不容动摇的原则。但是，党的领导并非都必须采取行政领导的方式来实现；更不是一定要由各级党组织对各级经济组织实行直接的行政领导。把企业的全部工作置于党委的直接领导下，事事都要党委出头露面，这同过去长时期里政治运动频繁有着直接的联系，往往形成政治可以冲击一切、政治运动压倒一切，企业的生产任务反而成了次要的甚至可有可无的东西了。毛泽东同志早就说过：生产是企业的中心任务。但是，在现行的管理制度下生产根本不是企业的中心任务了，政治运动成了中心。十多年来就是这样过来的。

第二，不利于实行民主管理，发挥社会主义企业的优越性。

实行民主管理，调动广大职工群众当家作主的积极性，是社会主义企业优胜于资本主义企业的重要特征。以党的组织作为企业的最高权力机构，就不可能实行真正的民主管理。职工代表大会是我国企业实行民主管理的一个很好的创造。但是，目前职工代表大会还不是企业的最高权力机构，只能在生活福利上以及对企业领导干部的批评监督上，具有一定的权限，对企业的生产和经营管理没有决策权，也没有应有的责任，这就不可能引导职工主动关心、积极努力为提高企业的生产经营成果而奋斗。

第三，不利于发挥厂长集中统一的指挥作用，不适应社会化大生产的客观要求。

现代企业是一个社会化大生产的集体，没有一个强有力的统一指挥是不行的。过去我们批判"一长制"，如果指的是在重大问题的决策上必须发扬民主，那是有意义的。但是，多年实践经验证明，实行党委领导下的厂长负责制或党委领导下的厂长分工负责制，实际上是削弱了厂长集中统一指挥的职能。事无大小，都要经过党委集体讨论，或者书记说了才算。这种普遍存在的现象，是我国企业管理效能低的一个重要原因。

第四，不利于发挥专家的作用。

管理是一门科学。现代企业是建立在现代化的生产技术基础上，又有复杂的内部与外部的协作关系，要合理地组织生产与经营活动，没有专门的知识与经验是不行的。实行党委领导下的厂长负责制，使不少企业的管理大权，常常是集中在一些不太懂技术、不太懂经济、不太懂管理甚至不肯过问这些问题的干部身上，至于懂技术、懂经济、懂管理的干部，则往往受到冷遇，受到排挤，甚至受到打击，严重地挫伤了他们的积极性，并且阻碍了新的技术干部、管理干部的成长，妨碍了企业生产和管理水平的提高。在林彪、"四人帮"横行时期，在我们的电影、戏剧里，厂长、总工程师都是姓"白"的，经理都是姓"钱"的；搞生产、搞技术的，都是"走资本主义、修正主义道路"。我们搞了30年社会主义建设，但是还没有培养出为数众多的既懂技术、又懂经济、又懂管理的精明能干的企业家。这不能说和我们现行的企业领导管理制度没有关系。特别是"文化大革命"期间，在企业中掌权的那些同志，多数对生产不大懂得，可就在那里指挥，真正懂得生产的人却靠边了。这叫外行当家，内行靠边。1957年反右派时，我们曾经批判过"外行不能领导内行"的观点，那时我们处于建设初期，也没有那么多的内行。现在情况不同了，我们已经有了一大批具有专门知识而且经过政治考验的内行，如果还要外行领导内行，企业仍然由外行来当家，内行反而靠边，这样做显然是很不适当的。要实现企业现代化，客观上也不可能再由外行来领导内行。

第五，不利于加强法制，健全责任制。

权利与义务、权力与责任是矛盾的统一体。经济体制的改革，一方面要扩大企业的自主权，一方面也要规定企业对国家应尽的义务与责任。企业在法律上具有法人身份，企业的领导人对企业的经营成果不仅要负经济责任，而且要负法律责任。现行体制的一个重大缺陷是权责分离，党委行使决策权，但不可能由党委或党委书记负经济责任，更不可能由党委或党委书记作为法人而负法律责任，而厂长又不具备全权指挥者的权力，不能作为法人的代表。现行的党委领导制，实际上变成了书记一长制，造成权力与责任分离。有权的人没有责任，他可以决定这个事情，那个事情，但对后果不负责任；而那些负责的人，却没有权。这怎么能建立起真正的责任制呢？

第六,不利于企业按客观经济规律实行跨部门、跨地区的联合。

按照专业化与协作的原则,在自愿互利、经济合理的基础上,实行企业的联合,是经济发展的必然趋势。这种联合,要求打破部门、行业和地区的界限,采取多种形式。同时由于引进国外的资金,还将出现各种形式的中外合资经营的企业。这些企业如果由隶属于某一地方党委的企业党组织来行使最高决策权,显然是不适宜的。这种类型的企业,势必只能由联合委员会或董事会作为企业的最高权力机构,而不可能由企业党委作为最高权力机构。但是,不论是什么性质的联合或合营企业,党委作为党的基层组织,仍然可以在企业里发挥政治领导与监督的作用,以保证党的方针、政策在这些企业中贯彻执行。

上面所说的情况,并不是个别的,而是相当普遍地存在的问题。

有的同志认为,以上这些问题的出现,并不是由于党委领导下的厂长负责制这个制度不好,而是因为在执行中有问题。就是说,经是好的,只是和尚没有念好,嘴是歪的,把经念坏了。那么,你说,为什么那样多的人的嘴都是歪的,都把经念坏了?这就值得研究。事实上,我们绝大多数工厂的党委书记是很好的,是坚决执行党的方针政策的。所以,上述问题的产生,就不能片面地从执行者即工厂党委书记、厂长方面去探求原因,寻找解决的办法,而必须从这个领导管理制度本身是否合理去考虑问题了。

为什么这种领导管理制度会产生上面所说的那些弊端呢?重要的一点是把党的组织和经济组织这两种不同性质的组织混同一起了。党委领导下的厂长负责制,包括了党委的领导制度和行政的领导制度,这两者是有区别的。前者是政治组织,后者是经济组织;前者管思想政治工作,后者管经营管理工作。两者的工作任务不同，组织形式不同，工作方法不同，因而领导制度也不能混同。否则就必然产生以党代政，以党代企的现象。从组织原则来看，党委的领导是党委的集体领导，而不是党委书记个人的领导。党的组织实行的是民主集中制，而不能实行一长制。而工厂的生产行政管理组织，由于社会化大生产的特点所决定，必须实行集中统一的指挥，实行严格的个人负责制，而不能大家负责，集体负责，实际上等于无人负责。如果要求党的组织按生产行政管理的组织原则办事，那当然是不正确的。

另外，我们往往把决策的民主和指挥的集中混淆起来。社会主义企业的决策必须是民主的，指挥则必须是在民主基础上的集中，而不能是党政不分的多头指挥。

总之，正如中央领导同志所说，我们现行的工厂管理制度，经过长期的实践证明，既不利于工厂管理的现代化，不利于工业管理体制的现代化，也不利于加强工厂党委的工作。所以必须要进行改革。

当然，从理论上说，在经济上的社会主义改造还没有基本完成以前，在无产阶级和资产阶级的矛盾还是主要矛盾的时候，党委领导下的厂长负责制，同这种形势和任务还有相适应的一面。就我国的实际情况来看，就是在经济上的社会主义改造基本完成以后，仍然在搞"以阶级斗争为纲"，政治运动一个接着一个，全党的工作重点还是没有转移到社会主义现代化建设的轨道上来。在这种条件下，党委领导下的厂长负责制，似乎还有某些存在的必要，并且对克服厂长负责制（厂长一长制）的某些缺陷曾经起过一定的积极作用。但是，这种制度既同社会主义生产关系所要求的职工群众当家作主的民主管理相矛盾，又同现代化大生产所要求的集中统一指挥相矛盾。特别是随着党的工作重点转移到社会主义现代化建设上来，随着经济管理体制改革工作的展开，这种矛盾就更加尖锐了,以致非改革不可。

二、怎样改革?

中央领导同志提出,要有准备有步骤地改变党委领导下的厂长负责制、经理负责制,经过试点,逐步推广,分别实行工厂管理委员会、公司董事会、经济联合体的联合委员会领导和监督下的厂长负责制、经理负责制。

中央领导同志还说:各企业、事业单位,普遍成立职工代表大会或职工代表会议。它有权对本单位的重大问题进行讨论,作出决定,有权向上级建议罢免本单位的不称职的行政领导人员,并且可以逐步实行选举适当范围的领导人。

随着扩大企业自主权试点的推广,企业将有越来越大的自主权。企业有了自主权,这个权力由谁来行使?怎样行使?这是个大问题,这就涉及到企业的领导管理体制。自主权不能仅仅交给企业、事业组织的个别负责人,而必须同时交给它们的真正代表广大职工的民主管理机构和监督机构。权力下放一定要同民主管理结合起来。企业自主权越大,越要实行民主管理。这个问题过去在党委制的时候没有解决好,在实行厂长制的时候没有解决好,在实行党委领导下厂长负责制的时候也没有解决好。现在改革企业的领导管理制度,一定要把这个问题解决好。

中外的历史经验证明,要对一个现代化企业进行有效的管理,有三种职权即决策权、指挥权、监督权,必须处理好。

决策权是指对企业经营方向、方针以及企业重大措施的决定权。

指挥权是指对企业的日常生产经营活动的行政指挥权。

监督权是从企业所有者的权益出发,对企业决策者和指挥者进行的全面监督权。

这三权是既分立又相互制约的。只有如此，才能既维护国家、企业和劳动者的权益，又保证现代化企业所必需的效能。

在资本主义国家，企业这三权都掌握在资本家及其代理人手中，劳动者是毫无权力的。一般是由资本家行使决策权和监督权，或者由董事会行使决策权，另组监事会行使监督权。由董事会或监事会委任的总经理行使指挥权。

社会主义企业的领导管理体制，看来也应该对上述三种权力做正确处理，所不同的是这三权都属于劳动者及其代表。

由于我们现行的企业领导管理制度的缺陷，这三权过去基本上是由党委以劳动者代表的名义来行使的。现在如何具体行使，也有不同的看法。

过去，在决策上，往往是党委书记个人说了算，决策不民主；在指挥上，强调党委领导下的厂长分工负责制，厂长、副厂长分别对党委负责，而厂长不能负全责统一指挥，也就是说指挥不集中；在监督上，无论党委、行政，都缺乏监督，职工代表大会和工会也往往如工人同志所说，"丫环拿钥匙，当家不作主"，没有起到它应起的作用。正如许多单位所说的："党委发号召，厂长作报告，代表举举手，工会跑龙套。"这种状况当然是应当改变的。

今后，在工业企业中，对这三权应该作适当的划分。

这里必须先明确一点，即国营企业的生产资料所有权，是属于国家的。但是，企业对生产资料有使用权。因此，国营企业不仅要遵守国家的方针、政策、法令，而且必须接受国家计划的指导。这里所说的国营企业的管理权力，是指企业作为生产资料的使用者对企业的管理权限。

第一，关于决策权。

这里所说的决策权，当然是指企业本身对国家委托和交付给本企业的生产资料，如何使用、怎样经营有决策的权力，而不是泛指国家的决策权。

这种决策权力，看来应由职工代表大会或职工大会及其常设机构工厂管理委员会行使为好。这样才能把企业真正办成一个如马克思所说的"自由平等的生产者的联合体"。也有同志主张把这个权力交给党委行使，如果这样做，那就等于现行制度不变。

我们的企业要坚决走社会主义道路，就必须在企业管理中充分发扬社会主义民主，使劳动者真正成为生产资料的主人。马克思曾经对未来社会作过这样的预言："生产资料的全国性的集中将成为自由平等的生产者的联合体所构成的社会的全国性基础，这些生产者将按照共同的合理的计划自觉地从事社会劳动。"[①] 我们就是要逐步建成这样的社会。要承认广大工人群众是生产资料的主人，承认他们在生产中的主人翁地位和作用。

目前我们的管理体制，决策权掌握在工厂党委和行政领导干部手中，生产第一线的劳动群众对生产资料实际上没有支配权，这就容易产生官僚主义，挫伤劳动者的积极性。党委和工厂的领导人本来是受工人阶级领导的国家的委托来领导管理工厂的，而不是受命于天的，可是过去我们往往把关系颠倒了。

生产资料所有制，不只是一个由谁占有的问题，还要看由谁支配。把支配权交给生产第一线的劳动者（包括管理干部、技术人员和工人），才能更好地利用全民所有制来发展生产，使各种措施符合实际，调动直接生产者的积极性，解放生产力，发挥社会主义的优越性。因此，建立有充分权力的职工代表大会或职工大会及其常设机构，是有重大意义的，是企业领导管理制度的非常重要的改革。

---

① 马克思：《论土地国有化》，《马克思恩格斯选集》第 2 卷，人民出版社 1972 年版，第 454 页。

在资本主义制度下，正如马克思所说的，工人阶级除了劳动力以外，一无所有。在这种情况下，客观的劳动条件和主观的条件——劳动力是分离的，劳动产品和劳动本身是分离的。在社会主义制度下，工人阶级成为企业的主人，生产资料的所有者、支配者和劳动者结合起来了，即客观的劳动条件和主观的条件——劳动力结合起来了，劳动产品和劳动本身结合起来了，这就解决了资本主义社会的不可克服的对抗性的矛盾，即生产社会化和生产资料私人占有之间的矛盾。社会主义制度优越于资本主义制度的根本点，也就在这里。这也是我们所以能够充分发挥广大职工的积极性、创造性的客观的经济基础。

职工代表大会对企业的决策权，包括以下的内容：在国家统一的方针、政策、计划下，决定生产资料的使用；决定生产条件和劳动过程的重大问题；决定劳动成果的分配，即积累基金、集体福利基金、工资和奖金，后备基金的分配；对企业主要干部的任免表示自己的意愿，对上级主管机关提出建议。这些可以由厂长（经理）提出交职工代表大会审议，也可由职工代表大会自行提出形成决议，责成厂长（经理）执行，厂长（经理）如有不同意见可以提出复议，并提请上级主管机关确定。广大职工要是真正成为企业的主人，真正当家作主，就应当对这些重大问题具有决策的权力。这就是说，不能把职工大会、职工代表大会仅仅认为是"吸收"工人"参加"管理，最多只限于一般的咨询、监督，而应当从广大职工是企业的主人这个前提出发，真正使职工大会或职工代表大会能够发挥权力机构的作用。广大职工作为工人阶级不仅是企业的主人，而且是国家和社会的主人；不仅要管理企业，而且要管理国家政治事务、经济事务和其他社会事务。而广大职工管理企业，则是他们行使管理国家政治、经济和其他社会事务权力的基础。应当看到，我们的社会主义民主还很不发展，而封建主义的残余和影响却严重存在，官僚主义、家长式领导作风、权力过分集中等现象，长期不能得到有效的克服，这与广大职工管理企业、事业的权力没有得到充分的实现，是分不开的。工人由管理自己的企业，到派出代表管理国家和社会，这是天经地义的事情。在企业中，实行职工代表大会制度，必将有力推动企业管理的民主化，而企业管理民主化，必将大大促进国家政治民主化，经济管理民主化和社会生活民主化，这对我国社会主义建设事业，将会产生深远的影响。

第二，关于指挥权。

这也是指企业内部日常生产经营活动的指挥权力。指挥权应当在企业职工大会或职工代表大会民主决策的基础上，由厂长或经理行使，真正建立起以厂长、经理为首的厂务委员会以及相应的强有力的生产经营管理的统一指挥系统。由厂长、经理行使对生产和经营管理统一指挥的权力，看来没有什么大的分歧意见。主要是对厂务委员会的组成以及行政干部如何提名的问题，还要商讨。

企业实行民主管理，总要有个头。特别是社会化大生产，如果没有集中统一的指挥，是绝对搞不好的。关于统一指挥的必要性，将在下一部分再讲。就企业内部来说，对生产过程的直接组织、计划、指挥、调节和核算，必须是单一的，不能多头指挥，更不能大家负责而实际无人负责。就企业外部来说，企业作为一个经济组织，作为一个法人，它的活动必须由它的负责人代表进行。这种权力属于企业的厂长、经理，看来是适当的。

第三，关于监督权。

同前面两种权力有所不同，监督权不仅是企业内部的问题，而且涉及到国家的问题，即代表国家对企业的活动进行监督，所以这种权力应由领导国家的核心力量即由党组织来行使比较适当，这样才能保证党的政治路线和国家的方针、政策、法令、计划的贯彻，以及各项工作任务的完成。

关于监督权由谁来行使，也有不同意见。有的同志主张由职工代表大会及其常设机构行使，或由工会来行使，这可以研究。它与由党组织来行使这一权力并不矛盾，因为党的监督也是要通过群众和它的组织才能有效进行。

应当指出，监督的权力是很重要的，轻视它是不对的。我们过去领导管理体制中的许多毛病，重要原因之一就是出在没有真正监督上。

给企业独立经营和独立活动的必要的自主权，这是体制改革中很重要的一个改革，但同时应当看到，我们的企业是国家统一领导下的，企业的决策只能在国家统一的方针、政策、法律的范围之内，并受国家计划的指导。因此，党的监督主要是从国家的、工人阶级的总体利益出发的监督，不仅是对厂长、经理等领导人员的监督，也包括对工厂管理委员会、职工代表大会的监督。企业扩大自主权以后，企业与国家之间、企业与企业之间、企业与职工之间、局部利益与整体利益之间、眼前利益与长远利益之间的矛盾，将表现得更为复杂，更需要慎重处理。只有党的组织站在工人阶级立场上，站在国家的立场上，才能正确地处理这些矛盾，使国家、集体和个人利益很好地结合起来，充分调动各方面的积极性为四化服务。

上述三权的划分，是一种大略的划分，而在实际生活中，往往是相互交叉，难以截然分开的。例如，就决策权来说，厂长为了有效地行使指挥权，在不违背职工代表大会决定的原则下，不仅可以而且应当有一定的决策权。再如，就监督权来说，党委不仅要通过党的各级组织实行监督，而且需要发动广大群众进行监督，这就需要通过工会、青年团以及职工代表大会等群众组织来进行。

工业企业领导管理体制改革之后，党组织在企业的任务是否减轻了呢？中央领导同志指出，改变党委领导下的厂长负责制，党组织的任务并没有减轻，而是真正加强了党的工作。工厂、公司、院校、研究所的各级党组织要管好所有的党员，做好群众工作，使党员在各自的岗位上发挥先锋模范作用，使党组织真正成为各个企业、事业单位的骨干，成为教育和监督所有党员的组织，保证党的政治路线的执行和各项工作任务的完成。这是非常正确的。

与上述三权的划分相联系的，还有要不要设立职工代表大会的常设机构的问题。看来除了百人以下的小厂外，设立人数不多的常设机构还是必要的。也有同志主张，职工代表大会的常设机构由工会的委员会代行其职责，这也可以研究。但是这样做可能削弱工会的必要的独立性，甚至使它的工作处于被动。工会与行政混在一起，群众会批评说是官办工会，挂牌工会。所以哪种做法比较好，要好好研究。而且工会九大所确定的职工代表大会的权力，已经不能完全适应扩大企业自主权以后的新情况。那时所规定的工会委员会，仅仅是职工代表大会的日常工作机构，也不大适应扩大企业自主权以后的情况。

还有，职工大会和职工代表大会的代表，是否像人民代表一样，采取不脱产的常任制，并由常任代表组成各种必要的常设委员会，如职工的奖励和处分、新职工的录用、住房分配等等委员会或小组，经过这些组织研究讨论这些问题，再由有关方面做出决定，然后交行政部门去处理。这种意见是可以考虑的。

以上只是就工厂为单位而说的，目前我国的企业正在向经济联合体发展，经济联合体的领导管理体制与单个的工厂、企业有所不同，召开职工代表大会是比较困难的，它应由参加经济联合体的各个单位推选的代表组成联合委员会，行使经济联合体的决策权。这种联合委员会与上述工厂企业的职工代表大会及其管理委员会不同，前者是由企业的代表组成的，后者是由职工的代表组成的。所以它们的性质不同。前者是法人，后者同样是法人，前者不能代替后者，更不能剥夺后者的权利。相反地它应该为后者好好服务。经济联合体应当尊重各个参加单位的自主权，而不能收回它们已经获得的自主权。这些单位的自主权还要扩大，而不是缩小。否则就不能调动企业的积极性，经济联合体也不能顺利发展。

目前，除了极个别的供产销、人财物高度集中的公司（组织这种公司要十分慎重）以公司作为法人、所属单位（实际上形同车间或分厂）实际上丧失法人资格以外，其他公司根据我国当前的情况，仍以采用上述与经济联合体相似的领导管理体制比较适宜。

三、一个有关的理论问题

党委领导下的厂长负责制，是我们现行的一项企业领导制度和管理制度。这个制度是为反对一长制、加强党的领导而提出来的。现在要改变这个制度，是否意味着要恢复一长制、否定党的领导呢？要弄清楚这个问题，就要了解一长制的由来和什么是一长制，以及实行一长制是否就是否定党的领导？

作为理论探讨，先讲一下一长制是怎样提出来的。

一长制是列宁根据马克思主义的理论提出来的。马克思在《资本论》第1卷中说过："一切规模较大的直接社会劳动或共同劳动，都或多或少地需要指挥，以协调个人的活动，并执行生产总体的运动——不同于这一总体的独立器官的运动——所产生的各种一般职能。一个单独的提琴手是自己指挥自己，一个乐队就需要一个乐队指挥。"马克思把指挥的职能称之为"属于社会劳动过程的特殊职能"①。恩格斯在《论权威》中说过："想消灭大工业中的权威，就等于想消灭工业本身，即想消灭蒸汽纺纱机而恢复手纺车。"② 可见，大工业的管理，要求有权威的统一指挥，不管是资本主义企业，还是社会主义企业，这都是客观的需要。

列宁提出这个问题是在十月革命胜利以后。他于1918年4月在《苏维埃政权的当前任务》一文中说："任何大机器工业——即社会主义的物质的、生产的泉源和基础——都要求无条件的和最严格的统一意志，以指导几百人、几千人以至几万人的共同工作。这一必要性无论从技术上、经济上或历史上看来，都是很明显的，一切想实现社会主义的人，始终承认这是实现社会主义的条件。可是怎样才能保证意志有最严格的统一呢？这就只有使成百成千人的意志服从于一个人的意志。""不管怎样，为了使这种按大机器工业形式组织起来的工作能够顺利进行，无条件服从统一的意志是绝对必要的。"③

苏联在革命胜利后，曾实行过集体管理制。这种集体管理制同我们现行的党委领导下的厂长负责制是否有某些共同点，还可研究。但是有一点可以肯定，列宁主张的一长制，是针对集体管理制提出来的。就像我们的党委领导下的厂长负责制，是针对一长制提出来的一样。他们是集体管理制行不通才搞一长制，而我们又从一长制转向集体管理制。列宁在俄共（布）第九次代表大会上的报告中说："关于集体管理制的议论，往往贯穿着一种极愚昧的精神，即

---

① 《马克思恩格斯全集》第23卷，人民出版社1972年版，第367、368页。
② 《马克思恩格斯选集》第2卷，人民出版社1972年版，第552页。
③ 《列宁选集》第3卷，人民出版社1972年版，第520～521页。

反对专家的精神。有了这种精神是不能达到胜利的。要获得胜利,就必须懂得旧资产阶级世界的全部悠久的历史;要建设共产主义,就必须掌握技术,掌握科学,并为更广大的群众运用它们,而这种技术和科学也只有从资产阶级那里才能获得。"列宁批驳了孟什维克和社会革命党人要求用集体管理制来代替一长制,他明确指出:"这是行不通的!我们已经抛弃了这一套。"① 列宁对这个问题是有分析的。他说:"集体管理制,作为组织苏维埃管理的基本形式,是在初期即一切需要重新建设的时期所必需的一种萌芽的东西。"列宁并不否认在一定时期、一定条件下需要集体管理制。"但是,在组织形式已经确定、已经比较稳定的情况下,要进行实际工作,就必须采取一长制,因为这种制度最能保证更合理地利用人力,最能保证在实际上而不是在口头上检查工作。"他还说:"集体管理制在最好的场合下也要浪费大量人力,不能保证集中的大工业环境所要求的工作速度和工作的精确程度。"② 可见,列宁并不是抽象地讲这个问题,他是根据俄国革命和建设的实践中得出的经验教训提出这个问题的。所以,我们对一长制这个问题要全面理解,要考虑列宁当时提出这个问题的原因、背景,他是怎样提出来的。

斯大林也是主张实行一长制的。他曾经说过:工人们往往埋怨说:工厂里没有人作主,工作中没有秩序。斯大林紧接着说:再不能容忍我们的企业由生产机构变成为国会式机关的情形了,我们的党组织和职工组织毕竟应该了解,若不保证实行一长制和确立对工作进程严格负责的制度,我们是不能解决改造工业的种种任务。斯大林还提出建立一长制所必须具备的条件。他说:"人

---

① 《俄共(布)第九次代表大会》,《列宁全集》第30卷,人民出版社,1957年第1版,第419、421页。

② 《在全俄国民经济委员会第三次代表大会上的讲话》,《列宁全集》第30卷,人民出版社1957年第1版,第278、279页。

们时常问：为什么我们没有一长制呢？只要我们还没有掌握技术，我们就没有而且不会有一长制。只要在我们中间，在布尔什维克中间还没有足够的精通技术、经济和财务问题的人才，我们就不会有真正的一长制。""任务就是要我们自己掌握技术，成为内行。只有这样才能保证我们的计划全部完成，而一长制也才能实行。"①斯大林这些话，对我们也是很有启发的。

从我们社会主义建设的实践和企业管理的经验教训来看，列宁和斯大林提出的问题，是值得我们认真思考、认真研究的。企业管理需要列宁所说的那种一长制，这不是谁的主观意志决定的，而是现代化大生产的性质和特点决定的。实际上我们实行的党委领导下的厂长负责制往往变成党委书记一长制，这也说明这个问题。不是厂长一长制，就是党委书记一长制，二者必居其一。问题是实行党委书记负责制好？还是实行厂长负责制好？二十多年的实践，已经作出了明确的回答。如果不实行统一指挥，即不实行名副其实的厂长负责制，而实行多头领导、多头指挥，那就会像斯大林所说的，将给企业造成"奇灾大祸"。

有的同志认为，实行厂长负责制，是否要取消党的领导？我们当然要坚持党的领导，那种否定党的领导的一长制，是完全错误的。那么我们现在的党委领导下的厂长负责制是否就能很好地真正体现党的领导呢？列宁主张的一长制是否就是不要或者反对党对企业的领导呢？对这些问题我们要很好分析一下。首先看看列宁主张的一长制到底包括什么意思。

列宁讲的一长制，可以概括为以下几点意思：

（1）工业企业的生产必须服从统一指挥，这是现代化大生产所必需的。因此，他要"成百成千人的意志服从于一个人的意志"，"要

---

① 《论经济工作人员的任务》，《斯大林全集》第13卷，人民出版社1956年第1版，第36页。

求群众无条件地服从劳动过程中的领导者的统一意志。"①

(2) 要遵守严格的劳动纪律和严格的责任制。列宁说：要"对各项职务建立极严格的责任制，并且无条件地在劳动中有纪律地、自愿地执行指令和命令，使经济机构真正能像钟表一样工作。"②

(3) 每个劳动者要严格履行自己的义务和责任，每一个人要对所管的一定的工作负责任。列宁说："要最明确地规定每个人对一定事情所负的责任。"③

(4) 各单位的领导人对本单位的工作要负全部责任。厂长要对全厂的生产行政管理工作负全部责任。列宁说："管理的基本原则是——一定的人对所管的一定的工作完全负责。"④

以上概括的内容，不一定准确和全面，但是这些要求在我们的企业管理中却是应该坚持的。所以我们应当恢复列宁所讲的那种一长制的精神，因为这是现代化大生产所要求的。我们要真正实行厂长负责制，也应当赋予厂长负责制以上述的内容和要求。否则，就不是真正的"厂长负责制"。这样做，同加强党对企业的领导并不矛盾。按照列宁主张的那样去做，就不仅不是取消党的领导，而恰恰有利于加强党的领导。道理很清楚，如果把以上这些工作交由行政领导负责去做，党委不是可以集中精力做好党的工作，加强党的领导吗？

---

① 《苏维埃政权的当前任务》,《列宁选集》第 3 卷, 人民出版社 1972 年版, 第 521 页。

② 《〈苏维埃政权的当前任务〉一文的初稿》,《列宁全集》第 27 卷, 人民出版社 1958 年第 1 版, 第 193 页。

③ 《大家都去同邓尼金作斗争!》,《列宁全集》第 29 卷, 人民出版社 1956 年版, 第 398 页。

④ 《给安·伊·叶利扎罗娃的便条》,《列宁全集》第 36 卷, 人民出版社 1959 年第 1 版, 第 554 页。

列宁所讲的一长制,同职工群众是企业的主人,有当家作主的民主权利,是否相矛盾呢?处理不好,就会发生矛盾;处理得好,就会相辅相成。列宁非常强调:"生气勃勃的创造性的社会主义是由人民群众自己创立的。"① 他还主张:社会主义民主,意味着每一个公民、每一个群众代表都能参加国家立法的讨论,都能选举自己的代表,制定和执行国家的法律。群众有权选举负责的领导者,有权了解和检查他们的活动,如果他们不称职,或者违背人民的利益,群众也有权撤换他们。但这决不是说,劳动过程可以不要一定的领导,不要明确规定领导者的责任,不要严格的责任制度。列宁说:"我们丝毫不应当中断训练群众参加社会上一切国家的和经济的管理工作,丝毫不应当妨碍群众极详细地讨论新的任务(相反,应当尽一切力量帮助他们进行这种讨论,使他们能够独立做出正确的决议)同时,我们应当严格地区分两种民主职能的范畴:一种是争论和召开群众大会,另一种是对各项职务建立极严格的责任制,并且无条件地在劳动中有纪律地、自愿地执行指令和命令,使经济机构真正能像钟表一样工作。"② 列宁要大家学会将劳动群众举行群众大会的这种汹涌澎湃犹如春潮泛滥一切堤障的民主精神,与工作时间内实行铁的纪律,及在工作中绝对服从苏维埃领导者个人意志的精神联成一气。可见,列宁提出一长制,并不是把它和民主管理对立起来,而是要把二者结合起来,用他的话说,就是要"联成一气"。

上面所讲的一长制,是对企业内部的指挥权而言,并不包括决策权、监督权。如果把三权都集中到厂长手里,那是错误的。

---

① 《全俄中央执行委员会会议》,《列宁全集》第26卷,人民出版社1959年第1版,第269页。

② 《〈苏维埃政权的当前任务〉一文的初稿》,《列宁全集》第27卷,人民出版社1958年第1版,第193页。

但是如果三权都交给党委，党委就会被各种日常事务缠住，不能集中精力做党的工作。企业中党委的工作任务，这在党章关于党的基层组织的基本任务的条文中早有明确的规定。企业党委是党的基层组织，应当按照党章的规定，尽最大的努力完成这些基本任务。列宁讲的一长制，并不妨碍党委完成这些任务，反而为完成这些基本任务创造了非常有利的条件。

企业党委加强党的领导，不是要直接干预企业行政的具体业务工作，不是把党的主要注意力放在行政事务工作上。那样做就会形成党不管党，就会削弱甚至取消党的领导。党委如果不努力做好党的工作，完成党章规定的党的基层组织的基本任务，而去花很大力气做那些应当由厂长和行政机构负责进行的具体生产、业务工作，党的工作就有被挤掉的危险。

我们企业里党委的领导，主要是贯彻党的路线、方针、政策的领导，而不是直接给行政下命令。党组织要通过党员和党的干部的模范作用来影响群众，动员群众，组织群众，来贯彻执行党的路线、方针、政策，完成党和国家提出的各项任务。党在群众中进行工作，只能采取民主的方法，说服教育的方法，而不能用强制的方法，压服的方法，行政命令的方法。这些年来，党的这种优良传统，被林彪、"四人帮"严重破坏了，我们应当把它恢复起来。

总之，管理社会化大生产只能有一个权力机构，而不能有几个并列的权力机构。只能是有权威的统一指挥，而不能是党政不分、以党代政、以党代企的多头指挥。我们现行的党委领导下的厂长负责制，党委有权，而不负责；厂长负责，而无指挥权力，实际上厂长很难真正负责。因此，在经济管理体制改革中，对这一领导体制必须进行必要的改革，以做到权责统一，使之适应实现四化的需要。当然，这种权责一致的厂长负责制，不是个人说了算，凌驾于群众之上、凌驾于党委之上的厂长独裁制；而是受党的组织、工会组织和广大职工群众监督的厂长负责制。

我国工业企业的领导管理制度，曾经经历过多次变革，开始实行党委制，后来又实行厂长制，因为各有弊端，才改行党委领导下的厂长负责制。但是，又产生了上面所说的那些问题。总结以往的经验，我们在实行以上三种管理制度时，有一个通病，就是都没有从广大职工是企业的主人这个前提出发，使工人阶级真正行使管理权利。这个教训应当牢记，在这次改革中，切实解决好这个问题。

这次工业企业领导管理制度的改革，看来大体可以概括为以下几句话：党政分开，民主管理；厂长负责，内行指挥；注重经营，改善管理；独立核算，自负盈亏。

要注意经济效果。改革的好坏，最终要在经济成果上反映出来。如果能得到最好的经济效果，就说明改革是成功的。

改革是一件相当复杂的事情。我们实行党委领导下的厂长负责制，从1956年至今已有二十多年了，在企业已经成为习惯，影响到各个方面。中央决定，要有准备、有步骤地去进行改革。在改革中，有不同意见应该进行讨论、研究，把合理的意见集中起来，进行试点。试点也可以是多样的，以便进行比较。这样经过几年的努力，就有可能逐步完成这一项重大的改革。实现了这一项改革，将会有力地推进四化建设事业。

经济改革和现代化建设需要
社会主义企业家[*]

(一九八六年十一月二十七日)

在当代中国,广大人民群众在党的领导下,正在进行着两项最伟大的事业,这就是体制改革和社会主义现代化建设。只有通过改革和建设,中国才能实现繁荣富强,步入世界先进民族之林。在进行改革和发展这两项伟大事业的过程中,需要充分发挥工人、农民、知识分子的积极性和创造性,但同时必须正确认识并十分注意发挥社会主义企业家的作用。这是因为,随着我国经济体制改革的不断深化、各种生产要素的重新组合和创新,将越来越依靠企业家的活动,他们将比较全面地承担起经营企业的重任。如果没有千千万万的社会主义企业家,在经济活动的舞台上充当主角,有计划商品经济的发展就缺少中坚力量,现代化的建设就缺乏强有力的经营者和最有成效的组织者、管理者。这样,就会贻误我国社会主义建设的伟大事业。因此,必须创造一系列条件,造就千百万社会主义的企业家。

在我国条件下,企业家这个社会重要阶层的形成和壮大,需

---

[*] 在上海金融企业家俱乐部召开的"企业家与中国经济发展研讨会"上的讲话。

要逐步地把企业家同政府官员这两种人和他们的功能区分开来。在传统的经济体制下,企业家经营者与政府官员有一种殊途同归的趋势。一方面,许多政府机构的官员从不同的领域直接调控着企业的生产经营活动,行使着类似企业家的职能;另一方面,企业的厂长、经理从行政等级、物质政治待遇等方面靠向行政官员,企业被分成县团级、厅局级、省市级,经营好的或上级看中的厂长、经理等企业领导者,就被提升为局长、市长、省长,等等。这种体制很难使企业经营者全力以赴地搞好经营,大展宏图,扩展他们经营的事业,而容易诱导经营者产生做官的兴趣,走所谓"仕途经济"的道路。要使各种企业普遍得到有效的经营,必须形成企业家这个社会阶层,并通过企业家进行管理。要创造一种新的制度和评价标准,使官员和企业家分离开来,彻底改变诱导经营者追求行政性晋升目标的机制。

社会主义的企业家不仅和行政官员不同,也与传统体制束缚下的厂长、经理不同。在传统体制下,我们的许多厂长与其说是经营者,不如说是一种"准官员"。这不仅因为厂长享有一定的行政性级别,随时可以转化为政府官员。更重要的还在于企业受到传统体制的制约,不是一个自主经营的主体。企业生产所需要的条件由国家按计划供给,生产品按计划调拨,财政统收统支。在这种情况下,经营者的工作主要在于对企业内部事务的不完全的管理,而缺乏自主经营、开拓市场、娴熟地运用各种市场工具的能力,特别是缺乏在市场上进行各种风险决策的能力。由于传统体制下企业经营者本身存在着这种缺陷,因此,传统体制下的厂长、经理还不能成为真正的企业家。

真正的社会主义企业家不是天生的,也不是由某一级权力机关任命的,更不是自封的。企业家只能在发展社会主义商品经济中,经过社会主义市场竞争的大风大浪的严峻考验,不断地锻炼和成长起来,就像运动场上的比赛那样,优胜劣败,真正的企业家都是竞争中的胜利者或转败为胜者。

为了促进中国新一代企业家的形成,除了企业经营者自身要进行不懈的努力,还必须从观念、法制、体制等方面创造一系列的条件。比如,从观念方面来说,社会主义企业家与政府官员一样,应该以全心全意为人民服务为己任,但是,企业家为人民服务的主要形式就是经营好企业,运用好各种经营管理方法和市场竞争方法,去创造更大的市场,创造更多的物质财富,为社会提供更好的服务。在国家法律、政策允许的条件下,创造的物质财富越多,为社会提供的服务越好,对人民的贡献就越大。因此,社会应该用企业家所经营的单位的市场占有率、经济效益、技术水平等标准,即它特有的功能评价企业家,而不应以评价政府官员的标准评价企业家。又如,在收入分配方面,由于企业家带领企业活动在一个前景不确定而存在相当风险的市场上,经营的好坏可以产生极不相同的结果。因此,必须创造一套促进企业家成长的新的奖惩机制,使企业家的权、责、绩、利有机对称地结合起来。优秀的企业家对企业的经营收入具有超乎一般的贡献,因而必须从报酬制度上(主要是工资而不是奖金)使他们能够获得较高额度的收入,这也是培养和造就千千万万优秀企业家的重要条件之一。

从根本上来说,中国社会主义企业家这个社会阶层的形成,取决于整个经济体制改革和政治体制改革,只有通过这种改革,实现经营权同所有权的分离,使企业由政府直接管理转向自主经营;建立并发展社会主义的市场体系,才能为大批的企业家脱颖而出创造机会和条件。因此,社会主义企业的管理者应该具有强烈的创新意识和开拓市场精神,善于把科学技术转化为现实的生产力,善于使企业经营适应市场需要。更应该具有高度的责任感和使命感,积极投身改革,积极协助党和国家搞好经济体制改革,在改革中不是追求优惠的条件,而是在争取机会逐步均等的基础上开展经营竞争,促进社会主义市场体系和新的企业经营机制的形成,更有力地推动社会主义现代化建设事业日新月异地前进。我们的企业家应当把历史所赋予自己的光荣使命勇敢地担当起来。

论企业买卖
——关于企业产权有偿转让的几个问题[*]

（一九八八年十一月）

在七届人大一次会议上，李鹏总理在《政府工作报告》中谈到今后5年建设和改革的目标、方针和任务时，明确提出了要实行企业产权有偿转让，并把它列为深化企业改革的四项重要任务之一。可见，这是一个十分重要并需要我们给予足够重视的问题。

目前，关于这一问题有种种不同的说法，有的叫"企业兼并"，有的叫"企业产权转让"，也有的叫"企业产权有偿转让"。我理解，李鹏总理所讲的企业产权有偿转让，就是指把企业这一生产要素的集合体推进市场，按照商品经济原则进行买卖，即企业买卖。这与过去在传统体制下，单纯靠行政命令实行所谓"关、停、并、转"、调拨、转让企业资产是完全不同的。记得1986年我在上海、杭州等市最初和同志们讨论这一问题时，就曾提出企业可以买卖的问题。我认为，不仅私人企业可以买卖，国营企业、集体企业也可以相互买卖，中外企业也可相互买卖。这些论点都登在当时的《文汇报》和《解放日报》上。看来尽管在这一问题

---

[*] 为《论企业买卖》一书写的序言。

上有种种不同说法，但还是叫企业买卖好。

企业买卖这一新的改革形式，在我国出现的时间虽然不长，但据我们初步了解，目前，全国各地几乎都出现了这方面的改革实例。这一现象，引起了国内外普遍关注。因此，如何认识这一改革中的新事物，探讨它对于我国经济发展与经济改革所具有的意义，对未来经济结构调整和新经济体制的形成将产生的影响，都是实践向我们提出来的迫切要求。在这里谈几点个人认识。

一、发展企业买卖是我国改革和发展的客观需要

企业买卖在我国大地上出现决非偶然，而是有着深刻的经济根源。概括地说，它是我国经济改革不断深化和商品经济不断发展的必然结果。

1. 它是深化企业改革的必然选择。纵观9年多的经济改革，围绕增强企业活力这一中心环节，我们首先从利益机制入手，先后采取了利润留成制度、扩大企业自主权、两步利改税等改革措施。这些措施对于增强企业的生机和活力，提高企业和社会经济效益，促进国民经济发展，都曾起了重要作用，也为以后改革的不断深化提供了有益的经验。然而，由于以"放权让利"为主线的改革措施，主要是由政府来搞活企业，它需要大量的财力支持，而财力有限难以为继，因此，这种做法发展余地已经很小。随着两权分离理论的发展，承包经营责任制成为近年来搞活企业的主要措施，它为承包者利用政府和市场所提供的条件来提高企业的经营效益创造了条件，部分解决了企业内部活力和经营机制的问题。但是，企业承包制主要还是解决国家与企业的纵向分配关系，还不能解决资源流动和企业通过横向的发展和扩张增强活力的问

题。这就使经济生活中长期存在的下列尖锐矛盾难以解决：一方面，大批经营效益好、市场占有率高的企业因资金、场地等限制得不到应有的发展，而为数不少的经营不善的亏损企业，却占用大量固定资产和流动资金，不仅不能为国家创造财富，而且每年要耗用各级财政的大量补贴。这种状况制约着国家把有限资金投到急需发展的行业和企业中去，也使为数众多的企业普遍缺乏活力的状况难以改变。例如，1987年9月，我和另几位同志曾到北京齿轮总厂调查。该厂是全国58家汽车齿轮制造厂中最大的生产厂家。该厂实力强、效益好，全国固定资产逾千万元的齿轮厂有13家，而北齿厂年上缴税利总额相当于其他12家总和的1.4倍。该厂"七五"期间制定了新的发展目标，但由于该厂是有27年历史的老厂，原厂区发展受到限制，"英雄苦于无用武之地"。而朝阳区所属国营金属工艺制品厂，占地42.6亩，厂区建筑面积2.8万平方米，还有水、电设施。但该厂建立十几年来连年亏损，1986年亏损达51万元，每年靠财政补贴，工人只发70%的工资。这种现实的矛盾，迫使人们扩展视野，寻找一种可以同时搞活效益好和经营亏损这样两类企业的有效机制，企业买卖便应运而生。在这种机制下，由经营好的企业去购买、兼并经营差的企业，使先进企业增强自我发展的能力，使落后企业起死回生，重新获得生机，如北齿厂购买了金属工艺制品厂的产权，当年就增收了20万元。工艺厂则避免了破产损失，职工也找到了新的出路。

2. 它是促进资产存量合理流动，实现宏观资源优化配置的客观要求。经过三十多年建设，我国已经具备了8000多亿元的国有资产（包括固定资产及相应的流动资产），形成了四十多万个工交企业，对经济发展起到了重要作用。但是由于旧的投资方式和条块分割的管理体制存在弊端，使一部分企业的资产，在投资之初就先天不足，整个社会又缺乏资产存量合理流动和重新组合的有效机制，形成了原有资源滞存的格局，严重阻碍着经济发展和宏观效益的提高。据工业普查部门统计，目前国营工业企业固定资产存量中有 1/3 处于闲置或半闲置状态。在原有资源不能流动的情况下，迫使国家只能通过新增投资调整结构。自 1978 年以来，国家每年支出 1000 多亿元投资用于新建企业，由于投资机制不合理，一部分投资效益很差。为了解决这些问题，近年来各地区、各部门、各企业之间的横向经济联合有了很大发展，在一定程度上促进了资产存量的流动，取得了好的成效。但是由于横向联合没有发生所有权的转移，因此，一些地方、部门和企业发生行为短期化，甚至互相封锁技术、设置障碍的现象也就不可避免。在这种情况下，各地积极探索，找到了企业买卖这样一条途径，通过这一途径来实现资产存量的合理流动，改变原有的投资方式，将资金投向现有企业，引发现有资金存量，充分利用已经形成的社会生产力，实现全社会范围内的内涵扩大再生产。不仅节省了大量建设资金，而且缩短了建设周期，能在较短时间内，实现生产能力的扩大和经济效益的提高。从北京齿轮厂来看，为完成"七五"规划项目，若走原有扩大再生产的老路，至少需要国家投资 2000 万元（包括征地、基础设施建设、付给农民款项等等），而购买金属工艺厂，只用了 505 万元资金，而且再投入 200 万元，就能形成一定的生产能力，为扩大生产规模打下了基础。节省了投资，提高了投资效益。

3. 它是改善产业组织结构和企业组织结构的必由之路。发展社会主义商品经济的一个关键问题是要提高宏观经济效益，这一方面取决于资源的优化配置，同时也取决于产业组织结构和企业组织结构的合理化。所谓产业组织和企业组织是指生产要素在企业内和企业间的动态组合方式，它是经济发展的关键问题之一。我国产业组织结构和企业组织结构不尽合理，企业的初始规模与现存规模虽有变化，但大多是靠外延投资而不是生产要素流动和重组的结果。我国虽有大、小企业之分，但大都是全能厂而不是专业厂，大企业的生产规模与经济规模相差甚远，小企业也是求全发展，难以适应专业化协作基础上的规模经济的要求。有一个例子很能说明这个问题。1986年，我们曾到杭州万向节厂调查，该厂是优秀农民企业家鲁冠球领导的乡镇企业，生产的汽车万向节的市场占有率为1/3，出口产品占全国该产品出口总量的40%以上。为了扩大生产，满足国内外市场的需求，提高规模经济效益，该厂打算投资扩大再生产。当时的状况是：全国生产汽车万向节的有24家工厂，生产能力很大，而由于质量不好和其他原因，设备大量闲置，并且1/3的企业亏损。但因为缺乏生产要素灵活流动的机制，杭州万向节厂无从考虑用新投资去购买现有闲置设备和连年亏损的企业，走一条投资少、见效快的新路。当时鲁冠球设想在萧山县再建一个万向节厂，而光是建设厂房就需要几年时间，而且从全国来看，它显然是一种重复建设。当时我们向他建议，可以通过购买现有生产万向节的企业来扩大生产，形成规模经济效益，改造亏损企业。他们认为这是很好的主意，并马上着手进行研究。这一事例表明，企业买卖可以打破"大而全"、"小而全"的企业组织结构，实现规模经济合理化。并有利于组建企业集团和在集团内部形成合理的产业链条。在全社会实现专业化、系列化生产组织结构。

4. 它是我国经济改革总体思路不断发展和深化的必然结果。几年来，在我国经济改革的总体思路上有两种主要观点，一是以"两权分离"为基础，强化企业的经营组织，实行企业经营机制的改革，相应地推进其他方面的改革；二是以价格改革为中心进行综合配套改革，建立社会主义市场体系，理顺经济总体运行机制。对这两者单纯强调哪一种都不行。如果不进行企业制度改革，难以为新经济机制运行提供微观基础；而不进行经济总体运行机制的改革，企业制度特别是企业资产经营机制难以彻底转变。因此，从改革与发展的要求来看，必须将两者结合起来，而企业买卖正是使二者有机结合的重要途径之一。

二、企业买卖与企业破产的关系

七届人大通过《全民所有制工业企业法》之后3个月，《企业破产法》将自动生效，从此，我国经济生活中的淘汰机制将导致一批长期亏损、资不抵债的企业破产。

长期以来，我国经济运行中缺乏竞争淘汰机制，一个企业一旦建立，只要上级主管部门不宣布关或停，无论是亏是盈，都会安然无恙地存在下去。有的企业从建立之初就一直亏损，几十年过来，已经亏进去几倍于当初的建厂投资和不断追加的资金。但是对这些债台高筑、早已资不抵债的企业，不仅不能淘汰，国家每年还要拿出大量财力补贴亏损，这些企业也心安理得躺在国家身上吃大锅饭，不思进取，毫无压力。改革以来的种种措施已经震动了这些企业的经营者和职工，特别是《企业破产法》的制定和实施，将破产提上日程，对这些由于经营管理不善、产品无销路、长期亏损、资不抵债的企业，破产将是必然的归宿。这是商品经济条件下的必然法则，是竞争规律在发生作用。这是保证社会进步、经济发展和生产力不断提高的必然条件。破产法是对债权人利益的维护；对债务人则是"置其于死地而后生"。在改革与发展过程中，企业破产制度将发挥重要的作用。

但是，也应看到，破产制度与其他改革措施相比，带来的社会震荡比较大，而且破产制度的实行需要两个重要条件：一是从兼顾经济效率和社会安定出发，对破产企业的职工重新就业之前要发放生活救济金，这就需要社会保障体系比较健全；二是失业的职工要重新就业，找到适当的工作，这就要求劳动力能够自由流动，需要劳务市场的建立和发展。从我国目前的实际条件看，这两个条件虽然已经开始起步，但远没有建成和完善，因此在破产法实施初期，不是难于实施破产，就是难免造成社会震荡，使改革难于大面积推行。

如何解决这个问题？企业买卖提供了一条比较顺当的途径，即：在一个企业没有彻底破产之前，就将其转卖出去，因为一个企业达到资不抵债的处境，往往有一个过程。当一个公营企业连年亏损，产品无销路，无力转产或创新的情况下，就应将其转卖出去，以取得相当的货币资产去扶持经济效益高的企业发展生产。这种做法的好处起码有三点：其一，救活了濒于破产的企业，给它们以新生之路。因为宣告企业破产不是目的，目的是搞活亏损企业，而在其他搞活方法不能奏效时，出售企业产权，是这类企业起死回生的最好选择。实践证明，这类企业通过买卖多数都获得了新生；其二，避免了破产损失，盘活了长期呆滞的资金。对资不抵债的企业实行破产清偿，虽然能够收回部分资金，但在债务的回收上，债权人的利益要有一定的损失。例如，沈阳市防爆器材厂破产后进行了债务处理，人民银行沈阳市皇姑区办事处贷出的2.1万元资金只能收回一半，银行遭受了损失。而目前已经发生的企业买卖实例则均以买方企业承担卖方企业的债权债务关系为条件，这样就使亏损企业拖欠的资金得以偿还，使长期呆滞的资金，变为现实可用的财富；其三，避免了一批工人失业。目前的企业买卖多数是由买方企业全部接收卖方企业职工，这避免了企业破产带来的一部分工人失业造成的社会震荡。当然，从长远来看，买方企业从追求经济效率出发，很可能会拒绝全部接收卖方的职工，这是符合优胜劣汰和竞争规律要求的，只有这样才能提高买方企业的劳动生产率，并给其他企业和职工以更大的竞争压力。但这需要社会保障体系的建立和劳动就业制度的改革能及时跟上，给职工更多的选择职业和自由流动的机会，并对失业人员给予必要的社会救济，以减少改革中的阻力。

必须明确，企业买卖虽然能减少部分企业破产，但不能代替企业破产制度，对长期资不抵债又无人收购的企业必须宣告其破产，促使经济发展、社会进步。不过，需要指出的是，在实践中应防止过多地采取先破产、冲销部分债务，以降低资产有偿转让价格的做法。

企业买卖与其他的改革相比，有其独特的作用，但并非包医百病的良方，它不能代替其他改革形式，而应与之互相配合运用，在改革与发展中发挥各自的作用。在当前广泛推行经营承包责任制中，产权有偿转让应与承包制相结合，宜包则包，宜有偿转让则有偿转让，先包后转或先转后包，决策的标准是看哪种方式能带来更大的经济效益，特别是应提倡企业承包企业的方式，使企业经营权在全社会范围内作合理的转移。例如，保定市具有雄厚经济实力和技术管理优势的国营604厂承包了板纸厂，由承包厂派驻新的法人代表，把经营权转移到604厂，把一个即将倒闭的企业挽救过来，进而又以板纸厂为主体，购买了永华餐巾纸厂的产权，实现了辐射式企业买卖。企业产权有偿转让还应与横向经济联合配合运用，在形成专业化分工协作，挖掘现有生产力，实现全社会范围的内涵扩大再生产方面发挥各自的作用。总之，各项改革不能千篇一律，而应根据具体情况，从实际出发，灵活运用多种改革方式，促进改革深化和经济发展。

三、企业买卖的近、远期效应

企业买卖对于改革和发展有着积极效应。这可以从近、远期两个不同角度加以考察。从近期效应看：

1. 有利于救活现有亏损企业，使生产要素向具有经营优势的企业家手里集中，迅速提高经济效益。1986年，我国国营工业企业亏损达6479户，亏损额达47亿元，1987年亏损额也有40亿元左右。这些亏损企业中为数不少的企业属于经营性亏损，如何救活这些企业是一项艰巨的任务。保定等地的做法提供了可贵的经验。经过4年多产权有偿转让的实践，保定市目前已有13家企业购买了14家企业的产权，从而使全市经济效益迅速提高。1982年市属预算内工业企业49%的亏损面和1696万元亏损额，到1987年当年全部消灭了国营企业的经营性亏损，全市财政收入比1982年增长1.39倍。5年翻了一番以上。青岛市在承包中引入兼并机制，也收到明显的经济效果，1987年全市亏损户减少40%，亏损额下降74.2%。如果把保定市和青岛市的经验推广至全国，那么每年国家将不仅减少几十亿元的亏损补贴金额，而且将大量闲置资金动用起来，使宏观经济效益大幅度提高。在救活亏损企业的同时，使生产要素以企业买卖方式向具有经营优势的企业和经营者手里集中，同是那些要素，同是那些职工，但在新的管理方式和先进的企业文化下重新组合，就能创造出更多的财富，资产产出率迅速提高。据保定市13家企业买卖的资料统计，买方企业盈利总额与卖方企业亏损总额相抵后，增收1030万元，比买卖前提高了223%，大大促进了社会主义商品经济的发展。

2. 有利于盘活长期呆滞的资金，使有限资金带来更多的效益。我国经济发展中，最大的制约条件之一是资金不足，而有限资金的利用率却很低下，其中一部分资金和贷款由于企业长期亏损和濒临破产而难以偿还，成为呆滞资金，降低了资金周转效益。例如，武汉市在没有实行企业买卖之前，仅工业企业过期未还的贷款就有2.546亿元，企业间相互拖欠高达10亿元。企业买卖为消除这种现象提供了新的解决办法。在有偿转让中，买方企业承担卖方的债务，使金融部门能够如数收回贷款，企业之间的相互欠的债权债务也得到落实。据武汉市金融部门统计，在转让过程中，各专业银行收回的过期贷款和企业相互落实的债权债务已达数千万元。从而把长期沉淀的资金变为现实可用的要素，提高了资金使用效率。

3. 有利于搞活存量资产，改变增量投资方式，提高投资的效益。通过企业买卖，使现有大量闲置或利用效率很低的资产流动起来，得到充分利用，按现有固定资产和相应的流动资金估算，若将其中 1/3 的部分搞活，其潜在效益就相当于"六五"期间国家全部生产性基建投资，会大大加快我国的经济建设。同时，存量的流动会促进增量的革命，改变现有投资方式，使新增投资尽量投向现有企业，发掘已有的社会生产力，逐步减少重复建设，有效抑制投资膨胀，改善投资结构。这也是我国经济由粗放经营到集约化经营的重要途径。

4. 有利于推动各类生产要素市场的建立和发展，促进整个市场体系的发育和完善。作为生产要素集合体的企业成为交易对象，进入市场，会带动各类要素的市场尽快发育和形成，资金市场、劳务市场、地产市场等都会随着企业买卖的发展更快地发育和建立起来，并将促进整个市场体系的发展和完善。

5. 有利于沿海经济发展战略的有效实施。实施沿海经济发展战略，对于调整我国经济结构，利用世界市场加快我国经济发展，有重要意义。在实施沿海发展战略中，企业买卖能发挥重要作用。目前，海南、福建等沿海省份都明确提出允许国外资本来本省购买企业，这是很明智的做法。允许外国人购买企业，可以带来资金和技术以及国外的销售网，有利于发展外向型经济。与此同时，我们也应该积极提倡内地资金到沿海地区购买企业。沿海地区等开放省份，享有许多优惠政策，又具备吸引外资和扩大出口的有利地理条件，这些地区转让一部分亏损和微利企业给其他地区，实际上是将对外开放的机会和优惠政策变成了财富，将会吸引大量内地经营效益好的企业到沿海地区购买企业。这样，在大量引进外资的同时，可以大量引进内资，一方面加快了沿海地区外引内联的步伐，另一方面使这些地区真正成为全国可以利用的窗口，内地企业也能够得到"间接开放"的收益，真正使沿海带动内地，加快全国的发展步伐。另外，在对外开放中，还应提倡国内资金到国外购买企业，发展海外投资，这样可以直接利用国外的原材料、技术和国际市场，打破贸易和关税壁垒，更有利于直接参与国际市场的竞争。

企业买卖的远期效应主要是：

1. 从中长期发展趋势看，其深刻意义在于改变了公有资产的运行机制，通开了资产存量和流量之间的界限，增强了国有资产的选择性，使不同的国有经济主体所拥有的资金能够流向资金产出率高的地区、行业和企业，使实物资产向经营效率高的行业和企业集中，有利于改变我国现存的比较严重的结构性矛盾，为社会经济总量平衡创造相应的结构性基础：包括产业结构、产业组织结构、企业组织结构、产品结构、地区结构，从而成为使改革与发展有机结合起来的有效途径。例如，武汉市处于交通枢纽的地理位置，发展流通业、服务业其效益颇为可观。但原来武汉市第三产业的发展因资金等条件不足受到很大限制，企业买卖使这种局面大大改观了。1986年以来，武汉市有十多家企业通过买卖向第三产业转移，几家大型商场因此得以发展，为增强武汉中心城市的流通功能创造了条件，改善了行业结构。

2. 是产权制度改革的启动机制。企业买卖、产权有偿转让的前提是企业财产关系的明确化。我国的实际情况是企业财产分级管理，立足于这样一个现实，企业买卖的发展将会促使各级政府以资产所有者身份来经营所属产权，并逐步建立起国有资产的管理机构和多元经营主体。这是实行企业买卖的一个极其重要的条件。这种国有资产的管理机构要负责管好自己所管的资产使之不受损失，不仅要保值，而且要增值。这里就有一个经营问题，为使所经营的资产迅速增值，或购买企业，把货币资产变为实物资产，或卖出企业，将实物资产变为货币资产，并将资金投向更有利可图、社会效益更好的企业、行业和部门。这样就将政府管理企业生产的职能转变为经营产权，有利于国有资产不断增值，宏观效益不断提高，而且为政府的职能转换创造了必要的条件。

3．它有利于新的经济运行机制发挥作用。党的十三大报告明确提出："新的经济运行机制，总体上说应当是国家调节市场，市场引导企业的机制。"从中长期看，国家调节市场，包括调节企业产权买卖市场，国家根据经济发展战略和产业政策的要求，对产权有偿转让中的所有制结构、行业结构、产业组织结构、地区结构进行宏观调节，通过制定方针、政策、法规，使企业买卖朝着有利于优化结构、提高宏观经济效益的方向发展。宏观调控下的企业买卖，能够引导企业资产向优势企业集中，引导资源存量更合理地流动和重组，使新经济运行机制发挥更大的作用。

4．它有助于形成较硬的企业预算约束机制。预算约束软化，是社会主义国家企业以往行为的主要特征，这是由旧的经济体制模式决定的。改革以来，虽然采取多种措施力图把企业塑造成自负盈亏的商品生产者，但实践证明，在原有的财产所有权关系下，企业不能自负其盈，更不可能自负其亏。目前实行的经营承包责任制虽然能在一定程度上硬化企业预算约束，但仍不能从根本上解决问题。可能的选择是通过企业买卖、产权有偿转让的发展来促进产权关系的界定，并在同一所有权下形成若干产权经营主体，各主体之间进行企业化产权经营并展开竞争。胜者，资产将不断增值；败者，资产逐步减少以至破产。这样就形成了较强的市场约束。更为重要的是，企业买卖也给企业经营者以较大压力，迫使其不断追求新技术，改善经营管理，否则将被效益好的企业兼并。只有这样才能形成较硬的企业预算约束机制，造就大批精明能干的企业家，创立新经济机制运行所需要的微观基础，使整个经济运行步入良性循环的轨道。

总之，无论从近期或远期来看，企业买卖都显示了深化经济改革、优化资源配置的良好前景，在改革和发展中必将发挥重要作用。因此，我们应积极支持和推动这一改革中的新生事物健康发展。

四、企业买卖对发展社会主义商品经济理论具有重大意义

"企业买卖或兼并是资本主义的特有现象，是资本主义社会基本矛盾所决定的"，这是一种传统的看法。这种观点认为，由于资本主义社会中生产资料归资本家私人占有，而追求最大限度的利润是资本主义生产的最终目的，因此，为了获取高额利润，资本主义企业之间必然展开激烈的、你死我活的竞争。在竞争中，尔虞我诈、不择手段地打击以至吞并竞争对手，一举实现消灭竞争对手，发展自己的目的。所以，资本主义经济发展的历史，就是一部大鱼吃小鱼、弱肉强食、企业之间互相倾轧、互相吞并，从而导致经济波动和工人大批失业的历史，企业兼并的后果是使资本主义从竞争走向垄断，而垄断竞争，窒息了企业追求技术进步的动因，因此，垄断代表了腐朽，等等。

这种传统的看法有其正确的一面，即它比较清楚地揭示了企

业买卖或兼并在资本主义经济发展中的消极方面。但是，简单地否定企业买卖或兼并的积极作用，把它看成是资本主义社会所独有的东西，没有认识到它是商品经济发展过程中的客观要求，则是传统看法的缺陷。实际上，企业买卖也有积极的作用，它不是某一社会形态所固有的东西，而是商品经济条件下经济运行过程中的重要手段。

在商品经济条件下，企业买卖的重要作用之一是促进了商品生产的发展和社会生产力的提高。在竞争性的市场运行过程中，企业之间通过实力较量而出现重组和兼并，产品无销路、创新能力弱、经济效益差的企业被淘汰；有发展前途、技术水平高、经济效益好的企业则得以存在和发展，这种机制促进了社会生产力的发展和劳动生产率的不断提高。企业买卖的另一作用是使整个社会的资产不断处于一种发展变化的状态，它对于资产存量的重组，产业结构、产品结构以及企业组织结构的不断调整、不断趋于动态优化起着重要作用。因此，在资本主义商品经济发展史上，它也起着一种治病的作用，几乎每一次大的产业结构的调整和规模经济的演变，都伴随着企业兼并浪潮的出现。换言之，每次大的企业兼并浪潮之后，都会出现新的更合理的产业结构格局和新的企业生产组织规模。

例如，在美国的产业发展史上，就曾发生过三次大的企业兼并浪潮。第一次，发生在 1895~1905 年"世纪之交"时期，以从事同一产品生产或同种产品经营的企业之间的横向兼并为特征的兼并浪潮，导致了美国钢铁公司、美国制造公司、美国烟草公司等规模较大公司的出现。这些大公司在市场占有率上都占有压倒的优势，从而使原有的比较分散的经济具有了规模效益。第二次，发生在 1929 年，产业结构发生了重大变化，能源的开发利用迅速向电力转换，导致了电力部门内部的兼并大量增加。这一时期，企业之间的纵向兼并成为主要特征，食品、化学、金属等工业企业之间的兼并增多，形成了系列化的联合生产企业。发生于1950～1969年的第三次兼并浪潮的最大特征是复合式兼并成为主流，形成了复合式经营方式，从而使多种经营管理学发展起来。战后，即使在垄断竞争时代，资本主义国家的兼并也一直存在。进入80年代后，对高技术领域进行技术开发已经成为企业关心的主要课题，为了获得必需的技术而进行的资产的收买增加了。同时，卖掉经营不景气的资产，买进大有发展前途的具有战略意义的企业，重新调整经营结构，也是企业兼并的主要目的。不仅美国的经济发展伴随着企业买卖和兼并的浪潮，战后日本经济的高速增长也伴随着企业买卖和兼并，60年代后期到70年代，日本以市场扩大型为主要内容的复合式兼并比例增高，1980年达到30.3%，反映了日本经济发展中企业经营的集中化、系列化的动向。

可见，企业买卖和兼并对于商品经济的发展、产业结构、企业组织结构的调整发挥着重要作用。是商品经济发展的客观要求，可以说，如果没有企业买卖和兼并这种生产要素整体流动机制的存在，商品经济就不可能迅速发展，资本主义的生产也不可能达到今天这样的水平。

但是，由于传统观念的影响，把竞争机制和企业兼并机制视为异端。认为既然资本主义私有制导致了资本家之间你死我活的竞争和兼并，那么在社会主义条件下，生产资料已归全体人民所有，国家代表全体人民掌握生产资料，因此，在公有制下不会出现竞争，只有友好的竞赛，更不可能出现企业之间优胜劣汰的兼并。认为社会主义经济不是商品经济，而是产品经济，经济结构的调整都是根据国家计划进行的，即使需要调整，也应该通过计划手段来解决，而不允许企业买卖等市场机制"插手"其间。这种理论从第一个社会主义国家建立时起，一直是社会主义政治经济学的传统理论，并指导着经济实践。虽然50年代起南斯拉夫开始探索新的社会主义经济体制模式，60年代起，东欧一些国家也相继进行经济体制的改革，但是在企业买卖或兼并问题上仍然没有实质性的理论突破。

我国自1978年开始的经济体制改革，首先在农村家庭联产承包制上取得了突破性进展，极大地调动了群众的劳动积极性，促进了社会生产力的发展。随着改革的深入，经济理论界对传统的政治经济学理论进行了反思，围绕社会主义经济是商品经济、社会主义企业应该是自负盈亏的商品生产者和经营者，生产要素也是商品等问题，展开了热烈讨论。这些探讨为社会主义经济理论的突破作了充分的准备，在党的十二届三中全会所作的《关于经济体制改革的决定》中，明确提出了社会主义经济是有计划的商品经济，确认了生产资料也是商品，以及大力开展社会主义联合和竞争等问题，这是对传统的社会主义政治经济学理论的突破。在社会主义的发展史上，这个决定具有重要的时代意义，它为进一步深化城市经济体制改革、搞活国有企业奠定了理论基础。

然而，由于对社会主义经济理论的认识毕竟有一个过程，因此，当时的认识还存在着一些矛盾。例如，只承认生产要素是商品，可以流动，而没有明确作为生产要素集合体的企业也是商品，也可以整体流动，成为买卖对象；只讲企业可以破产，不说企业可以买卖；只提出了要逐步发育和建立生产要素市场，而没有提出建立企业产权买卖市场；只强调要调节好生产要素的增量配置，而忽视了资产存量的调整。这表明，当时的生产要素流动理论还是不完整的。这既表明了对一个理论的认识需要有一个过程，也说明实践的发展对于理论上的突破至关重要。随着改革的不断深入和企业买卖改革实践的发展，一批理论工作者面对改革实际，以极大的热情开始对企业买卖问题进行研究，通过这些研究与讨论，逐步从理论上明确了这样两个问题：一是在社会主义商品经济内涵的要素流动机制中，占据重要地位的是多要素的整体流动，这是保持要素存量结构持续优化的机制，是使其他表层市场如产品市场优化的基础。二是承认要素集合体——企业是商品，可以买卖，将是继承认社会主义是商品经济，承认生产资料是商品以及"两权分离"理论之后的又一具有重要意义的理论飞跃，建立并完善企业买卖市场，很可能从一个极为重要的方面逼近了我国经济体制改革的目标模式。这是我们在理论上的两个十分重要的进展。

企业买卖作为改革中的新事物，引起了广泛的社会关注，也引起了中央领导和国务院领导同志的重视。中央和国务院有关领导曾在国务院发展研究中心关于发展企业产权市场的两份报告中作了重要批示，责成有关部门具体部署，并将有关原则写入《企业法》。党的十三大报告明确提出："一些全民所有制小企业的产权，可以有偿转让给集体或个人。"李鹏同志在七届人大一次会议所作的政府工作报告中也提出：要实行企业产权有条件的有偿转让，使闲置或利用率不高的资产得到充分利用。这个重要思想也写入七届人大一次会议所通过的《国营工业企业法》中。据了解，目前已有很多省市把发展企业买卖列为深化企业改革的重要内容，组织力量专门研究并制定了具体的实施措施。所有这些都表明，企业买卖作为深化经济改革、进一步发展社会主义商品经济的有效措施，已经得到理论上的肯定，并正在实践中发展。

五、当前亟待研究解决的几个政策性问题

企业买卖在理论和实践上，都对社会主义商品经济的发展具

有十分重要的意义。目前，各级政府对此也给予了较高的重视。但从实践发展的情况来看，我们建议各有关方面在深化实践的基础上研究解决如下政策性问题。

1. 如何尽快明确国有企业的产权关系。从一般意义上讲，只有企业产权的归属关系十分明确，企业买卖才能顺利进行，但由于我国长期以来实行的是财政、资金"大锅饭"体制，国有企业的产权关系十分模糊，如有中央投资、有地方各级投资、有企业自筹，还有的是由集体所有制升级而来的。这些问题有待于结合清产核资工作逐步加以清理，否则企业买卖就难以真正大范围推广。我有这样一种想法，是不是可以先立足于我国国有企业的分级管理这一现实，把现有的国有资产划分为中央、省、市、县分级所有，即先由"分级管理"过渡到"分级所有"，明确地方政府对国有资产的完整、安全和增值所应负的责任。同样，中央也可不以产值等指标，而以资产经营效益的好坏作为考核地方政府的主要指标。当然，明确产权关系决不是一件轻而易举的事，需要进行十分深入细致的研究。

2. 在有条件的地方，试办国有资产的经营实体，如国有资产投资公司。资产利用效率有赖于有效的经营，目前，急需创办一些国有资产的经营实体，以实际解决国有资产的利用效益问题。然而由于长期以来我国商品经济不发达，在这方面也十分缺少经验。不过，西方国家在发展商品经济中的一些做法，也可以为我们所借鉴。是不是可以考虑先试办一些国有资产投资公司，将部分国有企业的资产划归它们进行竞争性经营，这些公司的任务就是使资产增值。公司经理人选可由政府提名，报人民代表大会审定。目前一些地方正考虑先由财政部门负责投资公司的组建和经营，这也不妨作为一种方式试一试。

3. 调整和改革金融政策和体制。企业买卖对资金市场的发展有较高的要求，产权交易也有赖于各种金融手段、信用工具的多样化，然而目前我们的金融政策和体制还很不适应这一需要。从现有的企业买卖发展情况来看，有这样几个问题需要尽快加以解决：一是适当发展银行资产抵押业务，以便及时将因经营管理不善、濒临破产企业的资产通过银行转移给经营水平高、效益好的企业，充分发挥银行的"中介人"作用；二是允许企业独立或在银行的协助下，发行企业债券、股票，既可解决扩张企业筹集资金的需要，也可使企业产权的买卖适应不同的条件采取不同的形式和办法；三是及时制定相应的信贷政策，调整企业买卖的规模和结构，也可设立扶持企业产权买卖的专项贷款。

4. 妥善解决被转让企业职工的安置问题。这是目前企业买卖中十分敏感的一个问题。从现有的企业买卖实践来看，买方企业职工有担心收入减少的问题，而卖方企业职工则愿意归到效益好的企业中去。说到底是一个利益问题。现在企业买卖中多数是采取"全建制"的办法，即买方企业负责解决卖方企业的职工就业安置问题。从近期来看，这是十分必要的，也是较稳妥的办法。但从长远来看，也应在改革中逐步解决企业与职工的相互选择问题，当然这些还有待于我国的社会保险等保障系统的逐步发展和完善，这还需要有一个过程。

5. 企业买卖的资产价格也是十分复杂的问题。应该说，现在所进行的企业买卖中，许多资产价格的确定是不完整，多数是偏低的，但考虑到目前我国价格体系，特别是生产要素价格还很不顺，这个问题还很难尽快得到满意的解决。所以，企业买卖中的资产价格也只能适应不同情况，采取多种办法来加以确定。比如，对长期亏损或濒临破产的企业公开招标定价；同行业或工艺相近的企业双方协商议价；某些资不抵债的由最大债权人优先接收；对是否接收安置原企业职工的也应在定价上有所考虑，等等。

6. 如何加强宏观指导和市场管理。企业买卖往往同时包含着企业的行业部门结构的变动，因此，如何在贯彻"双方自愿、等价交换"的同时，加强在产业结构上的宏观指导，是十分重要的问题。特别是在价格体系不顺的情况下，更要防止企业产权过多地流向"热门"的长线行业。另外，企业买卖的市场环境，也是需要认真加以研究解决的问题。这主要是要不失时机地推进计划、物资、价格、财税等方面的体制改革。同时，审计、税务、工商管理等部门必要的服务、监督工作也必须及时跟上。这方面的法规建设也应引起重视。

总之，在发展企业买卖方面需要研究解决的政策性问题还很多，任务还很艰巨，但是，只要勇于大胆探索，注意认真总结经验，就一定会推动这一改革形式健康顺利发展。

加速建立适合我国国情的社会保障体系[*]

（一九九六年）

目前国有企业面临的困难甚多，特别是企业富余人员多，办社会的负担重，成了极为普遍而又突出的问题。出路何在？人们多寄厚望于社会保障体系的建立。然而，单凭善良的愿望，是不可能把社会保障体系健全和完善起来的。特别是多年来我们实行的是低工资、高积累的制度，社会保障基金一直没有建立，大量退休人员的重负压在国有企业身上，大量冗员难以分流。面对这种现实，企图一下子就把社会保障体系完善起来，从而把企业的包袱统统卸掉，无疑是一种幻想。因此，我们应当客观地分析建立社会保障制度的必备条件，探讨如何改善或创造这些条件，采取切实可行的措施，加速建立适合我国国情的社会保障制度。

建立社会保障制度的制约因素

社会保障能够达到什么样的水准，首先取决于经济发展水平。

---

[*] 载《光明日报》1996年4月25日。

社会保障是国民生活保障体系的一个组成部分。一般来说,国民生活保障体系分为个人保障、企业保障和社会保障三个部分,而社会保障又包括社会保险、政府救济和社会福利三项内容。显而易见,经济发展水平愈高,国家经济实力愈强,政府对困难居民的救济以及创办社会福利事业的财力就会愈充裕,保障的程度就能够提高。社会保障的主体部分——社会保险(包括医疗保险、养老保险、失业保险和劳动灾害保险),虽然不像政府救济和社会福利那样主要由政府出资,但各国政府总是要在一定程度上给予补贴,所以它和经济发展水平也直接相关,即经济发展水平越高,政府补贴的财力就会越充裕;经济发展水平越高,职工的工资水平就越高,缴纳保险费的承受能力也就越强,社会保障的程度也会越高。

社会保障能够达到什么样的水准,同人口年龄结构直接相关。社会保障中的政府救济和社会福利一般是面对全社会的,但实际上它的服务对象又是向老年人和儿童倾斜的。因此,这和人口年龄结构关系极大。如果青壮年比重高,上述需求相对就比较少,保障程度就会提高;反之,保障程度就会降低。至于社会保障的主体部分——社会保险就更是如此。以养老保险为例,人们常常认为它是由政府全包的,也有人认为它完全是个人的积蓄,即自己在职期间缴纳保险费,老后再领取回来,似乎和年龄结构没有直接关系。其实这是误解。任何国家也不可能由政府把社会保障的费用全部包下来。解放初期,我们对城市职工采取了包下来的政策,随着时间的推移,早已难以为继了。即使是经济发达国家,也不可能持久地做到这一点。同样,个人缴纳的保险费,数量也是很有限的,任何人一生所缴保险费,都很难或几乎不可能够他退休以后养老金的常年支用。日本一桥大学教授、著名经济学家高山宪之先生曾按照1990年数据测算,日本企业职工在职35年缴纳的保险费总额,只相当于他退休以后平均余命20年领取的养老金总额的15%,其余的85％绝大部分来自未达退休年龄的在职人员缴纳的保险费，政府补贴所占比重很小。也就是说，养老保险既不是政府全包，也不是个人储蓄，而是一种社会统筹的"后代养前代"的社会互助。这就和人口年龄结构发生了密切的关系。在人口年龄结构合理的条件下，这种互助合作方式就会非常有效。例如，老年人口少，青壮年人口多，这时对老人的抚养比率就高，养老金的收支状况就比较宽松。反之，如果进入老龄化社会，青壮年比例下降，对老人的抚养比率就会降低，养老金的财务状况就会恶化。

社会保障能够达到什么样的水准，还受就业程度的影响。就业程度高，居民中的困难户相对少，政府救济的负担就轻，保障水准就可以提高。相反，如果就业程度低，失业率过高，失业保险和政府救济的负担就重，保障水准就必然降低。失业保险是社会保障的一个非常重要的方面，是为了救济失业者和促进再就业而建立的一种保障制度。从国际经验看，失业保险制度的有效运行，是以较低的失业率和较短的再就业周期为前提的。以日本为例，失业者的补贴，按年龄和工龄分出不同档次，最少的发3个月的工资，最多的发10个月的工资。这就意味着在此时限内，一般能够实现再就业。其间政府设置的"公共职业安定所"负责为失业者介绍新的工作，如果当事人不愿接受，到期停发失业补贴，生活困难者由政府按困难户进行救济，与失业保险无关。不难看出，就业程度低，失业率高，再就业周期长，就会使大量人员成为政府救济的对象。这不但会加重政府的负担，而且保障的水准也只能是很低的。

从国情出发建立社会保障体系

不难看出，我们面临的形势是十分严峻的。无论是经济发展水平、人口年龄结构，还是劳动人口的就业状况，都是不容乐观的。我们必须正视这种情况，认真、冷静地探寻解决这些问题的有效、可行的对策。目前最为紧迫、急需解决的有以下几个方面的问题。

加速经济发展，为提高保障水准创造物质基础

国民经济的健康发展，经济效益的不断提高，是建立社会保障体系、提高保障水准的基础。长期以来，我国经济建设普遍存在着热衷于追求数量而忽视质量，追求新建而忽视技术改造的倾向，走的是外延型、粗放型经济增长的道路。结果是经济增长速度虽快，但经济效益很差。近几年来工业盲目发展、重复建设的势头还没有真正得到遏制，经济效益综合指数至今仍低于"七五"计划已经达到的水平。这种状况如果不尽快改变，就难以形成完善社会保障体系的物质前提。

特别值得重视的问题是，我国人口老龄化的到来已经迫在眉睫。65岁以上老龄人口中由人口比重的7%发展到14%，法国经过了115年，英国经过了45年，日本只需要25年时间。而我国人口老龄化的速度还将远远高于法国和英国，同日本相差不多。据预测，我国用不了30年，65岁以上老人占人口的比重就会由7%增长到14%。这就提醒我们，必须抓住时机，在今后一二十年的时间里使我国经济有一个大的发展。只有这样，才能从经济实力上保证在人口老龄化的巨大压力到来之时，使社会保障的水准不致大幅度下降。

既然经济发展水平直接决定着社会保障水准的提高，而我国的经济又不够发达，这就要求我们在建立社会保障体系时，保障水准在起步阶段宁可低一些，特别是养老保险不宜规定过高的替代率。目前我国城市职工养老金替代率（养老金占原工资的比率）超过了80%，这是比较高的比率。当然，我国实行的是低工资制，和发达国家高工资的计算基数差距大，高替代率并不等于维持高生活水准。尽管如此，我国的替代率也只能是逐步提高，不宜在一开始就普遍定得过高,然后被迫下降,那将形成十分困难的局面。我们应当着眼于加速经济的发展。随着经济的发展,首先要保证工资水平的提高,调动在职人员的积极性,促进生产发展,这样才能为提高替代率创造物质前提。

发展多种经济成分,分流国有企业多余人员,有效地降低失业率

社会保障尤其是其中的失业保险,不可能无限度地解决大量失业人群的生活保障问题。它是以较小的失业率和较短的再就业周期为前提的。如前所述,日本失业者的补贴最多发满10个月,在此期限内能够安排再就业。只有这样,失业保险才能有效地发挥作用。目前我国名义失业率虽然不高,但国有企业在职的富余人员多达20%~30%。如此之多的冗员,要想靠失业保险把他们从企业中分离出去,是绝对不可能的。这么多人如果短时期内不能实现再就业,旷日持久地吃失业保险或吃政府救济,都是不可想象的。因此,解决失业问题,首先不是靠失业保险而是靠广开就业门路;只有把失业率和再就业周期降到合理的限度之内,失业保险的有效性才能体现出来。

要广开就业门路,就要更加大胆地发展非国有经济特别是集体经济和个体经济。过去靠国有企业支撑,才有可能给非国有企业以更多的优惠政策,而现在则应当大力发展非国有企业,反过来支持国有企业的改革。我们应当支持和鼓励国有企业的富余人员从事个体经营和到集体企业就业,只有这样才能分流富余人员,减轻国有企业负担,使实际的失业率不断降低,从而使失业保险真正发挥应有的作用。

充分调动国家、集体、个人及其家庭的积极性,多方筹措社会保障基金

任何社会都有如何抚养老人的问题。在没有建立社会保障体系的条件下,一般是以家庭为单位来抚养老人,这可以称为家庭范围内的抚养老人的制度。建立社会保障制度之后，逐步扩大统筹范围，家庭范围的抚养老人的制度则转变为社会统筹的"后代养前代"的抚养老人的制度。这种转变需要有一个较长的过程，而且要适度，不考虑经济发展水平，过度地实现社会化，是不切实际的。我们应当考虑从个人保障、企业保障、社会保障的结合上多渠道地解决国民生活保障体系问题。社会统筹的部分应当降低替代率，这一部分只保障退休人员的基本生活，可以称之为基础养老保险；有余力的、效益好的企业，可以在社会统筹的基础上自主建立企业补充养老保险，经济条件好的职工个人，如有余力，还可以在企业补充保险的基础上再参加个人养老保障。这样就可以发挥各方面的积极性，形成阶梯式、多层次的保障体系。

无论是企业保障或者是社会统筹，都存在着资金来源的问题。过去我们实行的是低工资制；企业利润全部上交，基本上用来铺新摊子。目前我国国有资产存量中，有相当一部分是这样形成的。也就是说，本应形成保障基金的部分并没有积存起来，而是形成了新的固定资产。于是就有一种观点，认为应当把这部分国有资产的产权量化到个人。我们认为，这样做无论在理论上或是在实际操作上都是不可行的。按照谁投资谁所有、谁受益的原则，既然已经形成了国有资产，那么其产权的归属就是明确的。但确实存在着过去职工付出的劳动没有得到应有的补偿，以及优秀的经营者创造性劳动所形成的效益没有得到应有的奖励等问题。这些都属于过去的欠账，而且人员是动态的。就一个企业来说，无论是职工或者是经营者，都已几经变迁，若想如实地清算和还原是根本不可能的。考虑到这些实际情况，一种可行的办法是，把清理历史的欠账同建立社会保障体系的任务结合起来，不是把一部分国有资产量化给个人，而是在国有资产存量中切出一部分，出售之后用来形成社会保障的起动资金。这在理论上和实际操作上都是可行的。

关于技术改造与技术进步

对现有企业进行技术改造是我国经济发展的一项战略任务[*]

(一九八二年)

五届人大四次会议的《政府工作报告》提出了今后经济建设的10条重要方针,其中有一条就是有重点有步骤地进行技术改造,充分发挥现有企业的作用。

大家知道,过去我们扩大再生产主要依靠增加新的基本建设项目,忽视了对现有企业的技术改造。今后我们扩大再生产将不采取过去的办法,而主要依靠通过技术改造,充分发挥现有企业的作用。这是一种多快好省地发展我国生产力的新路子,是发展我国社会主义经济的一个新战略。

有重点地进行技术改造的迫切性

过去,在我们奠定工业化基础的时期,扩大再生产主要依靠新建企业,这是必要的。现在,我们已经有了40万个工交企业,今后的扩大再生产必须要依靠技术改造,充分发挥现有企业的作用,不

---

[*] 参加起草"国务院关于加强我国技术改造的决定"后撰写的文章。

能再走过去那种花钱多、效益差的老路；而要走投资省、见效快、经济效益高的新路。这就是说，我们要改变过去以新建企业作为扩大再生产主要手段的作法，实行以技术改造作为扩大再生产主要手段的方针。

当前，有重点有步骤地对现有企业进行技术改造，就可以改变现有企业的技术面貌，以较少的资金，较快地增加新的生产能力；就可以改变机械工业、冶金工业任务不足的状况，使这类工业活跃起来，不仅有利于克服当前经济困难，并且为今后加快经济的发展积蓄力量。因此，有重点有步骤地对现有企业进行技术改造，是使我国财政经济状况根本好转，促进现有企业的现代化，把整个国民经济逐步转移到新的技术基础上来，振兴我国经济的一项重要的战略任务。我们应当充分认识技术改造的重要意义。

建国以来，经过全国各族人民的努力，我国已建立起一个独立的、比较完整的工业体系。工交企业已经拥有原值4400多亿元的固定资产，一部分技术设备也是比较先进的，我国国民经济的物质技术基础已有相当的规模和水平，为实现四个现代化奠定了可靠的物质技术基础。

但是，长期以来，由于"左"倾指导思想的影响，片面追求工业产值的增长速度，我们在生产建设中偏重于建设新的企业，忽视已建成的企业的技术改造。同时，还把所谓挖潜、革新、改造同技术改造完全等同起来。即使这样，在全部固定资产投资中，"挖、革、改"所用的资金，也占不到40％，而且绝大部分又是用于新建厂房，新增设备，扩大生产能力，以增加产值，真正用于技术改造的为数很少。总之，工厂建成后"只用不养"，"竭泽而渔"。因此，设备老化，技术陈旧，计量测试条件差，产品落后的状况相当严重。

对我国国民经济的技术状况如何估计，是一个比较复杂的问题，并且存在不同的看法。我认为，我国虽然有一些先进的技术装备,也有一些先进的工艺和相应的先进的产品,但总的说来,技术进步很慢,从第一个五年计划时期建设的项目建成以来,一二十年中没有根本性的改变,与国外比较,差距越来越大。

我国现有企业的技术装备情况,按照固定资产形成的过程来分析,50年代到60年代形成的,约占固定资产原值总额的1/3,70年代形成的略高于60%,其余为旧中国遗留的。根据造价提高的情况加以粗略的调整,70年代形成的固定资产不到一半。

50年代到60年代形成的固定资产,主要的部分是"一五"时期安排并开始建设的一大批项目,包括从国外引进的以及在外国专家指导下,我们自己设计、自己制造设备建设起来的项目,共400多个企业。这批企业至今仍然是我国工业生产的骨干,它们当时大体上具备50年代的技术水平,也有一些是40年代后期的技术水平,总的说来在当时是比较先进的。对于这批企业,20年来主要是通过扩建来扩大生产能力,以实现增加产量为目的;而通过技术改造不断提高工艺水平,增加品种,增加产量,提高质量,却没有认真注意,因此技术面貌变化不大。当时引进的设备现在有不少已经陈旧老化,虽然经过多次大修,仍在继续使用,但已失去原来的精度,能耗、物耗高,效率低,生产不出先进的产品;后来添置的设备,相当部分是在大跃进时期和十年动乱时期粗制滥造出来的,技术严重落后。

就机械工业部门来说,从几个有代表性的企业来看,长春第一汽车厂,洛阳拖拉机厂的主要机床中,20年役令以上的占60%以上。大量机床已大修过二、三次,个别的大修了10次。有的机床床身和导轨,经过多次大修后,已刨去5至10毫米,淬火层已刨光,性能大大下降。组合机床在国外一般不大修,使用期8至10年。洛阳拖拉机厂和第一汽车厂的组合机床,役令达到超过15年的占50%、70%以上,已难以达到加工精度的要求。另据13个骨干机床厂的材料,在8780台机床中,性能不稳定和达不到精度要求的为

34.5%。哈尔滨、瓦房店和洛阳三大轴承厂,20年以上役令的机床45%以上,精度达不到要求的,洛阳轴承厂占32%,哈尔滨轴承厂占60%。

就冶金工业部门来说,鞍钢是具有一定代表性的。鞍钢虽然对技术改造抓得较好,但主要也是搞生产能力的扩大。50年代钢的设计生产能力为320万吨,现在已达到680万吨,增加1倍以上。钢材品种有所发展,消耗有所下降。但主要设备中,30年代至50年代的设备占67%。生产的钢材品种和质量很多不适应国民经济的需要。作为我国目前生产热轧卷板的主要轧机——半连轧,是50年代的设备和工艺,产品厚薄不匀,内外强度不一,质量很差,造成很大浪费。

就化学工业部门来说,除了最近几年引进的石油化工装置以外,50年代建成的工厂,虽然生产能力有所扩大,但设备、技术没有大的改变。例如,吉林化学工业公司所属的化肥厂(该厂是156项工程之一),合成氨生产能力由7.5万吨扩大到30万吨,但由于工艺条件落后,平均每吨合成氨的能耗一直是1700万至1800万大卡,而70年代引进的30万吨合成氨厂每吨氨的能耗仅950万至1000万大卡。另一个50年代引进的染料厂,染料和染料中间体的年产能力也由3万余吨扩大到5万吨,但品种多是低级染料。

轻纺工业有不少还是建国以前的设备,例如,棉纺设备,解放前的占1/5以上,大部分已使用五六十年,虽经改装,但技术相当落后。

交通运输业的技术设备,也很陈旧。

从我国现在还在服役的一些主要设备来看,不搞技术改造,不进行产品的更新换代,后果是很严重的。

我国现在服役的机床283万台,役令在10年以内的虽然占67.2%,但其中除了一小部分进口的以外,绝大部分是十年动乱时期生产的,这些机床大部分粗制滥造,工艺结构落后,质量差,效率低。役令在10年以上的,有一部分是大跃进时期生产的,性能、质量也很差。还有约59万台是服役20年以上的老机床。从机床构成来看,以粗加工为主的普通车床多,刨床、插床多。总的说来,我国机床大约有1/3还比较好,有1/3经过改造还可以使用,余下1/3的机床是应该有计划地更新报废的。

我国的工业锅炉拥有量约为20万台,37万蒸发吨。其中性能差、热效率在55%以下的,按台数计算占1/3,按蒸发吨计算占36%。在这部分锅炉中,有6万多台(占1/3)、3万蒸发吨(占16%)是兰开夏、康尼许和铸铁锅炉,热效率只有40%。

我国的民用汽车拥有量约为156万辆,其中有解放牌4吨车和跃进牌2吨车占总数的60%,相当于国外40年代的水平,百吨公里耗油比国外分别高出21%和30%,其他杂牌汽车耗油更多。

在60年代中、后期我国引进了一批60年代初期水平的新技术,但数量不大。国内利用50年代从苏联引进的技术,翻版建设了一批项目,其中有少数重点骨干项目对苏联50年代的技术进行了消化和吸收,同时还吸收和改造了其他国家的一些先进技术,比原有的技术有所前进,有的大体上相当60年代的技术水平,如攀钢的设备和技术;武钢的2500立方米高炉;60年代研究成功的炼油工业的"五朵金花"(常减压、催化裂化、延迟焦化、铂重整、加氢精炼);机械工业研制的"九大设备",等等。

我国70年代形成的固定资产中,包括了一批从国外引进的先进装备和技术,主要有大型石油化工装置、大型薄板轧机、电站设备等等。它们一般具有大机组、高效率、自动控制和热能综合利用程度高等特点。我们利用这批引进的技术装备了近20个新建企业和对六七十个原有企业进行了扩建改造。这批引进的技术,基本上具有60年代末期和70年代初、中期的国际技术水平,是先进和比较先进的。国内自己设计、自己制造设备，在70年代建设起来的工厂，其中有一些是60年代设计并开始建设的，这批企业有的质量比较好。但是，70年代新建的项目，相当大的部分由于十年动乱的破坏，在设备制造和安装上，存在着不少的问题。其中大、小三线的建设项目，有的技术装备虽然不错，但由于工程不配套，厂房配置不合理，动力、原材料、运输不配套等等原因，不能发挥生产能力。根据1979年底的统计，全国工业固定资产有37%集中在三线地区，而工业产值却只占全国的26%，三线地区大中型企业技术装备程度（即每个职工平均装备的固定资产）比3市2省（北京、天津、上海、辽宁、江苏）高27%，而劳动生产率却低25%，固定资产利用系数（即每元固定资产的产值）则低54%。除此以外，70年代建设起来的一大批"五小企业"，技术一般都很落后。

根据以上情况，大体推算，目前我国工业技术装备，大约有20%左右具有60年代到70年代的技术水平，算是比较先进的；20%至25%左右技术上虽然已经落后，但陈旧程度还不算严重，设备基本完好，大体上还能够适应我国目前生产的技术要求。以上两部分合计大约占40%至45%。其余60%至55%中，有35%左右十分陈旧落后，生产出来的产品，已难以达到原来的技术要求，能耗、物耗过高，浪费严重，迫切需要改造或者应该报废。还有20%至25%的设备也已陈旧老化，加工精度很低，能耗、物耗相当高，已经不能适应目前我国工业产品升级换代和采用新工艺的要求，只能勉强凑合生产，这部分设备也到了更新改造的时期。

技术改造要从我国国情出发，
走自己的路

技术改造必须从我国实际情况出发，走适合于我国国情的路子。建国以来，我们已经建立了独立的比较完整的工业体系和国民经济体系，我国的农业、工业、交通运输业和商业有了相当大的发展；技术水平也比解放以前有了很大的提高。但是，同经济发达的国家相比，我国目前还是相当落后的。我国有10亿人口，其中8亿是农民，我国的人力资源是很丰富的，自然资源也是比较丰富的，但是，我们的人力资源还没有得到充分使用，自然资源也远远没有开发出来，经济的发展水平还比较低，经营管理水平和科学技术水平还很落后。根据这种情况，我们应该采用适合我国资源条件、技术水平和管理水平，并能带来良好经济效益的先进技术，而不能统统要求最新技术，片面求洋、求新。我们应该根据我国的具体情况和发展目标制定符合我国国情的技术装备政策。这种适合我国具体情况的先进技术，既包括最新技术，也包括一般技术。它应当有利于提高产品质量，有利于增加花色品种，有利于增加适销对路的产品，有利于节约能源和原材料，有利于增加劳动就业，有利于综合利用资源。总之，在选择我们所需要的技术时，必须充分考虑这些要求。

我们采用适合我国具体情况的先进技术，并不是一概排斥最新技术，使我国的技术水平永远停留在经济发达国家的后面。在某些部门、某些产品和某些技术领域，应当根据需要与可能，采用一定的最先进的技术，以带动整个技术水平的提高。

引进外国先进技术和设备，必须从我国技术改造的实际需要出发，注意引进适合我国具体情况的先进技术和自己不能制造的关键设备、仪器仪表，包括少量局部生产过程的系列设备。要做好引进设备的掌握、消化、发展工作，尽量少引进甚至不引进成套设备。自己能制造的设备，一般情况下不要引进，更不要重复引进。要制订出消化和发展引进技术的办法。要实行保护我国工业发展的政策。1950～1979年的30年中，引进技术使用的外汇总额中，用于成套进口的占90%，用于引进先进工艺、制造技术的只占1.4%，这种情况，必须改变。要把引进先进技术同企业的技术改造很好地结合起来。近年来，上海、天津等市采取中外合资经营、合作生产、合作开发、补偿贸易、对外加工装配等办法，引进一些先进技术，改造中小企业，已经有不少的成功经验，应该重视和推广。

技术改造要以提高社会经济效益为目标

技术改造必须以提高社会经济效益为目标。不仅要考虑本企业、本行业、本部门的效益，而且特别应当考虑国民经济全局的效益。要坚决改变过去那种花钱不少，浪费很大，追求形式，不讲实效的做法。

实现技术改造，当前抓什么工作？五届人大四次会议的《政府工作报告》指出：（1）节约能源，节约原材料，大大降低消耗，降低成本；（2）改革产品结构，使产品升级换代，提高性能和质量，满足国内外市场的需要；（3）合理地利用资源，提高综合利用水平。此外，还要注意促进安全生产，改进环境保护，减轻繁重体力劳动。

更新设备（包括生产设备、工艺装备和计量测试手段），是当前技术改造的一项重要内容。由于不少企业设备老化严重，因此更新设备是当前技术改造中的一个突出问题。但是，这项工作应该根据需要和可能量力而行，讲求实效。在目前条件下，主要是重点企业更新、改造能够带来较好经济效益的关键部件或设备，而不是全面铺开，更不是全面更新。一般说来，凡属于下列情况的设备，应该有计划地予以更新：（1）设备损耗严重，性能、精度已不能满足规定的工艺要求,造成严重不利的技术经济后果的;(2)设备大修在经济上不如更新合算的;(3)设备在两三年之内浪费能源的价值,超过购置新设备费用的。当然,设备是否需要更新,不仅仅是根据设备的陈旧程度或役令长短,而主要看经济效果。要认真进行技术经济评价。设备更新不是原样翻版,而是尽可能用先进的设备代替原有的落后设备。属于以上几种情况的,就应该有计划地以先进的设备代替旧设备。例如,油田和煤矿把目前用的旧式水泵换成新的效能高的水泵,一台水泵每年节约的电费就可以买两台新的水泵。煤矿把旧的风机换成新的效能高的风机,可以提高效率10%,更新费用一年就可以全部收回。还有小化肥厂,改用新的效能高的风机,可以提高效率20%,按节约电费计算,两三个月即可收回投资。这种事情,当然应该积极去办。

改革工艺,是提高经济效益的一个重要手段。工艺落后是产品质量低、性能差、消耗高、经济效果差的重要原因。企业应当根据自己的具体情况和可能的条件,从保证制造出优质产品,降低能源、原材料消耗和安全生产的要求出发,经过研究试验和鉴定,采用新的工艺方法和工艺流程,生产价廉物美的产品,特别是新产品。

发展新产品,不仅可以满足人民日益增长的物质和文化生活需要,而且也可以取得巨大的经济效益。为此,必须充分发挥科学技术的重要作用,加强新产品的研究设计试制工作,用质量高、性能好、寿命长、消耗低的新产品,及时替换质量低、性能差、寿命短、消耗高的老产品。如我们生产的轴承的使用寿命,只有外国的 $1/3 \sim 1/5$,灯泡只有外国的 $1/10$。这种老产品要有计划地加以淘汰。我们每一种产品应该安排三代:在制的一代、研制的一代,准备发展的一代。要发展新产品,必须用新技术改造落后技术。要组织好科学技术从实验室向生产的转移，从单纯军用向军民兼用转移，沿海向内地转移，国外向国内转移。

在进行技术改造时，有些厂房建筑和公用工程，也需要维修改造。许多老工业基地都存在这个问题。要采取必要措施加固翻修危险厂房，并按照工艺、设备和荷重等级等要求，对厂房进行局部的改造，根据工艺流程调整工艺布局。要防止以技术改造为名，去搞新的基本建设，那是不经济的，不可取的。

技术改造要全面规划、有步骤地进行

在技术改造方面，积累的问题很多，想一下子全面铺开，解决所有的问题，是不现实的。技术改造应该与经济调整、工业改组和企业整顿结合起来，做好规划，有重点有步骤地进行。不做调查研究，不讲经济效果，一哄而起，盲目上马，必然招致相反的结果。现有企业的技术改造，要和新建企业统一考虑，一并纳入国家计划。

当前技术改造的重点，应该有利于经济调整，有利于解决国民经济中最迫切的问题，有利于充分发挥现有企业的潜力，有利于整个国民经济的技术改造。因此，首先要选择那些关系国计民生的、有现实可能的、花钱少见效快、经济效果最好的项目作为重点。要把节能和开发能源的技术设备的更新改造，轻纺工业技术设备的更新改造，交通运输和邮电技术设备的更新改造，放在重要地位。机械工业以及相应的金属材料工业的技术改造，应该先行一步，以便能给国民经济其他部门供应先进的技术装备。根据我国的具体情况，当前要集中力量抓好工业比较发达的中心城市和一批骨干企业的技术改造。

技术改造的规划应该是多层次的，既有全国的，也有地区的、部门的和行业的。它们是国家和各级计划的重要组成部分,要纳入国家的和各级的国民经济计划,进行综合平衡。重大的技术改造项目,必须在可行性研究之后,方可列入计划。

要有一个总体规划。包括:涉及国民经济全局的重大技术改造项目;重大基础设施的技术改造项目;主要部门、主要行业和关键企业技术改造任务的协调和衔接;资金、物资和技术力量的综合平衡等等。

要有行业规划。行业规划要根据总体规划和工业改组的要求制定。生产方向未定的企业,没有生产任务的企业,准备关停并转的企业,可不安排技术改造任务。在制定行业规划时,要确定本行业的技术发展方向和重点,有利于发展专业化协作。各个部门和行业要抓好重点企业的技术改造。要处理好生产任务和技术改造的关系,对于因生产任务过重而难于安排技术改造的企业,可以有计划地分出一部分生产任务,安排给其他企业。对于目前生产任务不足但有发展前途的企业,可以提前安排技术改造工作。

要有企业规划。企业技术改造的规划要在企业整顿的基础上制定。企业要根据财力、物力和人力的可能,按照地区和行业规划的要求,选好重点,抓住关键。企业技术改造规划必须发动广大职工认真讨论,形成方案,经主管部门批准后实施。

技术改造要从国民经济全局着眼,从中心城市或工业基地着手。中心城市是历史上形成的经济中心,大多数工业企业都集中在这些城市里,特别是沿海地区大城市有一大批亟待改造的老企业。因此,制定中心城市的技术改造规划有重要意义。中心城市的技术改造规划要在整体规划和行业规划的指导下制订,把条条块块结合起来,具体安排好重点行业和企业的重大改造项目,要把技术改造同城市的改造和发展结合起来。中心城市和各行各业的领导机关,要选择几个重点企业和重点项目,亲自抓起来,搞好技术改造的规划,并组织实施,以取得经验。

技术改造要有具体的措施

第一,要筹集技术改造的资金。过去,我们对固定资产的投资,主要用在建设新的项目上。近几年来,有些变化。比如,1981年,国家总的固定资产投资中,更新改造资金约占40%。这比过去的比例有了显著的提高。今年这方面投资的比例较去年还将提高。今后国家将逐步提高固定资产投资中用于原有企业技术改造部分的比重。但是,目前国家的基本建设投资有限,而且还要首先保证在建的成套引进项目,所以很难一下子把这个比重提得很高。因此,技术改造的资金,要充分利用企业、地方和部门的自有资金,包括折旧基金、大修理费、企业利润留成中的生产发展基金,以及银行的贷款。目前全国工业企业每年的折旧基金和大修理费约有200亿元,企业留成的生产基金和福利基金约300亿元,共约500亿元。这些都是预算外的。如何合理使用这笔资金是个大问题。假若能将其中的一半用于技术改造,那就会起很大作用。

要引导和帮助企业管好和用好自有资金。凡是规定用于技术改造的资金,就不应该挪作他用。目前工交企业每年提取的更新改造资金和生产发展基金,用于新建厂房、新增设备的部分,比重很大,用于设备更新和技术改造的比重很小,要采取政策上鼓励,行政上干预和银行的引导等措施,推动企业把更多的钱用于设备更新和技术改造。要充分发挥银行贷款的作用,通过合理的利率集中资金,用于技术改造。财政拨款,也应经过银行贷放。要有效地利用外资和外汇,促进企业的技术改造。

为了促进现有企业的技术改造,可以选择少数产品,例如,节能的新锅炉、新汽车等等，试行"一条龙"的办法，把研究、设计、试制、生产的资金和使用单位购买这些设备的资金，包括拨款和贷款，统一交由生产部门和有关单位统筹安排，以保证生产单位的新产品能够及时销售出去，使用单位的设备能够及时更新。

第二，要妥善解决折旧率的问题。对于现行的折旧率，有两种意见。一种意见认为，折旧率太低，不利于技术改造。另一种意见认为，从一个企业来看，目前折旧基金的提取比例与技术改造的任务不相适应，同样的折旧率，新建企业显得高，但技术改造的任务少。而老企业改造任务大，资金反而不足；因此，提高折旧率并不能解决折旧基金使用不均衡的问题，反而减少了国家的收入，分散了资金。不如暂不提高折旧率，以便国家集中使用资金。技术改造任务大而自有资金不足的企业，由国家补贴。

关于折旧基金的管理，也有两种意见。一种是现行办法不变，即国家集中30％，地方集中20％，企业留50％的办法不变；一种是企业多留，由国家和地方掌握的比例减少，或者全部下放给企业。

考虑到折旧率太低不利于设备更新和技术改造，应该创造条件，逐步提高折旧率。作为方向，折旧基金原则上也应该全部由企业支配。但是，目前我国财政困难，不可能大幅度地提高折旧率。而且国家有计划地集中部分折旧基金，有利于重点企业的技术改造，也便于地方、行业、企业之间的调剂使用，特别是便于安排某些投资较多、技术改造周期较长、地方和企业缺乏积极性，而从全局来看又是必须搞的重要的技术改造项目。因此，现行折旧基金管理办法不宜作大的变动。对于确实难以维持简单再生产的行业和企业，可以个别地调整折旧率或留成比例。要通过调查研究，按照部门和行业的特点，制订比较符合实际情况的折旧率，经国务院批准后实行。

第三，关于新产品试制费。企业要通过技术改造，有计划地研制新产品，使产品不断地升级换代。要发展新产品，就要保证新产品的研制费用有固定的来源。一般新产品的试制费，可以分批摊入老产品的成本中去，这样才能使产品价廉物美、售价合理。试制新产品，必须经过技术经济论证，选择把握比较大、效果比较好的成熟技术。有关部门要制订具体办法，既要保证新产品试制费有来源，又要防止盲目试制。

第四，要培训技术队伍。进行技术改造，没有一支又红又专的技术队伍是难以顺利地完成任务的。要加强职工的技术培训，通过灵活多样的教学形式，提高各类人员的技术知识和操作技能。专业技术队伍要务正业，改行的要归队。同时，要适应技术改造的要求，提高各级管理人员的业务水平。

第五，要发动群众提合理化建议。各工业、交通企业要重视我们过去行之有效的经验，广泛发动职工讨论本企业技术改造的规划，经常组织群众提合理化建议。要做好接收、审查、采纳、实施合理化建议的工作，抓紧那些花钱不多、效果明显的小改小革。要采取领导干部、技术人员和工人三结合的办法，解决技术改造中的各种重大问题。

第六，各级计划要开列技术改造的户头。技术改造资金作为固定资产投资的一部分，在各级计划中应开列户头，所需的设备和材料，要分别纳入各级的物资分配计划，切实保证供应，不开空头支票。

第七，要制订废旧设备的处理办法。现在设备报废以后，实行逐级下放的办法，既不利于节省能源，又不利于生产技术水平的提高。设备的修复、改装、转让、退役报废等都要从经济效果上考虑，制订出一套办法。转让下放设备必须有利于提高社会经济效果，否则禁止下放。要制订合理的废钢价格和运费负担办法，鼓励废旧设备回炉炼钢。

技术改造是涉及国民经济各部门和各企业的大事，要切实加强领导，认真进行调查研究，不断发现新情况，解决新问题，总结新经验，把技术改造扎扎实实地推向前进，有条不紊地把我国国民经济转移到新的物质技术基础上来，尽快地迎来我国经济振兴的新时期。

新技术革命和我们的对策※

(一九八五年)

目前,世界上出现了新的技术革命高潮。在美国、日本、西欧一些工业发达国家,谈论这个问题的人越来越多,在苏联和东欧国家,也日益引起人们的注意。当然,他们的观点也各式各样,对新的技术革命的叫法也各不相同。有叫第三、第四次工业革命的,也有叫产业革命的,还有叫技术革命的。此外,还有"后工业社会"、"第三次浪潮"、"信息社会"、"信息经济"等等提法。对于这类"革命"是否已经到来,认识也不一致。有的说已经到来,有的说正在到来,也有的说即将到来,还有的说过一个时期才能到来。究竟过多少时间到来,其说也不一。有的说本世纪末可能到来,有的说下一世纪才能到来。尽管如此,但是有一个共同点,那就是所有这些议论都反映一个新的情况,新的现象。就是说,在经济发达的国家,出现了新的技术群,包括信息技术、生物技术、新材料技术、新能源技术、海洋开发技术等等。这些新技术正在发达国家中不同程度地得到应用和发展。我们要看到这种客

※ 在"新技术革命和我们的对策研讨会"上的讲话。

观事实，了解这种信息，决不能闭目塞听。至于如何称呼它，分析它，评价它，应用它，那是需要讨论的。

毫无疑问，目前出现的这种新情况，对于正在建设社会主义现代化的我国来说，是应当密切加以注意的。

下面准备谈四个问题：一、目前世界上究竟出现了哪些新技术、新产业？有哪些特点？二、西方资产阶级经济学家、社会学家、未来学家是如何评述新技术发展的？三、新技术、新产业的出现对发达国家、发展中国家的经济、社会产生了什么影响？他们已经和准备采取什么对策？四、我们怎样抓住机会，迎接世界新的技术革命的挑战？[①]

目前世界上究竟出现了哪些新技术、新产业？有哪些特点？

最近30年来，科学技术的发展是非常迅速的，出现了一批新的技术和相应的新的产业。其中，集中体现了世界科学技术发展最新成就的有：信息技术、生物技术、新型材料技术、新能源技术、空间技术、海洋开发等等。

信息技术

1946年世界上出现第一台电子计算机，有了可以辅助人们工作的所谓电脑。从这以来的二三十年间，电子技术的发展是异常迅速的。特别是1947年制成的半导体晶体管和1959年问世的集成电路，一下子改变了电子器件的面貌，为整个信息技术的突破性进展开辟了道路。1957年人造地球卫星上天，1960年新的光源——激光产生了，1971年制成了微处理机。这些重大成就使信

---

① 因篇幅过长，这里将第三个问题删去。

息技术成为当代技术革命最活跃的领域。

首先，微电子技术包括微小型电子元器件、电路的生产技术。较为活跃的领域有集成电路、超导器件等。集成电路是当今世界最富有活力、最引人注目的一个新兴领域。目前，各国公认：一个国家开发集成电路的速度和水平，反映了这个国家的科学技术水平和工业经营管理的能力。现在，集成电路已经由小规模、中规模、大规模发展到超大规模阶段，每个芯片含有10万个元件以上。集成电路，特别是大规模的集成电路，是电子计算机、信息设备和各类电子产品不可缺少的重要器件。

其次，电子计算机的发展使人工智能获得一个又一个的突破。电子计算机代替了人类一部分脑力劳动，应用范围遍及社会各个领域。近年来，人工智能的开发，使计算机成为新的生产力的代表。在当代，电子计算机可分为五类：巨型、大型、中型、小型和微型，各有其一定的使用范围。目前的发展重点是巨型和微型两极。1984年11月，我国制成并通过国家鉴定的银河计算机，属于巨型机，其运算速度达到每秒1亿次，标志着我国计算机研制的巨大进步。当然，在世界上它还不是最先进的。微型机价格便宜，使用方便，维护简单，在国民经济和社会生活的各个方面得到普遍推广使用，越来越引起人们的重视。我国目前有通用电子计算机3500台（其中进口的500台），平均每100万人只有3.5台，只等于美国的3.7%，日本的5.6%。微型机，美国1980年生产40万台，1981年80万台；日本1981年生产28万台，1982年76万台。而我国1982年只生产微型机7000台，使用的有1.4万台。

还有光纤通信也是很值得注意的。所谓光纤通信就是用光导纤维制成光缆，代替传统的金属制的电缆；用程序控制的数字交换代替传统的机电交换，用数字通信代替模拟通信。它信息容量大，交换快，传输质量高，抗干扰能力强，能够节省能源和金属。

因此，它受到各国普遍的重视，被当作理想的有线通信手段。它使计算机技术和通信技术相结合，产生了能够处理和传送电报、电话、图像、数据的新的通信系统。目前，英国、日本等8个国家已经宣布新建的通信系统不再采用电缆电路，改用光纤通信线路。在容量相同的情况下，光缆直径只有电缆的1%到0.1%。其可靠性极高，一年停机时间只有30秒，而且价格便宜。日本用光缆比用普通电缆降低造价30%，美国的贝尔公司可降低50%，并且可以节约很多铜材（每公里节约3.7吨）。

生物技术

生物技术是以生命科学最新成就为基础的综合性技术。它直接或间接地利用生物体以及生物体的某些成分或特殊机能为生产服务，为人类造福。生物技术大体包括基因工程、细胞工程、酶工程、发酵工程（即微生物工程）四个方面。基因工程采用类似工程设计的方法，按照人类需要，通过一定的方法，将具有遗传信息的目的基因，在离体条件下进行剪切、组合、拼装，然后把经过人工重组的基因转入宿主细胞内进行大量复制，并使遗传信息在新的宿主细胞或个体中高速表达，最终产生基因产物。这种人工创造新生物或新功能的过程就是基因工程，有时也被称为遗传工程。

细胞工程一般是指以细胞为基本单位在离体条件下进行培养、繁殖或人为地进行精细操作，使细胞的某些特性发生改变，从而改良品种，创建新品种，加速繁殖或提取有用物质的过程。

酶工程是利用酶或细胞等所具有的某些特殊催化功能，用工艺手段和生物反应器生产人类所需产品。

发酵工程是利用微生物的某些特定功能，通过现代工程技术手段产生有用物质或直接把微生物应用于工业化生产的技术体系。有时发酵工程又称作微生物工程。

上述四个方面，酶和发酵工程比较成熟，许多产品已能工业化生产；基因和细胞工程基本上处于实验研究阶段，其中基因重组、细胞融合等技术开始转入实际应用。生物技术是一项投资少、效益高的技术。它建立在生物资源的可再生性基础上，不受原料的限制。它能把在高温、高压下进行的生产过程，改变为在常温常压下进行的生物反应过程。它在工农业生产中具有巨大的经济潜力和社会效益。

应当把生物技术在农业方面的应用放在特别重要的位置，把常规技术同现代生物技术结合起来，培育抗寒、抗旱、抗病、抗盐碱等优良作物品种；运用胚胎冷冻、胚胎移植、细胞核移植和激素等方法，加速动物良种的繁育；研究生物固氮机理，提高植物和根际微生物的固氮能力；继续进行生物治虫和新型农药的开发。

新型材料技术

材料是工业的基础，现代新兴技术的兴起是以新材料作为支柱的，有的甚至以新材料的出现作为先导。半导体材料单晶硅便是一个鲜明的例证。光导纤维是另一种新型材料，没有低损耗的光导纤维，就谈不上光信息的长距离传输，也就没有光通信。对于材料是新技术的基础这一点，必须有清楚的认识。例如，制造一台彩色电视机竟需要1618种材料。没有新材料就不可能出现像彩色电视机这样的新产品。所以新型材料是"新的世界产业革命"的重要特征之一。

新型材料所包括的内容是不断扩大和更新的，大致可分为信息材料、能源新材料以及特殊条件下使用的结构材料和新型功能材料三大类。信息材料是指大规模集成电路、计算机、现代通信所必需的新材料及发展和生产这些新材料所需的各种辅助材料，如半导体材料、信息记录材料、传感器用敏感材料、光导纤维等。光导纤维是光纤通信的关键材料，也是发展电子技术所必需的重要材料。能源新材料，无论对于新能源开发或是节能，都是关键问题之一。如高温结构陶瓷（氧化硅、碳化硅、部分稳定氧化铝、纤维补强复合材料等）、非晶态材料、高密度储能材料、超导材料等。特殊条件下使用的结构材料和新型功能材料，包括高性能结构复合材料（碳纤维增强树脂的强度为钢的3倍）、高性能工程塑料、分离膜、新型合金等材料。

新能源技术

太阳能、生物能（沼气）、核聚变等新能源技术有很大的发展，应用范围不断扩大，而且还促进了相关学科的发展。如太阳能的利用就需要有较高效率的储能材料。核能技术发展很快，尤其是核聚变技术将带来大的突破。

空间技术

自从1957年10月4日苏联发射第一颗人造卫星以来，世界上一些发达国家为发展空间技术，投入了大量人力物力。据前几年的统计，各国用于空间活动的开支已超过2000亿美元，从事空间技术的科学家和工程技术人员约有150万人之多。目前，宇宙探索的规模越来越大，美苏两国建立了轨道科学考察站，美国发射了载人宇宙飞船，实现了登月，并进行了多次航天飞机的飞行。探索的范围已不限于近地空间，已经向太阳系的其他行星发射飞行器或宇宙探测器，收集到大量的资料。空间技术已达到实用的阶段，除了应用于军事目的外，还广泛地应用于科学研究、通信、天气预报、地质勘探、导航、收集经济技术资料等等，对社会经济生活发生了越来越大的影响。现在甚至有人预测，在不久的将来可能实现空间工业化的设想，在空间失重的特殊条件下制造和生产某些新材料和新产品。

海洋开发

随着人类活动空间的扩展，海洋作为一个巨大的宝库正引起人们越来越大的关注。因此，在多种原有技术的基础上开始形成一门新的产业，即海洋开发，特别是在一些发达国家。海洋资源比陆地资源丰富得多，有食物、矿产、能源等资源。海水中含铀40亿吨，相当于陆地储量的4000倍；含金600万吨，相当于陆地储量的170倍。目前，海洋提供的矿产，在世界经济中所占比重为：锆100%，钛80%，镁60%，锡40%，石油的1/4是从海洋开发的。海洋中储藏的锰可供全世界用24000年，钴可用13000多年。世界海洋经济总产值1969年为130多亿美元，1980年增长到2500亿～2800亿美元，在短短的10多年间增长了22倍。我们对海洋开发的工作，也已开始进行探索。

这次新的技术革命和历史上几次技术革命相比较，究竟有什么特点呢？这是值得研究的。从已得到的材料来看，至少有以下几个特点：

第一，这次新的技术、新的产业的发展，不是像过去那样只是比较单一的技术、单一的产业。比如18世纪，世界上出现了纺织机，后来又出现了蒸汽机，以后又出现电力，再后又出现了核能。这些先后出现的新技术，虽然也带动了其他技术的发展，带动了其他产业的发展，但它们出现时，多是单一的。而这一次不是这样。这一次是一群一群出现的，采取群体的形式，一下子就出现了许多新技术和新产业，所以现在叫新的技术群和新的产业群。

第二，这次虽然出现的是新的技术群和新的产业群，但在这一群中间也有带头的技术和产业，这就是信息技术和信息产业，包括电子技术、电子计算机、微电子、光纤通信、激光，以及整个的信息系统。

第三，这一新的技术群、新的产业群的一个重要特征，是知识和技术的高度密集。举一个例子来说明，美国加利福尼亚州附近生产硅片的"硅谷",过去是个果园,现在这个地方的半导体产量占全世界总产量的1/5。这个地方聚集了大量的科学技术人才。美国11家大公司都在这里设有实验室和工厂,美国著名的斯坦福大学和加州大学伯克利分校有大批教学人员、科研人员集中在这里的实验机构里。学校的科研人员、工厂的科研人员和其他研究单位的科研人员结合在一起进行活动。这个地方的工程技术人员比那些从事具体生产活动的人要多得多,"白领"工人大大多于"蓝领"工人,这是一个很大的特点。当然,技术和知识的密集也意味着资金的密集,投资也是相当集中的。

第四,这种新技术、新产业的发展是非常快的。这也是和过去比较而言的。以往每一种重要的新技术的出现,都要间隔几十年,甚至更长的时间。而现在新技术一个接着一个出现,间隔时间大大缩短了。如1942年第一个原子反应堆出现,1946年电子计算机出现,间隔4年。1947年半导体晶体管出现,1957年人造地球卫星上天,1959年集成电路出现,1960年激光诞生,1973年实现了遗传基因的剪接和重组。新技术群、新产业群相继问世了。就集成电路一项来说,集成度每年增加1倍,成本每两年降低一半。过去买一个三极管要10美元,到1980年降到1美分,降至1‰。原材料、设备、工艺,每3年更新换代一次。电子计算机从诞生到现在已是第5代了。每6年电子计算机运转的速度提高10倍,存储量增加20倍,价格降至1/40。第一台电子计算机与现在的同样性能的电子计算机比较,30年来它的体积缩小到三万分之一,价格下降到万分之一,运转速度增加30多万倍。原有的产品在日新月异的发展,更不用说增加新品种了。

第五,新技术、新产业的出现,引起了产业结构和社会结构的一些变化。

(1)新兴技术的发展和应用,将带来生产力的飞跃和产业结构的变化。在本世纪末或者几十年内,现在已经突破和将要突破的新兴技术,将广泛得到应用,从而提高劳动生产率。新兴产业群将会迅速成长壮大,虽然传统产业不可能也不应当完全被取代,但是在整个国民经济中新兴产业所占比重将会有大幅度增长。

(2)知识越来越成为生产力、竞争力和经济成就的关键。工业化时期的经济,是以大规模使用与消耗原材料和能源为基础的。现在可以利用更多的知识来制造更好的产品,提供更好的服务,增加产品和劳务中信息的比重,减少物质消耗的比重。在这里,信息就是体现在产品和劳务中的设计、效用、技巧上的知识,信息本身也是产品的一部分。

技术和管理的进步都依赖于知识。甚至国家的决策,也只有掌握大量信息,运用各种决策技术,才能提高和确保它的科学性、合理性。

(3)信息技术也将大大提高人类思维劳动的效率,导致劳动方式的巨大变化。18世纪下半叶开始的产业革命,开创了利用机械代替人类的体力劳动的时代。这是劳动方式上的一次革命。现在的信息技术,开创了利用机械部分代替人类脑力劳动的时代。

电子计算机的广泛应用,信息库、信息网络的发展,将有助于知识的产生和传播,促进知识劳动的生产率的提高。

(4)根据新的技术革命的需要,相应地进行管理体制的改革,是促进技术与经济发展的重要条件。适应能力强的中小企业的兴起,风险投资的发展,技术密集区的形成等,推动了新兴技术的开发应用与新兴产业的迅速发展。

工业企业的生产组织和各种社会事业的管理,由于系统工程与电子计算机的结合,正在不断发生变化。

(5)经济和技术的变革,将引起就业机会、利润、世界市场的激烈竞争。一些发达国家,企图寻求克服结构性失业危机的途径，力争在生产率和技术创新上取得优势。不少发展中国家也在采取措施，争取缩小技术差距，应付在进出口贸易和国际经济关系中将会遇到的新的压力。

对上面这种情况，我们如果不注意、不研究，不奋发努力，采取正确的办法，急起直追，人家就会不断前进，我们总是落在后面。世界新的技术革命的发展，正在以更完善的技术结构向前迈进，我们对这一点万万不能闭目塞听。我们一定要高度重视新技术革命的动态与进展，随时询问、打听、追踪和研究，吸收和消化世界新的技术革命的成果，加速我国社会主义现代化建设。

新技术、新产业的出现对发达国家、发展中国家的经济、社会产生了什么影响？它们已经准备采取什么对策？

首先看发达国家。新技术、新产业对发达国家经济社会的影响，在美国表现得最为典型。下面就以美国为例（当然也要涉及英、法、西德、日本、苏联等国）。

影响产业结构的变化

新技术产生和发展最直接的后果，是导致了一些新兴产业的建立。新兴产业形成和壮大的同时，传统产业相对地在萎缩和改组。美国钢铁、汽车等重工业曾是美国工业能力的象征，是工业发展的支柱。现在正在萎缩。1982年汽车工业蓝领工人的19%（即21万多人）失去工作。钢铁工业开工率仅42%，约12万人闲着无事。美国一个研究机构认为：到90年代，美国钢铁、汽车等传统工业就业比例，将从1982年的22%降到8%。与此相反，以上述新技术为基础的新产业（如电子工业、宇航工业等），却在比较迅速地发展。例如，电子工业就以每年10%~20%的速度在发展。美国电子协会估计，到1985年电子行业将增加11万专业人员和14万辅助人员。

影响企业规模的变化

一大批原有的规模较大的企业紧缩和分散，有的甚至歇业倒闭；同时，又有大批中小型企业在开业。1982年有25346家倒闭，同时有566942家较小的企业开业。这反映了产业结构的变化所引起的经济结构的调整和企业的改组。企业的生存能力取决于它的技术能力和应变能力。这也是企业小型化的一个原因。从新技术到生产中的应用，再从产品到市场销售，然后又立即转向新的技术，这都是对应变能力的考验。应变能力的高低是它的技术能力的反映。

影响生产力地区布局的变化

原来传统工业密集的美国中西部失业严重。1982年密执安州失业率为14.9%，俄亥俄州失业率为13%，都高于全国平均失业率10.2%。而新产业正在成长的西南部，则在招聘白领技术人员，大批科技人员涌向加利福尼亚"硅谷"、波士顿和卡罗来纳州北部求职。

影响社会结构、社会生活的变化

社会结构的变化可从下页表中看出。

农业劳动人口，1790年占总劳动力的90%，1973年下降为4%，1982年为2.6%。如按蓝领、白领划分，1950年白领36%，蓝领41%；1980年白领50%，蓝领32%。

同时，人们的工作和生活也受到很大的影响。以电子技术为例，它已渗透到人们活动的各个方面。从科研、国防、测量仪器、生产过程控制、工厂管理、交通管制、商业流通、医疗卫生、文化教育以至家庭生活等等，都离不开电子技术。据统计，美国平均每个家庭占用的晶体管，50年代为10个，60年代为1万个，70年代为10万个，80年代将有100万个甚至更多。现在，美国平均每两人有一台电视机，99%以上家庭有电话，有的还有对讲机，不到1000人即有一台计算机，至于微处理机那就更多了。这些都直接影响到人们活动的各个方面。

单位：%

年份	第一产业	第二产业	第三产业	（其中信息产业）
1880	50	36	14	
1920	28	53	19	
1956	14	37	49	(29)
1976	4	29	67	(50)
1979	3	25	72	

日本也发生了与美国相似的变化。它正把过去那些钢铁、船舶、化肥、纸张等"重、厚、长、大"的产品逐步地改变为"轻、薄、短、小"的产品。同时，工业布局也在变化，由"临海型"向"临空型"发展。这种变化同样反应在它的国内货运量上。1965~1972年经济实际增长率为10.1%，货运增长率为12%。1972~1982年前者增长4%，后者只有0.2%。出口商品结构也有很大变化。1973年出口贸易每赚回100万日元，需出口5.6吨货物，而1982年，只需2.4吨。创汇高、体积小、重量轻的尖端技术密集型出口商品增长极快。1967~1981年录像机出口增加27.6倍，集成电路增加38.8倍。新技术和新产业的兴起，当然不可能全部替代传统工业，但它可以促进传统工业的技术改造和技术进步。各国普遍关注新技术革命和"新产业革命"的影响，都在根据各自的特点寻找对策。

美国为了保持其科技优势，称霸全球，优先发展宇航、激光武器、战略核武器，并与民用紧密结合。美国联邦政府决定今后5年着重研究和开发智能计算机、生物工程，每年拨巨款用于生物技术开发。

英国新任命了一位专管信息工业的部长，政府资助成立了农业遗传工程公司。英国政府将它的国有化的钢铁工业职工裁减52%，同时又向1万家小企业贷款4.65亿美元。英国通过"信息技术年"的宣传活动，消除人们担心采用微电子技术会增加失业的疑虑，并促进中小企业采用微处理机。

法国特别强调电子信息和生物技术。到1985年用于科研的经费将占国民生产总值的2.5%，这将超过美、日、英和联邦德国目前的比重。法国为调整产业结构采取紧急措施，要求法国钢铁工业裁员10%，同时又拨款18亿美元贷给企业，帮助企业开发新技术、新产品。

联邦德国的各经济部门正广泛应用电脑，每7个人中就有一个人在其工作中使用电脑控制的机器或设备，预计1990年机器人可达到1.4万台。

日本在结构调整上采取了坚决措施。削减传统产业生产，把化肥产量降到最高纪录的34%，纸板和水泥产量削减了10%。目前正以节能和找寻代用材料、扩大出口为目标，采取各种措施。除了加紧生产机器人和它早已占优势地位的各种电子产品以外，通产省不久前又宣布投资3.2亿美元开发智能计算机，投资1.5亿美元研制三维集成电路、高温半导体器件和超大规模集成电路。通产省还成立了生物工程委员会，指导和协调生物技术的开发研究工作。日本企业对生物技术的投资每年以20%的速度增长。

苏联最近作出"加快国民经济科技进步的决定"。"决定"指出：在使用自动化机器、机器人成套设备和计算机设备的基础上，广泛实现工艺流程的自动化,是加快科技进步的主要方向之一。在苏共二十五大上,生物工程被提高到影响苏联经济发展的关键地位的高度,并决定今后5年内,要求生物工业的发展要比其他工业发展快4倍,重点放在农业上。特别要指出的是苏联历来都把军事尖端技术的发展放在最重要的地位,以便称霸世界。

其次看发展中国家。世界上发展中国家数量很大,这里很难一一涉及,主要以亚洲的一些发展中国家和地区为例,着重谈谈印度、新加坡、南韩和我国的台湾省。

印度目前是以中国作为竞赛对手而进行规划和努力的,他们憋足了气力企图把中国压下去,已成为中国的重要对手。印度原子弹爆炸比我们晚了10年(1974年),卫星上天也比我们晚了10多年。但是印度的特点是原子能、宇航都逐渐形成产业,而不是停留在几件样品上。印度已建成4个原子能电站,其中第4个基本上是自己的技术。据有关资料,印度政府准备在1983~1992年的10年里,投资23亿卢比(约合2.13亿美元)用于微电子工业的研究与开发,主要用于微电子工业技术开发、人力开发和试生产等方面。另外,印度政府还将投资20亿卢比用于大规模集成电路的研究与开发。

我国现在已经设计了一个原子能电站,正在建设中。同时,也准备引进一些原子能电站。但是,从现在看,即使引进4个,完全依靠自己技术,还很困难,这就是差距了。我们的国防科工委非常重视新兴技术军用与民用的结合。这样做既可以加快我们国防工业和国防科学技术的进步,而且可以促进我们民用工业的技术进步。印度这些年来一共引进了6000多种技术,都是从发达国家引进的。它引进技术以后,立即加以消化,消化以后变成印度自己的技术,并向第三世界国家输出。因为这样的技术,更适合于第三世界应用。我们如果不急起直追,很可能落到印度的后面。这确实是很严重的事情。

目前，不少设有加工区的发展中国家和地区，已经看到了劳动力低廉的优势在迅速减弱，正在纷纷改组自己的产业结构，极力向高技术、知识密集的产业过渡。新加坡、南韩和巴西等国都提出了这方面的口号。

先谈新加坡。新加坡政府正在积极支持和鼓励工业界实现生产自动化，重点放在推广和使用机器人。新加坡自己制造的由微型电脑控制的第一台机器人"烧焊工"，已于1984年10月诞生，另一名"喷漆工"将于今年6月诞生。新加坡还将实行电脑教育五年计划，使20%的中学生成为电脑俱乐部的成员，教育部为此专门拨出390万元（新元）作为电脑教育经费。目前，澳大利亚和新西兰两国的计算机大部分依靠从新加坡进口。

南韩目前把大部分资金投在电子工业上，不仅搞加工出口，还要搞基础材料和基础元器件。

再谈谈我国的台湾省。台湾过去以加工和出口劳动资本密集产品为主。但这种情况在几年前已开始改变。前两年和日本丰田汽车公司进行谈判，准备和丰田合作在台湾生产中型和重型卡车，双方也已达成协议，在报纸上登了消息。但是前不久，台湾当局突然宣布，停止和丰田签订的合同，并对美国《华尔街日报》的记者表明，台湾的力量有限，应该集中精力搞最重要的东西，不能分散精力，搞卡车生产不是台湾岛的方向；对于台湾来说，最重要的东西就是电子工业，台湾要在世界的电子工业中占一席之地。另外，据了解，台湾当局已拨款几十亿台币发展电脑、光电技术、生物技术等尖端技术的研究。同时，也制定了发展工业机器人系统技术规划，决定在今后7年内，分两期发展14种机器人。计划从1984年再拨款6.6亿新台币，建立银行电脑自动化系统。台湾当局还决定积极推行信息工业中的软件设计，争取两年内使其在世界信息工业市场的占有率超过2%，每年出口额将达50亿美元，并把信息工业产品列为今后出口产品的首位。台湾在新竹建立了一个"科学园地"，准备吸收大量的海外人才，加速新兴技术的应用。

总之，在世界新的技术革命中，每个国家和地区，都在根据自己的具体情况和需要，制定相应的对策。我们当然也要做这方面的工作。

我们怎样抓住机会，迎接世界新的技术革命的挑战？

在讲到这个问题的时候，我们应该回顾一下6年前邓小平同志在全国科学大会开幕式上的一个重要讲话。他说："现代科学技术正在经历着一场伟大的革命。近三十年来，现代科学技术不只是在个别的科学理论上、个别的生产技术上获得了发展，也不只是有了一般意义上的进步和改革，而是几乎各门科学技术领域都发生了深刻的变化，出现了新的飞跃，产生了并且正在继续产生一系列新兴科学技术。现代科学为生产技术的进步开辟道路，决定它的发展方向。许多新的生产工具，新的工艺，首先在科学实验室里被创造出来。一系列新兴的工业，如高分子合成工业、原子能工业、电子计算机工业、半导体工业、宇航工业、激光工业等，都是建立在新兴科学基础上的。当然，不论是现在或者今后，还会有许多理论研究，暂时人们还看不到它的应用前景。但是，大量的历史事实已经说明：理论研究一旦获得重大突破，迟早会给生产和技术带来极其巨大的进步。当代的自然科学正以空前的规模和速度，应用于生产，使社会物质生产的各个领域面貌一新。特别是由于电子计算机、控制论和自动化技术的发展，正在迅速提高生产自动化的程度。同样数量的劳动力,在同样的劳动时间里,可以生产出比过去多几十倍几百倍的产品。社会生产力有这样巨大的发展,劳动生产率有这样大幅度的提高,靠的是什么?最主要的是靠科学的力量、技术的力量。"① 今天我们回头再看看小平同志讲的话,是多么的正确。

1978年到现在,6年过去了,距离2000年只剩下16个年头了。根据各方面的预测,在这为期不长的16年间,战后持续了三十多年的科技革命,可能有很大的发展。在这个过程中,工业发达国家,在技术上将有可能有进一步的发展;一些发展中国家,例如亚洲的印度很可能会较快地发展起来,甚至在科学技术上超过我国。我们常说的"紧迫感",在科学技术方面,从来没有像现在这样突出。可以肯定,到本世纪末,在这个地球上,还会继续存在着社会主义制度与资本主义制度的对立。因此,这种挑战,就不仅仅是一种经济和科技方面的挑战,而且是一种政治上的挑战;不仅是经济领域的竞争,而且是两种社会制度的竞争。我们共产党人、马克思主义者都应该清醒地认识到这一点,迅速行动起来,迎接这一挑战。

我们究竟怎样迎接这个新的技术革命呢?在世界新技术、新产业的兴起和发展面前,我们的同志可能会有这样几种不同的态度:

一种认为,那些新技术、新产业离我们很遥远,因而对此漠不关心、闭目塞听,不了解也不想了解这方面的新情况。这种态度当然是错误的。

另一种态度是急于求成,认为我们可以很快地完成这个技术革命,为此,恨不得一下子采用所有最新的技术,发展所有的最

---

① 《邓小平文选》第2卷,人民出版社1994年第2版,第87页。

新产业，在很短的时间里，全面赶上和超过经济技术发达的国家。这种想法显然是脱离实际的。

第三种态度是要实事求是。这就是：根据我国的国情，按照需要和可能，对新兴技术的研究开发和新兴产业的建设，采取"有限目标，突出重点"的方针，以便尽可能利用新兴技术，来促进我国的社会主义现代化建设。

面对世界新的技术革命的发展，我们既不能像西方经济发达国家那样，把主要注意力放在发展所谓"朝阳产业"即"新兴产业"上，而使传统的产业，也就是他们所说的"夕阳产业"日趋衰落下去。我们也不能像那些靠加工出口发展起来的南韩、新加坡那样，以主要力量去搞那些加工出口的新产业。我们应当从我们的国情出发，以实现党的十二大提出的战略目标为宗旨，从这样的高度上去考虑采取哪种对策，能对实现战略目标的战略重点建设起最大的促进作用，能对我国城市现有的40万个工业交通企业和100多万个乡镇工业交通企业的技术进步带来最大的生机，能对节约能源、节约原材料、节约资金带来最新的突破，能对提高经济效益、增加资金积累提供最好的保证，能对加速人才培养、提高管理水平给以最大的推动，能对增强国力、改善人民生活发挥最大的作用。总之，要对各个重要方面进行周密的调查研究、分析对比，才能正确地制定我们的对策。

我们总的目标，是在本世纪末在提高经济效益的基础上实现工农业的年总产值翻两番，人民生活达到小康的水平。怎么能够更好地达到这个目标，应该采取什么办法呢？

首先，应该认真研究我国的国情。当前，我们国家的国情是什么？小平同志曾经多次讲到，一个叫人口多，10亿人口，有8亿是农民，4.5亿劳动力中，有3.5亿在农村；另一个叫底子薄。毛主席过去把这叫做一穷二白。现在穷比过去好了一点，白也比过去好了一点，但还不能说我们国家已经根本改变了一穷二白的面貌。底子还是很薄的。除此之外，还有我国经济的发展，是很不平衡的。

为了迎接新的技术革命，对我国国情的下述几个重要情况，应当认真考虑：

第一，我国已经建立了相当规模的工业基础，不少产品拥有较大的生产能力，但是现代化社会所必需的基础设施还很薄弱，传统产业的技术水平、管理水平都比较落后，农业的手工操作仍占极大的比重，农业劳动力仍然是全国劳动力的主要部分，地区的发展极不平衡。应当说，社会主义工业化的任务还未完成。

第二，我国工农业总产值已具有一定规模；然而在相当长时期内，人均产值仍然很低，约占世界的第一百几十位。经济建设、科研和教育投资的绝对数量同主要的经济发达国家相比悬殊很大。

第三，我国在新兴技术领域的研究与开发方面已经有了一定的基础，在国防应用方面也取得了重大的成就，我国早已成功地进行了原子弹、氢弹的爆炸，能够把人造地球卫星送上天去，也能收回来，最近又发射了同步定点卫星，在通过卫星传递信息方面取得了重大的进展；然而这些新兴技术还没有形成具有经济竞争力的新兴产业，在经济建设中还远未能充分应用这些新技术。

第四，我国在经济政策、体制和管理方面进行的调整和改革，取得了很大的成就；然而社会主义制度的优越性远未充分发挥，在生产关系和上层建筑中还存在束缚生产力发展的一些环节。

第五，我国科学和教育事业有了很大发展，拥有一支相当数量的、有一定水平的科技队伍；然而科学教育的投资比重过低，知识分子的作用尚未充分发挥。队伍年龄老化、知识老化的状况相当严重。广大群众科学文化水平比较低，不少干部缺乏现代科学技术知识和管理知识。

第六，我国实行了对外开放政策，为引进技术、利用外资创造了良好的条件；然而新兴技术的出口关系到不同国家、不同社会制度之间军事和经济的激烈竞争，因而在国际贸易和技术转让上都会遇到种种障碍和限制。

因此，新的技术革命对于我们不适应生产力发展的管理体制和经营思想，对于我们薄弱的经济实力和国际竞争能力，以及对于我们较低的文化、教育、科技水平都是一场严峻的挑战。

同时，新的技术革命也给我们提供了机会。在新的技术革命的形势下，我们有可能有选择地、恰如其分地跃过某些技术发展阶段，采用较新的技术成果，节约能源、材料与资金，取得较大的经济效益。我们有可能利用发达国家经济的结构性调整以及各国之间的激烈竞争，发展技术、经济贸易。我们还有可能借鉴经济技术发达国家的现代经营管理方法和经验，并采用新的技术手段，加快推进管理的改革和提高效率。电视、通信卫星和电子计算机等新的信息技术的应用，将有可能在师资不足与资金有限的情况下，加快科学文化的普及和智力开发。

50年代，我们曾经不失时机地注意发展新兴技术，促进国防的现代化。经验证明，这是一次成功的战略决策。但由于后来的种种干扰，以致起步晚而进展未如人意。现在，抓住机会，迎接挑战，从加速技术进步，促进经济振兴的战略高度，采取积极的对策，力争逐步缩小而不至于拉大同发达国家在技术、经济方面的差距，从我们实现四个现代化的目标来看，也已是刻不容缓的了。我们决不应当闭目塞听，无视世界发展的新动向；决不应当无所作为，坐失良机。

针对上述情况，关于我国对策的制定，有以下设想：

（1）促进实现十二大提出的经济发展任务，并为四个现代化的高度发展奠定基础，是对策的总目标。研究制定我国的对策应当围绕着党的十二大提出的实现我国现代化的战略目标,并为这个目标服务。"不是为新兴工业而发展新兴工业",不是为新技术而发展新技术。当然,如果不重视新兴科技成果的应用,实现现代化的宏伟目标也不可能达到。因此,要以提高经济效益为中心,以运用新兴技术,加快传统产业的技术进步为重点,推动新兴技术产品的生产;逐步形成新兴技术产业。

从技术的发展来看,到本世纪末,总体上说,要力争达到经济发达国家70年代、80年代初的先进技术水平。不同的领域不能"一刀切"。有些方面,特别是某些新兴技术领域,应当争取达到更为先进的甚至当时的世界先进水平。有些方面还不可能达到70年代、80年代初的水平。有些方面则根据我国自己的特点,开发独创的技术。例如,在研究微型电子计算机对于汉字信息的处理方面,我们应当独创。

(2)积极应用新兴技术,促进经济建设战略重点的发展,加速传统产业的改造。从经济的发展来看,为满足人民生活的基本需求和加强国民经济的基础结构,在相当长的时期里,传统产业仍然是国民经济的主体。加快传统产业的技术进步,是振兴经济的最重要的任务。我们应当把主要注意力放在用最新技术武装传统产业,促进它的技术改造、技术进步上面。但是,必须有重点地发展新兴产业,争取在一二十年内,较大幅度地提高新兴产业在国民经济中的比重。要贯彻落实经济建设必须依靠科学技术,科学技术必须面向经济建设的根本方针,进一步制定技术与经济密切结合的规划。

在传统产业中,应当尽可能地超越一些发展阶段,应用新兴技术的成果,提高技术水平和管理水平。新兴技术不仅能应用于生产资料的生产,而且能广泛应用于消费品和文化用品的生产。尤其要看到,随着传统农业向现代农业转化,以及农村全面建设的开展,新兴技术在农村有广泛的应用前景。例如,在农业现代化方面,我们就可以越过一些资本主义国家曾经走过的以高度机械化为主要内容的"石油农业"的道路,而走以生物技术为核心的、生态的良性循环并利用自然能源和劳力资源发展农业的"生物农业"的道路。

应用新兴技术,一般来说,要有必要的研究和试点,并且由简单的应用做起,逐步发展到复杂的系统的应用。应用新兴技术要注重效益,要创造必要的条件,不要贸然从事。

新兴产业应当通过积极开发潜力巨大的国内市场,获得不断发展的活力。为了打开应用的局面,新兴产业的生产企业必须改变不问使用的思想,把服务放在重要的地位,努力做好零配件供应、维护修理以及提供咨询、设计等服务。

(3) 新兴技术的研究开发与新兴产业的建设,应当采取"有限目标,突出重点"的方针。应当吸取过去盲目追求"全面赶超"、"自成体系"的教训,真正做到有所为有所不为,集中力量支持重点。研究与开发上,重点是尽快地掌握国际上已有的,我们在近期、中期有可能应用的成果。同时要有纵深的部署,安排必要的基础研究,走前一步。特别是对于那些同外国有一定竞争力的项目,要认真抓紧进行。对于需要很长时间,又要较大投资的探索性工作,只能量力而为。生产上,重点是确保高质量、低成本和高效益,不要单纯追求产量。产业建设上,重点是要充分利用已有的基础,打破部门和地方的局限,力求尽快形成一批具有竞争能力的企业。市场开发上,重点是向国内,要在质量、成本、服务等方面具有与进口产品竞争的必要能力。

(4) 军民结合,军品优先,充分发挥国防系统的力量,促进新兴技术、新兴产业的发展。增加国防力量,推动国防现代化,从来就是发展新兴技术和新兴产业的重要目的之一。国防的需要是发展新兴技术的一个重要动力。在发展新兴技术和新兴产业方面，国防科技和国防工业应当继续发挥带头作用。国防科技、国防工业担负着国防建设和经济建设的双重任务。要进一步贯彻"军民结合、平战结合、军品优先、以民养军"的方针，在加强国防建设的同时，充分利用国防系统的科技力量和生产能力，开发信息产业，发展航天技术、核技术和航空技术等在国民经济中的应用，为振兴经济作出新的贡献。

（5）各地要根据自己的经济和技术条件，发扬优势，对发展新兴技术、新兴产业作出具体部署。各地首先应当支持全国的重点项目，同时要发挥积极性，从实际出发，部署有需要有可能进行的推广应用工作。有些地方还可以适当安排必要的研究开发和生产。经济特区和沿海经济科技比较发达的城市，要更多的承担引进与消化吸收国外技术的任务，并且积极向内地转移技术。要大力提倡跨省市、跨部门的技术协作与经济联合。

（6）多途径、多方式加快引进技术，认真加以消化吸收，并对国内研究与生产实行适当的保护政策。在传统产业方面，要利用发达国家调整产业结构的机会，更多地引进先进技术。特别是注意引进花钱少、见效快的中小型项目所需的技术。在新兴技术和新兴产业方面，为着争取时效、缩短差距、加快应用，引进技术尤为必要。但是，又必须看到国际竞争十分激烈，技术进步十分迅速，因此引进先进技术的难度很大。应当灵活地采取各种各样的方式。对引进的先进技术，要有选择地组织力量消化吸收，加快国产化的步伐。

引进技术同国内的研究、开发与生产，即使尽量加以协调，仍难完全避免某种冲突。对此，应实行有限度的适当的保护措施，以扶植和促进国内的研究工作和工业生产。

（7）加快新兴产业经营管理体制的改革，作为全国经济体制改革的一个突破口。发展新兴产业，技术进步固然重要，但同样重要的是，要有能够促进技术进步，能够吸收新的成果并把它用于生产的管理体制和政策环境。为着尽可能保证决策的合理性，需要充分比较和论证，但是决策程序必须改革，力求减少牵制环节，提高决策效率。为着有重点地使用有限的人力、物力、财力，当然要加强集中统一规划，但是又必须使企业有高度的自主权。由于新兴企业的技术、工艺、产品和装备变化迅速，企业规模一般以中小型为宜，有的可以由小到大逐步发展。新兴产业也可以说是高质量产业，必须从一开始就严格实行全面质量管理制度。

（8）加快教育改革的步伐，广开学路，加强智力开发。新兴产业是知识密集的产业，未来的社会将是知识密集的社会。可以肯定地说，无论在国内建设中，还是在激烈的国际经济竞争中，我们每前进一步都将取决于智力开发的程度。要大力发展科学研究事业，把它作为经济发展战略的一个重要方面来抓，并根据需要和可能，尽量增加智力开发的投资，确定智力投资在整个国家建设投资中的合理比例。随着大批科技人员走上领导岗位，干部知识结构的改变为造就更多的优秀企业家提供了条件。要鼓励并创造环境，使他们开阔眼界，懂得经济，熟悉管理，勇于创新。必须加快教育改革的步伐，大力加强高等教育对科技人才和经营管理人才的培养。要打破单一的教育结构与办学形式，改变高等教育的布局，改革教学方法，多途径、多层次地培养人才，大力发展职业教育和技术培训。要围绕新兴技术和新兴产业发展的需要，统一调度和集中使用科技力量。要坚决落实党对知识分子的政策，改善知识分子的生活条件和工作条件，以利于充分发挥知识分子的潜力和积极性。

（9）搞活思想，才能搞活经济，才能促进管理的改革和科学技术的创新。迎接新的技术革命、"新的产业革命"的挑战，我们面临着艰巨复杂的改革课题，需要进行探索、试验、实践。不断革新，不断前进，是社会主义制度优越性的体现。党的十一届三中全会以来的事实说明，思想解放是推动经济前进的巨大动力。但是，思想停滞，不研究新情况、新问题的状况仍然严重存在，不合时宜阻碍革新的旧体制、旧规章、旧观念仍然有待继续破除。我们应当学习马克思的态度和方法，重视研究和吸收当代人类创造的自然科学和社会科学的丰富成果。探索和改革，难免会有不完善和失败；研究和学习外国，难免带来某些消极的东西。切不可因噎废食，应当认真总结经验，改进工作，继续前进。

（10）加强领导，发动群众，一切从实际出发。新的技术革命既然是一场革命，无疑需要坚强的领导和广大群众的参加，不能把它看成只是少数人的事，只是发展几项新兴技术、建立若干新兴产业。要使广大干部和群众充分认识到迎接挑战的紧迫性和艰巨性，认识这个挑战归根到底是对我们掌握、应用和创新知识的能力的挑战。号召大家同愚昧作斗争，刻苦钻研现代科学技术。各个经济部门、生产企业和广大职工，要从各自实际出发，有效地促进技术进步，改善经营管理，提高产品质量和服务质量，减少消耗，降低成本，向生产现代化、管理现代化前进。这些都是迎接新的技术革命和"新的产业革命"的实际行动。不要不问实际条件，不讲效益，一哄而起，盲目追求新兴技术。

总之，新兴技术的研究开发与新兴产业的建设，应当采取"有限目标、突出重点"的方针。钱要用在关键地方，主攻方向、突破口要选准，要讲究经济效益。我国大量的是小企业，技术改造任务很重。许多小企业不用进行基本建设，只需要采用微型计算机及其他必要的技术进行改造，就可提高产品质量，增加产量，取得显著的经济效益，改变企业的落后面貌。应用微型机改造企业，是加速传统产业改造，推动传统工艺革新，把我国工业逐步转移到新的技术基础上来的一条捷径，要认真研究，作出规划。与此相关，在电子计算机和大规模集成电路领域里，目前处于国际竞争十分激烈，技术进步非常迅速的情况下，在科研上要向前看，在生产上则不宜亦步亦趋，而应采取适合我国情况的正确政策、措施和步骤。

新的技术革命的挑战，对我们来说，不仅是科技领域里的挑战，而且也是经营管理领域里的一场严重挑战。和传统产业相比，新兴技术和新兴产业的特点，一是技术变化快，二是设备更新快，三是质量要求高，四是市场竞争激烈，五是投资风险大。而我们现行的经济管理体制、决策程序和管理方法，都是和这些特点不相适应的。所以，为了发展新技术，发展新产业，就需要采取一些不受现行经营管理体制和办法的框框限制的特殊政策和措施。例如在经济特区和沿海经济、科技比较发达的城市，要鼓励和吸引外商投资兴办新兴技术产业，从政策上明确保护其技术专利，给予包括适当减免税收、让出部分国内市场等优惠待遇。在一些关键性的新技术（特别是像电子计算机和大规模集成电路）领域，还可以放得更宽些，使之更有吸引力。又如对少数有条件的科研单位或企业，为了使他们在技术发展上尽快有所突破，可以让他们组成科研、试制、生产相结合的经济实体，在对国家负责的原则下，不受现行的经济管理体制的限制，国家给予特殊的资助和高度的自主权，包括对外联系的权力，以便于利用各种渠道和方法，不失时机地迅速引进和掌握先进技术。与此同时，对于这样的经济实体，还可以采取在国家计划上单立户头，由国家直接拨款，以及实行必要的人才流动等有力措施，促使他们在发展新技术方面早出和多出成果。再如，为了促进新兴技术、新兴产业的发展，在技术条件较好、技术人员比较集中的地区，可以办一些像美国"硅谷"那种类型的新技术发展小区，可以允许出现一些专门为新兴技术服务、生产新产品、制造新材料或搞有关的修理服务的"专业户",调动各方面的力量,发挥各种优势,为新兴技术、新兴产业的发展开辟道路。

提出对策,既要从现实出发,又要看到远景。所以我们要有一个远近结合、纵横结合的全面的规划。规划可以考虑分三个层次。一个层次是近期的规划,这是当前行动的一个重要步骤。这主要是把发展的重点和突破口列到"七五"计划里面去。这里面要包括发展目标、科研项目、引进项目、改造项目、新扩建项目,包括中间试验的工厂等等,还要包括相应的人才培养、设备材料供应、资金预算等等。如果不把这些列入国家计划,那么,再好的规划,也难落实。第二个层次是中期的规划,要考虑到本世纪末,我国科学技术的发展是个什么样子。这件事情,有个研究2000年的中国的专题小组在进行研究。这个研究将来要出研究报告。这主要是围绕党的十二大提出的战略目标,提出新兴技术和相关的新兴产业发展的目标。到2000年,我国的信息产业,估计会有一个比较大的发展。核技术和航天技术在民用方面将有一个很大的进步。许多新材料将走出中间试验工厂,进到工业化的生产阶段。生物技术,特别是在农业方面的生物技术,将会得到较为广泛的利用。第三个层次是应当考虑搞一个远景的规划。远景规划能不能考虑到2030年。估计到2030年,我们国家将由现在的发展中的社会主义国家逐步成为发达的社会主义国家。什么叫发达的社会主义国家,这也是有不同看法的。例如,苏联在赫鲁晓夫当政的时候,不是早就宣布他们正向共产主义迈进吗?后来到了勃列日涅夫时代,不讲向共产主义迈进了,而讲建成发达的社会主义国家了。安德罗波夫上台时又讲,他们离发达的社会主义国家还差得远。我们则是老老实实讲,我们现在是发展中的社会主义国家,什么时候才能成为发达的社会主义国家,还需要进一步研究。科学技术革命不仅会使经济发生很大变化，而且一定对整个社会生活发生深刻的影响。那么，到了2030年，中国究竟是个什么样的国家，我们要有个科学的预见。"人无远虑，必有近忧。"可以设想，到那个时候，我们将从发展中的社会主义国家逐步发展成为发达的社会主义国家。那时，我国的生产力将有很大的发展，我国的科技水平将有很大的提高，我国人民的物质、文化生活将有很大的改善，我们国家将有高度的社会主义物质文明和精神文明，我们不再为人口过多，日子难过而发愁。那时我们国家的产业结构、就业结构和社会结构将会有很大的变化，劳动密集、资金密集、知识和技术密集的产业将会发展得比较合理，高技术的产业群一定会形成并发展起来，经济发展的不平衡性也会有很大的变化。究竟2030年或者建国100周年时会是什么样子，我们的自然科学家和社会科学家，各个方面的负责同志应该关心这个问题，研究这个问题，对我们发展的远景有一个科学的预见。

我国技术改造政策的探讨*

(一九八八年一月)

党的十三大提出了我国社会主义初级阶段的历史任务，即发展社会生产力，实现工业化和生产的商品化、社会化、现代化，推进传统产业革命，迎头赶上世界新技术革命的伟大而光荣的任务。

实现这个历史任务分三步走，第一步实现国民生产总值翻一番，解决人民的温饱问题，这一目标已基本实现。目前我们正在迈出第二步，即从现在到本世纪末，把国民生产总值再翻一番，人民生活达到小康水平。完成了第二步目标，就为我们实现第三步目标奠定了基础。第三步目标就是到下个世纪中叶人均国民生产总值达到中等国家水平，人民生活比较富裕，基本实现现代化。

为了实现第二步目标，关键是要从粗放的经营为主逐步转上集约经营为主的轨道。要实行这样一个转变，就要遵照十三大的决定："坚定不移地贯彻执行注重效益，提高质量，协调发展，稳

---

* 对一汽的技术改造问题调查后写的文章。

定增长的战略。"实行这个战略，要求努力提高产品质量，讲求产品适销对路，降低物质消耗和劳动消耗，实现生产要素的合理配置，提高资金的使用效益和资源的利用效率。只有实行这样的战略，才能逐步缓解我国人口众多，资源相对不足，资金严重短缺等矛盾，保证我国国民经济以比较高的速度持续发展。要实行新的发展战略，从粗放经营为主转上集约经营为主的轨道，首要的关键问题是技术改造和技术进步。

一、我国企业技术改造和技术进步取得了重要进展

建国30多年以来，我国基本建设投资总计约16000亿元，形成固定资产约8000亿元，建成大中型企业8000余个，其中五六十年代建立的老企业占70%左右。我国的经济发展、财政收入和国防建设主要是依靠这一批起骨干作用的大中型企业。但是，由于长期以来受旧的管理体制和管理方法的影响，在指导思想上重基建，轻技改，使得这批大中型骨干老企业大都设备陈旧、工艺落后、产品老化、素质下降，变成了"老态龙钟"的样子。如果再不给其"输血"，使其恢复"活力"，则将更衰老不堪。许多中小企业也程度不同地存在上述问题。还有新建的企业，特别是蓬勃发展的为数众多的乡镇企业，许多仍然是采用了陈旧的生产技术。

早在1978年，邓小平同志就明确提出"科学技术是生产力"，"四个现代化，关键是科学技术现代化"。"六五"后期，党中央又作出了把建设重点转移到现有大中型企业技术改造和改建、扩建上来，把以内涵为主扩大再生产作为我国经济发展方向的重要决策。

1982年国务院颁发了《关于现有企业有重点、有步骤地进行技术改造的决定》。明确提出要改变过去以新建企业作为扩大再生产的主要手段的做法，要实行以技术改造作为扩大再生产的主要手段的方针，还规定了将技术改造计划作为国民经济计划的组成部分，纳入国家计划，等等。在党中央、国务院一系列方针政策的指导下，经过各方面的努力，"六五"期间完成技术改造投资1477亿元，比"五五"期间增长了75%，占固定资产投资的比重增加到28.7%（1953～1980年占固定资产投资不到20%），"七五"期间计划安排为2760亿元，占固定资产投资的比重为36%。从投资的安排来看，开始了通过技术进步和老企业技术改造发展经济的战略转变。

许多企业通过技术改造的实践，获得了宝贵的经验。1987年5月至7月间，国务院发展研究中心等单位的同志，对一汽的技术改造问题进行了一个半月的蹲点调研，从产业政策、投资政策、资源配置、产业结构、产品开发、经济体制、企业精神、横向联合、经济效益等方面进行分析总结，从一汽的技术改造情况来看，可以清楚地看出技术改造的巨大成效。

一汽是"一五"时期建设的156项重大工程中的一个，是我国汽车工业的摇篮。30年来它总共生产解放牌汽车130多万辆，总计上交利税和折旧基金65亿元，相当于建厂投资的10多倍。为国民经济发展作出了重大贡献。但是，由于多年来"统收统支、统购包销"等僵化经济管理体制的束缚，企业缺乏应有的活力，工厂老化、设备老化、产品老化的状况日趋严重。自中央提出老企业要进行技术改造的方针政策后，从1983年开始，一汽在不停产、不减收的情况下，执行国家的政策和借助银行贷款的支援，主要依靠自己的力量，以3年多的时间，用4亿余元投资，胜利完成了以产品换型为中心进行技术改造的艰巨任务。它制造出一代崭新的具有80年代初国际水平的新型解放牌汽车，使其技术水平从"老解放牌"一跃向前跨越了30年，而且经济效益十分显著。按年销售利润、税金和折旧基金三项合计，一年的经济效益就可抵消这次产品换型和工厂技术改造的全部投资。

一汽换型改造的成功，创造了不少宝贵的经验。主要是：

1. 把产品的不断更新换代作为企业发展的核心环节。通过技术改造，使企业在技术装备水平和新车的动力性、平稳性、安全性、可靠性、油耗和污染排放等方面的水平，达到了国内先进水平，部分达到了国际先进水平，取得了"纲举目张，一网丰收"的效果。

2. 围绕产品"上水平"推进企业技术改造。按照新车的技术和质量要求，对原有的工艺流程、生产装备和管理进行了改造和调整，将有限资金集中使用，取得了事半功倍的成绩。

3. 敢于闯关，加快产品更新换代的进程。汽车产品换型，一般有两条路线：一条叫做"双轨换型，平行转产"；一条叫做"单轨换型，垂直转产"。前者风险小、周期长、投资大，进退有余地。后者风险大、周期短、投资小，进退无余地。一汽的领导和职工采用了后者。背水一战，一举成功，节约投资1亿多元，时间约3年，是国内外汽车工业发展史上罕见的事例。

4. 充分利用开放条件，引进和消化国外先进技术，加速企业的技术进步。一汽把视野扩展到世界各国，通过"走出去，请进来"的双向交往，以及"以我为主，博采众长"的原则，有选择地引进了不同国家的14项先进技术和相应的关键设备，对新车上水平和企业技术进步起了重要作用，而且投资少，见效快，收益大。

5. 管理换型与产品换型同步进行。主要表现是：注重科研与生产相结合；按"高起点、大批量、专业化"原则组织生产；建立了严格的质量保证体系；发展了技术培训和岗位练兵活动；推行了多种承包经营责任制，调动了全厂职工的积极性；按照系统工程的理论、方法和现代信息技术，有条不紊地组织、指挥庞杂的生产和换型改造工作等等。

6. 用企业精神的力量加快企业现代化改造。一汽把长期形成的"争第一，创新业"的精神注入具有改革时代特点的内容，树立了商品经济观念、市场观念、竞争观念，培养了换型意识、质量意识、开拓意识、文明意识，开展夺三杯（换型杯、质量杯、文明杯）等竞赛活动。建设起一支爱厂如家、艰苦奋斗、争先创优的职工队伍，保证和加快了企业改造换型的步伐。

7. 组织企业集团，推动相关企业的改造和发展。企业集团是发展商品经济和发展社会化大生产的必然产物。以一汽为"龙头"的解放牌汽车工业联营公司已发展成为一个包括 95 家企业、140 个工厂在内的，横跨 21 个省市、11 个部门的大型工业企业集团。一汽根据新车技术和质量的要求，帮助许多相关企业引进技术、革新工艺、改造设备，焕发新的生机，使这些企业的生产要素的重组和改造结合起来，有利于全社会的资源、资金、劳力等生产要素的合理配置。

一汽是我国工业的"元老企业"之一，它的经验对其他大中型老企业的技术改造很有启迪作用，对一般的中小型企业也有一定的参考价值。

总的来看，改革开放 9 年来，随着技术进步和技术改造政策的实施，我国工农业技术开发活动空前活跃，产品品种花色增多，产品更新速度加快，部分新产品开始进入国际市场，许多企业获得了技术改造、技术进步的宝贵经验。特别是在人们的观念上有了很多改变，从重视发展速度到开始重视经济效益；从重视外延发展（扩大存量）到重视内涵发展（投入增量）；从单纯追求产值、产量到开始重视品种质量；从封闭式的"自力更生"到开放式的"自主发展"；从因循守旧到进取创新。追求技术进步，向技术进步要能源、要资源、要质量、要效益、要外汇、要速度，已成为广大干部和群众特别是企业家们越来越迫切的要求。同时，在技术开发中，出现了一批科学家——企业家，他们在推动科技成果工业化、商品化活动中，活跃在国内外市场上，富有生命力。一些渴求技术进步的乡镇企业和农民企业家，在开拓市场上已有所成长，他们将是技术创新的重要推动者。部分科技人才和大学生、研究生被乡镇企业吸收，他们在生产第一线成为推动技术进步的骨干。这些都是技术进步和技术改造中出现的引人注目的新事物。这些成就是建国以来任何时期所不能比拟的。特别是党的十三大总结了历史经验，把技术进步问题提到了战略的高度。这一决策必将推动我国技术进步和技术改造事业日新月异地前进。

二、技术改造和技术进步的任务任重而道远

1. 几年来我们对部分大中型企业进行了技术改造，取得了明显的效果。但是，应该看到，技术进步是一个持续的动态的过程，永无止境，一旦停顿，它就落伍了，尤其应该看到我们仍有 2/3 企业的技术装备还未改造，还处于落后水平，需要有计划有步骤地逐步改造，使它们焕发青春。

2. 如何用先进的适用技术武装蓬勃兴起的成百万的乡镇企业和其他小型企业，使它们尽快实现现代化，这是一项重大的历史任务。如何组织科技大军深入这些企业，帮助它们提高管理水平和劳动素质，改善技术条件，提高产品质量，降低物耗，提高经济效益，使这些企业的人力物力资源发挥更大的作用，这是当前

一件很紧迫的大事。

3．引进技术和设备有大量的消化吸收工作需要加紧进行。据国家科委对2300项引进技术的调查，现在已消化吸收的仅占9.2％。至于如何改造，如何创新，则任务更重。

4．不少新兴产业和新技术，例如微电子技术、信息技术、生物技术和新材料技术的研究和开发，需要不失时机地进行，以促使其较快地发展。我国是一个发展中国家，技术基础薄弱。目前，除个别高技术领域具有一定优势外，大部分技术领域都与国际先进水平有较大的差距（在总体上大约相差20～30年）。在新技术革命中我国面临严峻的挑战，也面临一次难得的机遇。因此，充分利用这个时机，大力推进我国的技术进步，可望在本世纪末，在提高经济效益的基础上，实现"翻两番"的战略目标。与此同时，把我国现有的技术基础转到新的技术基础上去。如果我国不抓紧这个机遇，我们将在这次新技术革命中继续扩大与国际先进水平的差距。正如党的十三大报告中指出的：如果是这样的话，我们国家和民族就可能更加落后，世界上就将没有我们应有的地位。所以我们更要有紧迫感。在五六十年代，当新技术革命在世界兴起的时候，我们失掉了一个机会，日本发展起来了，"四小龙"发展起来了。现在它们遇到了困难，要转移出去一些它们认为经营不合算的产品，而这些产品又是国际市场所需要的。但是，转移到什么地方去呢？是转移到我们这里来，还是转移到东南亚、泰国、印度尼西亚、马来西亚，甚至转移到印度去？如果是后者的话，我们将又要失掉一次机会。无论如何不要失掉这次机会。但是，如果我们的工作做得不好，很可能失掉这次机会。所以，党的十三大提出：历史决定了我们这一代和下几代中国人，首先是共产党人，必须警醒起来，团结一致，奋起直追，这就是我们面临的任务。

三、关于促进我国技术进步的政策体系的设想

要正确地制定政策,需要充分认识我们的国情。我们的国情是什么?党的十三大指出,我国的基本国情是处于社会主义的初级阶段,在现阶段需要大力发展生产力,发展社会主义的商品经济。从这个国情出发,党的十三大规定了我国的经济发展战略和改革、开放的方针,这就为我们确立了研究技术改造,技术进步政策的指导思想。

技术改造是发展、改革、开放中的一项极为重要的工作。如何把技术进步、提高效益作为目标,如何更好地把改革、开放和发展结合起来,如何使改革、开放促进发展,如何使发展保障改革、开放,采取什么样的改革和开放的方针及相应的促进技术进步的政策体系和措施,推动我国企业的技术改造,从而推动我国经济和社会的发展,这是我们面临的重要问题。这里,我谈几点粗略的看法。

1. 企业技术改造、技术进步要同产业结构、产品结构的调整以及相应的产业政策相结合。技术改造是产业结构和产业政策中的一个大问题。

在当前的经济建设中,我国的能源(包括设备)、交通、邮电以及部分原材料和元器件属于短线产业和短线产品。由于建设和发展的需要,我国不得不每年花费大量的外汇从国外进口这些产品。为了改变这种状况,在当前建设资金不足的条件下,我们在规划企业技术改造时,务必与产业结构和产品结构的调整相结合,使资源合理配置,使生产要素合理重组,使一些企业的产品能加快更新和转换,推动短线产业和短线产品的发展,限制长线产业

和长线产品的发展，以适应我国经济发展的需要。不是一提技术改造就不加区别，不作调整，一律开放绿灯，都进行改造。过去我们在这方面缺乏一种具体指导，这个问题需要注意。

这里，要优先考虑生产具有出口优势的新兴产品和传统产品的企业的技术改造和技术进步，增加新的花色品种，提高产品的质量和增加产量，以利在国际市场上占有更大的份额。这在沿海地区尤其重要。

2. 企业技术改造、技术进步要与优化产品组织结构政策相结合，发展企业集团、生产科研联合体，以及设计、研究、生产、销售一体化等新型产业组织结构。

历史经验说明，发展工业搞"小而全"、"大而全"体制，只会使产业结构失调，技术落后，效益下降。解决这个问题，需要从两方面入手。一方面按专业化、社会化的组织方式，为实现规模经济，推广先进适用技术创造条件；另一方面，用发展商品经济的办法，加强横向联合，调整产业组织。如前所说，一汽在换型改造中，以产品为"龙头"，已发展成为一个大型工业企业集团。它根据新车技术和质量的要求，帮助许多有关企业引进技术、革新工艺、改造设备，焕发了新的生机，使这些企业和研究所的生产要素的重组和改造结合起来。这样做，有利于全社会的资源、资金、劳力等生产要素的合理配置，成为新型的产业组织结构。一汽迅速发展轻型车生产的事例还说明，在有一定的工业基础和市场竞争日益激烈的情况下，加快所有权和经营权分离，实行企业经营机制的改革，可以较快地形成专业化生产和企业联合的新机制，迅速提高生产能力。企业技术改造和优化产业组织结构相结合，应当成为进一步推动企业改造的基本原则。通过改造，促进企业组织的调整，包括建立企业集团和生产科研联合体，以及设计、研究、生产、销售一体化的组织形式，这是带动企业技术改造和技术进步的一项重要措施。这类组织多数是跨地区、跨行业的，在政企分开之后，它们不应再受行政部门的无理干预。

3. 技术改造、技术进步要与技术政策相结合，用技术政策引导企业技术进步，发展具有国际竞争力的先进适用技术和产品。

目前我国已颁布实施的 12 项技术政策，对能源、交通、运输、通信、机械工业、环境保护等技术领域都分别提出了有关的政策，对引导技术和产品的发展具有指导意义。但有些约束性的规定还不够有力，以致在一些企业中忽视技术进步的现象还比较严重，一些能耗高、材耗高、成本高、质量低、经济效益差的状况依然存在。今后，一方面要大力推动和引导企业开发先进适用的技术，不断推出国内外市场需要的低成本、高质量的新一代产品，提高我国工业的竞争能力；另一方面，要强化政策约束，对应该限制或淘汰的技术和产品更应有硬约束，主要采取经济办法并辅之行政办法，使其无法生存下去。

4. 企业的技术改造、技术进步要与发展对外经济技术交流和合作相结合，以利于更好地吸收、消化、创新引进技术，并控制重复引进。

在当前高技术飞速发展的时代，世界许多国家都把发展对外经济技术交流和合作作为发展本国经济和科学技术的重要策略。我们也应尽量放宽政策，创造条件，使一些企业有更多的对外自主权。通过交流与合作，吸取国外的先进技术和经营管理经验，来改造和搞活自己的企业。在引进方面，今后我们要从过去的设备引进为重点转向技术引进为重点，即从引进硬件为主转向引进软件为主，并严格控制重复引进。对引进技术和引进设备，要从组织上和资金上落实到消化、吸收、制造和创新的全过程，以引进提高我国的技术起点，并在高起点上建立和形成新的技术基础。只有这样才能建设具有中国特色的技术体系。

5. 技术改造、技术进步要与企业经营机制转换相结合。只有使企业真正成为自负盈亏、自我积累、自我改造、自主发展的经营和投资主体，才能使技术改造、技术进步成为企业自我发展的迫切需要。

要使企业关心技术进步，就要使它真正实行自负盈亏。企业拿多少钱去搞技术改造、技术进步，那是它自己的事、自己的权力。企业实行自负盈亏之后，它要在竞争中立足，并在竞争中取胜，不靠技术进步怎么行呢？现在国营企业不如乡镇企业那样关心技术进步，国营企业对把科技成果转化为生产力的积极性不如乡镇企业高，根本的问题是全民所有制企业和乡镇企业是两种不同的机制的企业。全民所有制企业没有自负盈亏的机制。通过完善包括承包制在内的各种责任制，两权分离，配套进行计划、投资、财税、金融、价格、物资体制的改革，加强宏观控制和引导，把企业推向市场，促进企业走上自负盈亏的道路，实现经营机制转换。在实行上述经济改革的同时，要实行政治体制改革，党政分开，政企分开，各级行政部门要把经营管理的权力下放给企业。改变大中型企业"有能力、少活力"的局面，充分发挥大中型企业在发展生产力、优化产业组织中的骨干作用。

6. 要大力发展社会主义商品经济，逐步形成比较完善的市场秩序，强化市场导向，优胜劣汰，用竞争机制推动技术进步。

我国处于社会主义的初级阶段，商品经济、企业竞争都将有力地推动经济的发展。建立新的公平的市场竞争条件，推动一切企业（包括国营的、集体的、个体的、外资的、合资的各种企业）投入优胜劣汰的竞争，将大大改变僵化的、呆滞的、没有市场竞争压力的旧的市场秩序，从而有利于培育出真正具有竞争能力的在商品经济环境中能够生存、发展、壮大的企业群体和企业家，推动我国技术进步。

在市场竞争中，要特别重视乡镇企业的经验。这几年，乡镇企业吸收了农村劳动力8000万人，1986年产值达到3540亿元，上交税利160亿元。乡镇企业的活力，表现在开发新产品上，比国营企业步子要快；接受外贸订货，搞多品种，少批量，及时交货，比国营企业灵活得多。外贸部门都愿意与乡镇企业打交道，外商也愿意和中国的乡镇企业合作。乡镇企业的兴起，是具有重大意义的历史性事件，它在推动农村现代化、城乡一体化上，具有中国的特色。乡镇企业的技术进步比较快，年年有发展。有一部分乡镇企业已经不是原来乡镇企业的概念了，不是"坛坛罐罐"了。有的纺织厂，全是进口的一流设备，是它们通过外贸赚回来的。我们有一种估计，在未来的10年中，乡镇企业还会有新的发展，在商品市场上，由于乡镇企业的参与，优胜劣汰的竞争将加剧。这种竞争压力将刺激我国的各类企业，比以往任何时候都更加关心科技成果利用，更加注重本企业的技术进步。

7. 改善国家宏观调控机制，协调与技术进步相关的各项政策，形成有利于企业技术进步的环境。

企业技术进步是在社会宏观环境中进行的，支持企业技术进步必须调动国家拥有的各种宏观调控手段，在财税、金融、外汇、物资、价格等方面，采取协调的相关政策，否则，单一的政策措施难以奏效。而且各项政策之间还会出现相互掣肘，无法实施。这方面的情况，企业的反映很多，值得认真研究。当然，这个问题涉及面很广，政策性很强，敏感性也很强，要慎重从事。我们的财税和金融政策也应该区别不同的行业、企业、产品和地区，以及它们在国家经济建设和技术进步中的作用，不要搞"一刀切"。政策上要区别对待，这是非常重要的。从长远来看，对我国经济发展作出重要贡献的，在出口创汇方面有优势的行业、企业、产品的技术改造应该采取优惠的政策，让它们能够茁壮成长、开花结果。

8. 实行分类指导，要分层次、有重点、有步骤地进行企业技术改造，优先改造关键性的薄弱环节，从整体上提高技术改造宏观经济效益。

在我国经济和技术基础比较薄弱的情况下，必须用有限的增量投资换取现有固定资产存量的最大效益。这是一个很重要的问题，我国已经形成的固定资产有 8000 亿元，这是一个很大的数目，我们每年新增加的固定资产是很有限的，怎么样使有限的钱把很大的存量调动起来，把新增加的投资作为催化剂，把现有的固定资产引发起来，把内部的力量能够充分地调动起来，是一个很大的改革。这样做就能够使技术改造发挥更大的效益。因此，我们应该分别不同的层次考虑这个问题。在宏观层次上，要加强促进和推动整个国民经济发展的重点行业的技术改造；在中观的层次上，要抓住行业中重点骨干企业、关键产品生产企业的技术改造；在微观层次上，企业技术改造要以提高产品质量、降低产品成本、开拓新产品为目标，优先改造关键工序和关键工艺。这样做，有利于从国民经济整体上促进技术进步，提高技术改造的宏观经济效益。

把开发高新技术产业放在经济发展战略全局的主导地位[*]

（一九九六年八月）

实现经济增长方式和经济体制的根本转变，是我国跨世纪发展战略的基本任务。为了实现这一任务，经济界和科技界都应当深入研究我国高新技术产业和发展战略及其在经济发展全局中的地位，深入研究高新技术产业的体制模式与技术创新的有关政策。这次会议，正是希望在这些问题的探讨上作出努力，并取得成效。

我讲三个问题。

一、世界高新技术产业发展趋势

科学技术是经济发展的重要动力，是人类社会进步的重要标志。二次大战后，西方发达国家的经济获得了长期的迅速发展，经济增长的主要动力来源于高新技术产业的蓬勃成长。以微电子、生物工程、新型材料和航天技术等为代表的高新技术，不仅直接带动了产业部门的高速发展，而且极大地促进了产业结构的高度化。同

---

[*] 在秦皇岛高新技术会议上的讲话。

样是高新技术产业,使亚洲"四小龙"在短时期内,迅速完成了工业化任务。可以预言,在未来的21世纪,高新技术产业是国际经济竞争的主要力量。现代国际社会的竞争,说到底是综合国力的竞争,其关键是科学技术的竞争,而高新技术及其产业又是整个竞争的焦点。

怎样认识世界高新技术产业发展趋势呢?

其一,朝阳技术正在逐步取代夕阳技术,成为占主导地位的产业技术。美国未来学者托夫勒在他那部产生广泛影响的著作《第三次浪潮》中,作了"朝阳工业"与"夕阳工业"的划分。我感到,这种划分是不够科学的,也是不符合实际的。如果大家有兴趣检索一下世界工业100家大企业和美国工业100家大企业,可以看出,被托夫勒称作的"夕阳工业"的,如汽车、钢铁、石油、化工、机械、纺织、食品等产业,在获得高新技术的改造之后,不仅没有衰落,而且坚强地挺立于产业结构的变化浪潮之中,持续增长。如果借用"朝阳"与"夕阳"这个形象性的比喻,应当说,"朝阳技术"产业的升腾与"夕阳技术"产业的衰落才是经济增长的必然趋势。

其二,高新技术的发展和高新技术产业的增长正在强有力的推动着就业结构的转换,并创造越来越多的就业机会。现代科学技术应用的历史和当代高新技术产业发展的实践证明:以各种机器的使用为代表的生产条件的进步,不仅不排斥劳动就业,不仅不会使就业机会绝对减少,相反,由于科学技术的发展形成了众多新的就业门类,如计算机、微电子行业,从而开拓了无数新的就业机会。当然,这些高新技术产业领域,对劳动力素质的要求也越来越高,教育对社会经济发展的战略作用和贡献也越来越大。因而,高新技术的发展,只会增加掌握较高科学技术的劳动者的就业机会,而不会绝对减少就业。

其三,产业竞争的主动权取决于高新技术前沿领域的较量,取决于高科技的商品化、产业化和国际化的进程。

随着高新技术的产业化及高新技术大规模地转化为生产力,带来了世界范围社会生产力的迅速进步,形成了新的世界经济格局,西方发达工业国家正是依托其雄厚的高科技实力,实现了产品的高技术含量、高质量、高附加值,使其商品和产业具有明显的国际竞争力。从这一点上看,在全球经济国际化的形势下,国与国之间产业竞争的主动权取决于高科技前沿领域的较量,取决于高科技商品化、产业化和国际化进程。

邓小平同志早在第一次科技大会上就提出"科学技术是第一生产力"的科学论断,而作为第一生产力的首要生产力则是高新技术。当然,科技优势是取得竞争优势的一个重要条件,但仅有科技优势还不足以形成竞争优势,还必须抓好高科技的商品化、产业化这一重要环节。我国的科技实力在国际上远高于亚洲"四小龙"和许多一般发达国家和地区,但在技术含量和附加值高的产品的市场竞争力上却无法同这些国家和地区相比。造成这种状况的一个重要原因就是我国高科技的商品化、产业化和国际化进程慢、力度小,很多高科技没有转化为现实的生产力。

其四,高新技术产业的发展越来越多地得到政府及金融机构的支持。

大家都知道,高新技术产业具有高投入、高风险、高产出的特点。虽然存在高风险,但它所带来的高收益成为各国企业极力追求的目标。近几年来,发达国家为了鼓励高新技术产业发展,并同时降低企业投资风险,采取了一系列措施及办法,即建立风险投资基金,在高技术企业发行高风险债券上给予政策支持,鼓励金融机构投资高技术企业等等,建立了一套完备的由政府、企业、金融机构共担风险的风险投资机制,大大加快了高新技术产业化的步伐。

其五,高新技术的渗透性越来越强,产业化道路越走越宽。表现为：

(1) 以某一高新技术为辐射源，带动一批高新技术企业的发展。例如，美国航天飞机的研制，涉及几千个研究机构和近万家企业，从而带动了新材料、新能源和电子企业的迅速发展。

(2) 高新技术已广泛渗入传统产业，形成高新技术与传统技术的相互融合。例如，微电子、信息、计算机技术、自动控制技术在机械产品生产过程推广应用，便出现了"机电一体化"的新技术和新产品，新机械产品技术水平和附加值大大提高。

(3) 利用高新技术在低层次产业中开发新产品。例如：美国军方耗费巨资研究用于解决超音速战斗机管道连接问题的高技术，被日本企业用于制作玩具。这种高新技术向低层次产业的渗透，为高新技术的商品化、产业化拓宽了路子。

二、把开发高新技术产业放在中国经济发展战略全局的主导地位

未来15年是我国经济继往开来的重要时期。中国经济将汇入世界经济的洪流，参与全球经济竞争，努力实现人均GNP由低收入国家进入中等收入国家的历史性飞跃。今后衡量我国经济成就的标志，重要的并不在于量的增加，而在于经济质量、效益的提高，也就是要看经济增长是否投入少、产出大、效益高；科学技术对国家经济增长贡献率是否越来越大等等。因此，我们必须及时把握世界高新技术产业迅猛发展的历史机遇，大力发展高新技术及其产业，不断提高科技进步在推动经济增长中的作用，促进国民经济增长方式从粗放型向集约型的转变，用高新技术产业主导中国经济发展的战略全局，占领新的世界经济制高点，增强综合国力。

1. 以高新技术产业作为中国经济新的增长点。立足于国际、

国内两个市场,瞄准世界先进水平,大力研究开发高新技术并使其商品化、产业化,尽快形成大的产业规模,促其成为国民经济的支柱产业,开辟新市场,增强市场竞争力。

我国高新技术的发展,起步于军工尖端技术,民用高新技术产业十分薄弱。1994年我国高技术产业产值在工业总产值中仅占8%,远远落后于发达国家。1992年美国为26.6%,日本为30.9%,英国为20.2%,德国为18.6%。我国高技术产品的出口占工业制成品出口总额的比重,1994年为8.4%,而1992年美国为48.6%,日本为54.9%,英国为39.8%,德国为26.4%。从以上两组数据,可以明显地看出我国的差距,因此,我们要尽快从我国现有科技基础着手,在计算机技术、微电子技术、航天技术、生物技术、新材料技术等高新技术领域展开攻关,先在技术上突破,再逐步形成新的产业增长点,以此推动我国整体经济的发展。

2.加快高新技术成果向现实生产力的转化。我国的科技成果转化率1995年约为20%,高新技术成果由于其风险大、投入大,相对来说,转化率要低。因此,发展高新技术产业还必须重视转化机制建设。前几年关于科技成果转化,经济界、科技界进行了许多有益的探索,比如,科研与生产联合,建立中试基地等。我以为高新技术成果转化的主体应该是企业,尤其是国有大中型企业。科研成果只有适应市场的需要,为企业的发展服务,才能转化成现实生产力。企业是市场竞争的主体,能在瞬息万变的市场中迅速调整自己的发展战略和经营方针,这对科研成果的转化是至关重要的。现在,国有大中型企业正逐步适应社会主义市场经济的需要,建立现代企业制度,推行大公司、大集团战略。这些企业大多具备较强的技术应用和推广能力,很多已经或正在建立技术开发中心,所以高新技术成果的小试、中试不应放在企业与科研机构之外,应向企业靠拢,主要放在企业的技术开发中心,这样,就为今后的高新技术商品化、产业化打下了一个良好基础。当然，由于种种原因，许多国有企业技术开发力量薄弱，这是一个现实问题，应逐步通过政策、人才、资金倾斜予以解决。

3. 加快利用高新技术改造传统产业，用高新技术武装传统产业，以高新技术为龙头带动大中型国有企业的发展。

发展高科技产业有两个途径可供选择：一个是通过上新项目、建新企业来发展高科技产业；一个是利用原有企业来发展高科技产业。现在的倾向是一谈发展高科技就喊上新项目、建新企业，这是既不经济、又不实际的。当然，在我国有一定基础和优势，一旦获得突破能对国民经济和社会发展有重大带动作用的领域，上一批新项目，投入必要的资金是应当的，但是要量力而行、突出重点。而就全局来说，应当着眼于现有的企业和产业，要在对国有大中型企业进行改制、改组的同时，加大用新技术改造的力度。我国现在有4万亿元的庞大的国有资产，这是全国人民经过几十年奋斗所积累的财富。我们的企业改革就是要使这笔财富保值增值。国有资产的凝滞是不能保值增值的，但现在企求通过增加大量投资，采取外延的增长方式，来盘活这部分国有资产又是不现实的。惟一的出路就是以高新技术为杠杆，以国有大中型企业为支点，盘活国有资产，推动整个国有资产的优化组合和合理配置。因此，现在用高新技术改造国有企业，不能停留在过去一般的"技术改造"水平上，更不能采用"古董复旧"的办法。1993年时，我在对辽宁应用高新技术改造传统产业的课题进行研究后发现一个问题，即老企业技术改造已搞了十多年了，虽然取得一定成效，但效果不那么明显，其中一个重要原因，就是技术改造的起点低，出现边改造、边落后的状况。通过研究发现，振兴传统产业，振兴国有企业，必须依靠高新技术，这是别无他途的战略选择。这个认识经过两年多的实践，在今天看来具有更重要的现实意义。因为在当今发达国家，高新技术已经成为推进经济增长的主要因素，成为推动生产力发展最活跃、最有决定意义的力量。我国的国有大中型企业大多属于传统产业，目前普遍经营状况不好、效益下降。而要使这些传统产业焕发青春，只有选择在国内外居于领先的高新技术进行改造，才能使其产品实现跳跃式的更新换代，走出一条振兴国有经济的新路子。

4. 发展我国高新技术及其产业，要注重消化吸收引进的国外先进科学技术，更要不断进行技术创新，提高自主开发创新能力。

我们不能不承认西方发达国家在科学技术发展方面比我国先进，这是历史原因造成的。在发展高新技术的过程中，必须引进世界上高水平的技术，但要使我国的科学技术发展得更快些，光有引进是不够的，要在已有基础上进行技术创新，这应该是我国到本世纪末及下个世纪的发展始终坚持的战略方针。只有不断提高我们的自主创新能力，大力研究开发出自己的具有竞争力的高新技术产品，建设强大的民族高技术产业，才能减少对技术引进的依赖，提高参与国际竞争能力，使我国摆脱高新技术落后的局面。

5. 以市场为导向发展高新技术产业，并通过培育、发展高新技术消费市场来拉动高新技术产业发展。

高新技术的发展及其商品化、产业化，其最终归宿在市场，因此，必须重视市场，重视需求。

在计划经济体制下成长起来的中国科技工作者，由于传统思维的惯性，在研究与开发工作中大多注重科技成果的完成，不重视市场分析，没有市场观念或者缺乏市场意识，不从需求者角度出发，因而许多高新技术成果只能束之高阁，难以商品化和产业化。这种观念必须转变，必须以市场为导向，开发高新技术，发展高新技术产品和产业。

高新技术的商品化、产业化必须依赖于高新技术的消费者、需求者，即在激烈竞争中渴求生存发展的企业。高新技术尽管有高效益,但同时也有高风险,对于未完全谙熟市场规律、效益状况不好的我国企业,一般是不敢轻易去搞有一定风险的高新技术项目的。而且在市场经济体制还未完全理顺的情况下,由企业来承担全部风险也勉为其难。因此,必须建立高新技术研究和开发的风险基金及风险投资机制,由政府与企业共担风险,从而增强企业对高新技术的需求。

另外,要培育高新技术企业的促销、公关、市场操作能力,促进我国高新技术产品积极进入国际、国内市场。

6. 政府要加大投入,尽快促进高新技术产业的发展。

从国外发展高新技术产业的成功经验看,在用于研究与开发的经费比例中,开发比研究费用要高 5~10 倍,产业化投入又比开发费用高 5~10 倍。目前,我国研究发展费用占 GNP 的比例约为 0.3%,而发达国家为 3%~5%。在这有限的费用中,用于开发及产业化的费用微乎其微,加上企业效益不好,根本无力开发高新技术产品,更谈不上使其产业化。因此,政府一方面应加大研究与开发的投入,另一方面采取优惠政策鼓励企业加大技术开发投入及高新技术产业化投入。

三、中国高新技术的产业化政策的重点应由区域倾斜转向产业倾斜和技术倾斜

发展高新技术,是我国一项长期战略。我们要根据世界经济、科技发展的趋势和我们的国情,立足当前,着眼长远,既要为解决经济和社会发展的现实问题作出贡献,又要高瞻远瞩地规划未来。

我国高新技术产业化的工作自 80 年代中期开始,至今已具相当规模。国家先后在上海、北京、南京、武汉、西安等知识密集

的大城市建立了高新技术开发区，有力地促进了我国高新技术产业的发展。这些高新技术开发区大致上有三种类型：一是充分利用原有的设备和人才优势，在原有基础上划定区域范围，严格审定高新技术企业，实行优惠政策，进行集中管理，如北京、武汉模式；二是选择适当地域，按照高新技术产业的特点，统一规划建设，集中经营，如南京、上海模式；三是在已规划好的经济特区或经济技术开发区中，划定部分区域为高新技术开发区，如深圳、南通模式。应该说，这些模式都为我国的高新技术产业发展作出了一定贡献。但一个时期，国家放松了对高新技术开发区审批，许多地方为了利用优惠政策，纷纷办了一批高新技术开发区，大多名不副实，例如有些高新技术开发区的企业经营服装生意，这大大不利于我国高新技术产业化，同时也造成了国家资金浪费。基于上述情况，从政策角度讲，应在重点扶持部分高新技术开发区的基础上，由原来的区域倾斜转向产业倾斜和技术倾斜。这样既可以建立新兴产业，又可以利用高新技术有重点地改造国有企业。

1. 应在六大领域大力扶持高新技术产业，其中包括：

（1）微电子技术、自动化技术和机电一体化技术及应用；

（2）新材料技术；

（3）新能源和高效节能产品及有关的核技术、核产品；

（4）以发展农业为主要对象的现代生物技术和有关的食品、农药产品；

（5）激光技术、通讯技术、超导技术及产品；

（6）航空、航天及配套的高技术。

2. 推进我国高新技术产业发展的政策建议：

（1）选择若干项关系国家经济、科技发展命脉的赶超世界的项目作为"国家特殊工程"，集中优秀人才，给以充足的财政资金保障，由国务院指定专人负责，像"两弹一星"那样，实行封闭管理，限期完成攻关任务。

（2）经国家审定的商品化、产业化的高新技术产业项目，应组织专门的国有独资公司、多元资产的有限责任公司或股份有限公司予以实施。国家应以投资形式注入资本金，银行应给以贷款额度和贷款担保，财政应给予贷款贴息优惠。同时鼓励私营企业和外资经营。

（3）建立高新技术产业风险投资基金，在国家政策性投资银行中，设立高新技术风险投资贷款，为高新技术产业的发展创造融资条件。

（4）对国家审定的高新技术产业和产品实行5年的减免税政策。项目投产3年内免征增值税，后两年减半征收；5年内免征所得税。

（5）对国家审定的高新技术产业实行5~7年的加速折旧政策。

（6）对国家审定的高新技术项目，免征设备进口关税；出口产品实行退税政策。

（7）经国家批准的重大的高新技术改造传统产业的项目，国家在财政资金和银行贷款额度上应给以保证。

（8）实行优惠的工资、奖励和其他社会福利方面的政策，鼓励和吸引国内人员和出国的留学人员回国从事高新技术产业的研究开发和商品化、产业化工作。

（9）为使高新技术产业倾斜政策的实施取得经验，以逐步推广，建议选择上海浦东、深圳等条件较好的地方作为试验基地。

同志们：

任何国家发展高新技术，都是需要具备一定条件的，这些条件起码包括政策、资金和人才。而资金、人才的解决又取决于政策因素。只要有了正确的能够调动各方面积极性的政策，那么，没有人才则可以吸引人才、培育人才；没有资金则可以吸引资金、筹集资金。而制定正确政策的关键又在于对高新技术在经济发展中所占地位和作用的深刻理解与掌握。只要我们能够制定适合中国具体情况的发展高新技术及其产业的政策并有一个相应的高度灵敏的机制，认真贯彻执行，那么我国高新技术的商品化、产业化和国际化，就一定会开创新局面，经济增长方式和经济体制的根本转变也能早日实现，我国社会主义现代化事业一定会取得巨大成功。

关于对外开放与国际合作

关于特区建设和沿海城市
开放的几个问题*

(一九八四年)

　　党中央和国务院关于批转沿海城市座谈会纪要的通知,是一个重要文件。我完全拥护这个文件的精神和有关的方针政策。

　　小平同志说:"有一个指导思想要明确,就是不是收,而是放。"这个指导思想很重要,很正确。

　　关于对外开放问题,目前有些同志思想还不通,说什么"抗战打鬼子,四化请鬼子"。对于这类认识问题,要做细致的思想教育工作;同时,要有很大的勇气和决心。正像天津的一位干部所说:要有"包天的胆量、钢铁的腰杆、强硬的后台(指中央坚决支持),不吃保险饭、不当太平官,才能把这件事情办好。"

　　现在的问题是如何放得好,放得更有成效。我读了中央的文件,并到深圳、珠海、汕头等特区,以及天津、河北、河南、山西等地作了一些调查,感到有以下几个问题,需要进一步深入研究,作出有关的政策规定。

---

* 在深圳特区工作会议上的讲话。

一、各个特区之间、经济技术开发区与开放城市之间的关系

我国已经开辟了四个经济特区，它们不仅地理环境、自然条件不同，而且工业水平和经济基础相差很大，各有自己的特点和优势。深圳背靠广州，与香港只一桥之隔，彼此的人员来往和经济联系十分方便和密切。这一点为其他特区所不及。而就工业基础来说，深圳、珠海与汕头、厦门相比较，又大不相同。深圳、珠海，过去几乎没有像样的工业，汕头在辟为特区之前，拥有工业企业375家，工人13万，其中120家可以生产出口产品，出口的商品达130多种，行销90多个国家和地区。厦门不仅是历史上"五口通商"口岸之一，同汕头一样，也是著名的侨乡，有工业企业771家，工人十余万，产品有2000多种，出口额占10%，远销80多个国家和地区。在建设特区过程中，必须充分考虑每一个特区的特点和优势，使各个特区各有自己的特色，以取得最大的社会经济效益。例如，在深圳就要大力利用连接港澳的各种有利条件，加速特区建设；对于有一定工业基础的特区，要把引进外资、引进技术与改造老企业结合起来，因为这些老企业有现成的厂房设备，有熟练工人和技术力量，只要引进部分关键设备、进口部分原材料，引进新的管理方法，就能大大提高生产能力和产品质量，甚至能生产新型产品。用这种方式吸收外资、引进技术，无论是贷款、合营，或"三来一补"，都具有比建设新项目投资少、见效快的优点，对我方和外商都有利。特区的特点是一个"特"字，按照"特事特办，新事新办，立场不变，方法全新"的原则，采取各种特殊的政策。就各个特区来说，又是各有分工、各有特点，特中有特，各特区要根据自己的条件办出自己的特色，不能要引进先进技术，都搞电子工业，而搞电子工业，又都搞集成电路和电子计算

机。这种重复引进、重复建设的做法，效果不好。也不能千篇一律，照搬别的特区的做法和经验。各个开放城市，也应各具特点，各有侧重，扬长避短，发挥各自的优势，不能都办成一个样子。

中央十三号文件决定，在开放城市逐步兴办经济技术开发区。经济技术开发区便于集中举办中外合资、合作、外商独资经营的各类企业和事业，是开放政策的一个重要内容。由于14个沿海城市的具体情况不同，每个城市是否马上开办和如何开办"开发区"，要视各城市的条件和需要而定。有条件搞的城市，可以先搞，进行试点，取得经验后，逐步推广。试点要经过批准，不能一哄而起。

开发区应该划定一个明确的地域界限，具有相对的空间的独立性。必须选择一个合适的地区。例如，福州市打算把马尾地区作为经济开发区的选址。马尾是福州的唯一港口和对外通道，交通条件优越，工业主要是造船业有一定的基础；而不是另辟新区，另起炉灶。所以把这个地区辟为开发区，基础设施投资少、见效快，是相宜的。

经济技术开发区尽管具有相对的独立性，但它毕竟是这个城市的有机组成部分，同原有城市保持着经济上和其他各方面的密切联系，在很大程度上依赖于城市本身的发展。这是因为：

第一，开办新开发区，需要搞好"七通一平"，加强基础设施建设，兴建厂房和生活福利设施，开办文教卫生事业等，这些都需要筹集大量资金。基础设施建设资金，绝大部分要靠城市自筹。而这取决于市区的经济发展状况和投资的可能性和合理性。有条件的地方，要努力引进外资，但是，应当看到，这些基础设施一般是微利甚至亏损项目，外资对它兴趣不大。

第二，兴办开发区需要一批优秀的专业技术人员、科学管理人才和熟练工人，这些人才多数要从市区选派和聘请。

第三，新开发区所需的一部分生产资料，特别是区内职工所需要的粮食、农副产品和一部分日用工业品，要由市区供应。因此，开放城市的开发区的开拓和发展，就内部条件来说，在很大程度上取决于开放城市的工农业生产发展情况，供应给开发区的生产资料和生活资料的数量、质量的能力。

当然，兴办经济技术开发区，对原有城市经济的发展，将有积极的促进作用。开发区兴办各类企业，举办各项事业，不仅便于引进先进技术，扩大资金来源，加速现有企业和城市的改造，而且扩大就业范围，有利于解决城市的就业问题，增加居民收入，提高生活水平，从而促进和带动市区的经济繁荣和高涨。

开放城市原有市区与新开发区的这种相互促进、相互影响的关系，决定了我们必须妥善地处理好两者的关系。要防止撇开开放城市现有的基础设施和其他有利条件，花很多钱，费很长时间，去搞经济技术开发区，去建设和引进新项目，而忽视对原有城市和企业的技术改造，甚至造成经济技术开发区与原有城市重复建设，重复布点，导致城市规模盲目扩大，失去控制。即使对较小的沿海开放城市，同样必须十分重视利用原有城市的经济基础和各种设施，切勿弃老城而建新城，甚至失去控制，把整个城市不自觉地演变为开发区。

适宜搞新开发区的城市，要经过周密的调查研究和反复论证，搞好远景开发规划。但具体实施起来，不宜一下子铺得太大，应该像深圳搞蛇口工业区那样，搞好一块，再搞一块。

二、特区、开放城市与各自腹地的关系

我们设置特区和开放沿海城市的根本目的，是加速整个国民经济的发展，实现党的十二大提出的宏伟的战略目标，也就是以特区和沿海开放城市作为窗口，作为门户，吸收外资，引进技术，开拓市

场,使沿海和内地经济更快的发展。因此,对外开放与对内联合是相辅相成的,服从于同一个目的。4个经济特区和14个沿海开放城市有效地实行开放政策,就能更好地促进内地经济的发展;内地经济迅速发展,便有利于沿海城市实行对外开放,使开放城市以全国特别是周围地区作为强大后盾。两者不能偏废。窗口、门户是适应房间的需要而开设的,没有房间也就没有窗口、门户。特区、开放城市作为窗口、门户与腹地的关系,也与此类似。所以说,对外开放既是特区、沿海城市自身发展的需要,也是全国和周围地区经济发展的需要。为此,特区和对外开放城市应该积极地、主动地搞好内联。对外开放,要给外商以优惠,才有吸引力;搞好内联也是一样,只有给内地(腹地)以优惠(利益共享),也才有吸引力。不能对外开放,对内封闭;对外优惠,对内刻薄;搞成"外联内挤"。所以,特区和沿海开放城市在大力搞好对外开放的同时,要积极进行内联的工作,对腹地实行平等互利的原则,把对外开放得到的好处,自觉地有计划地让出一部分与腹地分享,这样就会消除腹地"受剥削"的疑虑。应当通过各种方式,多种途径,如与腹地加强生产合作,促进技术改造,传授管理经验,提供咨询服务,供给信息,转移技术,转移资金,培养人才,供应产品,组织销售……等等,为腹地经济发展服务,给腹地带来经济利益和见得到的实惠。特区、沿海城市与腹地在经济、技术上结合得越紧密,就能产生越高的社会经济效益,也更有利于同外商打交道,做生意。如果特区、沿海城市之间,特区、沿海城市与腹地之间产生矛盾与摩擦,或者不能密切协作,共同对外,那就难以避免地会给外商提供可乘之机,最终必然会给国家,当然,也包括特区、沿海城市造成政治和经济上的损失。

总之,正确认识和处理特区、沿海城市和腹地之间的关系,是一个非常重要的问题。

腹地是指与特区和沿海城市发生密切的经济联系的地区。这些经济联系包括联合生产、技术协作、商品流通、交通运输、信息交流等许多方面,而且是由地理环境、气候条件、资源状况、交通条件、生产布局、传统的商品流向、现代工业生产的发展要求,以及居民的特点、消费习惯等因素所形成的。沿海城市与腹地的经济联系一般要比行政区划的隶属关系更为紧密和频繁。城市腹地是一个经济概念,而不是一个行政区域概念。对一个城市的腹地很难确定一个明确的地理界限,更不能用行政的办法,规定一个腹地范围,只能根据各种经济要素的必然联系,特别是特区和沿海城市对腹地的服务态度的好坏和给予腹地的优惠的多少而定。

我国设置的4个特区和开放的14个沿海城市的地理环境、自然条件、工业生产、交通运输、科学教育、经济基础各不相同,甚至相差很大,因此,这些特区、城市对我国整个国民经济发展的作用,对周围地区经济社会发展所产生的影响,自然就不一样。有的城市作用大些,影响面宽一些,有的城市作用相对小一些,影响面窄一些。例如,目前广西北海市的人口(市区人口)只及上海市的1/400,工业固定资产只及1/294,这些因素决定了上海的经济作用要比北海市大得多,腹地同样也比北海市广得多。但是,由于我国海岸线长达18000公里,每个特区和沿海城市都处于不同的地理位置,具有各自的特点,因此发挥着不同的作用,特别是对周围地区的特殊作用,往往是其他城市所无法代替的。北海市对全国经济发展的作用,当然远不及上海或其他城市,可是北海市对开发广西壮族自治区以及西南地区的经济,沟通该地区与国外的经济联系,开展各种形式的贸易往来,却具有十分重要的地位,开放北海市同样有着十分重要的意义。它的腹地会随着北海市经济实力的增强,作用的发挥,服务的改进,而不断扩大。而且,沿海城市之间经济作用范围是彼此交叉、相互渗透的。地理位置比较接近的沿海城市这种交叉和渗透则更明显。因此,腹地本身也是可以交叉和渗透的。天津市的经济作用范围主要在华北、西北、东北地区,而上海、大连、秦皇岛同样对这些地区产生经济影响,很难说"三北"地区就仅是天津、大连或其他沿海城市的腹地。当然,在某一地区的经济发展中,某一沿海城市在某一方面起着主要作用,但这并不排斥其他城市在其他方面的作用和影响,所以不能像划分势力范围那样,机械地以沿海城市为中心来划分腹地,甚至彼此争夺地盘。如果这样,就会形成新的块块,不利于开放政策的实施。

三、让出必要的国内市场与适度保护民族工业的关系

我们对中外合资、合作及外商独资企业的产品,确定以外销为目标,这是完全正确的,只有这样才能保护和发展我国的民族工业。与工业发达国家相比,我国工业生产水平低,技术落后,产品质量低,成本高,如果让一切合资、合作或外商独资企业的产品毫无限制地投放国内市场,势必将排挤国内厂家的产品,甚至完全使其失去市场,其结果必然摧残民族工业的发展,这是违背自力更生的方针的,也不利于整个经济的健康发展。在这方面,我们是有过教训的。前几年一些单位,用外汇盲目进口大批家用电器,如电视机、收录机、手表、汽车等,根据香港的统计,1980年仅仅经香港运进国内的黑白电视机就达32万台,价值16亿港元以上,这在一定程度上冲击了国内生产,使我国有关工业的发展受到影响,应引以为戒。

然而必须看到,一些外国资本家之所以要在我国投资设厂,其主要原因是为了使其产品找到销路。我国是一个10亿人口的大国,这样广阔的市场,在当今的世界上是极其难得的,对发达国家有很大的吸引力。如果合资、合作或外资独营企业的产品,只

能外销不准内销,而外销又找不到足够的市场,那么对外商来说,就失去了投资的兴趣和吸引力,我们就不能由此而吸收外资,引进生产这些产品的先进设备和技术。因此,我们应该让出一部分市场给这些企业,特别对那些具有先进制造技术所生产的先进产品,而我国目前还不能生产,或者虽然能够生产,但缺额很大的,可以让出一定的市场给外商。从我国市场来说,有些产品,我们自己目前还不能制造而必须由国外进口,在一定时期内,让出这种产品的市场,比我们直接进口更为经济。而且由此可以节省我们研制这种产品的时间,加速自己制造这类产品的能力。有些产品,目前国内虽然能够生产,但供应不足,而且质次价高,对此类产品让出一部分市场,可以促进我们自己提高产品质量,降低成本,加快升级换代。问题的关键是要根据国际市场和我国实际情况,对不同的产品,不同的技术,不同的需求,采取不同的政策和措施,确定让出市场的条件、范围、时间和限度,以加强对市场的有效控制。这样做,不仅不会影响或摧残民族工业的发展,反而有利于鞭策民族工业迅速赶上先进的技术水平。

四、老企业的技术改造与新上项目的关系

中央文件强调,首先抓好老企业的技术改进,这是根据沿海城市的实际情况而确定的重要方针,是非常正确的。我国开放的14个沿海城市,工业企业共有17940个,1983年全年工业总产值达1425亿元,占全国的23.1%,固定资产原值为555亿元,占全国固定资产原值的12%。这是经过解放三十多年来的经济建设而初步形成的工业基础,像上海、天津、大连、广州等沿海城市已经建成了各具特点的、拥有一定技术力量的工业体系,对全国经济建设起着重要作用。要使它继续发挥更大的作用,就要充分利

用现有企业的设备和技术力量。但是,必须看到,沿海城市多数是老工业城市,大部分工厂是五六十年代建设起来的,个别的工厂甚至是解放前建设的,厂房比较破烂,设备比较陈旧,完好率很差,劳动生产率很低,现代化的企业很少。这些城市的固定资产净值,一般仅相当于原值的60%左右。即使像上海这样的大城市,90%以上的企业仍然是所谓"老企业、老厂房、老设备"。因此,加强现有企业的技术改造,是发展沿海城市的首要的任务。吸收外资,引进技术首先要用于对现有企业的改造,用西方先进的、适合我们需要的技术和管理方法装备和改造现有企业,使它逐步现代化。有的工厂只要更新关键的设备和生产线就可以使产量成倍地增加,质量明显提高,成本显著下降,收到很好的经济效果。如果不注意现有的几十万个企业,不使它逐步现代化,一味地上新项目,就不可能收到良好的经济效果,整个现代化建设的任务就难以完成。因此,上新项目必须有一条明确的界限:凡是原有企业经过技术改造可以制造的、并能满足需要的产品,就不宜再上新项目。当然,这不是说根本不要上新项目。有需要和有条件上的新项目总是要努力争取搞上去的,特别是新开辟的特区,基本上都是要上新项目的。但是,凡是上新项目,都应有科学的可行性研究和技术经济论证,要有显著的经济效果,不宜轻率从事。上一个,成功一个,才能对外商投资有吸引力。

五、外商投资与侨胞投资的关系

我国是世界上侨胞最多的国家,遍布世界各国,侨资是我国吸引外资的重要来源。这几年,在利用外资额不断增长的情况下,侨资也迅速增长,特别像广东、福建等侨胞较多的省份更为明显。如从1979~1982年的4年中,广东省对外签订各类合同30112

宗，合同规定客商投资总额 45.3 亿美元，正在执行的合同约有 1500 多宗，实际使用外资 10.7 亿美元，引进 10 万多台（套）设备，价值 5 亿多美元。其中侨商及与侨商有关的投资占大多数。1981 年以来，吸收侨胞投资进展较大，某些方面有所突破。华侨投资 6700 万美元的深圳仓库群已正式签定合同，投资 8000 万美元的广东泛亚玻璃厂，1200 万美元的汕头玻璃厂，已签订原则协议或意向书，还有一批项目正在洽谈中。有些侨胞之乡，效果更为明显，如广东中山县有华侨几十万，他们充分利用这个有利条件，大力开展来料加工、来件加工和补偿贸易，加速了全县经济发展。截至 1983 年 5 月，全县 405 个单位与 800 多家侨商签订协议 3155 宗，引进设备 15000 多台件，收取加工费 2722 万美元。现在全县来料加工、来件加工和补偿贸易业务，已包括电子、服装、编织等三十多项，产品远销东南亚、西欧和非洲一些国家和地区，大大促进了当地经济发展。如何给侨胞投资以更优惠的待遇，在更多方面予以鼓励，是我们对外开放政策中要注意的一个大问题。重要之点，是认真贯彻执行侨务政策。当前着重是解决"三子"问题，即占用华侨的房子要退还；给华侨错戴的各种帽子要摘掉；侨眷的冤假错案要平反。把这些工作做好了，就会大大地提高侨胞投资的积极性。

在吸引侨胞资金方面，我国台湾省也采取了不少措施。台湾自 1965 年美国停止"经援"后，二十余年来，曾先后制定多种优惠政策和奖励条例，采取开办加工出口区和科学工业园等措施，大量吸引侨胞和外商到台湾投资。截至 1981 年底，共吸收华侨外资 31.14 亿美元（不包括贷款），其中外资占 67.76%，侨资占 32.24%。侨外资本的积累和增加，大大推动和加速台湾固定资本的积累和形成。1952 年台湾固定资本 1.88 亿美元，1965 年增至 6.76 亿美元，1978 年进而增至 66.8 亿美元。1981 年底，台湾固定资本形成已达132亿美元，相当于1970年的10.8倍、1952年的70倍。

但是，给侨胞投资以更优惠的待遇是很复杂的问题，它不仅要制定具体的办法和条例，而且涉及到同其他外商的关系。因此，要妥善处理，特别是注意下列三点：一是不要使外商感到对他们的歧视，因为按国际惯例，投资法对所有的国外投资者都是一样的，不能使外商有厚此薄彼的感觉；二是防止外商利用侨胞的名义取得这样的优惠，这要有周密的调查与了解；三是避免引起侨胞居住国当局的注意，采取限制措施，给侨胞造成困境。比较稳妥的办法，是在合资协议书中根据不同的对象，对侨资给予特殊的优惠待遇。

六、外资、合资企业中的劳资关系

在外资、合资企业中的职工是工人阶级，是国家的主人，他们的利益受到国家保护；另一方面，职工们创造的价值还不能全部用于社会主义扩大再生产和增进人民的生活福利，其中一部分要作为外国资本的利润被外商拿走，因此，职工又有雇佣的一面，在一定程度上受外资的剥削。这种双重身份决定了我们必须重视和正确处理在外资、合资企业中的劳资关系。劳资矛盾在外资、合资企业刚建立时，还不大明显，随着企业的发展，这方面的矛盾将越来越明显。我们应当通过党、共青团、工会把职工组织起来，加强政治思想教育工作，特别是要把工会工作搞好，派最好的党员做工会领导工作。凡属劳资关系问题同外商打交道，都应通过工会进行。这样，他们在原则上是可以接受的。

在外资、合资企业中，工会组织的基本任务是执行党的方针政策，组织、教育职工，努力学习政治、业务、科学、技术，开展文艺、体育活动，遵守劳动纪律，帮助企业搞好生产；监督资方遵守政府法律和法令，警惕资本家偷税漏税等不法行为；认真保护工人的合法权益。对外资及其代理人既要团结合作，又要对他们违法和压迫工人的行为进行必要的有理、有利、有节的斗争。据《深圳特区简讯》反映，蛇口工业区独资企业凯达玩具厂曾发生过不少损害工人合法权益的事情。该厂负责人不顾工人利益，经常无故处罚工人，强迫工人超量加班加点。在调查的92名工人中，就有77人一周加班6次，45人连星期日在内，天天加班加点，每天加班5小时以上。有个女工在一个月里加班达170小时。有些女工因身体支持不住而晕倒。他们还对拒绝加班的工人，予以停工的处罚，等等。事情发生后，我方由工会、市总工会和劳动局等单位多次与厂方负责人说理说法，迫使厂方承认了错误，并做了检讨，同意给停工的工人复工，同意不超量加班加点。从这次事件看，我们要创造良好投资环境，引进更多的外资，并让外资企业取得合理的利润，但外商必须严格遵守我国政府的法律和法令，确保工人的正当的权利和身心健康。如果靠损害工人的正当权益、任意解雇工人来牟取暴利，获取额外利润，那是不允许的。政府和有关部门就应该通过有效办法和正当途径同外商进行交涉，甚至进行必要的斗争，迫使他们放弃错误做法。但是斗争要讲究策略，掌握分寸，目的是要使他们遵守政府法律和法令，达到一定目的就适可而止，而不是要把他们赶走吓跑。要防止"左"的和右的偏向。但在目前阶段，主要还是防"左"。

现在外资企业、合资企业的领导体制，一般是董事会领导下的经理负责制，企业内的党、团、工会组织对经营管理不干预，而起监督作用。建国初期，我们对待资本主义企业的某些经验（如利用资本家的资金、技术和管理方法，以及劳资两利等等）对今天我们搞好外资、合资企业的工作，仍有重要的参考价值。但是，那时对国内资本家我们提出了"改造"的任务，而对现在来我国投资的国外资本家，当然不应当提出这样的任务。因此，那时提出的对资本主义工商业改造的政策和口号，在今天就不适用了，而应根据新的情况，研究确定新的政策，不能照搬过去的经验。

七、为我所用？还是为人所用？

实行对外开放政策，外国资产阶级当然会在政治、经济、文化、生活方式等各个方面，力图影响我们。这里确实存在着阶级斗争，这是毫无疑问的。中央通知指出，同国际资本打交道，有个能否在互利条件下为我所用的问题。这是一场严重的斗争，搞得好，可以为我所用；搞不好就会为人所用，"赔了夫人又折兵"。这是必须严重警惕的。所以，我们所有同外商打交道的干部都要像小平同志、陈云同志、耀邦同志多次指示的那样，必须有坚定的无产阶级立场，坚强的党性，努力学习马列主义，以马列主义的立场、观点和方法，通晓和熟练地运用资本主义的经济原则，这样，才能同外国资本家在经济交往中取胜；在平等互利的原则下，做到对我们更有利些。为此，我们不但要懂得马克思主义的经济学、经营管理学，而且要懂得资产阶级经济学，懂得国际金融贸易知识和有关的国际法知识，懂得他们一套经营管理的办法。要清楚地认识，我们同外商打交道，只能按资本主义通常的经济原则办事，否则就谈不成。但是，我们对于后者的知识是很少的，我们要力争在尽可能短的时间里按照中央的要求：学会"两套本领"。这样才能真正做到为我所用。

把握世界经济发展趋势,进一步做好对外开放工作*

(一九八八年三月二十七日)

党的十一届三中全会以来所实行的对外开放政策,是使我国经济走向现代化的一个长期的基本国策。经过9年来的努力,我国实行对外开放已取得了举世瞩目的重大成就。当前,我国广大人民和干部正在贯彻党的十三次全国代表大会精神,加快和深化改革,进一步扩大对外开放,积极实施党中央提出的加快沿海地区经济发展的战略,以促进沿海带动国民经济的发展。按照党和国家所确定的方针,进一步扩大对外开放,加快沿海外向型经济的发展,对于我国社会主义现代化建设事业的成功具有重大的现实意义和深远的历史意义。

各国之间的往来,古已有之,而规模日趋扩大的国际经济联系则是历史步入第一次产业革命时期,伴随机器大工业的发展而发展起来的。它既是机器大工业的产物,又是机器大工业必不可少的条件。早在100多年前,马克思和恩格斯在《共产党宣言》中就指出:"资产阶级,由于开拓了世界市场,使一切国家的生产

---

* 为《世界经济年鉴(1988)》写的序言。

和消费都成为世界性的了。……过去那种地方的和民族的自给自足和闭关自守状态，被各民族的各方面的互相往来和各方面的互相依赖所代替了。"[1] 从社会生产力发展的一般规律来考察，这种世界性的互相往来和互相依赖，正是社会分工深化和社会生产力发展的一个重要标志。第二次世界大战以后，随着科学技术的加速发展，交通和通讯的现代化，国际贸易往来、资本流动和技术转让的规模不断扩大，国际经济关系也越来越密切。在当今开放的世界，任何国家都不可能在封闭状态下求得发展。我国是发展中的社会主义国家，经济、技术比较落后，商品经济不发达，对我们来说，进一步扩大对外开放，不断发展对外经济联系，合理利用外资，引进先进技术，积极参与国际交换和国际竞争，更有着特殊重要的意义。这是我们在经济上和技术上逐步缩小同发达国家的差距、实现社会主义现代化的必由之路。

从现在到本世纪末，是我国实行全面改革和扩大对外开放的关键时期。在这一时期内，我们要实现党中央关于我国现代化建设所制订的经济发展战略第二步任务，到本世纪末实现国民生产总值比 1980 年翻两番，人民生活达到小康水平。为了实现第二步奋斗目标，加快发展沿海地区外向型经济，进一步扩大对外开放，最近中央提出了加快沿海地区经济发展战略。这个战略不只是地区性战略，而且是全国性战略，是贯彻十三大精神的一个新的创造和发展。随着沿海地区经济发展战略的实施，我们将进一步进入世界经济体系，世界经济的发展变化将对我国经济的发展发生越来越大的影响。这就要求我们必须加强世界经济的研究，提高我们适应世界经济发展趋势变化的能力。只要我们审时度势，正确发挥优势，趋利避害，就有可能使我国经济在较短的时期内取

---

[1] 马克思、恩格斯：《共产党宣言》，《马克思恩格斯选集》第 1 卷，人民出版社 1972 版，第 254~255 页。

得较快的发展。在国际经济生活中发挥日益重要的作用。

目前世界经济正在发生极其深刻和重大的变化。和平与发展是当代世界的主流。综合分析当前和本世纪内的世界经济，归纳起来有以下四大发展趋势。

一、世界经济发展不平衡加剧，经济增长减慢，各国普遍进行经济大调整、大改革

80年代初，资本主义世界爆发了第二次世界大战以来最严重、最深刻的一次经济危机，资本主义世界各种矛盾进一步激化，资本主义政治和经济的不稳定性加剧，发达资本主义国家和发展中国家的经济增长速度都出现严重下降，到1982年分别降到-0.4%和1.6%。[①] 与此同时，苏联和东欧国家的经济陷于停滞，到1981年，它们的经济增长速度只达到1.9%。[②] 1983年起，发达资本主义国家经济出现复苏，但从那时到1987年的5年中，除1984年以外，各年经济增长速度只达到3%左右。发展中国家1984～1987年只略高于3%的水平。苏联和东欧国家的增长速度，1983～1987年起伏于3%～4.2%之间。总的来看，80年代以来，作为一个整体的世界经济，基本上处于停滞和低速增长阶段，其经济增长率在1980～1982年的3年中，起伏于0.5%～2%之间[③]，1983～1987年的5年中，在3%上下徘徊。为了摆脱这种局面，各类型国家都在进行产业结构、经济政策的调整和经济体制的改革。

二次大战后，发达资本主义国家为了抑制经济危机，刺激经

---

① 国际货币基金组织：《世界经济展望》1986年4月，第4页。
② 同上。
③ 同上。

济增长，曾长期推行凯恩斯主义的膨胀性财政政策和货币政策，加强国家对经济的干预。这个政策长期实施的结果，对经济的发展虽然起过一定的促进作用，但是却导致巨额的财政赤字，造成严重的通货膨胀。进入70年代初期，终于陷入经济低速增长和高失业、高通货膨胀并存的局面，即所谓"滞胀"时期。

为了摆脱"滞胀"的困境，70年代末80年代初，发达资本主义各国都先后进行经济结构和经济政策的调整。1979年5月，撒切尔夫人就任英国首相后，实行货币主义的政策主张，以抑制通货膨胀为主要目标，严格控制货币供应量，紧缩公共开支，削减财政赤字，同时减少税收，减少国家对微观经济的干预，实行国有企业私有化的政策，以促进企业的竞争力。几年之后，通货膨胀有明显下降，国民经济的发展也出现转机，1983～1986年国内生产总值年平均达到3.05%[①]，但失业问题则一直很严重。80年代初以来，西欧其他国家也先后实行抑制通货膨胀、削减财政赤字的政策，通货膨胀率都有较大下降，但经济增长普遍放慢，多数国家失业人数仍然居高不下。

1981年里根在美国执政后，采纳供应学派和货币主义学派的主张，实行削减税率和紧缩性的货币政策。到1983年后，通货膨胀率有明显下降，但是实行减税的结果，带来财政收入减少，加上军费开支不断增加，导致财政赤字连年大幅增加。在里根执政7年中，联邦政府财政赤字累计达到11800亿美元。为了吸引大量外资流入美国来弥补庞大财政赤字和满足国内投资的需要，里根政府实行高利率政策，7年来美国的实际利率一直保持高于其他西方国家，造成了美国内外债务急剧增加。到1986年底，联邦政府债务总额达到23771亿美元[②]，目前美国公私债务总额已近9

---

① 根据英国《每月统计摘要》1987年9月有关各年国内生产总值数据计算。
② 美国《经济指标》1987年9月。

万亿美元①；1985年美国丧失了从第一次世界大战以来一直保持的债权国地位，开始变为净债务国，这一年净外债额达到1074亿美元②，估计1987年底净外债额大约达到4300多亿美元，是当今世界上最大的债务国。

自1971年美国首次出现外贸逆差以来的十几年间，除个别年份外，外贸逆差呈不断上升趋势，里根执政后，外贸逆差进一步扩大，从1980年的362亿美元增至1987年的1710亿美元。与此同时，日本和联邦德国则有大量外贸顺差，并呈不断上升趋势。1986年日本外贸顺差达831亿美元，联邦德国达522亿美元。美国对日本、联邦德国之间的贸易不平衡达到了空前严重的程度。1986年美国对日本商品和劳务贸易逆差达到562亿美元，美国对西欧共同市场的商品与劳务贸易逆差达到270亿美元，导致美、日、西欧之间贸易摩擦加剧，贸易保护主义愈演愈烈。美国外贸逆差大幅扩大的原因，首先是与美国经济实力相对下降与商品竞争能力下降分不开的。其次，美国实行高赤字、高利率政策导致美国国内需求的增长速度超过了国内经济的增长速度，1980~1985年美国国内需求增长3.4%，而国民生产总值只增长2.4%，在经济增长放慢的1985年第3季度至1986年第3季度，国内需求以3.6%的速度增长，而国内生产总值则只增长2.3%③，其差额只能依靠外国的商品和劳务来填补。再次，1985年3月以前，美国实行高汇率政策，使美国出口商品价格上升，影响美国商品的国际竞争能力，同时1983年以来，其他西方工业国家和多数发展中国家经济增长缓慢，市场需求有限，抑制了美国商品的出口，也加剧了美国外贸的不平衡。

---

① 美国《外交》季刊，1987年第3期，第460页。
② 美国《商业现况》1986年6月，第28页。
③ 《美国总统经济报告》1987年，第104页。

实行高赤字、高利率和高汇率政策，吸引了大量外资，刺激了国内需求，对支撑美国经济的增长起了一定的作用。但是这种政策实行几年之后对美国经济和世界经济也带来明显的祸患。一方面，美元汇率过高，抑制了美国商品出口，既造成美国外贸逆差急剧增长，也严重损害美国工农业生产，导致许多传统的基础工业生产能力严重过剩，大批工人被解雇，失业率居高不下；另一方面，美国实际利率居高不下，使世界范围内的资金流向发生极不合理的变化，不仅妨碍其他西方国家的经济增长，加剧了发展中国家的债务负担和资金困难，而且导致国际金融动荡不稳，引致美元汇率严重下降。

随着美国外贸逆差和经常账户逆差的巨额增长，到了1985年3月美元汇率已开始下跌，在此以后的3年中，虽然美元汇率节节下跌，外贸逆差不但未见减少，反而持续增加。在这种情况下，到1987年初，流入美国的外资，私人部分已大为减少，主要依靠其他西方国家的中央银行干预外汇和购买美元来维持。为了吸引外资和防止通货膨胀，这一年的9月4日，联邦储备银行把贴现率由5.5%提高到6%，商业银行也进一步提高优惠利率。在股市早已过热，股票投机之风盛行的情况下，这次利率的上升，加上美国财长贝克以降低美元汇率的一些言论来报复联邦德国提高利率等因素的冲击，自10月初起，纽约股市已开始大规模抛售股票，终于在10月19日这一天，爆发了第一次世界大战以后最大的一次股市暴跌。股市暴跌是美国经济脆弱的表现，根本原因就是美国巨额财政和外贸"双重赤字"造成的美国经济内在的不平衡以及世界经济不平衡的加剧。股市暴跌后，联邦储备银行立即转而放松银根，商业银行也降低利率，保证了银行流动资金的供应，没发生挤提存款的现象，但又引起美元汇率急剧下降，到1987年底，美元对日元、德国马克的比价都降到战后的最低点。

这次股市暴跌，虽然没有立即引起美国经济的严重恶化，但是它将影响美国消费和投资下降，使美国经济在近期内增长减慢，也有可能引发一次严重的经济危机。世人为此而惴惴不安。

1988年1月25日，里根在国会发表他任期内最后一次国情咨文，对过去7年美国的发展给予高度的评价，宣称美国经济正在再度崛起。的确，美国经济自1982年11月开始复苏，已经持续5年多，是战后和平时期最长的一次，但是应该看到，美国经济的增长是建筑在债务经济的基础之上，存在许多不稳定的因素，因此即使在经济增长的5年中，美国经济的增长速度起伏也很大。如果从里根执政以来美国经济年平均增长率来看，就只有2.4%[1]，甚至低于70年代的增长率。总的来说，里根政府并未实现执政当初所提出的复兴美国经济的目标，而且还加剧了美国经济内在的不平衡，各方面的困难还会进一步发展。看来，下届美国总统将被迫进行新的经济大调整。

战后，日本在经济上走的是一条工业立国、贸易立国的道路。80年代初，日本提出"技术立国"的口号，这是日本产业政策的一个转折，即从传统的制造业逐步转向发展电子、信息、生物工程和新材料等高技术产业。过去日本经济的增长主要依靠出口推动，近年来日元升值，商品出口受阻，不得不对经济发展战略进行调整，一方面加紧资本输出，在海外大量抢购债券和股票，增加海外直接投资；另一方面，逐步使"出口主导型"经济向"内需主导型"经济过渡。随着日本在国际经济中的实力增强，日本经济的重大调整，对世界经济的发展将会发生越来越大的影响。

社会主义国家的经济体制改革从东欧开始。1978年12月中国共产党十一届三中全会提出改革开放的总方针，从此以后，中

---

[1] 《美国新闻与世界报导》1988年2月1日。

国开始找到一条建设有中国特色的社会主义道路，开辟了社会主义建设的新阶段。9年来，中国经济体制改革从农村到城市全面展开，已取得重大进展。对外开放不断扩大，已使过去的封闭和半封闭状态逐步转向开放型经济。在改革开放的推动下，国民经济持续发展，国民生产总值、国家财政收入和城乡居民平均收入都大体上翻了一番，国家面貌发生了深刻的变化。1987年10月中国共产党十三次代表大会进一步阐述了社会主义初级阶段的理论，制定了社会主义初级阶段的基本路线，决定加快和深化改革，扩大开放。中国社会主义建设的进一步发展，必将对世界经济发生日益重要的影响。

　　70年代中期以后，苏联国民收入的增长速度严重下降。70年代末80年代初经济处于停滞状态，到1984年国民收入只增长3.2%。[①] 戈尔巴乔夫1985年3月就任总书记以来，大力进行经济和社会的调整和改革，调整组织，整顿作风，推行科技进步和经济集约化，并扩大了改革的试验。1987年苏共中央6月全会通过了《根本改革经济管理的基本原则》，决定大大扩大企业自主权，纠正管理过分集中的偏向，更大胆地利用商品货币关系。在调整与改革的过程中，1985年和1986年苏联经济增长速度有所加快，但是到了1987年又出现下降，据塔斯社报道，这一年苏联国民收入只增长3.3%，接近于1984年的低水平。这表明苏联的改革遇到了阻力和困难。看来苏联的改革是一个复杂而长期的过程。

　　战后发展中国家作为一个整体，它的经济发展速度一直快于发达国家。进入80年代以来，由于受到发达资本主义国家转嫁经济危机的冲击，以及发达国家产业结构调整加快，对燃料和原料的需求相对减少，石油和其他初级产品价格一跌再跌，发展中国

---

　　① 《苏联国民经济统计年鉴》1985年。

家的贸易条件恶化。与此同时，国际贷款利率高昂，致使重债的发展中国家外债负担加剧，资金倒流，多数发展中国家经济增长速度明显下降，人均国民生产总值与发达国家的差距进一步扩大。为了改变贫困落后的面貌，争取生存和发展，各发展中国家纷纷重新审查自己走过的道路，调整经济发展战略、经济政策和产业结构及经济结构。

总之，80年代以来，世界经济增长减慢，其原因如果从国际经济环境这一方面来考察，主要是受到以下三方面的经济失衡的影响：一是美国的庞大财政赤字和外贸赤字所表现出的美国经济内在的不平衡；其次是由美国的巨额外贸逆差和日本、联邦德国的外贸顺差所表现的西方国家之间的经济不平衡；第三是由发展中国家的庞大外债、资金倒流和贸易条件恶化所表现出来的发达国家与发展中国家之间的经济不平衡。这三个不平衡，近年来已发展到相当严重的程度。预测美国经济内在的不平衡，将迫使美国政府不得不在90年代初以前较大的削减财政赤字，这就将影响世界经济的增长继续放慢和继续激烈动荡。在这以后，到本世纪末世界经济也只能是低速增长，各国经济的调整、改革将会持续一个或长或短的过程。

二、科学技术革命对世界各国经济的影响越来越大

战后，科学技术取得了前所未有的巨大发展，出现了人类历史上又一次新的科学技术革命。这次新的科学技术革命，其规模大大超过了以往的科学技术革命。由于科学技术革命的社会化程度的提高，各国经济联系越来越密切，因此这次科学技术革命几乎在各门科学和技术领域都发生了深刻的变化，它不仅席卷了发

达国家，而且涉及许多发展中国家。战后，所以出现这样一次规模巨大、影响深远的科技革命，一方面是科学技术自身发展规律作用的结果，同时和战后世界经济的发展有着密切的联系。在世界经济发展不平衡规律的作用下，国际市场竞争日益尖锐，各国尤其是发达国家竞相发展科学技术，争取在科技上和经济上建立优势，提高自己的竞争力。

这次科学技术革命的发展，促使分工更加深化，专业化与协作进一步发展，大大提高了社会生产力。据估计，70年代以来，在大工业中劳动生产率的增长依靠科技进步的比例，已从本世纪初的5%～20%提高到60%～80%。科技进步已成为当今各国经济发展的一个关键性因素，将决定各国今后的综合国力和在世界上的地位。因此各国都把它看成是一场严重的挑战，越来越多的国家把科技进步定为国家和社会发展的根本战略。美苏两国在高科技领域正在进行异常激烈的竞争；日本作为新兴的经济大国，咄咄逼人，力图赶上美国、联邦德国、法国，英国也在奋发努力，争取在新科技的一些领域超过美、苏、日，其他发达国家以及新兴工业国家和地区，无不在努力加快科技进步的步伐，以求在科技和经济两方面缩短与先进国家的距离。所有国家都为此而不断地调整各自的产业结构和经济结构以及发展战略。无疑地，今后国际竞争将日益侧重于科学技术，科技进步对各国经济的发展与世界政治和经济格局变化的影响也越来越大。

三、各国在经济上相互竞争激烈又相互依存加强的趋势日益明显

进入80年代以来，在世界经济和科学技术发展不平衡加剧，各国竞争非常剧烈的同时，随着科学技术和生产力的迅速发展，

在商品、科技、劳务、金融投资等经济生活的许多方面日益趋于国际化。从各国对世界贸易的依存度（全世界出口总额占国民生产总值的比重）来看，1962年为12%，到1984年已上升到22%，二十多年间提高了近1倍，各国经济越来越深地卷入统一的世界市场。又如，从70年代以来，国际资本流动额的增长非常迅速。发达资本主义国家对外直接投资，1973～1979年年平均增长18%。特别是近年来，有大量经常账户顺差的国家和地区，对海外的证券投资和直接投资急剧增加。据日本大藏省公布，1987年日本投资者在海外购买的股票达168.7亿美元，比1986年增加1.4倍；1987年日本在海外直接投资194.8亿美元，比1986年增加34.5%。国际金融投资已成为推动世界经济发展的一个重要因素。实际上，金融活动在许多国家，特别是发达资本主义国家之间，已突破国界，从而使相互依存关系加强。

各国经济在相互竞争加剧而又相互依存加强的情况下，为了缓解相互之间矛盾的尖锐化，这就需要在一些重大的经济问题上加强协调，以避免发生重大的冲突，防止彼此都受到更大损害。有人由此得出结论，世界仿佛已进入一个国际协调时代，大家都能以世界大局的利益来处理有关的矛盾。这是不符合实际情况的。近年来，国际经济协调虽然有一些新进展。比如，在1987年10月股市暴跌后，美国和其他西方主要国家协调政策，采取了放松银根、降低利率的紧急措施，使得实际经济没有立即引起严重的恶化。近年来，美国、日本和西德对缓解彼此贸易失衡和稳定美元汇率，也采取了一些新的共同行动。在国际债务方面，1982年以来，西方债权国和发展中的债务国通过协商，进行延长清偿债务的安排，也使债务清偿危机有所缓和。但是，在国际经济协调中，各国的行动都是以本国的利益为转移，国家利益超越世界大局的利益，从来没有一个国家肯为世界大局的利益而牺牲本国的利益,即使有时也须考虑他国利益,还往往要以对方让步作为交换条件。所以在国际经济关系中占主导面的还是竞争而不是协调。实际上在利益严重对立的许多国际经济协调中,往往是表面上力求协调一致,而实质上却是明争暗斗互不相让。即使达成了协议,也还有不履行协议,甚至违背协议的言行。对各种国际经济协调的程度和作用,我们必须根据矛盾的不同性质和情况进行具体分析,避免失之作过高的估计。

四、美国在世界经济中支配地位的基础进一步削弱,亚太地区经济崛起,世界经济格局向多极化发展

战后初期,美国在世界经济中处于绝对优势地位。50年代中期至60年代末,居于霸主地位的美国,经济发展速度远远落后于日本、联邦德国等主要资本主义国家,资本主义世界逐步形成美国、日本和西欧在经济上三足鼎立的局面。进入70年代后,资本主义世界经济处于长期滞胀的局面,美国经济增长速度大大下降,日本经济的增长速度也大幅下降,但在主要资本主义各国中仍保持最高水平。1983年以来,美国经济有所回升,但这是建立在债务经济的基础之上。由于巨额财政赤字和外贸逆差在今后几年内难于消除,潜在的债务危机正在日益深化。据预测,到1991年,美国净外债将达到1万亿美元[1],这势必使美国在世界经济中的地位进一步下降。进入80年代后,西欧经济增长较慢,今后十多年中将继续缓慢增长。日本经济增长速度,80年代也低于70年代,但在主要资本主义国家中仍居前列。近年来,日本企业合理化和

---

[1] 美国《国际货币评论》1987年10月,第8页。

经济调整进展较快。1985年日元升值后，日本在海外投资迅猛增长。据日本大藏省公布，到1985年底，日本在海外净资产已达到1298亿美元，成为世界最大的债权国。据日本《工业新闻》预计，到本世纪末，日本在海外净资产将达到1万亿美元。随着日本经济实力的上升，它在国际经济中的作用将增大。

战后初期，苏联和美国经济实力对比，美国占绝对优势。1955年苏联国民生产总值大约相当于美国的1/3强。60年代起至70年代中期，苏联经济增长速度快于美国，两国经济实力差距逐渐缩小。但自70年代中期以来，苏联国民生产总值的增长速度小于美国，差距有所扩大[1]。目前苏联的国民生产总值大约相当于美国的2/3。当前苏联和美国都面临严重的经济困难，两国在军事上和经济上居于支配地位的基础在削弱，因此不得不把经济调整、改革放在各自国家的首位，并开始同对方进行裁减军备谈判，以寻求出路。

战后，广大发展中国家在政治上取得了独立，为发展民族经济扫除了外部障碍。60和70年代，在发展中国家中，出现了一批工业相对发达的新兴工业国和地区，它们的经济增长速度超过多数发达国家。特别引人注目的是，东亚的"四小龙"（南韩、新加坡、我国台湾省和香港），70年代年平均增长率为8.9%。东南亚的东盟5国经济也有较快的增长，60年代为6.4%，70年代达到7.8%。[2] 进入80年代以来，在世界经济增长减缓的情况下，1980~1986年"四小龙"国民生产总值年均增长达7.2%，预计1987年超过10%。包括日本和中国内地、台湾省、香港、朝鲜和东盟在内的东亚和太平洋地区，从60年代以来，经济增长速度比其他地区为快。亚太地区自然和人力资源丰富，科技发展迅速，

---

[1] 《美国经济总统报告》1987年，第368页。
[2] 《世界经济年鉴（1983~1984）》，第139页。

市场广阔，发展经济的潜力很大。据预测，到本世纪末，亚太地区仍将保持较高的经济增长速度，并将成为世界经济活动的一个重心，与传统的大西洋经济重心相匹敌。

美国经济基础的削弱，日本经济实力的增强，亚太地区经济的崛起，加上原有的欧洲共同体、经互会和新近发展起来的发展中国家的经济集团，使世界经济格局进一步向多极化发展。这个趋势，在今后短短的十几年中将继续下去。

总的来看，当前国际形势对我们加深改革，进一步扩大开放有利。在世界各国人民为维护和平、谋求发展所作的巨大努力推动下，美苏就中导问题达成了协议，东西方关系出现了一定程度的缓和。在世界经济方面，国际产业结构正在进行一次大调整，劳动密集型产业由发达国家向劳动力素质较好而费用较低的发展中国家转移。我国沿海地区劳动力资源丰富、素质较高，同其他许多发展中国家相比，又有科技力量较强的优势，这就非常有利于我国劳动力资源的开发和利用，加快我国经济的发展。当前有些国家和地区，由于长期的外贸顺差，积累过多的外汇储备，在其本国货币升值的压力下，正在调整经济发展战略，一方面扩大内需，另一方面向国外寻求投资市场和转移生产据点，这也有利于我们发展出口创汇和引进先进技术、引进外资创办"三资"企业和改造老企业。世界经济形势的这些变化，对我们扩大开放、加快经济增长是一个难得的机遇。但是也应该看到，当前世界经济严重失衡，西方经济将陷入不景气状态，并由此引发贸易保护主义，加剧经济、技术的激烈竞争以及国际金融的继续动荡、政治风云变幻。这对我们扩大出口，进行国际结算也会带来相当大的困难和风险。因此，当前是机会和挑战同在，希望和困难并存。我们必须有危机感、紧迫感，不失时机地加快实施沿海地区经济发展战略，进一步做好开放工作，提高我们参与国际交换和国际竞争的能力，很好地利用有利条件，努力把不利条件转化为有利条件，积极促进我国社会主义现代化事业的发展。

最后，我想对《世界经济年鉴》讲几句话。我们的改革开放须要密切注意国际经济环境的变化。我们需要了解世界，同时也需要让世界了解中国，这两方面是同等重要的。不了解世界或不被世界所了解，都会使我们的改革开放遭致损失。《世界经济年鉴》适应时代的需要，于1981年应运而生，它对我们了解世界做出了贡献，被认为是了解和研究世界和各国经济基本情况的一本很需要的资料性工具书。希望它能够不断地总结经验，办得更富于科学性和适用性，更好地介绍有关中国改革开放及同世界各国发展经济技术交流与合作的情况，在增进相互了解促进世界和平和发展方面发挥更大的作用。

提高利用外资的质量和效益*

（一九九六年九月）

我国在改革开放以来，随着综合国力不断增强、市场潜力增大、基础设施和交通通讯设施日趋完善，以及工业的不断发展和技术实力的增强，在吸收利用外资方面也取得了显著成效。特别是党的十四大把建设社会主义市场经济作为改革和发展的总体目标以来，我国的各项改革不断深化，投资环境日趋改善，对外资的吸引力进一步增强。在吸收外资的规模上，我国现已成为世界上仅次于美国的第二大国。据统计，截至1995年9月底，我国累计批准外商投资项目24.54万个，开业的外商投资企业达10余万家，外商实际投入资金1100亿美元左右。我国是一个经济基础落后的发展中国家，大量利用外资对缓解我国工业化进程中的建设资金短缺，引进先进的技术、设备、人才和管理经验，推动我国产业结构的优化，深化改革和促进经济发展具有重要的作用。

一、外商投资的新特点和存在的问题

1. 投资规模迅速扩大。近年来，由于我国全方位对外开放格

---

* 在大连"辽宁经济发展与亚太地区经济合作国际研讨会"上的讲话。

局的形成，吸引外资的硬环境已经具备，软环境也有很大改善，不仅我国利用外资的数量大幅度增加，而且外商投资的项目规模也不断扩大。据不完全统计，1994年全国超过1000万美元以上外商投资项目约为1800个，项目平均协议金额由1994年的171万美元上升至1995年上半年的190万美元。

2. 外商投资的产业结构进一步优化，投资领域进一步拓宽。由于我国近年来采取了一系列鼓励外商投资的政策，特别是颁布了指导外商投资方向和投资产业的规定后，外商投资项目的行业分布不断扩展。首先是资金技术密集型的基础产业项目、高附加值的机电产品项目明显增多，基础设施项目也成为外商投资的热点。一些尚未开放的金融、保险、贸易等行业，已引起外商重点关注。

3. 世界大的跨国公司来华投资明显增多。国际知名的大跨国公司对华投资增加并将中国列入其国际化经营的重点区域，制订对华投资中长期计划。截至1994年底，已有120多家外国跨国公司来华投资，特别是近两年跨国公司来华投资更为踊跃。

4. 收购国有企业成为外商投资的新热点。我国许多国有企业具有较好的工业基础，技术水平和装备水平较高、职工素质好，基础管理较强，特别近几年，我国加大了国有企业的改革力度，出台了一系列推动国有企业转换机制的有力措施，出现了一大批经营好、效益高的企业，但这些企业仍需要有更多的资金进行技术改造。而和国有企业合资不仅能利用原有企业的有利条件，比投资兴建新项目更为经济，而且能享受到一些"优惠"政策。因此，外国投资者对与国有企业合资或收购国有企业表现出很高的兴趣，已经出现了多种合资方式，并逐步从一般性收购转向重点收购效益好的大中型企业。

5. 外商投资的地区更加广泛，由沿海向内地推进。中西部地区自然资源丰富,有大量的国有企业,基础较好,技术实力强,劳动力成本低,市场潜力巨大。而且,为促进地区间的协调发展,我国制定了有利于中西部地区发展的优惠政策,外商对内陆省份的直接投资占全国的比重也不断增加。

6. 外商投资企业进出口额明显增长,有力地推动了我国外贸发展。外商投资企业自营出口占全国出口总额的30%以上,近年来平均每年上升4个百分点以上,外商投资企业出口的增加额占全国出口增加总额的比例,近年来一般都在30%~40%。

我国利用外资取得了可喜的成绩,但也存在一些亟待解决的问题。

1. 投资结构不尽合理。外资来源比较单一,外商直接投资中有80%左右来自港澳台,且投资产业大部分是生产消费品的工业、房地产及服务业,而对中国经济发展至关重要的农业、交通运输、科技、教育等行业投资仍不足,这不利于我国的产业结构调整。投资的地区结构仍偏向东南沿海,1994年底,大约95%的外资都在沿海地区,而中西部吸引外资相当困难,仅占3.1%。这种"一头沉"的外商投资倾向,一方面拉大了我国东西部经济发展的差距,另一方面使少数东部沿海省、市建设项目重复,占用了大量耕地,扩大了东部地区的污染源。而中西部的资源优势又不能得到充分发挥,大面积非耕地也未能得到利用。

2. 我国对利用外资的管理薄弱。现在我国对利用外资的政策、法规的制定工作滞后,在引进外资中各自为政、越权审批项目的现象严重,对外商投资企业的综合监督管理薄弱。由于传统计划经济的影响,我国在宏观上仍不能很好地通盘考虑利用外资的对策,对外商资金到位,按合同规定的比例出口,维护职工合法权益和依法纳税等监管工作不强。而外方大公司往往利用其在技术开发、发展战略、融资能力等方面具有的优势,加强投资过程中的协调，在与我国功能比较单一的企业进行竞争中，处在"一方对多方"的有利谈判地位，采取高估外方资产，低估我方有形和无形资产（甚至包括名牌商标和商誉）等手段，尽可能获得最大利益，而使我国国有资产流失严重，利益受到较大损失。

3. 我国效益较好的行业和企业与外商合资，且多被外商控股现象严重。外商投资企业已经成为我国国民经济的重要组成部分，但直接利用外资过程中盈利的行业和企业与外商合资，甚至越来越多地被外方控股的现象引起了愈来愈多的关注。据统计，1980年至1994年天津市630项合资项目中，外商控股的为235项，占全部项目中外资总额的37.3%，外商控股项目76372万美元，占全部项目中外资总额的74.84%。中方控股项目308项，占总数的48.4%，项目外资额15393万美元，仅占中外资总额的15%。其他一些地区也同样存在这个问题。外商合资控股有以下几种途径：一是合资控股，即一些大的跨国公司或实力较强的外商将拥有控股权作为合资的一项条件，而中方出于吸引外资的目的往往采取让步。这是目前外商对合资企业实现控股的主要形式。二是收购控股，即企业全部固定资产评估作价后，外商收购控股比例。三是增资控股，即随着中外合资企业经营与合作期限的延长，一些经济效益好合资企业中外方投资者看到市场的开发前景，通过追加投资进行控股。现在有很多效益好、市场巨大的行业如啤酒、饮料、洗涤、化妆品等，有的几乎是全行业合资，有的在合资过程中很多由外商控股，且从单个企业的控股开始向控制市场发展，少数行业和地区出现了外商形成垄断势力的现象或趋势。而且很多外商在此之前根本不是从事这一行业，而是属于投资公司一类的金融组织，他们的投资并没有带来新的生产技术和管理经验，只是为了获得丰厚的利润。结果是我国的这些行业及其企业的股权让给了别人，市场也逐渐被别人占有，经济利益受到了极大的损失。如果不采取有力措施改变这种状况，我国的民族工业的前途以及经济公有制的性质将受到很大的挑战，国家宏观调控的能力也将大大削弱。

4. 外商投资的技术比重低。目前，我国的外商投资项目大部分为500万美元以下的中小型劳动密集型企业。先进的技术和设备少，投资技术梯度较低。大公司来我国投资，一方面由于各工业发达国家在高技术出口等方面实行严格限制，不可能给我国很先进的设备和生产技术，即使是成熟的技术，外国企业为谋取更多的利润，也只愿意出售有技术含量的商品——成套设备。另一方面由于它们所选择企业一般是我国具有一定经济效益和技术开发能力的，合资后，往往外方控股，拥有决策权，大多取消原有企业的技术开发机构，而利用本公司的技术开发机构，使我国的自主技术开发能力大大削弱。而我国的企业又往往从短期经济效益出发，希望收到立竿见影的效果，合资的主要目的是为了获得资金，即使是引进技术也只愿购买硬件技术而不想购买软技术，结果只能是技术的反复引进，而没有创新和扩散。因此，在引进外资的同时加强技术的引进，以及引进之后的开发、利用和创新的工作仍有待改进。

二、改进吸引外资的办法

随着世界经济的发展和经贸往来不断增强，现在全球正处于世界资金、技术、产业大转移的又一个新时期，这对我们这样一个发展中的社会主义大国，既是难得的机遇，又是严峻的挑战。过去一段时间里，由于我国的经济增长较快、市场潜力巨大，吸引外资较多，而且成为支持我国调整经济增长的一个重要因素。但我们的周边国家和其他发展中国家也在不断完善投资环境，制定各种优惠政策吸引国外资金，同时，西方发达国家为进行经济调整，也需要大量资金。因此，能否采取有力措施改善投资环境，加强对引进外资的宏观调控，提高利用外资的质量和效益，不仅关系到我国的改革开放和经济发展能否顺利进行，而且关系到我国在世界上的竞争力和以什么样的姿态进入21世纪。

1. 改善投资结构。我国在全面对外开放以吸引更广泛的国外资金的同时，将制定开发中西部的规划，尽快改善中西部的投资环境，特别是尽快改善中西部的交通运输和通讯条件，引导外商尽可能向中西部投资。这样，既有利于促进我国中西部地区经济的发展和产业结构的优化，缩小东部与中西部的差距，使东、中西部经济协调发展，又有利于外商投资企业充分利用中西部地区丰富的资源和廉价的劳动力。同时，要从政策上引导外商投资的产业，制定优惠的政策，有意识的引导外资尽可能多的投向我国基础脆弱的农业和交通运输邮电业、科技研究开发业、文教卫生和社会福利业等，加强产业导向，以有利于优化我国的产业结构。

2. 加强引进外资的管理。应使外商投资方向与我国国民经济和社会发展规划相适应，加紧对引进外资的政策和法规的制定和实施，引导外资流向，加强外资对基础设施和基础产业的投入，加强对资本流入、流出的管理和监测。加强行业管理职能，重大项目应由行业管理部门出面，将国内有关企业组织起来，进行可行性论证，并对整个合资的过程进行协调和管理。对一般项目，要通过定期发布利用外资信息和及时修改外商投资项目目录，使外资投向与产业政策结合起来。在对外合资时应尽可能推选大企业战略，形成一些大企业集团，增强与外商的谈判能力。在选择合资对象时，要采取招标投标的方法，对投资项目要实行资本金制和项目监管制。

3. 扶持国有大型企业、名牌企业。许多国有企业管理和技术水平都较高，效益也较好，但因为资金短缺或债务包袱重，一时难有较快的发展。应在各方面对它们予以重点扶持，否则，这些好企业会被外国投资者收购或控股，导致大量的利润外流和整个经济受外资控制。应加强对控股问题的宏观管理，依据合资项目的重要性和自身的实力来确定我们的投资比例，对不同的行业和产业的投资比例特别是外资控股应有明确的规定，那些关系到国计民生的企业以及目前国内高效益的企业应由中方控股；盈利企业和有发展前途的企业，中方应积极创造条件争取控股。亏损企业或一般性企业的合资，可以根据实际情况，量力而行，不一定要控股。中西部发展所需的资金与技术，要首先着眼于国内尤其是东部的资金和技术，避免出现国内资金闲置却大量利用外资的不正常状况。要及早制定对策，采取有力措施，防止我国市场被国外跨国公司垄断。

4. 提高引资的技术层次。对利用外资也要从重数量转向重质量、重效益，开放市场应特别注意把引进先进技术放在重要地位。为解决我国引资技术型比重过低的问题，利用外资应逐步实施技术型战略。要有步骤、有重点地选择战略性产业，形成以提高技术水平为核心的"大经贸"新格局。同时，要转换经营机制，促使企业不仅引进硬技术，更注重引进软技术，提高企业在市场竞争中吸收、创新技术的能力。不同的地区应有不同的吸引外资的模式，以形成我国合理的利用外资的技术梯度。经济条件好，基础设施比较完善的大工业城市，应集中吸收规模较大、技术层次较高的欧美日等大公司投资，增加引进外资的技术含量。

5. 对外引资应尽量选择更有效的形式。根据中国目前产业结构的现状，为了提高外商直接投资的效益，提高外商投资的回报率，我们直接利用外资的重点应由过去17年以服务业、加工工业为主，向基础产业和资金技术密集型产业为主转移，特别是对交通、能源、通讯等基础产业的直接投资。当然，这些产业投资规模大，回报周期长，外商不一定愿意进入。但是，它们又具有相对的垄断性，投资收益比较稳定，只要我们采取一些比较灵活的方式，如 BOT 方式（建设经营转让）；采取建设债券筹措资金，再公开招标建设及营运的方式，以及在海外筹集直接投资于中国企业或基础设施建设项目为目标的投资基金，还是可以吸引大量外资投向这些领域的。同时，还应该尝试其他有效方式利用外资，将利用外商直接投资与间接投资、利用产业资本与金融资本结合起来，使我方得到较多的收益。特别是一些前景看好、收益稳定、风险较小的重大项目，可考虑更多地利用国外贷款及其他融资方式。

关于社会科学研究工作

做好规划工作,开创哲学社会科学研究的新局面[*]

(一九八二年十月六日)

这次规划问题座谈会,是由中央宣传部和中国社会科学院联合召开的。这次会议是前几年各学科规划会议的继续,目的是为了贯彻党的十二大精神,做好哲学社会科学的规划工作,使我们的哲学社会科学研究工作开创一个新局面,更好地为社会主义现代化建设服务。现在,我结合学习党的十二大文件的初步体会,就如何在新形势下做好规划工作的问题,谈一些意见。

一

具有伟大历史意义的党的十二次代表大会,科学地总结了30年来我国社会主义革命和建设的丰富经验,回顾了过去6年我们党领导全国人民的战斗历程,实事求是地肯定了在这个历史重大转折过程中取得的伟大胜利。我们哲学社会科学战线,在党的领导和关怀下,这6年中也有了显著的进步,从"四人帮"统治时期那种备受

---

[*] 在全国哲学社会科学规划座谈会上的报告。

摧残的状态下解脱出来，迅速得到恢复，走上了健康发展的道路。

在党的十一届三中全会制定的正确路线指引下，我们冲破了长期以来教条主义、个人迷信的严重束缚，积极投入了理论战线上拨乱反正的斗争，参加了实践是检验真理的唯一标准等重要问题的讨论，并对现代化建设中的理论问题和实际问题进行了一些有益的探索，提出了一些有价值的见解。我们根据四项基本原则的要求，批判了"左"的和右的错误倾向。所有这些，对于宣传马克思主义、端正思想路线，对于我国的"四化"建设，都起了良好的作用。

与此同时，我们的哲学社会科学在研究工作的广度和深度上都有一些新的突破。在学科建设方面，填补了一些空白，加强了一些薄弱环节，如恢复了社会学、政治学等学科，开拓了人口学、新闻学、青少年问题的研究等新的领域，加强了部门经济学和各种专业经济学的研究，大大扩充了国际问题的研究，使我们的学科门类进一步齐全了。我们还新建和扩建了一批研究机构。29个省、市、自治区都普遍地建立了社会科学研究机构；高等院校文科研究机构已达94个；各级党校、干部学校的研究机构有了新的发展；政府许多部门和一些大企业，也建立了社会科学研究机构；中国社会科学院的研究所，已由"文化大革命"前的13个发展到现在的32个。社会科学研究队伍也有较快的增长。现在，各省、市、自治区的社会科学院（所）的研究人员已发展到3000多人；文科高等院校的专职研究人员有4000余人；党校、干部学校和实际部门还有相当一些教学研究力量。这几年，学术活动空前活跃，学会、研究会如雨后春笋般地发展起来，同时，广泛地开展了国内、国际的学术交流，学术刊物也大量增加。随着社会科学事业的发展，学术成果不但在数量上有很大增加，而且在质量上也有提高，仅去年一年，全国就出版了哲学社会科学著作2041种，有些著作在国内外产生了广泛的影响。有些关于实际问题（如经济结构和经济体制等问题）的调查研究报告和改进工作的建议，受到党政领导机关的重视和好评，对党制定有关方针政策起了一定的参考作用。此外，还出版了大批工具书和系统的资料。介绍国外哲学社会科学成果的翻译工作和情报工作也有了较快的进展。整个哲学社会科学的研究园地春意盎然，生机勃勃。社会科学工作者的积极性空前高涨。总之，党的十一届三中全会以来，我国的哲学社会科学工作，无论从它的发展规模还是发挥的作用来说，都远远超过了建国以来任何一个时期。

但是，我们也应当清醒地看到，尽管我们的社会科学工作有了相当的发展，但同社会主义现代化建设的要求相比，特别是同党的十二大向我们的哲学社会科学提出的任务相比，应当说还是很不适应的，存在着很大的差距。我们的科研工作还不能有力地配合现代化建设的需要，有些学科还没有把研究社会主义现代化建设中迫切需要解决的重大问题摆在应有的地位，科研力量也组织得不够好，对一些重大项目的"攻关"工作做得很差。这种状况必须迅速加以改变。

胡耀邦同志在党的十二大报告中把发展科学确定为经济建设的战略重点之一，这是对我国社会主义建设经验的科学总结。很明显，党中央所说的"科学"是包括自然科学和社会科学这两个部门在内的。党中央的这一重大决策向我们提出了艰巨而光荣的任务，是对我们社会科学工作者的极大鼓舞和鞭策。

邓小平同志在党的十二大开幕词中指出："把马克思主义的普遍真理同我国的具体实际结合起来，走自己的道路，建设有中国特色的社会主义，这就是我们总结长期历史经验得出的基本结论。"① 这一科学论

---

① 《中国共产党第十二次全国代表大会文件汇编》，人民出版社1982年版，第3页。

断，应当成为我们社会科学工作的根本指导思想和总的研究课题。我们必须在马克思主义一般原理指导下，从中国的国情出发，努力探索我国社会主义建设的客观规律和特点，建设具有中国特色的马克思主义的哲学社会科学。在10亿人口的中国，把这项建设工作做好，本身就是对马克思主义的重要丰富和发展，它对我国和对世界的未来，都将有重大的意义。

党的十二大报告确定了我国经济发展的战略目标、战略重点、战略步骤和一系列的正确方针，在社会主义经济建设方面，向我们提出了许多重要的研究课题。例如，到本世纪末工农业年总产值翻两番，主要是靠增加基本建设投资，建设新的工厂，增加新的生产能力，即走过去30多年走过的老路，还是走一条新的路子，即主要依靠适用的先进技术，依靠技术改造，充分发挥现有企业的作用？这就是个很大的问题。另外，为了达到工农业年总产值翻两番的目的，是不是每个部门、每个单位、每个企业都要翻两番？这就很值得研究。如果我们每个部门、每个单位、每个企业都同样地翻两番，我们现在这种不合理的经济结构就没有办法改变，甚至会更加不合理。与这个问题相联系，就有一系列的课题，如我国经济、社会发展的战略问题，我国经济体制改革问题，我国经济结构问题，我国社会主义企业的经营管理问题，我国农村经济发展问题，社会主义阶段的商品流通问题，价格体系和价格管理问题，财政、金融、信贷问题，劳动就业和劳动工资问题，能源基地的建设和能源政策的经济理论问题，交通运输的发展问题，人口问题，特区建设问题，港澳地区的经济问题，当代世界经济发展的趋势及其对我国的影响问题等等，都需要深入地进行探讨。

党的十二大报告强调指出社会主义精神文明是社会主义的重要特征，并把社会主义精神文明建设作为建设社会主义的一个战略方针。这是对马克思主义关于社会主义建设理论的重要发展。怎样认识和探讨它的理论意义，研究解决建设社会主义精神文明中的种种实践问题，是社会科学工作者的重大的迫切的任务之一。与此相联系的共产主义思想的实践问题，共产主义思想与社会主义政策的关系问题，共产主义思想与社会主义精神文明建设的关系，社会主义精神文明与社会主义建设的关系，社会主义物质文明与社会主义精神文明的关系，社会主义精神文明建设中的文化建设与思想建设的关系，文艺为人民服务、为社会主义服务问题，共产主义道德问题，教育制度、教育体制问题，以及青少年共产主义教育问题等，都需要我们进行创造性的研究，认真地从理论上进行深入的探讨。

十二大报告中提出，我们要建设高度的社会主义民主。社会主义民主的关键问题是人民当家作主的问题。如何进一步解决好这个问题，就有一系列需要我们研究的课题。例如，人民民主专政制度如何进一步完善，政治体制、领导体制和干部制度等如何进一步改革，群众自治如何进一步发展，社会主义民主的优越性，社会主义民主和社会主义法制的关系，社会主义条件下的阶级斗争，同各种犯罪行为的斗争，法制建设，以及社会主义民族关系和区域自治问题等等。

十二大报告中在对当前国际形势作精辟的深刻的马克思主义的分析时，也提出了许多重大的国际方面的研究课题。例如，关于战争与和平问题，在胡耀邦同志的报告中就有了新的提法，我们对此应当深入研究和阐述。再如，对美、对苏、对日的关系，中央也有一些新的提法，它涉及到我国外交战略问题。其他如80年代国际局势和反对霸权主义、维护世界和平的战略问题，发展中国家的经济发展战略以及它们同发达国家的关系问题，还有我们党同兄弟党的关系问题等，也都需要我们在掌握大量材料的基础上作出科学的分析。最近，解决香港问题又提上了议程，我们应该采取什么对策，也需要很好地研究。

应当指出，十二大提出的迫切需要社会科学加以研究的问题远远不止以上这一些。例如执政党的建设问题就有许多研究课题，我们没有一一列举。实际上，我们社会科学的各个学科、各个领域为了实现十二大所提出的宏伟目标，都有自己的新的课题和新的要求。

我们不能把哲学社会科学研究为十二大提出的总任务服务理解得过分狭窄。首先，我们要加强社会主义现代化建设各方面的重大问题的研究；同时，也要加强各门学科的基础研究；另外，还要加强社会科学应用方面的研究，还要用适当的力量做好社会科学的普及工作。这几个方面的工作都不要忽视。总之，我们要按照毛泽东同志所倡导的，把理论、历史、现状的研究很好地结合起来。

除上面列举的现实问题以外，还有许多重大基本理论问题也迫切要求我们去进行研究。特别是要加强马克思列宁主义、毛泽东思想的研究。马克思主义哲学从产生到现在已经一百多年了，一百多年来，世界发生了翻天覆地的变化，各国人民的实践不断深入，社会科学和自然科学迅速发展和相互促进，所有这一切都应当在马克思主义哲学中得到反映和概括。这就要求我们结合当前社会主义现代化建设的实践和最新的科学成就对马克思主义哲学的范畴、规律和体系、结构进行创造性的研究，使马克思主义哲学得到进一步的发展。马克思主义在当代的发展，毛泽东思想的形成和发展，也是我们社会科学必须研究的重大课题。到现在为止，我们还没有写出关于马克思主义三大组成部分（哲学、政治经济学和科学社会主义）的高水平的论著，而写出这样的科学著作是我们社会科学工作者不能回避的任务。

哲学社会科学的学科很多，新的学科还在不断出现。在十二大精神的指导下加强各学科的研究工作，都应当看作是社会主义精神文明建设不可缺少的部分，这对于文化知识的发达和人们政治、思想、道德水平的提高都有重要意义。法学、政治学、社会学、民族学、文学、史学、宗教学、教育学、新闻学等各门学科的基本理论，都需要我们认真地研究。历史学科虽然是研究过去的事情，但对于我们认识现实具有重要作用，我们应该加以重视。特别是中国近代史、现代史、党史、新民主主义革命史、中国抗日战争史，对加强爱国主义、国际主义教育，总结我国革命和建设的历史经验，都有重要意义，应尽快写出这方面的科学著作。其他如中国边疆沿革史，中美、中苏、中日等国家关系史，民族史、民族关系史以及世界近现代史的研究，都有重要的现实意义，也需要加强。社会科学一般地说来是一门阶级性很强的科学，也有少数学科例外，如语言学、考古学，这类学科对我国社会主义建设同样有重要意义，也应该重视。为了了解当前世界社会科学状况和趋向，吸取其中有用的东西，批判其中的糟粕，还需要加强对现代国外各种学说和流派的研究。

二

要完成上述艰巨的任务，最根本的还是要加强马克思主义理论的指导，贯彻理论联系实际的原则，改进我们的学风。

从我们社会科学院的情况来看，大多数研究人员是能够自觉地坚持以马克思主义理论为指导的。但也有少数同志对用马克思主义理论指导我们哲学社会科学研究工作的重要意义认识不足，有个别人甚至对马克思主义发生怀疑和动摇。特别是在一部分青年中，缺乏马克思主义的基本训练，对西方资产阶级思潮缺乏识别和批判的能力。这种情况说明,进一步强调马克思主义理论的指导作用是十分必要的。

马克思主义是经过历史实践证明的科学真理。要不要马克思主义作为社会科学的指导思想,这是我们的社会科学与资产阶级社会科学的根本区别所在。西方资产阶级思想家近年来散布马克思主义已经过时的谬论,我们国内也有少数人由于只看到我们受到种种挫折的方面,便对马克思主义丧失信心,想从资产阶级那里寻找灵丹妙药,这是完全错误的。马克思主义不会过时,它的理论是发展的理论,将因历史和科学的发展而不断发展自己,永远保持青春和活力。列宁在帝国主义条件下把马克思主义丰富和发展起来,形成为列宁主义;以毛泽东同志为代表的中国共产党人又把马列主义同中国革命实际相结合,形成了毛泽东思想。这不都生动地证明了马克思主义的朝气蓬勃的生命力吗?应该看到,我们工作中所以出现失误,并不是因为马克思主义不灵,恰恰是因为违背了马克思主义的基本原理。十一届三中全会以后,我们党所以能够在这么短的时间内医治了十年内乱造成的严重创伤,走上了健康发展的道路,依靠的就是马克思主义这个唯一正确的科学真理。现在西方资本主义国家经济普遍衰退,社会动荡不安,面临着严重的思想危机,没有哪一个资产阶级理论家能够找到出路。这一事实,也从反面雄辩地说明了,只有马克思主义才是认识世界、改造世界、推动人类社会进步的锐利武器。现在有少数社会科学工作者认为,各门学科都有自己的专门学问,只要掌握自己那一门学科的专业知识就行了,用不着钻研马克思主义。这种认识也是不妥当的。毫无疑问,掌握自己本学科的专业知识是完全必要的,但是,只有专业知识而没有马克思主义理论指导,在研究工作中就容易迷失方向,这必然会影响他们工作的成绩。因此,要做好社会科学研究工作,提高我们的科学水平,最重要的是要掌握好马克思主义的理论武器。当然，掌握马克思主义理论并不是轻而易举的事情，是要花气力的。社会科学工作者一定要努力学习马克思主义的基本理论，结合自己专业，反复钻研有关马克思主义的经典著作。对青年研究人员更要把学习马克思主义当作一项基本功。

我们要在坚持马克思主义的同时，努力发展马克思主义。随着时代的前进，马克思主义也必须不断地发展。马克思说过：理论在一个国家的实现程度，决定于理论满足这个国家的需要程度。要把我国建设成为现代化的强国，这是人类历史上最伟大的创造性工程之一。许多问题是以前的马克思主义者没有碰到也不可能解决的。我们面临的许多新情况、新问题，是不可能从马克思主义经典著作中找到现成答案的。我们只有运用马克思主义的立场、观点、方法，深入各个领域的实际，去分析和研究这些新情况和新问题，才能做出科学的回答。当然，发展马克思主义要依靠党和人民群众的集体智慧，我们社会科学工作者在推动各学科的发展过程中，应当为马克思主义的发展作出自己的贡献。

为了坚持马克思主义，坚持党的四项基本原则，必须正确地进行思想理论上两条战线的斗争。既要反对那种企图回到"文化大革命"和它以前的错误理论、错误政策上去的"左"的倾向，又要反对那种怀疑和否定四项基本原则的资产阶级自由化的右的倾向。要对这两种错误倾向正确地进行批评教育和必要的斗争。在路线、方针和基本政策问题上，我们社会科学工作者应当自觉地同中央在政治上保持一致。当然，各学科的情况十分复杂，要作具体分析。有一些问题是带政治性的，有一些问题则是学术上的不同见解。学术讨论即使带有政治性问题，也要充分说理，允许答辩，决不能简单化、粗暴化，把学术讨论完全变成政治批判。在这方面，我们过去有过沉痛的教训。不应当重犯过去的错误。

我们马克思主义者是坚持真理的，而真理总是越辩越明。我们必须继续认真贯彻党的"百花齐放，百家争鸣"的方针，积极开展学术上的自由讨论，鼓励社会科学工作者勇于探索，敢于创新，坚持真理，修正错误。

坚持马克思主义指导，就必须贯彻理论联系实际的方针。这个问题既是学风问题，也是指导思想问题。就我院情况来说，在这方面也存在不少问题。在一部分同志当中，有某种脱离实际的倾向，表现在不愿承担重要的现实课题，不愿深入实际做艰苦细致的调查研究，不关心国内外当前争论的重大理论问题和倾向性问题。产生这种现象的原因是多方面的，既有社会的和习惯势力的影响问题，也有怕担风险的思想认识问题，少数人还因为个人名利思想作怪。从另一方面说，我们过去的一些错误做法，也是促成这种现象的一个原因。同时，我们为社会科学工作者面向实际、深入实际创造条件做得也很不够。这种状况不改变，势必阻碍社会科学的发展，也不利于人才的培养和成长。

我们强调理论联系实际，什么是我们的实际呢？我们当前最大的实际就是社会主义现代化建设，就是十二大提出的全面开创社会主义现代化建设新局面的伟大实践。研究和解决社会主义现代化建设中提出的重大理论问题和实际问题，是我们社会科学研究的重要任务。与现实关系密切的学科应当把主要力量放在这个方面，研究人员工作的好坏，也主要是看他们在解决这些问题上的成绩和贡献如何。我们搞社会科学研究，应当深入实际，做系统的调查研究，掌握大量的丰富的第一手材料，经过认真的分析，找出事物的内部联系，以形成新的正确的理论，提出比较切合实际的意见和建议。

为了解决理论联系实际的问题，研究机构要主动和实际部门加强联系，以便及时了解党的有关方针政策及实际工作中的情况和问题，并承担一些实际部门向我们提出的适宜于我们承担的研究课题。要认识到我们搞理论工作同志的短处，虚心向有实际工作经验的同志学习。我们要摸索和总结同实际部门加强联系的途径和经验。

社会科学的不同的学科有不同的特点，因此，联系实际的方式和途径也会有许多不同。但是，不管哪个学科都应当注意联系实际。有的同志认为，社会科学门类很多，有的学科能够联系实际，有的学科就不一定能够联系实际。这种看法，就一定的方面来说固然有一定的道理，但是，就其他方面来说就有相当大的片面性。这里还要提到联系实际的一个重要内容，就是国际、国内思想理论上重大的争论问题和倾向性问题。这是无论哪一个学科都会有的。国内、国际在社会科学的研究上都存在着各种复杂的思潮，各学科都有许多重大的争论问题。如果我们不以马克思主义理论来研究分析这些思潮和问题，我们就不可能战胜形形色色的资产阶级思潮的挑战，也不可能正确回答和解决群众中存在的疑问和迷惘，我们的哲学社会科学甚至我们的社会主义现代化建设事业，也就不可能健康地发展。因此，各学科都应当抓住当前在中国和世界上争论最大的问题或在研究工作中最主要的倾向问题进行研究和探讨，这应当看作是我们面临的紧迫的实际问题之一。

以历史学为例，在中国古代史的研究中，目前就有几个争论较大的问题。亚细亚生产方式问题，在我国、在世界上已经讨论好久了。但是，近些年来，在国际上某些人翻来覆去地讨论这个问题，其背景就很值得我们注意。国外有些学者现在大叫大嚷地说，亚细亚生产方式在中国过去长期存在，现在仍然存在，以此来诬蔑我国的社会主义制度是官僚专制，是历史上亚细亚生产方式的继续。如果我们不弄清楚这些问题，甚至跟着人家叫嚷，就会滑到危险的邪路上去。关于我国历史上的农民战争问题,过去我们讲它是推动我国历史前进的动力。最近,有些同志认为,农民战争对我国革命起了消极作用,甚至起了破坏作用。这是两种截然相反的观点。我们作为马克思主义者,对这些问题究竟怎么认识?在民族关系上,我们这个国家究竟是统一的多民族的国家,和睦相处的关系是主流呢?还是各民族建立自己独立的国家,民族和民族之间进行纷争、战争是主流呢?这些问题都是和现实斗争密切相关的。当然,对于所有这些问题,都要从实际出发,详细地占有材料,进行严谨的科学的探讨。

在中国近代史的研究中,主要的脉络应该抓住什么东西呢?也有许多争论。一种意见认为,向西方学习先进的科学技术或所谓洋务运动,是我们研究中国近代史的基本脉络;另一种意见认为,阶级斗争才是我们研究中国近代史的基本脉络。照前一种看法,就会有很多历史人物、历史事件需要重新写。比如,对李鸿章、张之洞一类人物的看法,对康有为、梁启超一类人物的看法,还联系到对太平天国、戊戌变法、义和团运动和辛亥革命的看法,以及对中外关系史上一些问题的看法,如美国的"门户开放"政策究竟对中国有利,还有对中国有害?这一大堆问题都需要作出马克思主义的回答。不能说研究历史,就不能联系实际,其实,历史本身就是最生动的实际。究竟用什么观点看待历史,这是个大问题。不同的立场、观点和方法,可以写出不同的历史。我们的任务,就是要用马克思主义的立场、观点和方法如实地写出历史。

考古学同其他学科比较起来,好像离开当前实际较远,其实并不完全如此。例如,国际上的一些学者,对于中国文化、中国文明,究竟是土生土长的呢?还是从西方来的、北方来的、南方来的呢?现在还在喋喋不休地争论。他们这种"西来说"、"北来说"、"南来说"，统统是别有用心的妄说。考古学所发现的铁的历史事实，完全否定了他们这种种妄说。我国考古学者从远古的文化遗址的发掘中，早已作了生动有力的回答。

文学这个领域和实际的联系就更多了。例如，人道主义的问题，现实主义的问题，现在就有很多争论。就现实主义来说，就有所谓实话文学、隐私文学等议论。在文学研究中，有些人不大喜欢中国的文学，而喜欢外国的文学；在外国的文学中，又不喜欢过去的文学，而喜欢当代西方的所谓现代派文学。这几年，我们介绍了很多外国的作品，却很少对这些作品作出马克思主义的评价，给读者以必要的思想上的指导，甚至把一些不好的东西也加以美化，这就必然产生有害的影响。

这里只是举了一部分例子，并没有讲到理论联系实际问题的各个方面，也没有提到所有学科。无庸置疑，所有学科都要根据自己的特点，贯彻理论联系实际的原则，使我们的哲学社会科学研究工作在改造社会、改造世界的过程中不断发挥自己应有的作用。

三

做好科研规划和科研组织工作是完成上面提到的各项任务的重要保证。

我们党和国家是很重视科研规划的。早在1956年就制定过12年科学发展规划，其中就包括哲学社会科学的规划。粉碎江青反革命集团以后，我们又着手制定中、长期规划。从1978年开始，历时一年多，各学科分别召开了规划会议，参加人数达2000多人，规模是空前的。通过这些会议，各学科都制定了中、长期科研规划的初步方案。总的看来，前几年的规划工作比较正确地体现了为实现四个现代化服务的基本精神，对解放思想，冲破林彪、江青反革命集团设置的禁区起了积极的作用。同时，也推动了高等院校、各地方和业务部门研究机构的恢复、建立和发展，并大大活跃了学术空气。在讨论规划中，大家提出了很多科研项目，今天看来有不少还是重要的。因此，前几年的规划工作的成绩是应该肯定的。但由于那时粉碎江青反革命集团不久，百废待举，大家求治心切，又加上缺乏经验，因而制定的规划对各项事业的发展要求急了些。

这次规划座谈会，应当在过去规划工作的基础上，总结已有的经验，使哲学社会科学的规划同我国经济、社会的发展紧密地结合起来。希望大家就哲学社会科学发展的第六个五年计划和"七五"设想交换意见。国家计委在制定第六个五年计划时，第一次把社会科学列入了国家计划的文本，这是一件非常好的事情。我们根据过去各地送来的材料，初步提出了"六五"期间重要的研究课题，发给大家，请同志们研究，提出意见，进行补充修改。提出来的这些课题都是比较重要的，当然还会有一些课题没有考虑到。即使比较重要的课题，也还应该在其中找重点。同时，也要处理好重点课题和一般课题的关系。重点课题应该是分层次的，除了全国性的重点课题外，各地区、部门和学校也应有自己的重点课题。我们提出的这些课题在这次会议上完全落实到单位和人头是不可能的。我们准备在适当的时候按照哲学、经济学、政法、社会民族、文学、史学、国际等各学科，分别邀请有关专家开会，来进一步落实。我们想通过规划座谈会，把社会主义现代化建设中的重要课题纳入规划中去，作为规划的重心，克服过去科研工作重点不突出、分散、重复的现象。当然，除了重大的现实课题以外，与学科建设有关的科研项目也不应该忽视，在规划中也应占有适当的位置。

从社会主义现代化建设的需要来讲，我国的社会科学事业应当有一个较大的发展。当然，科学事业发展的规模和速度，归根到底，受经济发展的状况和水平的制约。理论、科学应该走在实践的前头，但这并不等于说我们社会科学各项事业的计划可以不考虑国家经济的状况和条件。在制定社会科学发展计划时，要量力而行，不但要考虑需要，而且要考虑可能，把需要和可能正确地结合起来。我们要根据这个精神，按照科研任务的需要，来考虑增设哪些研究机构和增加多少研究力量。现在科学发展日新月异，自然科学和社会科学互相渗透，出现了一系列的边缘学科和综合性学科，如数量经济学、系统工程学、技术经济学、经济技术发展预测学、信息科学、现代管理学等等。在规划中，必须注意发展那些有发展前途的新的研究领域，吸收新的方法和新的技术，逐步实现社会科学研究的现代化。还有一些空白和薄弱学科，如人文地理、中国少数民族经济等，就很需要早些建立和发展起来。有哪些空白的学科需要填补，哪些薄弱学科需要加强，哪些研究机构需要扩充，也希望大家就这些问题议一议。

在规划中，应当体现组织科研"攻关"的要求。过去自然科学领域和技术领域组织"攻关"是很有成效的，我们要认真学习他们的经验。我们要在重点课题中确定若干个项目，组织"攻关"，把各方面的力量组织起来，分工协作，有计划地开展研究，以取得较高水平的科研成果。这个问题应当在认识上和组织上切实地加以解决。要改变目前科研工作中存在的某些涣散和无组织状态。要充分发挥现有科研人员的作用，不能再把本来就不多的研究力量分散到各种过多重复的研究课题上去了（当然，用不同的学术观点和方法来研究同一个课题，这种"重复"还是合理的，也是必要的）。社会主义现代化建设中的许多重大研究项目，不是一个人或一个单位能够承担的，必须组织各个方面的力量协同

"攻关"。我们应该从各个方面重视集体项目，要从领导、人力、条件和职称评定工作等各方面给以积极的支持，个人的贡献要给予正确的评定，以保证集体项目的顺利完成。我们社会科学院各所不但要抓好所内的研究工作，也要做好院内所际之间的协作，特别是要同院外的兄弟单位密切协作，共同完成一些重大的研究任务。当然，组织好集体项目并不那么容易。在这方面，我院有成功的经验，也有失败的教训。从以往的经验来看，要搞好集体项目，必须有充分的准备，选择适当的人员，特别是要选好学术带头人，要在个人研究的基础上进行集体写作。我们要通过组织"攻关"和通过完成当前思想理论战线上的宣传任务，把我们的队伍进一步组织起来，逐步建设一支强大的马克思主义理论队伍。

社会科学规划也要体现"全国一盘棋"的精神。我国的社会科学研究力量是由高等院校、党校、干部学校、实际部门和大企业、军队、地方的研究机构和中国社会科学院等几个方面军组成的。这几支队伍应该成为一个有机的整体，它们之间要有合理的分工，发挥各自的优势，形成自己的特点，要在科研任务、机构设置、力量部署等几个方面做到协调发展，进行统筹安排。鉴于我们国家大，科研任务繁重，研究人员较少，水平总的来看也不高的情况，只有组织好分工协作，才能把工作做得好些。

现在，高等院校和地方的研究机构已有相当的力量。这些年他们也做出很大的成绩，应当充分发挥这些单位的作用。看来，有些研究机构设在地方或其他业务部门，对科研事业的发展更为有利。今后新建机构和现有研究机构的调整，要和经济建设的布局、各地历史特点、研究力量的强弱等结合起来考虑。新建的研究机构应主要摆到各省、市、自治区。规划中要新建哪些机构，设在什么地方比较合适，也请大家讨论一下。我们中国社会科学院也要在各方面给以力所能及的支援。我们要在科研人员中大力提倡革命的创业精神，鼓励那些有条件的研究人员到地方的研究机构去工作，在自愿的基础上，有些可以长期留下来，有些可以工作几年再回来，帮助地方把学科建设起来，把研究所办好。对在这方面作出优异成绩的同志，要优先考虑提职或授予学位。从明年开始，我院研究生院要逐步扩大招生名额，重视为地方培养研究人才，要把大部分研究生分配到地方去工作。我们不能把中国社会科学院办成在学科方面无所不包、过分庞大的研究机构。北京市的人口已经不能够再继续膨胀了，客观条件也不允许我们在北京新建更多的研究机构。各省、市、自治区的研究机构有不少是在近几年新建的，还处在开创阶段，需要充实和发展。当然，地方上和其他部门的研究机构都应有所侧重，也不要搞成"小而全"。

哲学社会科学发展规划还要和教育发展规划衔接起来。今后科研人才的来源主要依靠高等院校，高等院校的院系设置和招生的人数应当考虑科研队伍的扩大的需要，这是一方面。另一方面，科研队伍的扩大，还要考虑高等院校能够分配给研究机构多少人。科研工作和图书、资料、档案、文物、出版等部门的关系也很密切，这些部门相互之间也需要积极配合和支持。

学术活动也亟须加以改进。最近几年，各学科的学会、研究会相继建立，这对于活跃学术空气，打破"四人帮"造成的"万马齐喑"的局面起了积极作用。但也存在一些问题。最近，胡耀邦同志提出要"注意防止'逐名者多，务实者少'的倾向"。现在少数学会、研究会确实存在着务名不务实的情况，不在研究工作上下功夫，动不动就召开往往是规模过大的会议，使有些专家学者疲于奔命，浪费了大量的财力、物力，滋长了某些不正的学风。我们大家要注意这个问题，中国社会科学院尤其要注意这个问题。今后要提高学术活动的质量，学会、研究会进行的各项活动要有明确的目的性，要更好地为科研服务，要有利于科研工作而不是干扰科研工作。为了加强对学会、研究会的领导，是否需要成立全国性的社联，怎么搞法比较好，也请大家交换一下意见。国际学术交流活动也要有明确的目的性，要考虑学科建设的需要和为科研工作服务。我们也要通过国际学术交流活动对世界社会科学的发展作出自己应有的贡献。当然，我们的外事活动适当地进行一点友好往来也还是需要的，但重点应当放在为科研发展服务上。

以上这些想法，供大家讨论规划时参考，是否妥当，请同志们指正。

加强思想政治工作的科学研究*

（一九八三年一月）

党的十二大提出了全面开创社会主义现代化建设新局面的伟大纲领和两个文明建设一起抓的战略方针。物质文明建设是精神文明建设的基础，精神文明建设是物质文明建设的保证。思想政治工作是精神文明建设中极其重要的方面。在全面开创社会主义现代化建设新局面的时期，思想政治工作面临着什么新情况，要解决什么新问题，有些什么新特点？这是很值得研究探讨的一个问题。

1949年全国解放，中华人民共和国成立，党的工作重点，开始了由乡村到城市并由城市领导乡村的时期。从此，我国工人阶级得到了翻身解放，由奴隶变成主人。当时，资本家虽然还管着一部分企业，但在这些企业中，工人阶级的政治地位和过去完全不同了。解放初期面临的情况和任务，决定了当时思想政治工作的内容和方法。那时的思想政治工作是有自己的特点的。我们对职工进行忆苦思甜的教育，进行工人阶级是领导阶级、工人是主人翁的教育，讲授社会发展史等。由于紧密结合当时的形势、任

---

* 在中国职工思想政治工作研究会成立大会上的讲话。

务和职工的思想实际，这些教育都卓有成效。为了完成国民经济恢复时期的任务，我们动员工人阶级用实际行动帮助国家克服困难，搞增产节约，搞合理化建议，搞新纪录运动等等，也都是有针对性的，因而也取得了显著成效。总结过去思想政治工作的经验，我们很需要认真想一想，在当前新时期，职工的思想状况如何？有哪些主要问题需要帮助解决？如何有针对性地进行思想政治工作？系统地思考和正确地解决这些问题是我们做好思想政治工作的重要条件。

这几年党中央多次强调，在进行社会主义现代化建设的新时期，思想政治工作决不应当削弱，而应当加强。而且，为了完成社会主义现代化建设的宏伟任务，思想政治工作必须进一步科学化。为什么思想政治工作要科学化呢？因为，思想政治工作本身就是一门科学。这门科学，是研究人们的思想、观点、立场的形成和发展变化规律的，是为了解决人们的思想、观点、立场问题，帮助人们提高认识世界和改造世界的能力的。这门科学，在马列主义、毛泽东思想的理论著作中，在党中央的文件中，在党中央领导同志的讲话中，都有过系统的阐述。成立职工思想政治工作研究会，就是要把思想政治工作当作科学来加强研究。

有一种观点认为，思想政治工作要科学化，就要用西方的"行为科学"来指导。我认为这种认识是不妥当的。我们对于"行为科学"不能简单地、一概地加以否定。"行为科学"有可供我们研究和借鉴的东西。但是，应该看到，就整个体系来说，西方的"行为科学"是为资本主义剥削制度服务的，有鲜明的资产阶级性，和马克思主义是对立的。这样，又怎么可以用"行为科学"作为我们以马克思主义理论为基础的思想政治工作的指导思想呢？所以，这种提法是不妥当的。

为了使思想政治工作科学化，有必要弄清楚我们的思想政治工作的指导思想和理论基础。应该明确，我们的思想政治工作是以马克思主义理论为指导的。马克思主义的基本原理是我们做好思想政治工作的理论基础。决不能认为，搞现代化建设，马克思主义就不灵了。马克思主义是发展的科学，是革命的指南，它从生产斗争、阶级斗争和科学实验三大社会实践中不断取得丰富、发展自己的源泉，因而是万古长青的。马克思主义已经引导中国革命取得了胜利，也一定能够引导中国的社会主义现代化建设取得成功。这里关键的问题是要把马克思主义的普遍真理与中国的具体情况紧密结合起来。在革命时期我们这样做了，因此取得了胜利。在建设时期也必须这样做。现在我们要提高思想政治工作的科学水平，从根本上说，就是要认真学习马克思主义的基本原理，系统地总结我国思想政治工作的丰富经验，并把它和我国社会主义现代化建设的实践结合起来，把它同职工思想政治工作的实践结合起来，形成具有我国特色的马克思主义的思想政治工作的理论和方法。我们既要反对用"无产阶级专政下继续革命"的"左"的错误理论来指导我们的思想政治工作，要继续清除它在思想政治工作中的影响，我们也要反对用西方"行为科学"以及其他类似的资产阶级理论来作为我们思想政治工作的指导思想。

建设时期的思想政治工作与过去相比，有共同的东西，也有不同的东西。由于历史和现实的种种原因，现在在职工队伍的思想建设方面，就存在着必须重视的新情况和新问题。例如，工人阶级队伍的构成发生了很大的变化，青年职工增加很多。据统计，目前35岁以下的青年职工约占职工总数的60%左右，已经成为职工的主要组成部分。这给我国工人阶级输送了新鲜血液，也不可避免地会把各种复杂的思想带到工人阶级队伍中来。又如，我国工人阶级已经有了一支相当大的科学技术人员队伍，这是我们实现社会主义四个现代化的有利条件。但是，由于过去"左"的错误指导思想的影响,在有些职工中仍然存在着轻视知识、轻视科学、歧视知识分子的思想。又如,现在我们实行对外开放的政策,这是完全正确的,但国外资本主义的腐朽思想和腐朽生活方式有些也会传播进来,对某些职工的思想发生腐蚀作用。还有,十年内乱残余影响的存在也是我们进行思想政治工作时要加以注意的问题。

思想政治工作的对象是人。人是具体的,不是抽象的。人的思想也是具体的,不是抽象的。因此职工既有共同的思想和问题,也有不同的思想和问题。例如,工交企业的职工同商业企业的职工相比,搞生产的工人同搞基建的工人相比,青年工人和老工人相比,这个职工和那个职工相比,他们在思想上都既会有共同的东西,也会有不同的东西。同一个职工,昨天的思想和今天的思想相比,也是不同的,因为人的思想,同其他任何事物一样都是不断发展变化的。从这里可以看到,思想政治工作确是一门高深的科学和高超的艺术。同时也说明,进行思想政治工作,必须深入地、具体地了解职工的思想状况,做到"一把钥匙开一把锁"。做到了这一点,我们就能取得成功;做不到这一点,就会遭到损失。这个问题怎样解决得好,是大有文章可做的。

我们党的思想政治工作的经验表明,职工思想政治工作要取得预期的成效,必须和经济工作、科技工作很好结合起来。如何使思想政治工作、经济工作、科技工作结合得更好,这也是思想政治工作科学化要解决的一个重要课题。这就要求从事思想政治工作的同志懂得经济工作,努力学习一点同自己进行思想政治工作的对象有关的经济知识和科学技术知识。大量事实说明,现在的思想政治工作人员,如果不了解经济工作,要做好思想政治工作是相当困难的。我们要考虑一个问题,在搞社会主义现代化建设这样的历史条件下,做思想政治工作的同志应该具备什么知识?

当然首先要掌握马克思主义的基本理论，这是根本的。但是，单有这方面的知识还是不够的。做思想政治工作的同志如果自己不懂得经济工作，思想政治工作也很难搞好，很难把马克思主义的一般原理和具体实践结合起来。因此，有必要强调一下。从事思想政治工作的同志，为了进一步做好思想政治工作，都要学一点经济知识，学一点管理知识，学一点科学技术知识。还可选择一些具备条件的、原来从事经济工作的同志来搞思想政治工作。我们已经搞了三十多年社会主义经济建设，培养了一大批又红又专的企业管理干部和思想政治工作干部。现在是提出这个要求、解决这个问题的时候了。一位中央领导同志有一次对中国科学院一位负责同志说："你那里要让懂得科学技术的同志做思想政治工作。"这是一个重要的指导思想。至于企业中的思想政治工作，更应该让懂生产、会管理的人来做。当然，使所有的思想政治工作人员懂得经济工作，学会必要的经济知识和科技知识是需要一个过程的。我们也要看到这一点，不能要求过急。我们没有学过经济和科学技术的政治工作人员，则要在工作岗位上努力学习，这里也有一个知识化、专业化的问题，即除了具备思想政治工作本身的专业知识外，在哪一行从事思想政治工作的干部还要具备这一行所必要的专业知识。

全面开创社会主义现代化建设新局面，遇到的很多问题，既涉及社会科学，又涉及自然科学、工程技术。为了加快社会主义现代化建设的进程，必须使社会科学和自然科学结合起来，使社会科学工作者和自然科学工作者、工程技术人员结合起来，只有这样才能使社会主义现代化建设中遇到的很多问题得到较好的解决。在工业企业中，既有做技术工作的，也有做经济管理工作的，两者也应该很好结合起来。技术工作者要学点有关的经济管理知识，经济管理工作者也要学习有关的技术知识，以便大家亲密合作,卓有成效地解决生产技术和经营管理中的问题。做好这方面的工作也是我们思想政治工作人员的一项重要任务。这也要求思想政治工作者,除了学习思想政治工作这门科学以外,还必须学一点有关的业务知识,不然思想政治工作是很难做好的。有的同志在企业里搞了很多年思想政治工作,但对于有关的业务还基本是或者完全是外行,缺乏学习经济管理和工程技术的自觉性,这就难免使思想政治工作脱离实际。毛泽东同志早就讲过,思想政治工作要结合着经济工作一道去做。这是思想政治工作经验的科学总结,我们一定要努力这样去做。

现在我们正在对企业进行全面整顿,有的企业已经进入整顿验收阶段。我们不仅要在整顿验收中对在企业中工作的干部(包括思想政治工作干部)提出明确的要求,而且在验收合格以后也要对他们提出明确的要求。对经过整顿验收合格的企业中的领导干部,应当提出新的要求。例如可以考虑:在一定期间内,要求工厂的党委书记成为工厂管理的内行;要求工厂的厂长也要懂得思想政治工作;要求总工程师除了懂技术外,也要会管理;要求搞企业思想政治工作的干部都要懂得一点有关的经济知识和技术知识。总之,为了完成"四化"大业,进一步实现思想政治工作的科学化,对于思想政治工作干部如同对其他干部一样,也要提出具体的要求。至于提出哪些具体要求,这也是我们应该研究的课题。

中国职工思想政治工作研究会的成立,一定会对思想政治工作进一步科学化做出巨大贡献。中央领导同志曾说过,现在的学会工作中存在一种务虚名者多而务实者少的现象。希望我们的研究会不要图虚名,而要通过扎扎实实的调查研究工作,拿出有科学水平、能够对思想政治工作科学化起促进作用的研究成果来。让我们共同努力,把中国职工思想政治工作研究会的工作搞好。

社会主义现代化建设向社会科学
工作者提出的新课题*

(一九八三年二月)

党的十二大提出了全面开创社会主义现代化建设新局面的要求,号召广大社会科学工作者面向社会主义现代化建设的伟大实践。我们应该努力探索和解决社会主义现代化建设中有关社会科学方面的重大理论问题和实际问题,这样才能在全面开创新局面的伟大事业中尽到我们社会科学工作者应尽的责任。在这方面,我们的名誉院长胡乔木同志和我们原来的副院长、现在的中共中央宣传部部长邓力群同志,都做过多次重要的讲话,全国社会科学规划会议也进行过专门讨论,现在是怎样把这个要求落到实处的问题。

我想从历史、现状、未来三个方面,谈一点我们社会科学工作者怎样加强对社会主义现代化建设的理论和实际的研究。

首先从历史问题讲起。这里讲的历史,不是古代史,也不是近代史,而是讲中华人民共和国成立以来的历史。建国33年来的历史是在马列主义、毛泽东思想指导下,社会主义在我们国家取得伟大胜利的历史。由胡乔木同志倡议,经过中共中央宣传部有

---

* 在中国社会科学院研究生院所作报告的第一部分。

起来，通过定量的分析、计算，得出了三点结论：第一个是讲发展趋势的危险性的，它认为：如果目前世界人口、工业化、不可再生资源消耗、环境污染、粮食生产等方面的发展趋势继续不变，则在100年内，地球上的增长就势必达到极限，最可能的结果是人口和工业生产力都相当突然地和不可控制地衰退；第二个是说可能有好的结果，指出改变上述趋势，建立能持续至遥远未来的生态和经济稳定发展的条件是可能的。全部平衡状态，可以这样来设计，就是使地球上每个人的基本物质需要都得到满足，而且每个人都有实现他个人潜力的均等机会；第三个是讲为了取得好的结果，应该采取什么措施，指出如果世界人民要追求第二种结果，则他们为达到这种目的而开始工作得越快，成功的可能性就越大。可以看到，它的三点结论是互相联系为一个整体的。但是，国内外对它的一般结论，往往只抓住其第一点悲观性的结论，加以批判，而不看全书的其他方面，这是不太恰当的。我们当然反对它的悲观论点，因为从历史的发展来看，人类总是会有所发现、有所发明、有所创造、有所前进的。但是我们认为，《增长的极限》所提出的互相联系的人口、粮食、工业、资源、环境这五个问题的目前趋势及其严重性，是值得世界人民和各国政府高度重视、认真对待和着力解决的问题。如果没有这种"预警系统"，上述许多问题，可能还很少有人考虑，以致仍在盲目发展，其后果是不堪设想的。罗马俱乐部的一个论点说：它不是盲目地反对发展和进步，而是反对盲目地发展和进步。这是有一定的道理的。

美国前总统卡特曾组织一些学者仿照《增长的极限》又写了一本《公元2000年的地球》，这本书虽然不同意罗马俱乐部过于悲观的那些论点，认为世界还是有希望的，但也明确地指出了人口、资源、环境和发展方面目前趋势的严重性，并且提出了必须采取有效的措施。这本书的主编曾到过我国，我们社会科学院接待过他。他对中国还是友好的。

最近欧洲也有一本《二十年后的欧洲》，我国翻译出版了，其中有很多展望，比如，这本书说，20年后欧洲的小汽车将会比现在大大减少，自行车会代替小汽车。它认为那时时兴的是自行车。这个预测是否可靠，当然还有待实践来证明。可是我们现在还有不少人认为，每人有一辆汽车是现代化的一种标志。这是一个很复杂的问题。一般来说，目前的发达国家是所谓"汽车社会"，相当多的人都有汽车，整个社会结构、社会组织、城乡关系、商业布点、工业布局、居民生活以及交通运输的设施都随着这个所谓的"汽车社会"而发生了很大的变化。许多美国人都说，这么多的小汽车，搞成这么一个格局，想摆脱也摆脱不了。他们并不认为这是个好事情，希望我们不要步他们的后尘。1979年我们有个代表团在美国访问时，有一个美籍华人对我们几个人说："我带你们去看看纽约市的夜生活，到一个餐馆去吃顿晚饭。"但到了餐馆门口，却没有停车的地方，为了找停车的地方花了40分钟，而且离餐馆很远，又往回走了25分钟，才到目的地。然而，从我们住的旅馆到餐馆总共也用不了10分钟。吃饭用了差不多两小时，结果停车时间超过了，又加罚了15美元停车费。这还没说因小汽车多而引起的能源消耗，环境污染，车祸横生等问题。所以，这个问题很值得我们研究。

日本最近出版了《2000年的日本丛书》。该书认为，日本今后20年面临三个问题，一个叫国际化，一个叫老龄化，一个叫成熟化。它预计20年后世界经济要走向多极化。现在是东方、西方两极这样的情况。将来，西方可能美国是一极，西欧是一极，日本是一极；东方可能苏联是一极，东欧是一极，中国是一极；发展中国家可能石油输出国是一极，新兴工业国家是一极，不发达国家又是一极。这说明究竟20年后的世界是什么样的世界需要研究。这本书还讲，到20年后，日本就要变成一个老龄化的社会，65岁以上的，80年代时占9.5%，2000年时占15.67%，到2015年就变成21.12%，这是根据人口统计计算的。我们经过人口普查以后，也可以推算出这类数字来。老龄社会就是要叫现在的人养活更多的年纪大的人。这就提出了许多问题，比如退休的问题，是早退休还是晚退休，我们也遇到了这个问题。这本书认为晚退休比早退休好。可是西欧国家的预测是早退休比晚退休好。这些问题怎样更经济，更合理，对社会更有益，都值得研究。这本书还提出老年人退休后重新就业的问题。为了使老年人重新就业，他们还提出并建立了老年人教育训练机构，根据老年人的体力和就业志向开辟新的就业渠道。我们现在也遇到这个问题。许多老同志要退下来，退下来了怎么办？在日本，特别是西欧，现在都有一个很大的问题，就是退休金在整个国家财政支出中占的比例越来越大，甚至退休的人拿的钱比在岗位上劳动的人拿的钱还多，这就成了问题，使在岗位上的人的积极性受到影响。我们也有这个问题，比如，上海有一个纸烟厂，现在大概有800人，养活的退休人员就有1000人。在国营工厂反正是国家拿钱，而集体企业就很困难，就要靠现在劳动的人养活退休的人，这种退休的人是越来越多的。这都是社会问题。应该怎么办？这是迫切需要研究的社会问题。

现在苏联和东欧国家也已经写出或正在编写类似的书，预测2000年它那个国家、地区的发展变化。

作为社会主义的中国，我们更应该很好地研究我们的未来。难道就写不出这种书来？如果写出来，我想那一定是畅销书。我们不是有《未来学》杂志吗？我们应该首先研究的是20年后的未来，还不是100年、500年后的未来。我完全相信我们一定能够写出来，只要大家努力，一定能写出这方面高水平的著作来。

当然，我们不能不经调查、不搞研究、胡思乱想地写，不要把它当作科学幻想小说来写。它是真正社会科学的著作，要根据马列主义的观点，根据我国的历史，特别是要对我国的现状进行系统的、周密的调查和分析，并且要同国外的情况进行对比研究。和国外的情况进行对比研究是很有意义的。比如，我们说到本世纪末，我国每个人平均的国民收入要达到800美元或1000美元，那就要研究一下，那些资本主义国家、苏联和东欧一些国家，他们达到1000美元时，生活是什么样，经济结构、产业结构、就业结构、技术结构、社会结构、消费水平是怎样的，这都要有对比地研究。当然，我们有我们的特点，但是我们也要看看人家是怎么发展过来的，这样才能对我们国家经济未来的发展提出有根据的借鉴来，这样才能像胡乔木同志期望我们的那样，真正当好党中央、国务院的助手。

我曾多次讲过，问题还没有研究清楚就动手写书，这不是马克思主义的科学态度。我建议，是不是我们社会科学院的各个所，特别是经济片的各个所，都要在调查研究的基础上写出不同形式的研究报告或建议，其中十分重要的就是向党中央和国务院提出有科学根据的、建议性质的研究报告。这样才不致于脱离社会主义现代化建设的伟大实践。现在国家正在编制2000年的规划，如果我们有这方面的科学的预测，无疑对制定长远的规划是很有作用的。当然也不能要求所有的所都这样做，但是总应该把问题调查研究清楚，再来写文章、写书，而不是相反。这一点对所有的研究所来说都是需要注意的。

前面着重讲的是社会主义物质文明的建设问题，还有一个极其重要的问题，是社会主义精神文明的建设。社会科学在社会主义精神文明建设中究竟应该起什么作用，党中央在转发全国社会科学规划座谈会意见的通知中指出，各级党委要充分认识到我国哲学社会科学事业今后必须有一个大的发展。没有哲学社会科学的发展，要开创社会主义现代化建设的新局面是不可能的。社会主义现代化建设事业的发展又必将推动哲学社会科学的发展。哲学社会科学的发展不仅对社会主义的物质文明建设有很重要的作用，而且对社会主义精神文明建设有更重要的作用。社会科学院的每一个研究所都应该认真研究，本所的各个学科在社会主义精神文明建设方面应当起什么作用，怎样才能更好地起作用。我们把这个问题研究清楚了，就可以把社会主义精神文明的建设同我们各个所要研究解决的问题直接挂起钩来。我们要把历史和现状的研究结合起来，从古代的精神文明中吸取精华，以便更好地建设现代化的社会主义精神文明。比如研究历史，我们中国有那样光辉灿烂的古代文明，是值得骄傲的，我们为什么不能从那里吸取精华呢？从古代文明吸取精华，为我们建设社会主义现代精神文明服务，这是完全应该做的。中宣部讨论这个问题时，要我们很好地研究一下古代的以及近代的爱国主义题材，写一些有价值的文章，这对激发热爱我们伟大的社会主义祖国的情感，无疑会起很大的作用的。

为了搞清楚未来，我们应该在总结历史经验的基础上，对我国的现状进行系统的周密的调查研究，从我国的现状出发，研究一些重要问题。党的十二大确定的党在新的历史时期的总任务是："团结全国各族人民，自力更生，艰苦奋斗，逐步实现工业、农业、国防和科学技术现代化，把我国建设成为高度文明、高度民主的社会主义国家。"① 在全面开创社会主义现代化新局面的各项任务中间，首要的任务是把社会主义现代化经济建设继续推向前进。为了达到这个目的，党中央已经决定：从1981年到本世纪末

---

① 《中国共产党第十二次全国代表大会文件汇编》，人民出版社1982年版，第14页。

的20年内我国经济建设总的奋斗目标，是在不断提高经济效益的前提下，力争使我国工农业的年总产值翻两番，即由1980年的7100亿元增加到2000年的28000亿元左右。为了实现20年的奋斗目标，我们在战略部署上要分两步走。前10年主要是打好基础，积蓄力量，创造条件；后10年要进入一个新的经济振兴时期。这是党中央、国务院全面分析了我国的经济情况和发展趋势后作出的重要决定。十二大确定的这个目标，为我们的研究工作，特别是经济研究工作指明了方向，我们的研究课题要和这个大目标结合起来。为实现这个目标，当然可以提出很多涉及面很广的问题。但我们从什么地方着手研究呢？胡耀邦同志在十二大的报告中讲过，要把全部经济工作转移到以提高经济效益为中心的轨道上来。1981年的政府工作报告中也指出，千方百计地提高生产、建设、流通等各个领域的经济效益，这是一个核心问题。根据这些指导性的意见，我们应该以提高经济效益为中心，着手研究达到这个战略目标的综合性的、全局性的技术经济政策和社会政策所应采取的措施，所必须经历的途径，以及有关的重大理论问题。

首先遇到的问题就是我们要实现工农业年总产值在20年内翻两番主要靠什么？提高经济效益主要靠什么？过去我们采取的办法，主要是以建设新企业、扩大基本建设规模、增加生产能力来发展经济。如果现在仍采取这种办法，从财力、物力、能源这些条件看，都存在很大困难。要实现翻两番的目标，我们要在思想上、实际工作上来一个重大的转变。今后生产的发展，必须依靠技术的进步，依靠对现有企业进行技术改造，把各项技术经济指标都提高到全新的水平。这样，我们的能源、材料、财力等等条件，是可以保证我们工农业年总产值翻两番的。这个问题，从首钢的例子可以看清楚。首钢规定给国家上缴的利润，每年递增

6%，其余的留给企业，进行技术改造。到1995年，首钢就可以变成现在的2个以至3个，这是从它的固定资产讲。从它上缴的利润，从交给国家的税收方面讲，就可以提前5年翻两番。如果我们要建设一个新的首钢，要花多少钱？宝钢当然要比首钢大，它本身就花了50多亿美元，还不包括它的配套工程。当然这不是说我们就不搞新的企业了，我们还要搞很多大的企业。比如要搞长江三峡的水电站，大概可安装1000多万千瓦的发电机，这样就可以把强大的电力向东送到上海，向北送到北京，向南送到广州。还要把山西建设成一个强大的能源基地。特别是内蒙古地区，有很好的煤矿，也要建露天矿，在那儿准备搞大的火力发电站，发的电可以送到东北，送到北京，送到其他的地方。我们还要搞原子能发电站，现在广东就准备搞一个大的原子能发电站，这也要花40多亿美元。能源、交通这一套东西我们还是要搞，新的技术也要搞，因为翻两番没有这些东西是不行的。但大量的是我们现在的40万个企业，要使它现代化起来，就需要进行技术改造，这个方面花的钱少，收的效果是大的。

可不可以这样设想，到本世纪末，把经济发达国家在70年代末、80年代初已经普遍采用了的、适合我国需要的先进生产技术在我国厂矿企业中基本普及，并形成具有我国特色的技术系统。翻两番的任务至少有一半要靠这条途径来实现，这样做是大有前途、大有希望的。这个方面我们还没有多少经验。根据美国的统计，大概依靠现有的企业改进技术，采用新的科学技术，投资1美元就可以得到二三美元的收益。如果是新建企业，投资1美元连几角钱的收益也得不到。苏联现在也注意到这个问题。过去扩大生产是靠扩大基本建设规模，现在规定了一条，就是固定资产的投资用来搞新的基本建设的，只能有30%多一点，70%用来搞原有企业的技术改造。

今天上午国务院开会时提出：技术改造和基本建设一定要划清一条界限。现在有好多人借技术改造之名搞扩大基本建设之实，这个问题应该在理论上划清楚，在实际工作中才好划清楚。当然，要划得那么清楚是不大容易的，但总要有几条杠杠。基本建设我们要控制得严一点，技术改造要放得松一点，但也要给它划出一个界限来，不让以技术改造之名搞扩大基本建设之实。大家都知道，我们这个国家，基本建设一失去控制，超过国力的可能，就使整个经济陷于困境。我们历史上有三次基本建设投资比上一年增加100亿元以上，都出了问题，后来都进行了大规模的调整。一个是1958年比上一年增加了120多亿，即所谓"大跃进"；一个是1970年，是"文化大革命"时；一个是1978年搞"洋跃进"。除1970年"文化大革命"期间（那次实际上也进行了调整）的情况不讲，1958年后进行了几年的调整，经济才恢复了正常；1978年"洋跃进"直到现在4年多了，我们还在进行调整。我们过去经济上的"折腾"都和这个问题有关。所以，基本建设规模究竟多大才合适，是需要我们很好地进行研究的。资产阶级经济学家说，社会主义国家普遍患有一种"投资饥饿症"，这反映了一个值得我们研究的问题，这种病症的根子在哪里，如何解决这方面的问题，这是社会科学工作者的一个很重要的研究题目。另外，基本建设和技术改造有什么区别，我们也应该在理论上给它以划分。这个问题理论界也讨论过多少次，还没有总结出科学的说法来。在实际工作中明确地区分这种界限也是有困难的。去年固定资产的投资是830亿元，从名义来说，其中技术改造资金是300亿元，有人讲，这300亿元中，有100亿元是搞基本建设用了，1/3以上搞基本建设，这样就把基本建设规模扩大了。现在基本建设规模还是太大了，要想办法缩小。但是基本建设规模虽然扩大了，重点项目却完成得不好，主要是非重点项目搞得太多，什么赚钱就搞什么,重复建设、盲目建设很厉害。比如卷烟厂,这是很赚钱的,所以这个地方要搞,那个地方也要搞,搞得很多。酒厂也一样,现在建设的酒厂,生产能力已大大超过了需要。

如果我们采取内涵的办法扩大生产,我们国家的工业现代化就会取得很大的经济效益,并为农业、交通运输业、科学技术、国防的现代化奠定更好的物质基础。决不能这样设想,我们国家现有的近40万个工业交通企业仍然是旧设备、旧技术、旧工艺、旧材料、旧产品,我们整个国家经济都在老技术的汪洋大海之中,在这中间建设了一些现代化企业,比如宝山钢铁公司、燕山石油化学公司、辽阳石油化纤公司等等,这就实现现代化了。这并不是真正的现代化,也不可能达到我们工农业年总产值翻两番的战略目标。依靠科技进步,进行技术改造,这是个很重要的指导思想,也是我们必须走的路子。不走这条路,我们翻两番的任务就不能圆满实现。比如到本世纪末,我们的能源实现翻两番是很困难的。我们把现在全国生产的能源,包括煤、石油、天然气、水力发电、太阳能加在一起,折合成标准煤来计算是6亿吨标准煤。到本世纪末,尽最大的努力,可达到12亿吨。能源翻一番都相当困难,工农业年总产值要翻两番,这不是个更困难的问题吗?而且,现在我们的工厂大概有20%～30%是缺煤缺电的。怎么办呢?这也是个重要的科研项目,既是自然科学需要研究的课题,也是社会科学需要研究的课题。一方面,根据翻两番的要求和能源的生产情况,我们能源的弹性系数应是0.5,就是产值增长1%,能源增长0.5%;另一方面,我国的能源利用率很低,只有30%。在这种情况下,就只有大力节约能源才能达到翻两番的目的。日本现在能源的弹性系数是0.7,估计今后可能达到0.4,日本的能源节约在全世界是最有成效的。我们要达到0.5的弹性系数是很不容易的事情,需要我们下大功夫,大家来研究,来实践,来突破。胡耀邦同志讲四个现代化的关键是科学技术现代化，我们要很好地理解、贯彻。

为了实现今后20年我们国家社会主义经济建设战略目标，我想提出这样一些研究课题，和同志们讨论。

第一，到2000年我们中国是个什么样子，要描绘出1990年、2000年我国经济发展的比较具体的图像来。要有总体的图像，也要有分部门的、分地区的、分行业的具体图像，不能都笼统说翻两番。比如说，到1990年、2000年我国的产业结构是什么样，产品结构是什么样，经济结构是什么样，教育结构是什么样，消费结构是什么样，总的图像又是什么样。总之，要把工农业年总产值翻两番具体化，要有各个部门、各个行业以至各个地区的具体的目标。

比如，我们现在的产业结构，工业大概占70%，农业占30%。农业中又包括工业，因为有农村社队工业。工业里现在大概重工业和轻工业相等，各占一半。20年以后，是不是还这样？前两年调整时，轻工业的比例上来了，去年因为扩大基本建设规模，重工业又上来了，究竟整个经济结构是什么样？产品结构是什么样？我们现在初级产品很多，半成品很多，高级产品很少。将来生产资料占多少，生活资料占多少，生产资料中各类产品占多少，生活资料中各类产品占多少，要很好地研究。

技术结构中，我们现在有自动化、半自动化、机械化、半机械化以及手工劳动。孙尚清同志写了篇文章说，现在技术结构的情况呈现的是一个金字塔形，即手工劳动是大量的，往上半机械化、机械化、半自动化逐渐减少，自动化最少；将来要发展成一个棱形，即手工劳动和自动化都较少，大量的是中间状态的。是不是这样，这个问题是值得研究的。8亿农民手工劳动变成机械化、半机械化是不容易的。

就业结构。现在10亿人民中,有8亿搞农业,这一定要变,不能到2000年还是这样。那时,城乡人口的比例是多少,城市里生产部门占多少,非生产部门占多少,服务部门占多少,同样需要认真研究。我们现在是,服务部门(就是西方所说的第三产业)的比例太低了。在美国和其他一些发达国家,第三产业占就业人口总数将近60%。我们现在真正搞服务的,照西方第三产业的口径计算,只有10%,还不到20%。

消费结构变化就更大了,现在在我们收入中,大概有一半是用在吃的方面,穿的占不到10%,用的比穿的所占百分比还低些,其他用于杂七杂八的非商品性支出,如房租、水电、文化生活等等。将来的消费结构肯定要起变化。现在大家要买电视机、录音机、洗衣机,这类耐用消费品在支出中的比例就高了。以前低质易耗的消费品用得多,现在是高质耐用的消费品用得多。消费结构将来还会有更大的变化,这个问题也值得仔细研究。消费结构与产业结构是相关联的,生产决定消费,消费反过来又影响生产。

我们还要研究各个部门、各个行业以及各个地区发展的特点,要研究总目标。有的部门、行业、地区会发展得快些,超过或大大超过翻两番的要求;有的则不能翻两番。要区别对待,才能落实经济发展目标。不按可能和需要,笼统地都谈翻两番,是不切实际的,也不符合国民经济结构调整的要求。因此要拟出体现总目标的具体的目标体系。最近工业经济研究所、技术经济和数量经济研究所参加了山西煤炭开发规划工作。该规划表明,到本世纪末我国煤炭要达到12亿吨,山西那个地方就需要开采4亿吨。因为山西的煤发热量很高,每公斤煤的发热量达6000~7000大卡。要搞煤炭,就要搞大的电网、大的能源工厂,要搞煤的汽化、液化、还要搞煤化工。现在山西煤炭年生产量是1亿吨多一点,变成4亿吨，本身就翻两番，如果它不翻两番，全国能源翻一番就达不到。所以要把翻两番的目标具体化。如果各个部门都照样翻两番，那我们现在不合理的经济结构到本世纪末就会更加不合理；地区经济发展不平衡的现象，将依然如故，甚至更为严重。

上海已经搞了一个大的技术改造规划，要把国外的资金、技术吸收进来，真正发挥中心城市的作用。上海如果照现在的情况，主要采取外延扩大再生产的办法，再翻两番是相当困难的。上海现在已经有500亿元的工业生产总值，其中有170亿上缴国家财政。要把上海发展起来，真正成为周围地区经济活动的中心，就应该给它比较大的权力，这样，才能以经济的办法把周围的地区吸引过来。不然的话，我们受条条块块的束缚，老也打不破，体制总也改不了。有一段时间，我们各个省、市都直接搞出口，自相竞争，结果是外国人得了大利，地方得了小利，国家受了大害。因为自己和自己竞争，外国人"坐山观虎斗"，我们内部竞相杀价，结果国家少得了外汇。正确的做法应该是大家联合起来，往外边挤，实行"内联外挤"，一致对外，这样经济效益会好得多。

第二，要实现这样一个战略目标，需要制定什么样的经济改革方针、技术政策、社会政策、总政策和分部门的政策，这也是我们研究工作的重点。

我们经济建设战略目标的实现，战略重点的保证，战略步骤的安排，都要有正确的决策。如对能源政策、交通运输政策、原材料发展政策、各行各业的技术装备政策等，都要很好地研究。

比如交通运输。山西如果年产煤4亿吨，怎样运出来，就是很大的问题。现在年产1.3亿吨煤，就有2500万吨堵在那里，运不出来，而有的地方却又因为没有煤影响生产。4亿吨煤怎么办？怎么运输？还是转换成电能，把电输送出去最经济。但是，要发电，山西又缺水，没有水就不能发电。用火车运出去？现在还不行。要搞超长列车，一列车可以运煤7000吨到1万吨，即一列车拉100个车厢，每个车厢装到70吨到100吨。这样我们现在的铁路就不行了，现在的桥梁、路基、车站都不适合，要进行改造。准备再从大同修一条铁路到秦皇岛，专门运煤。还有人主张搞输煤管道。用管道输煤，1吨煤要用1吨水，可山西缺水，这也是个矛盾。中国科学院有一个研究题目是，1吨煤只用1/3吨水就可以用管道输送，这种煤还可以代油来燃烧。如果研究成功，对国民经济很有益处。还有一个办法是煤的气化。究竟采用哪种办法最经济？是需要研究的，它不仅是个自然科学问题，也是个社会科学问题。

又如原料问题。我们现在基建扩大了，木材不够。我们不能光靠进口解决，有些可以用化工塑料代替。冶金工业也是这样，我们过去搞冶金，是采矿、选矿，然后炼成铁，再炼成钢，轧成材，这样花钱很多，消耗的能源也很多。要计算一下，如果进口矿石比自己开矿山选矿更经济的话，我们应该采取这种办法。我和日本专家讨论过这个问题。我说中国比日本有很大的优越性，因为我们资源丰富，要什么有什么。他们说，你们中国资源丰富，但按人口平均起来也并不是很丰富的。另外，正是因为你们有这些资源，你们不得不利用这些资源，而要利用它，花费的代价是很大的，而且要从很远的地方运到另一个地方。我们买的矿石什么地方最好、最便宜，就从什么地方进口，比你们自己采的矿石价钱要便宜得多，从这个意义上讲，我们比你们更有优越性。这也是有一定道理的。我们现在宝钢不是也采取这个办法吗？这也是个经济问题。所以，我们不要把经济问题看成是很抽象的概念。

第三，怎样贯彻今后20年国民经济发展主要依靠科学技术的进步的方针。每个行业、每个专题都要研究技术进步怎样落实？引进技术怎样搞法？技术改造怎样安排？各个部门如何协调？各个行业都应有个全行业技术改造的规划。

比如，去年我国的固定资产投资是830亿元。在我们这个国家的固定资产投资中，究竟基本建设投资应该占多少、技术改造又应占多少才算合理呢？苏联是三七开。根据我国国情，什么样的比例合理，应该研究。折旧率在资本主义国家很高，一般10年或七八年就折完了。我们现在只有百分之三点多，而且有30%甚至一半国家还要收回去。鞍山钢铁公司按现在的办法50年才能更新。这样低的折旧率怎样保证技术进步？苏联折旧率也是很低的，最近几年有些提高，也只有6%～7%，我们现在还不到4%。但苏联经济指标中有个报废率，就是每年机床必须报废多少，要作为计划指标下达，这点比我们强。我们的机床是国营企业不能用了，下放到地方；地方企业不能用了，又下放到公社；公社再下放到大队。这样做浪费很大，阻碍技术的进步。

再比如，新产品理应采取优质优价的政策。但我们现在优质不优价，劣质也不劣价，这怎么能鼓励生产新产品？鼓励技术进步？

第四，怎样提高经济效益。如何衡量和评价经济效益，是应该研究的大课题。在这方面，从宏观经济说起来是一个说法，从微观经济说起来又是一个说法。怎样把宏观经济和微观经济结合起来评价？这个问题早已摆在我们面前了。在国民经济发展中，资源的分配问题就是这个性质的问题。比如，1亿吨石油怎样使用才最合理，这就是个经济效益问题。现在，我们有1亿吨石油，可是我们并没有发挥1亿吨石油所应该发挥的经济效益。目前，世界石油降价了，我们还在出口石油。过去石油价格高时，我们没有外汇，出口些石油是对的，现在出口石油人家还不愿意要，价钱也压低了，而且我们手里边也积攒了不少外汇，还不会合理地使用。另一方面，我们却有很多石油化工厂、炼油厂因为没有石油作原料而吃不饱。现在国务院决定成立石油化学总公司，就是要把石油部的炼油厂、化工部的石油化工厂、纺织部的化学纤维厂都归石油化学总公司领导，给总公司的任务就是怎样合理使用这1亿吨石油，使它发挥更大的经济效益。

还有一个工农业总产值增长速度与国民收入增长速度的关系问题需要研究。我国三十多年来国民收入增长速度总是低于工农业总产值增长速度。但是有些年代，如60年代的调整时期，两者的增长是同步的，有时国民收入增长速度还高于工农业总产值的增长速度。这种情况说明我们投入的少，产出的多，符合经济原则，经济效益高。我们怎样做到使国民收入增长速度高于或同步于工农业总产值的增长速度，这个问题是应该很好研究的。经济发达国家这两者的增长，从长期来看是同步的，而且国民收入的增长略高于工农业总产值的增长。苏联、东欧也大致如此。我们经过努力，应当做到这一点。如何做到，这是我们需要努力解决的问题。

第五，在发展速度和经济效益统一的前提下，进行国民经济综合平衡的分析。就是说，要研究一下获得最好的经济效益的发展速度应该是一个什么样的速度。我们"六五"期间计划是"保四争五"。去年我们的发展速度达到3.7％多一点。有的同志提出我们的计划是否定得低了一点？也有同志讲计划定得低一点，能超过一点更好，这个问题也是值得研究的。另外，第七个五年计划、第八个五年计划、第九个五年计划，速度应该怎么定？最优速度是什么？在总的发展速度要求下，各个行业、各个地区的最优发展速度和不同阶段的最优速度都要很好地研究。我们分两步走，前10年准备，后10年振兴，前10年的发展是6％或稍高一点，后10年8％～9％；以20年平均来说，我们要有7.2％的速度才能翻两番。究竟是前10年速度高一点好，还是后10年速度高一点好？有的同志说赶前不赶后，也有的同志说现在的速度想高也高不起来，现在要高，后10年就低了。这些都要深入地研究。

第六，研究计划指标之间的关系，完善地体现计划经济的综合平衡和市场调节的辅助作用，保证国民经济按比例协调发展。这是我国社会主义经济的重要特征。苏联是不承认市场调节的，曾批评过市场社会主义。他们说南斯拉夫搞的是市场社会主义。我们是有一点独特的东西，宪法中是这样写的："计划经济的综合平衡和市场调节的辅助作用"。

第七，经济结构的合理化问题。要研究我们在1990年时合理的经济结构是什么样的，达到2000年的战略目标时，又应该是什么样的经济结构。实现翻两番要有一定的经济结构来保证，这里包括各种经济形式、产业结构，还有生产、建设、流通、分配、消费这些方面是什么样的。

第八，要研究消费结构和产业结构的关系，要加强对市场容量和消费结构的研究。胡耀邦同志去年找我们谈了一次，指出要特别注意消费对生产的促进作用。

第九，加强农业是国民经济的基础的研究。要加深农业的发展一靠政策、二靠科学的研究。从长期的发展来看，主要靠什么样的政策、什么样的科学技术才能使我们的农业很快发展，这一问题要很好的研究。比如，毛泽东同志说过：中国农村一家一户为一个经济单位是农民长期穷困的根源。这个说法对不对？我看是对的，那是说在封建土地占有制的情况下，农民一家一户的经济单位是穷困的根源。那么，为什么我们现在又要提倡什么专业户、重点户，又要发展农民家庭经济呢？这不是和毛泽东同志的说法有矛盾吗？不能这样说。因为今天我们的土地不是封建的土地所有制，而早已实现了农业社会主义改造，农村的经济是集体经济，是公有制经济，是公有制下的家庭经济。当然，是不是永远这样？这个问题要研究。恩格斯讲：家庭是历史的产物，家庭的作用是不断发展变化的。它是生产单位、消费单位、生儿育女的单位。当然，城市和农村不同，城市的家庭，除少数个体手工业，一般不是生产单位，而是消费单位和生儿育女的单位。在农村，现在家庭还是一个生产单位，因为包产到户。但是作为生产单位的家庭也很复杂。比如在一个家庭中，大儿子到了基建队，是泥瓦匠，二儿子是木匠，三儿子参加了渔业组，四儿子参加了饲养组，这样，也不一定完全是一个统一的经济单位。

第十，加强能源与交通等重要的经济部门对经济发展影响的研究。这是一个很大的问题。到2000年工农业总产值实现两个倍增，平均每年增长的速度是7.2%，而能源的增长很难达到这样的速度，这就需要努力节能。我国能源主要是煤炭，现在占70%，将来还可能更高。煤炭跟交通运输有密切的关系，有了煤运不出来还是解决不了问题，因此必须加强交通运输问题的研究。要研究铁路、公路、水路、海运、管道运输、航空运输的结构怎样才算合理。解决能源问题，还要加强水力资源利用的研究。我国对水运没有很好地利用。1980年我到西德访问，住在莱茵河岸边。莱茵河的水量还不如我国的南方的西江，但每年的运输量比长江要大得多，而西江的水只等于长江的1/5。这种情况和运价有关。现在水运的价钱比铁路贵，有好多过去有水运的地方，现在也不走船了，水白白地流。我们的长江被肢解了，你管一段，我管一段，支流的船不能进长江，或进了江不能靠码头。现在国务院作了决定，要进行管理体制的改革。还准备把运河扩展，首先把淮阴到徐州的运河开宽。这样淮南的煤、苏北的煤就能通过运河送到长江中去。运价问题也要相应地进行调整。

第十一，智力的开发和就业结构。我们要研究如何有计划地开发智力，如何合理地使用我国最丰富的人力资源。

我们本来有个最大的优势，就是人力资源丰富。人多本来是好事，毛泽东同志多次强调过。但是，到了具体问题上就成了困难。什么时候能彻底克服了这个困难，使人多真正变成发展我国经济的最有利的因素，那么我国经济的发展肯定会更快。

日本没有什么资源，平均每一平方公里面积上的人要比我们多得多，但他们的生活过得不错。日本就靠进口原料，靠人有比较高的技术，加工出很高级的产品出口，同时国内也消费很大一部分，以出抵入，还有很大盈余，这样就把国内人民的生活水平提高了。我们在这方面也要想个办法，怎样使人多真正变成好事，而不要变成包袱。现在大家都愁子女就业问题。这是一个很值得研究的问题。怎样充分发挥我们的人力资源，怎样把我们的知识水平提高，把技能提高，创造更多的财富，这就和教育结构、智力结构有很大关系。我们现在一方面是大学生不多，另一方面是大学生出来找不到他学的那个专业的职业，有好多专业的毕业生分配不出去。他在大学里学习，并不知道将来干什么，这是教育的一个很大的问题。最近钱伟长同志和我谈了一次话，他准备在招生的时候就确定对象，是哪个工厂送来的，或将来准备到哪个工厂去。北京大学经济系学经济的学生，毕业后也不知道他干什么。我们一年才招三十多万名大学生，我们中国的大学生在校的大概是100万人。美国仅仅学管理、学经济的大学生就有将近100万人。我们学经济、学管理的太少了，只占大学生的3％左右。过去一个时期重理轻文，经济管理人才培养得太少，这和四个现代化的要求是很不适应的。至于说工科大学，知识面更窄。专科学校太少，中学太多，而职业中学则太少。西德、法国有好多中学毕业生毕业以后并不愿意考大学，就愿意读职业学校，出来以后当熟练技工。我们现在念书，目标就是上大学，大学出来以后干什么？却没有目标。当然每个人心目中有他想的一个职业，但分配不一定都达到愿望。农村将来要现代化，农民也要给以教育，不能是文盲，什么具体的知识也没有，那怎么能很好地发挥作用，实现农业现代化？

略论社会科学工作者和自然科学工作者的合作*

(一九八三年二月二十四日)

这次来参加"论证会",对我是一次很好的学习机会。时间不长,学到了很多东西。会议要我发言,盛情难却。我想根据工作中的体会谈谈社会科学工作者应当和自然科学工作者加强合作,努力向自然科学工作者学习的问题。

一、全面开创社会主义现代化建设的新局面,要求加强社会科学工作者和自然科学工作者的合作

十一届三中全会以来,党领导全国人民实现了历史性的转变,党和国家的工作重点转移到了经济建设上来,这就为我国自然科学和社会科学的发展创造了非常有利的条件。

在上个月社会科学院的院务会议上,我曾经提出,为了全面开创社会主义现代化建设的新局面,社会科学工作者要了解新情

---

* 在中国科学院山西能源重化工基地技术攻关论证会上讲话的一、二部分。

况，研究新问题。为了适应新形势和新任务的要求，社会科学工作者要向自然科学工作者学习，并学习一点与本学科有关的自然科学知识。通过这次论证会的实践，更感到作为一个社会科学工作者向自然科学工作者学习的迫切性和必要性。

在学习十二大文件时，社会科学院党组多次讨论过：党的十二大提出了全面开创社会主义现代化建设新局面的伟大历史任务，确定了现代化建设的宏伟战略目标。要实现这一宏伟战略目标，需要全党和全国人民共同努力，其中一个重要方面，就是需要科技工作者的努力。没有科技工作者的努力，不充分发挥知识分子和科学技术队伍的作用，我国社会主义现代化建设的任务是不能很好完成的。

这个历史任务是光荣而又艰巨的。许多复杂的新情况亟须认识，许多复杂的新问题亟须解决。在社会主义现代化建设中，既包括了非常复杂的自然科学、工程技术方面的问题，又包括了非常复杂的社会科学方面的问题。这些涉及面很广的一系列问题，有些需要自然科学（包括工程技术）工作者着重研究解决，有些需要社会科学工作者着重研究解决，而许多则需要自然科学工作者和社会科学工作者共同合作来解决。

在社会科学方面，需要研究的问题是很多的。在安排今年社会科学院的任务时，确实感到社会科学院的研究任务是很艰巨的。进行社会主义建设要按照社会主义建设的规律办事，比如，经济发展规律、社会发展规律、思想发展规律、政治发展规律等等，都需要社会科学工作者进行研究。在社会主义条件下，生产力和生产关系的关系，生产、流通、分配和消费的关系，计划指导和市场调节的关系，以及商品、货币、价格、利润、经营管理等方面的问题都需要经济科学工作者深入探讨，找出解决问题的正确途径。社会主义精神文明建设、社会主义民主的建设、体制改革等问题则需要社会科学的有关学科,研究国内外的经验,进行分析和综合,作出马克思主义的回答。对于具有10亿人口,80%又是农民,经济文化、科学技术发展比较落后的我国来说,解决这些复杂的问题,马克思主义虽然给我们指引出方向,但并没有留下现成的答案,需要我国社会科学工作者自己努力钻研来解决这些问题。我想,在自然科学和工程技术方面也是如此。社会主义建设中的许多重大问题,每一行业、部门、地区的发展,每一个工程项目的兴建,都涉及很多技术问题和自然科学问题。例如,作为我国经济发展战略重点的能源的生产和节约、交通运输的建设、农业生产的发展等等,都涉及到一系列的科学技术问题。如何选择适合我国国情的技术路线,充分发挥科学技术在社会主义现代化建设中的作用,大大提高经济效益,都和科学技术有关。对于这些,在座的专家都会有深刻的体会,而且为此付出了努力。这次会议上所提出的攻关课题,就是有力的说明。

这里特别要提出的是,社会主义建设中的很多问题需要自然科学工作者、社会科学工作者合作进行研究才能得到正确解决。社会主义现代化建设的许多重大课题,像经济社会协调发展规划的制定、各类重大建设项目的确定、各个重大科研项目的攻关等,都需要各方面专家的合作,对这些课题作整体的系统研究。山西能源与重化工基地的开发,就是这样的课题。

建国30多年来的实践证明,社会主义现代化建设中的许多重大问题,如果单纯从自然科学、工程技术的角度,或者单纯从社会科学方面考虑,往往不能得到正确的解决,而需要自然科学和社会科学两大类学科的理论指导,需要社会科学工作者与自然科学工作者的紧密合作,才能获得正确的解决。可不可以这样说,社会科学工作者和自然科学工作者加强合作,共同解决现代化建设中的一些重大问题,这是开创社会主义建设新局面时期的一个特征，也是胜利完成党的十二大确定的历史任务的一个保证。

为了完成十二大提出的宏伟目标，无论是自然科学工作者还是社会科学工作者都应面对社会主义现代化建设的客观需要，使自己的研究工作适应于人民的需要，适应于社会主义建设的需要，而要适应这种需要，无论是社会科学的研究或者是自然科学的研究，都需要面向实际，为社会主义现代化建设的实践服务。

就人类历史来看，自然科学的发展是以生产的发展为基础的，反过来又推动生产的发展。离开了生产的需要，自然科学的产生和发展是不可想象的。在社会科学方面也同样如此。在很长的历史时期，人们对社会的历史只能作片面的了解，原因当然很复杂，而生产规模狭小，限制着人们的眼界，则是一个重要原因。只有在巨大的生产力——大工业出现以后，才能使人们对社会的认识变成了科学。

人类社会的历史还证明，生产的发展向科学提出了新的问题、新的经验，为科学研究创造了新的研究工具、设备和方法。同时，也只有在生产发展的基础上，社会才能在资金方面给科学研究以巨大的支持。

现在我们从事社会主义的生产建设，广大社会科学工作者、自然科学工作者加强合作，充分发挥自己的聪明才干，天地是非常广阔的。例如十二大所提出的经济发展的战略目标，就涉及到一系列自然科学和社会科学的重大研究课题，在座的同志们一定会有许多考虑，而且有的已经在科学发展规划和研究工作中体现了自己的考虑。我想在这里再举几个例子，说明有些重要课题需要自然科学和社会科学工作者结合研究的必要性。例如关于2000年中国的研究。如何从理论与实践的结合上，研究清楚20年后的中国是什么样子，描绘出一个具体的、生动的图像，这对于确定达到这个目标的途径和措施，对于动员最广大的群众为实现这个目标而奋斗，都是很有必要的。前年胡耀邦同志找我谈话，提出这个题目，国务院也出过这个题目。这个课题是否可分为几个方面几个层次来进行研究。一个重要方面和重要层次，是对我国科学技术发展的前景，以及各行各业技术发展前景及其对经济效益的影响的预测。同时要研究国内外技术经济的发展动向，分析科技进步对经济发展的作用，选择好各个时期的优先发展领域。要在这些研究的基础上，探讨2000年我国国民经济、科学技术、文化教育、人民生活、社会结构、政治生活是什么样子。耀邦同志还提出，要研究50年、100年后中国是什么样子。十分明显，这里研究的内容既包含自然科学的课题，又包含社会科学的课题，很多是需要二者结合起来研究的。现在，世界上许多国家，都在预测它们本国和世界的发展前景。几年前，罗马俱乐部曾写了一本关于20年后的世界的书（即所谓《增长的极限》），是很悲观的。美国前总统卡特不同意这本书的观点，组织一些学者，针对这本书，写了一本《2000年的世界》。其主编访问过中国。欧洲人也已写出2000年的欧洲，日本人也写出了2000年的日本。苏联和一些东欧国家，也已经写出或正在编写类似的书。我国的自然科学和社会科学工作者也应该在这方面的研究工作中亲密合作，写出一套预测2000年的中国的著作来。这部著作应有较高的学术水平。现在国务院技术经济研究中心正开始组织这个课题的研究，在中国社会科学院的院务会议上也讨论过这个课题。现在趁这个机会，提出这个问题，向科学院的领导同志和在座的专家们请教，希望同志们能参加这个重要课题的研究工作。当然，这个研究不能一下子出书，首先要向党和政府提出建议。因为国家计委正在编"七五"计划，实际包括到2000年的目标，我们这个研究对编制计划很有好处。

又如能源问题的研究。能源问题是制约我国经济发展的一个关键问题。解决这个问题要求我们从开发和节约两方面努力。到本世纪末，能源实现翻两番不仅是很困难的，大概也是不可能的。但是增长1倍或者稍多一点，则是可能的。节约能源也大有潜力。这就要求我们在技术改造、降低消耗、改进产业结构、产品结构，提高能源利用率等方面下功夫。根据有关的条件设想，2000年我国能源消费增长弹性系数要降低到0.5，才能满足国民经济社会发展的需要。而发展中国家一般大于1。日本现在是0.7，今后要求降低到0.4。我国要把能源消费增长系数降到0.5，这不是一件容易做到的事情。需要自然科学工作者、工程技术人员和社会科学工作者进行艰苦的研究，来一个突破。

再如能源工厂这个课题。这个课题也是为了山西能源基地的开发而提出的。现在先在北京、天津之间新发现的煤田搞这样的工厂。当然，在山西毫无疑问也要搞这样的工厂。这个课题也是跨行业、跨部门、多学科性质的课题，同样需要自然科学工作者和社会科学工作者共同研究，并在多方案技术经济比较的基础上，选择出适合我国国情的方案。国务院对能源工厂也很重视。这个事情，首先是煤炭要经过汽化，其次是要把煤炭搞成甲醇，还有将煤炭用来发电，另外还有建材、交通运输等，牵涉到很多部门。这些目前在我国是各搞各的。发电、化工、采煤等方面，要研究怎么搞好。是三个部组织起来，以一个部为主，还是交给地方负责，各部参加，还是把三个方面组织起来，成立一个开发公司，由国务院管。当然也有技术问题，比如是把煤炭搞成煤气运输，还是又搞甲醇又搞煤气；生产出来的甲醇是作为燃料，还是作为化工原料来用。当然，究竟用哪个方案，就看哪个经济效益好，这就既有自然科学的问题，也有社会科学问题，同时也是一个体制问题。这次论证会，对上述问题的解决会有很大的促进作用。

二、自然科学工作者和社会科学工作者加强合作是科学发展的需要

上面说明了十二大提出的任务，要求自然科学工作者和社会科学工作者加强合作。还应该指出，自然科学工作者和社会科学工作者加强合作也是科学发展的需要。尤其是当代自然科学和社会科学之间有一种相互渗透和相互结合的客观形势。这种趋势提出了自然科学工作者和社会科学工作者加强合作的要求。

为了使自然科学工作者和社会科学工作者真正很好地合作，还要采取一些必要的措施。山西综合开发的规划工作在这方面提供了很好的经验，值得很好总结。今天在座的有中国科学院的领导同志和学部委员，有自然科学、工程技术、社会科学各方面的专家学者，趁这样的机会，我提出几点加强社会科学和自然科学结合的建议，向大家请教。

1. 加强中国社会科学院和中国科学院间的联系、合作。

比如，是否可以采取以下一些措施：相互交流有关的研究课题，相互吸收对方的相关学科专家参加研究课题成果的论证与评审，联合进行一些课题的研究，甚至也可以考虑两院的学者专家相互兼职，合搞一些边缘学科的研究所，以至有计划地组织两大学科之间的人才流动，等等。

2. 协调有关的制度。

如中国社会科学院和中国科学院联席会议制度，协调自然科学和社会科学研究规划的制度，自然科学和社会科学合作成果的奖励制度，科技人员职称的评定和退休制度，双重学位、双重职称人员的工资待遇制度等。

3. 自然科学工作者和社会科学工作者联合开展咨询服务

业务。

咨询工作在我国是一项新兴的工作，当前建立的咨询机构大多数是专业性的，今后需要在有些咨询机构中既配备自然科学的人才，又配备社会科学的人才，以避免咨询意见的片面性。可否设想，自然科学工作者（包括工程技术人员）和社会科学工作者联合经营几个综合性的咨询机构。

4. 自然科学机构和社会科学机构合办人才培训中心。

培训自然科学、社会科学边缘学科的各种人才（如管理人才），并承担国家交给的有关培训任务。

5. 要加强和改进发展规划与重大建设项目论证的组织工作。各级、各部门、各地区的发展规划，重大综合性课题或建设项目的研究攻关工作，都要采取自然科学工作者和社会科学工作者共同研究、联合攻关、共同解决问题的混合型工作方式。山西能源重化工基地规划工作已经有了一个良好的开端，特别是中国科学院的工作取得了可喜的进展。可否向有关领导机关提出这样的建议：今后对重大建设项目和发展规划，不采取这种形式，不是由有关自然科学和社会科学的专家、工程技术人员经过科学论证的方案，主管单位就不予审议。

以上意见很不成熟，也不全面，提出来是为了抛砖引玉，希望经过各方面的改革，使我国的自然科学和社会科学都能为社会主义现代化建设作出更大的贡献。

学习毛主席调查研究的理论和方法，提高决策水平

（一九九五年二月）

今天，我们在中南海举行"毛泽东调查研究思想座谈会暨全国优秀调查研究报告评选活动新闻发布会"，以隆重纪念毛泽东同志诞辰102周年，这对于我们在改革开放的新时期，重温毛主席调查研究的理论和方法，从而提高各级领导的决策水平，胜利地进行社会主义现代化建设，有着重要的现实意义。

毛泽东同志一生为中国人民的解放和幸福奋斗，他在参加和领导中国革命的过程中，为了寻求中国革命的正确道路，正确地制定中国革命的路线、方针、政策，一方面倡导全党学习马克思主义理论，一方面又倡导全党通过调查研究，掌握中国实际情况，力求把马克思主义的普遍真理同中国革命的具体实践相结合，从而丰富和发展了马克思主义，其中，毛泽东同志关于调查研究的理论和方法，是毛泽东思想体系的重要组成部分，是对马克思主义的重大贡献。

（一）实事求是是毛泽东思想的精髓，调查研究则是达到实事求是的根本途径和方法

马克思主义认为，人类为了有效地改造世界，就必须从实际

出发，通过认识揭示和掌握客观世界内在的规律性，即实事求是。毛泽东同志把调查研究提到辩证唯物主义论和方法论的高度，并同群众路线结合起来，论证了调查研究是达到实事求是的根本途径和方法。毛泽东同志指出："共产党机关的基本任务，就在于了解情况和掌握政策两件大事，前一件事就是所谓认识世界，后一件事就是所谓改造世界。"①"要了解情况，唯一的方法是向社会作调查"②，对于担负指导工作的人来说，"有计划地抓住几个城市，几个乡村，用马克思主义的基本观点和方法，……作周密的调查，乃是了解情况的最基本的方法"③。调查研究作为实事求是的根本途径和方法，就在于它是达到主观和客观统一的桥梁，要求在工作中主观指导符合客观实际，在掌握实际情况及其规律性的基础上制定正确的方针和政策，因而调查研究是共产党人认识世界和改造世界的重要环节。

以毛泽东同志为首的老一辈无产阶级革命家在实践中形成的调查研究理论在改革开放深入发展的今天，对于我们把握国情及世界形势，制定内政外交方针、政策仍具有重要的指导意义。江泽民同志指出："历史经验说明，各种问题的解决都取决于正确的决策，而正确的决策来源于对客观实际的周密调查研究。"并进一步强调："没有调查，就没有发言权，没有调查就更没有决策权。"这是对毛主席调查研究思想的重要发展，对于提高领导水平，对于正确决策，具有重要的指导意义。

那么，怎样才能正确地进行调查研究呢？

---

① 《改造我们的学习》，《毛泽东选集》第3卷，人民出版社1991年第2版，第802页。

② 《<农村调查>的序言和跋》，《毛泽东选集》第3卷，人民出版社1991年第2版，第789页。

③ 同上。

(二) 学习毛主席调查研究的方法论

要通过调查研究获得正确的认识，达到实事求是的目的，以求正确决策，必须要有正确的态度和方法。如果调查方法是错误的，是不能达到目的的。毛泽东同志曾经指出："我们的口号是：一、不作调查就没有发言权，二、不做正确的调查同样没有发言权。"这样，毛主席就进一步强调了运用正确的方法进行调查研究的重要性，所以我们的调查研究工作必须坚持正确的方法论原则。

1. 调查研究必须坚持群众性原则。马克思主义认识论认为，实践是认识的基础。广大人民群众既是实践的主体，又是认识的主体，天下亲知者是实践着的人。而我们每个人，实践的范围是有限的，不能事事亲知。所以，一个人，特别是领导干部，要了解更多的实际情况，就要向他人请教，向群众作调查。因而，毛泽东同志曾经告诫全党，一定要注意"眼睛向下，不要只是昂首望天"[①]。只有虚心向群众学习，让群众了解你，把你当做朋友看，然后才能调查出真情况来。今天任何一个单位的领导要制定改革和发展的正确方案，就必须向参与改革和发展的主体——广大的工人、农民、知识分子作广泛的社会调查，征求意见，而不能是由少数坐在房子里，拍脑袋，想当然地写写画画。正像江泽民同志所指出的那样，如果不了解实际情况，凭老经验，想当然，拍脑袋，把自己的主观愿望当作客观现实，就不可能作出正确的决策。

2. 调查研究必须坚持真实性原则，这是调查研究最基本的原则。调查研究，就是为了达到实事求是的目的。这就要求，首先要把握事实，即反映客观情况的本来面目。由于人们立场不同，认识水平不同，反映客观情况的真实性程度也就不同，所以，我

---

① 《〈农村调查〉的序言和跋》，《毛泽东选集》第3卷，人民出版社1991年第2版，第789页。

们在调查时应该采取客观态度，不应该抱定一种成见下去专替自己找证据，应该发现事物的真相，不要为各种偶像所蒙骗。一些人在反映情况时，报喜不报忧，甚至弄虚作假，所以我们在调查时必须学会辨别真伪虚实。

要做到把握客观情况的真实性，就必须准确的认识客观情况。有些人反映情况，喜欢夸大成绩，缩小错误；有些人粗心大意，或者不负责任，反映情况模糊不清，大而化之。我们在调查情况时，要做耐心细致的考察工作，不仅要准确地把握事物质的规定性，而且要准确地把握事物量的界限，即江泽民同志和李鹏同志多次提出的要把定性分析和定量分析结合起来，这样，才能做到心中有数，才能为我们的决策提供可靠的客观依据。

3．调查研究必须坚持系统性原则。辩证唯物主义认为，事物都是以系统的方式存在的，要客观地把握情况，就必须全面地了解构成客观事物的诸要素及其联系。所以，我们应当"应用马克思列宁主义的理论和方法，对周围环境作系统的周密的调查和研究"①。例如，我们在制定一个地区经济发展规划时，就要了解该地区经济结构的各个要素及其内在联系，还要了解该地区与周围地区的经济联系，了解该地区在整个国家经济体系中的地位。

4．调查研究必须坚持辩证性原则。客观事物发展变化的辩证性最根本的原因在于事物的矛盾运动。所以，"提出问题，首先就要对于问题即矛盾的两个基本方面加以大略的调查和研究，才能懂得矛盾的性质是什么，这就是发现问题的过程。"在进一步深入调查的基础上，通过对事物的矛盾分析和综合，把握事物的本质联系和非本质联系，把握事物的主要矛盾和次要矛盾，主要的矛盾方面和次要的矛盾方面。同时，调查研究作为认识活动，它本

---

① 《改造我们的学习》，《毛泽东选集》第3卷，人民出版社1991年第2版，第800～801页。

身就存在主观和客观的矛盾,调查研究的过程,就是解决主观和客观的矛盾,使主观符合客观的辩证过程。

5. 调查研究必须坚持历史性原则。由于事物内在矛盾的运动,决定了事物的发展变化是一个历史过程。由于认识活动中主观和客观的矛盾运动,决定了调查研究活动也是一个通过调查把握客观现实,通过研究把握事物本质联系及其规律的不断深化的历史过程。毛主席指出,我们"不但要懂得外国革命史,还要懂得中国革命史;不但要懂得中国的今天,还要懂得中国的昨天和前天。"① 我们在建立社会主义市场经济体制的今天,必须懂得中国过去实行的计划经济体制,才懂得怎样自觉地实现计划体制向社会主义市场经济体制的过渡。所以,"我们需要时时了解社会情况,时时进行实际调查"②。不断了解新情况,解决新问题,创造新局面。

(三)重扬调查研究之风,提高决策水平

以邓小平同志为首的党的第二代领导集体和第三代领导集体继承和发展了毛泽东调查研究思想,江泽民同志号召"县以上的各级领导同志,尤其是一二把手,一定要带头大兴调查研究之风"。要"深入基层调查","亲身听取群众的呼声";要对本地区本部门迫切需要解决的问题,进行系统的调查研究,提出解决的正确对策。要"亲自动手写调查报告","要提出解决问题的主张和办法"。"各省、区、市党委每年要向中央选送一些优秀的调研报告,供中央决策参考。"

我们这次开展全国优秀调查研究报告评选活动,就是为了响

---

① 《改造我们的学习》,《毛泽东选集》第3卷,人民出版社1991年第2版,第801页。

② 《反对本本主义》,《毛泽东选集》第1卷,人民出版社1991年第2版,第115页。

应江泽民同志的号召，评选出优秀的调研报告，供中央决策参考，同时激励更多的人参与调研工作，出现更多的调研成果，更多的优秀调研报告。

　　我们感谢到会的各位同志，对这次调研报告评选活动的大力支持。我恳请各省、区、市党委的领导同志重视和支持这次活动，推荐本地区优秀的调研报告参加全国评选。恳请评委会认真负责的进行评审工作，使这次评选活动圆满成功。并希望这种评选活动持之以恒地开展下去，从而推动我国调研工作的不断深入发展，推动我国各级领导干部决策水平的不断提高，使我们党和政府能够领导全国人民胜利地进行改革开放，胜利地进行伟大的社会主义现代化建设！

作者著作目录

一、专著与文集

《米脂县杨家沟的调查》（撰稿人之一），延安出版，1943年

《中国社会主义工业化问题》，青年出版社，1956年12月

《我国国民收入的积累和消费》，青年出版社，1957年11月

《社会主义再生产与国民收入的分配》，青年出版社，1958年

《社会主义社会的国民收入》，青年出版社，1958年6月

《我国第一个五年计划时期的生产和消费关系》，财政经济出版社，1959年2月

《尽快地完成我国农业的技术改造》，天津人民出版社，1960年

《我国农业的技术改革》，青年出版社，1963年

《经济结构与管理》，人民出版社，1980年

《北京第一机床厂调查》（主要编写人），中国社会科学出版社，1980年5月

《马洪选集》，山西人民出版社，1981年

《试论我国社会主义经济发展的新战略》，中国社会科学出版社，1982年1月

《中国经济调整改革与发展》，山西人民出版社，1982年10月

《探索经济建设之路》，上海人民出版社，1983年

《开创社会科学研究的新局面》，中国社会科学出版社，1984年5月

《经济结构与经济管理》，人民

出版社，1984年

《社会主义制度下的商品经济》，上海人民出版社，1985年1月

《中国经济发展战略初探》，江苏人民出版社，1986年

《改革与发展》，经济管理出版社，1986年

《中国社会主义现代化的道路和前景》，上海人民出版社，1988年10月

《改革、开放、发展》，山西经济出版社，1991年1月

《建立社会主义市场经济新体制》，河南人民出版社，1992年12月

《面对世纪之门》，中国发展出版社，1999年1月

二、主编

《中国社会主义国营工业企业管理》（上下册），人民出版社，1964年

《日本工业企业管理考察》，中国社会科学出版社，1979年4月

《对大庆经验的政治经济学考察》，人民出版社，1979年6月

《提高企业管理水平》，中国社会科学出版社，1979年

《大庆工业企业管理》，人民出版社，1979年7月

《美国怎样培养企业管理人才》，中国社会科学出版社，1980年7月

《中国工业经济管理》（上下册），中国社会科学出版社，1980年10月

《中国经济结构问题研究》（上下册），人民出版社，1981年12月

《国外企业管理的比较研究》，中国社会科学出版社，1982年8月

《中国工业经济问题研究》，中国社会科学出版社，1983年2月

《工业经济学》（上、下），人民出版社，1984年

《中国社会主义经济结构研究丛书》，山西经济出版社，1986年

《中国经济与管理入门》，云南人民出版社，1986年9月

《论社会主义商品经济》，中国社会科学出版社，1987年5月

《当代中国经济》，当代中国出版社，1987年

《论企业买卖》，经济日报出版社，1988年

《2000年的中国》，中国社会科学出版社，1988年

《中国通货膨胀研究》，改革出版社，1990年10月

《中国工业经济效益问题研究》，中国社会科学出版社，1990年7月

《中国经济名都名产名号》，中

国发展出版社，1992年9月

《什么是社会主义市场经济》，中国发展出版社，1993年10月

《市场经济与经济计划》，经济科学出版社，1993年10月

《中国经济开发现在与未来》，经济管理出版社，1993年11月

《华南地区经济发展方向及与香港、台湾、日本经济关系展望》，海天出版社，1995年5月

《山西省经济开发》，经济管理出版社，1996年10月

《中国改革开放与跨世纪发展战略》，中央编译出版社，1997年5月

《跨入新世纪的必由之路》，江苏科学技术出版社，1998年12月

《中国经济年鉴》，中国经济年鉴社，1981～2000年

《现代中国经济事典》，日本综研出版社、中国社会科学出版社，1982年8月

《经济与管理大辞典》，中国社会科学出版社，1985年4月

《当代中国丛书》，中国社会科学出版社、当代中国出版社，1985年

《经济社会管理知识全书》，经济管理出版社，1988年12月

《中国大中型工业企业丛书》，中国城市经济社会出版社，1989年10月

《金融知识百科全书》，中国发展出版社，1990年6月

《现代管理百科全书》，中国发展出版社，1991年7月

《中国改革全书》，大连出版社，1992年9月

《中国经济形势与展望》，中国发展出版社，1992～2000年

《现代中国经济大事典》，中国财经出版社，1993年1月

《中国经营大师》，中国发展出版社，1994～1999年

《中国发展研究》，中国发展出版社，1996～2000年

《中国市场发展报告》，中国发展出版社，1998～2000年

《中国宏观经济政策报告》，中国财经出版社，1998～2000年

《中国宏观经济分析》，南开大学出版社，1997～1999年

《什么是社会主义市场经济》，中国发展出版社，1999年1月

三、论文

《提高企业管理水平》，中国社会科学出版社，1979年10月

《访日归来的思考》，科学出版社，1979年

《漫谈经济管理》，河北人民出版社，1980年8月

《马克思主义和中国的社会主义经济建设——为纪念马克思逝世一百周年而作》，《中国社会科学》，1983年

《重新认识企业家的社会地位和作用》，《企业家》杂志，1987年

《加强社会主义制度下市场经济的研究》，《社会主义初级阶段市场经济》代序，1988年6月

《努力寻求环境与经济的协调发展》，1990年1月在一次国际研讨会上的讲话

《勤学三年　受益终生》，《延安马列学院回忆录》，1990年

《提高国情研究水平》，为改革开放服务，《中国国情国力》，1992年1月

《苏南经济为什么有活力》，赴苏南考察报告，1991年4月

《中国经济体制改革的现状和展望以及我的经济观》，江苏人民出版社，1991年

《对我国市场形势的分析》，《中国工业经济》，1992年1月

《关于搞活大中型企业的几点意见》，在中央工作会议上的讲话，1991年9月

《90年代我国经济发展面临的转折》，在"科技促进经济发展研讨会"上的讲话，1992年2月

《系统学习邓小平关于改革的理论》，于中共中央党校的讲话，1993年

《加快建立社会主义市场经济的法律体系》，《中国经济体制改革》，1993年2月

《抓住机遇　振兴大西南》，《经济研究参考》，1993年4月

《咨询工作要适应社会主义市场经济的新形势》，在"全国政策咨询工作会议"上的讲话，1994年1月

《学习张闻天同志社会主义经济思想加快社会主义市场经济的建设和发展》，《张闻天文集》座谈会上的讲话，1994年

《为实现第三步战略目标创造新的增长区》，《长江流域开发开放》，1994年

《南非形势与中国南非合作的潜力》，南非访问归来的报告，1994年

《关于中国经济形势的若干问题》，在日本国民经济协会举办的讲演会上的演讲，1994年

《对世界政治经济形势的一些看法》，在"中日经济知识交流会"上

的发言，1994年4月

《重温闻天当年调查的教诲》，《张闻天晋陕调查文集》，1994年9月23日

《中国进一步深入改革扩大开放的展望》，在日本能率协会举办的讲演会上的演讲，1994年11月

《提高咨询研究水平　更好地为科学决策服务》，在"全国政策咨询工作会议"上的讲话，1995年1月

《美好的前景　艰难的进程》，在"21世纪的东北亚区域发展与合作'95北京国际会议"上的讲话

《企业改革和发展需要依靠工人阶级》，《全心全意依靠工人阶级》，中国工人出版社，1995年

《发展中的中国经济与亚太经济合作》，在"华南地区经济研讨会"上的讲话，1995年

《上海应成为世界级大城市》，"迈向21世纪的上海"，1995年

《中国中长期的发展目标、道路与政策》，在"中韩经济知识交流会"上的特别发言，1995年11月

《新亚欧大陆桥开发开放战略构想》，《人民日报》，1995年

《华南地区经济发展的回顾与展望》，《光明日报》，1995年

《学习邓小平同志的企业改革理论，积极推进现代企业制度建设》，在学习《邓小平文选》和"建设有中国特色的社会主义理论研讨会"上的发言，1995年

《关于国有企业改革的若干问题》，《中国工业经济》，1995年

《坚定搞好国有大中型企业的信心》，《北京日报》，1995年

《建立现代企业制度　搞好国有大中型企业》，《光明日报》，1995年

《积极推进增长方式转变》，《光明日报》，1995年12月2日

《正确认识和把握"软着陆"后的经济动向》，《中国经济年鉴》序，1996年11月

《中国社会主义国有企业改革的理论与实践问题》，在"中国政策科学研究会"上的讲话，1996年

《关于民营经济发展中的几个问题》，在"民营经济研讨会"上的讲话，1996年12月

《发展中国自己的名牌是一项伟大的战略任务》，在"名牌战略研讨会"上讲话，1996年4月

《为了21世纪亚洲的更大发展》，在"中韩经济知识交流会"上的讲话，1996年10月

《九七后香港的经济地位与海峡两岸的经济协作》，在"华南地区经济研讨会"上的讲话，1996年底

《探索大庆持续发展之路》,在"中国企业管理研究会年会"上的讲话,1997年

《发展边境贸易 加快融入世界经济区域化步伐》,在"黑龙江绥芬河发展战略研讨会"上的讲话,1997年7月

《上市公司兼并收购与证券市场规范发展》,1997年5月在深圳"上市公司收购与兼并研讨会"上的讲话

《建设有中国特色的社会主义新文化》,1997年于宁波

《积极创造条件加快中小企业的改革与发展》,在江苏镇江"中小企业改革与发展经验研讨会"上的讲话,1997年10月

《应重视对大中型商业企业改革与发展的研究》,在"大中型商业企业改革与发展研讨会"上的讲话,1997年10月

《关于企业跨国经营的几个问题》,在"中国企业跨国经营研讨会"上的讲话,1997年11月

《模拟市场核算,成本否决管理》,在"邯郸钢铁厂成本否决管理经验座谈会"上的讲话,1997年

《"三步走"战略和小平同志的远见卓识》,《光明日报》,1997年

《当前我国面临的重大课题与加强政策咨询工作的意见》,在"全国政策咨询工作会议"上的讲话,1998年1月

《关于股份制改革中的几个问题》,《中国经济时报》,1998年1月14日

《抓住机遇开拓进取促进我国租赁业健康发展》,在上海"中国租赁业发展研讨会"上的讲话,1998年9月

《中国20年的重新定位》,《开放导报》,1998年11月

《加快中国石油工业发展的关键是深入改革开放》,《石油经济》杂志,1998年

《提高煤炭工业企业的管理水平》,在"煤炭工业座谈会"上的讲话,1998年

《股份合作制是一个伟大的创造》,在上海红旗村座谈会上的讲话,1998年

《加紧培养能够驾驭金融国际化活动的人才》,在上海、深圳发展银行召开的"金融研讨会"上的讲话,1998年

《企业管理的变化与发展》,《经济管理》,1999年2月

《企业家应具备怎样的修养》,《中国企业报》,1999年

《认真学习邓小平理论努力探索

咨询工作的新路子》，在"全国咨询工作会议"上的讲话，1999年1月

《企业文化要以提高人的素质为本》，在"21世纪企业文化建设高级论坛"上的讲话，1999年2月

《深圳跨世纪发展中应注意的几个问题》，在"深圳市政府高级顾问会"上的讲话，1999年7月

《经济全球化与国际经济体制改革》，在"中韩经济知识交流会"上的讲话，1999年

作者年表

马洪原名牛仁权，参加工人运动后，改名牛黄。为工作需要，1938年5月在延安经陈云同志定名为马洪。以后一直用这个名字。笔名曾用过牛中黄等名。

1920年5月18日出生于山西定襄县待阳村的店员家庭，1927～1933年在待阳村小学和定襄县立高小读书。

1933～1935年　补习中学课程，兼任小学教员，协助族人牛诚修（爱国人士、学者）增修县志，担任抄写工作。

1935年冬至1938年3月　考入同蒲铁路车务训练班，结业后，任太原、汾阳等车站练习生、站务员

1936年冬　在太原参加牺牲救国同盟会活动

1937年秋至1938年3月　被同蒲铁路职工大会推选为同蒲铁路总工会的负责人之一，并兼任铁路工人武装自卫队的政治指导员

1937年11月　在山西侯马经相珏、贾永福同志介绍加入中国共产党

1938年4月至1938年11月　在延安中央党校学习，曾任教员、校总支委员

1938年12月至1940年夏　在延安马列学院学习，曾任支部书记、院总支常委、干部科长

1940年夏至1941年夏　在延安任《共产党人》杂志编辑部编辑

1941年秋至1941年冬　在延安任中央研究院政治研究室研究员、学术秘书

1942年1月至1943年4月　随张闻天同志在晋西北、陕北地区作

农村城镇调查

1943年5月至1945年9月　在延安中央党校三部参加整风审干运动，当学员，任支部书记、秘书科长

1945年9月至1945年11月　由延安赴东北途中，任中央调干队队长

1945年11月至1946年2月　在承德，任中共热河铁路工作委员会党委委员、组织部长

1946年2月至1946年7月　任热河省平泉县县长、县委委员

1946年7月至1946年9月　在承德，任中共热河省委代理秘书处长

1946年10月至1948年5月　在宁城，任中共中央冀察热辽分局秘书处长、分局土改工作团长兼宁城县委书记

1948年6月至1952年11月　分别在哈尔滨、沈阳，先后任中共中央东北局秘书处长、政研室主任、副秘书长、办公厅副主任、东北局委员、东北局城市工作委员会副书记

1950~1952年　兼任中共沈阳市委委员

1952年11月至1954年4月　在北京，任国家计划委员会委员、兼秘书长、机关党委书记

1954年4月　在沈阳参加东北局高干会议，被会议认定为高岗反党集团的"五虎上将"之一，被撤销党内外职务

1954年5月至1954年10月　在北京棉纺厂建筑工地作调查研究

1954年10月至1955年1月　在北京第三建筑工程公司任副经理

1955年1月至1956年6月　在北京第一建筑工程公司任副经理

1956年6月至1965年10月　在北京，任国家经委政策研究室负责人

1965年10月至1966年5月　在北京，任化工部第一设计院副院长、党委委员

1966年5月至1970年7月　在北京化工部第一设计院参加"文化大革命"，被撤销工作，受批斗

1970年8月至1977年7月　在北京房山，任北京石油化工总厂设计院副院长、党委委员，兼任总厂建设总指挥部副总指挥

1977年7月至1978年7月　在大庆作调查研究，主持《对大庆经验的政治经济学考察》、《大庆工业企业管理》两本书的编写工作

1978年4月至1979年4月　在北京，任中国社会科学院工业经济

研究所所长、党委书记，兼任化工部计划司长和国家建委基本建设研究所所长

1979年4月至1980年5月　任中国社会科学院副院长，兼工业经济研究所所长

1980年5月至1982年6月　任中国社会科学院副院长、院党委书记

1982年6月至1985年6月　任中国社会科学院院长、党组第二书记

1979～1982年6月　兼任国家机械委员会副主任

1982年4月至1984年6月　兼任国务院副秘书长、国家计委、国家体改委顾问

1980年7月至1985年4月　兼任国务院经济研究中心副总干事

1981年5月至1985年4月　任国务院技术经济研究中心总干事

1982年4月　在中共第十二次代表大会上被选为中央候补委员

1985年4月至1993年5月　任国务院经济技术社会发展研究中心、国务院发展研究中心总干事、主任、党组书记

1988年3月　被选为全国人大代表，在第七届全国人大代表会议上被选为人大常委，兼人大财经委副主任

1987～1992年　被选为十三大、十四大的代表

1993年5月至今　任国务院发展研究中心名誉主任